I0831121

Hoşsohbet
Erika Glassen zu Ehren

ISTANBULER TEXTE UND STUDIEN

HERAUSGEGEBEN VOM
ORIENT-INSTITUT ISTANBUL

BAND 25

Hoşsohbet
Erika Glassen zu Ehren

Herausgegeben von
Börte Sagaster
Karin Schweißgut
Barbara Kellner-Heinkele
Claus Schönig

WÜRZBURG 2011

ERGON VERLAG WÜRZBURG
IN KOMMISSION

Umschlaggestaltung: Taline Yozgatian

Umschlagabbildung: Thomas Wilkoszewski (2010)

Bibliografische Information der Deutschen Nationalbibliothek
Die Deutsche Nationalbibliothek verzeichnet diese Publikation in der Deutschen Nationalbibliografie; detaillierte bibliografische Daten sind im Internet über http://dnb.d-nb.de abrufbar.

Bibliographic information published by the Deutsche Nationalbibliothek
The Deutsche Nationalbibliothek lists this publication in the Deutsche Nationalbibliografie; detailed bibliographic data are available in the Internet at http://dnb.d-nb.de.

ISBN 978-3-89913-836-8
ISSN 1863-9461

 Gedruckt mit Unterstützung des Orient-Instituts Istanbul, gegründet von der Deutschen Morgenländischen Gesellschaft, aus Mitteln des Bundesministeriums für Bildung und Forschung.

Ergon-Verlag GmbH
Keesburgstr. 11, D-97074 Würzburg

Druck: PBtisk, Pribram
Gedruckt auf alterungsbeständigem Papier

Inhaltsverzeichnis

Börte Sagaster, Karin Schweißgut, Barbara Kellner-Heinkele, Claus Schönig
Zum Geleit 9

Schriftenverzeichnis von Erika Glassen (in Auswahl) 11

Abkürzungen 17

Poesie und Bilder

Barbara Kellner-Heinkele
Poetische Botanik 21

Barbara Flemming
Der Preis der Lyrik. Förderung, Auszeichnung, Opfer 37

Mark Kirchner
Zwei Gedichte von Musa Dschälil.
Tatarischer Text, Übersetzung, Anmerkungen 57

Wolf-Dieter Lemke
Orient-Bilder/Bilder-Orient.
Imagination und visuelle Erschließung.
Plädoyer für einen integrativen Ansatz 65

Roman und Sprache

Börte Sagaster
Das „Viertel mit den sieben Leben".
Beyoğlu in der türkischen Romanliteratur 83

Karin Schweißgut
Materielle Kultur und Literatur.
Orhan Pamuks *Masumiyet Müzesi* und Elif Şafaks *Baba ve Piç* 97

Tevfik Turan
Refik Halid'in *Bugünün Saraylısı* Romanında Dil Algısı 113

Nazlı Kaner
Das ist Liebe!
Über den ersten Roman der Schriftstellerin Sâmiha Ayverdi (1905-1993) 123

Erinnerungen und (Auto)biographisches

Martin Strohmeier
Ein Verlierer der türkischen Militärrevolution von 1960 135

Christoph Herzog
Die Enkelinnen der letzten Osmanen.
Die osmanische Vergangenheit in Erinnerungstexten
von drei türkischen Autorinnen 165

Roswitha Badry
Ich-Erzählungen der besonderen Art.
Wenn bekannte islamische Aktivisten ihre
Lebenserinnerungen niederschreiben 183

Jens Peter Laut
Mustafa İnan und das Suffix *–inti* 195

Geschichte und Literatur

Claus Schönig
Babur als Literaturkritiker 223

Maurus Reinkowski
Osmanen und Post-Osmanen in Ägypten 237

Anke Bentzin
In usbekischer Gesellschaft.
Zur Bedeutung von sozialen Beziehungen der Usbeken in Istanbul 251

Werner Ende
Wahn und Wissenschaft.
Zur Wirkungsgeschichte westlicher Rassentheorien
im Nahen und Mittleren Osten 265

Über die Autorinnen und Autoren 291

Zum Geleit

Dieses Buch ist Erika Glassen gewidmet. Wir wollen ihr damit danken für die große Bereicherung, die sie für unser berufliches und bei vielen auch privates Leben darstellt, als Lehrerin, als Kollegin, als Freundin. In einem Punkt sind sich sicher alle Freunde und Kollegen Erika Glassens einig: Es ist nie langweilig mit ihr. Ihre breit gestreuten Interessen und ihre rastlose Neugier haben ihr in ihrem Leben ein weites Wissensfeld erschlossen, welches sie bereitwillig mit jeder und jedem teilt, die oder der sich zum Gespräch mit ihr zusammenfindet. Auch wenn sie sich über einen Mangel an Arbeit bis heute wahrlich nicht beklagen kann, nimmt sie sich für Unterhaltungen über ihre Lieblingsthemen immer Zeit und fordert ihre Gesprächspartner durch ihre vielen Fragen, Anregungen und Ideen. Oft führen solche Treffen zur Entwicklung von neuen Thesen oder regen neue Themen an. Ausgestattet mit einem breiten kulturellen Wissen und einem gesunden Sinn auch für die komischen und merkwürdigen Seiten des Lebens, ist sie, um es mit einem Begriff aus dem Kulturkreis zu sagen, dem sie einen großen Teil ihres Lebens gewidmet hat und den sie liebt, eine echte „*edibe*", eine Gelehrte mit literarischer Ader, die ihre Worte und Gedanken wohl zu setzen weiß. Als Islamwissenschaftlerin hat sie sich intensiv mit der arabischen und persischen Welt des Mittelalters beschäftigt. Insbesondere aber seit der Zeit, da sie als Direktorin das Orient-Institut der DMG führte (1989 bis 1994), kristallisierte sich die moderne türkische Literatur und Kultur als ein Themenschwerpunkt heraus, dem Erika Glassen bis heute einen Großteil ihrer Zeit widmet.

Nachdem das Orient-Institut wegen der unsicheren Lage im Libanon 1990 von Beirut in ein Ausweichquartier nach Istanbul umgezogen war und sich dort – nicht zuletzt dank Erika Glassens tatkräftigen Bemühungen – damals als eine Zweigstelle etabliert hatte, begannen ihre Istanbuler Jahre, in denen sie in jeder freien Minute Buchhandlungen und Antiquariate auf der Suche nach interessanten Büchern durchstreifte. Frucht dieser Zeit ist eine große literarische Bibliothek, in der kaum ein wichtiges Werk der modernen türkischen Literatur fehlen dürfte – ein kaum zu überbietender Wissensschatz Erika Glassens zu diesem Thema. Vor allem die Welt der türkischen Literatinnen, Literaten und Intellektuellen, die aus erster Hand in deren literarischen Erinnerungstexten beschrieben sind, fasziniert sie. Sie liest sie als ein Stück Mentalitätsgeschichte der modernen Türkei. In diesem Zusammenhang spielt die von Erika Glassen als für türkische Intellektuelle typisch empfundene Kommunikationsform des „*hoşsohbet*" eine besondere Rolle: Sie plaudern in ihren Erinnerungstexten in lockerer, assoziativer Form gerne über ihre Kollegen und Bekannten, ihre Treffen in literarischen Zirkeln, die Gespräche, die sie führten. Das Schreiben wird als eine kommunikative Praxis betrachtet, die nicht nur als Text, den man schreibt und liest, sondern vielmehr auch als Text, über den man in großer Runde spricht, Bedeutung hat.

„*Hoşsohbet*" betreibt man somit, wenn man sich im kommunikativen Raum der Dichter- und Literatenzirkel bewegt, in Zeitungen und Zeitschriften Kolumnen schreibt, sich aktiv an den Gesprächen der türkischen Intellektuellenszene beteiligt. In diesem Sinne wollen wir den Titel dieses Buches verstanden wissen: Als Menschen des „*hoşsohbet*" finden wir uns hier alle zusammen, um unserer Verbundenheit mit Erika Glassen Ausdruck zu geben.

Nach der Rückkehr nach Deutschland tat sich für sie ein neues Arbeitsfeld auf. Als Herausgeberin der „Türkischen Bibliothek" ist ihr Name heute vielen deutschen Leserinnen und Lesern ein Begriff, die sich für die türkische Literatur interessieren. Wenn heute zentrale Werke der türkischen Gegenwartsliteratur von Klassikern wie Halit Ziya Uşaklıgil, Ahmet Hamdi Tanpınar und Sabahattin Ali über die frühen Vertreterinnen einer emanzipierten Literatur wie Leylâ Erbil und Adalet Ağaoğlu bis zu Autoren der jüngeren und jüngsten Generation wie Murathan Mungan, Hasan Ali Toptaş, Aslı Erdoğan und Murat Uyurkulak vielen interessierten deutschen Lesern bekannt sind, dann ist das vor allem ihr Verdienst. Als ihre Schüler und Schülerinnen, Freunde und Kollegen wünschen wir Erika Glassen viele weitere Jahre in Gesundheit, Zufriedenheit und Kreativität!

Börte Sagaster
Karin Schweißgut
Barbara Kellner-Heinkele
Claus Schönig

Schriftenverzeichnis von Erika Glassen (in Auswahl)

Monographien

Die frühen Safawiden nach Qāżī Aḥmad Qumī. 1970. Freiburg im Breisgau: Schwarz (Islamkundliche Untersuchungen; 5).

Der mittlere Weg: Studien zur Religionspolitik und Religiosität der späteren Abbasiden-Zeit. 1981. Wiesbaden: Franz Steiner (Freiburger Islamstudien; 8). Zugleich Habil, 1977, Freiburg (Breisgau).

Herausgeberschaft

Gemeinsam mit Gudrun Schubert:
Meier, Fritz 1992: *Bausteine: Ausgewählte Aufsätze zur Islamwissenschaft. Bd. I-III.* Stuttgart: Franz Steiner (Beiruter Texte und Studien; 53).

Gemeinsam mit Gunhild Graf:
Die Chronik des Ibn ad-Dawādārī. Vierter Teil. Der Bericht über die Umayyaden. 1994. Wiesbaden: Franz Steiner (Deutsches Archäologisches Institut Kairo, Quellen zur Geschichte des Islamischen Ägyptens; 1d).

Gemeinsam mit Turgay Fişekci:
Kultgedichte = Kült Şiirleri. 2008. Zürich: Unionsverlag (Türkische Bibliothek).

Gemeinsam mit Hasan Özdemir:
Im Reich der Schlangenkönigin: Märchen, Schwänke, Helden- und Liebesgeschichten. 2010. Zürich: Unionsverlag. (Türkische Bibliothek)

Gemeinsam mit Hülya Adak:
Hundert Jahre Türkei: Zeitzeugen erzählen. 2010. Zürich: Unionsverlag. (Türkische Bibliothek).

Herausgeberschaft von Reihen

Als Direktorin des Orient-Instituts der Deutschen Morgenländischen Gesellschaft (DMG) in Beirut und Istanbul (1989-1994) mit zahlreichen Bänden:

Beiruter Texte und Studien. Beirut, Stuttgart: Franz Steiner.

Gemeinsam mit Ulrich Haarmann:
Bibliotheca Islamica. Beirut, Stuttgart: Franz Steiner.

Weitere Herausgeberschaft von Reihen:

Gemeinsam mit Werner Ende, Jens Peter Laut, Ulrich Rebstock:
Arbeitsmaterialien zum Orient. Erscheint seit 1998, Würzburg: Ergon.

Gemeinsam mit Rahul Peter Das, Werner Ende, Angelika Hartmann, Jens Peter Laut, Stefan Leder, Ulrich Rebstock, Rotraud Wielandt:
MISK. Mitteilungen zur Sozial- und Kulturgeschichte der islamischen Welt. Erscheint seit 1998, Würzburg: Ergon.

Gemeinsam mit Jens Peter Laut:
Türkische Bibliothek, eine Initiative der Robert Bosch Stiftung, 20 Bde., erschienen 2005-2010, Zürich: Unionsverlag, siehe <http://www.tuerkische-bibliothek.de>.

Aufsätze und Sonderdrucke

Schah Ismāʿīl, ein Mahdī der anatolischen Turkmenen?, *Zeitschrift der Deutschen Morgenländischen Gesellschaft (ZDMG)*, 121 (1971), 61-69.
<http://menadoc.bibliothek.uni-halle.de/dmg/periodical/titleinfo/94445>.

Schah Ismāʿīl I. und die Theologen seiner Zeit, *Der Islam*, 48 (1972), 254-268.
<http://pao.chadwyck.co.uk/PDF/1276601042996.pdf> und zugleich Sonderdruck, Berlin: de Gruyter.

Orient im Okzident. Geistige Beziehungen zwischen Morgen- und Abendland, in: Hanf, Theodor (Mitarb.) 1978: *Die arabische Welt. Geschichte, Probleme, Perspektiven.* Freiburg (Breisgau), Würzburg: Ploetz, 245-249.

Krisenbewußtsein und Heilserwartung in der islamischen Welt zu Beginn der Neuzeit, in: Haarmann, Ulrich u. a. (Hg.) 1979: *Die islamische Welt zwischen Mittelalter und Neuzeit. Festschrift für Hans Robert Roemer zum 65. Geburtstag.* Wiesbaden: Franz Steiner (Beiruter Texte und Studien; 22), 167-179. Zugleich Sonderdruck, Wiesbaden: Franz Steiner.

Religiöse Bewegungen in der islamischen Geschichte des Iran (ca. 1000-1501), in: Berliner Institut für Vergleichende Sozialforschung (Hg.) 1981: *Religion und Politik im Iran.* Frankfurt am Main: Syndikat (Mardom nāmeh), 58-77. Zugleich Sonderdruck, Frankfurt am Main: Syndikat.

„Huzur“: Trägheit, Seelenruhe, soziale Harmonie: zur osmanischen Mentalitätsgeschichte, in: Bacqué-Grammont, Jean-Louis u. a. (Hg.) 1987: *Türkische Miszellen: Robert Anhegger Festschrift; armağanı; mélanges.* Istanbul: Divit Press (Varia Turcica; 9), 145-166.
<http://www.freidok.uni-freiburg.de/volltexte/4376/>, elektronischer Sonderdruck, Albert-Ludwigs-Universität Freiburg, 2008.

Nimm den Schleier, Schwester! Iranische Frauen im Banne des Islam, in: Schmitz, Bettina u. a. (Hg.) 1989: *Waren sie nur schön? Frauen im Spiegel der Jahrtausende.* Mainz: von Zabern, 299-325.
<http://www.freidok.uni-freiburg.de/volltexte/4370/>, elektronischer Sonderdruck, Albert-Ludwigs-Universität Freiburg, 2008.

Die Josephsgeschichte im Koran und in der persischen und türkischen Literatur, in: Link, Franz (Hg.) 1989: *Paradeigmata. Literarische Typologie des Alten Testaments.* Berlin: Duncker & Humblot, 169-179.
<http://www.freidok.uni-freiburg.de/volltexte/4343/>, elektronischer Sonderdruck, Albert-Ludwigs-Universität Freiburg, 2008.

The Reception of Hafiz: Textual Transmission in a Historical Perspective, in: Glünz, Michael und Bürgel, J. Christoph (Hg.) 1991: *Intoxication. Earthly and Heavenly. Seven Studies on the Poet Hafiz of Shiraz.* Bern u. a.: Lang (Schweizer Asiatische Studien / Studienhefte; 12), 41-52.
<http://www.freidok.uni-freiburg.de/volltexte/4353/>, elektronischer Sonderdruck, Albert-Ludwigs-Universität Freiburg, 2008.

Das türkische Gefängnis als Schule des literarischen Realismus: (Nâzim Hikmets Weg nach Anatolien), in: Baldauf, Ingeborg u. a. (Hg.) 1991: *Türkische Sprachen und Literaturen. Materialien der ersten Turkologen-Konferenz Bamberg, 3.-6. Juli 1987.* Wiesbaden: Harrassowitz (Veröffentlichungen der Societas Uralo-Altaica; 29), 129-141.
<http://www.freidok.uni-freiburg.de/volltexte/4332/>, elektronischer Sonderdruck, Albert-Ludwigs-Universität Freiburg, 2008.

Muharram-Ceremonies (ʿAzâdârî) in Istanbul at the End of the XIXth and the Beginning of the XXth Century, in: Zarcone, Thierry und Zarinebaf-Shahr, Fariba (Hg.) 1993: *Les Iraniens d'Istanbul. Actes d'un Colloque, Institut Français d'Ètudes Anatoliennes d'Istanbul, septembre 1991.* Paris u. a.: Institut Français de Recherches en Iran u. a. (Bibliothèque Iranienne; 42 und Varia Turcica; 24), 113-129.
<http://www.freidok.uni-freiburg.de/volltexte/4379/>, elektronischer Sonderdruck, Albert-Ludwigs-Universität Freiburg, 2008.

Das türkische Schattentheater: ein Spiegel der spätosmanischen Gesellschaft, in: Bürgel, Christoph Johann und Guth, Stephan (Hg.) 1995: *Gesellschaftlicher Umbruch und Historie im zeitgenössischen Drama der islamischen Welt.* Stuttgart: Franz Steiner (Beiruter Texte und Studien; 60), 121-137.
<http://www.freidok.uni-freiburg.de/volltexte/4335/>, elektronischer Sonderdruck, Albert-Ludwigs-Universität Freiburg, 2008.

Trablusşam Mevlevihanesi, *Türkiyat Araştırmaları Dergisi* (Konya, Selçuk Üniversitesi, Türkiyat Araştırmaları Enstitüsü), 2 (Mayıs 1996), Sonderheft: *II. Milletlerarası Osmanlı Devleti'nde Mevlevîhâneler Kongresi. 14-15 Aralık 1993*, 27-29.
<http://www.turkiyat.selcuk.edu.tr/pdfdergi/s2/5.pdf>.

In memoriam: Hans Robert Roemer zum Gedenken, *Freiburger Universitätsblätter* 137 (1997), 187-188.
<http://www.freidok.uni-freiburg.de/volltexte/4580/>, elektronischer Sonderdruck, Albert-Ludwigs-Universität Freiburg, 2008.

Hans Robert Roemer zum Gedenken, *Zeitschrift der Deutschen Morgenländischen Gesellschaft* (ZDMG), 148 (1998), 1-6.
<http://menadoc.bibliothek.uni-halle.de/dmg/periodical/pageview/140929>.

Zwei interkulturelle Existenzen am Rande der deutschen Kolonie in Istanbul: Robert Anhegger (geb.1911), der vertürkte Deutsche. Ekrem Rüştü Akömer (1892-1984), der verpreußte Türke, *Zeitschrift für Türkeistudien* (ZfTS), 11,1 (1998), 5-20.

Extreme Positionen der Ḥāfiẓ-Deutung, in: Preißler, Holger u. a. (Hg.) 1998: *Annäherung an das Fremde. XXVI. Deutscher Orientalistentag vom 25. bis 29.9.1995 in Leipzig. Vorträge.* Stuttgart: Franz Steiner (zugleich *ZDMG*/Supplement 11), 393-401.
<http://www.freidok.uni-freiburg.de/volltexte/4384/>, elektronischer Sonderdruck, Albert-Ludwigs-Universität Freiburg, 2008.

Das Recht auf Dichtung. Orhan Veli Kanık (1914-1950) und Garip, in: Guth, Stephan u. a. (Hg.) 1999: *Conscious Voices: Concepts of Writing in the Middle East. Proceedings of the Berne Symposium, July 1997.* Stuttgart: Franz Steiner (Beiruter Texte und Studien; 72), 69-97.
<http://www.freidok.uni-freiburg.de/volltexte/4382/>, elektronischer Sonderdruck, Albert-Ludwigs-Universität Freiburg, 2008.

Zum Gedenken: Ulrich Haarmann (22.9.1942-4.6.1999), *Die Welt des Islams*, 40,3 (November 2000), 334-343.
<http://www.freidok.uni-freiburg.de/volltexte/4336/>, elektronischer Sonderdruck, Albert-Ludwigs-Universität Freiburg, 2008.

Nationale Utopien in Romanen von Halide Edib, Müfide Ferid und Yakub Kadri, *Istanbuler Almanach*, 4 (2000), 44-56.
<http://www.freidok.uni-freiburg.de/volltexte/4373/>, elektronischer Sonderdruck, Albert-Ludwigs-Universität Freiburg, 2008.

Die Töchter der letzten Osmanen. Zur Sozialisation und Identitätsfindung türkischer Frauen nach Autobiographien, in: Prätor, Sabine u. a. (Hg.) 2002: *Frauen, Bilder und Gelehrte. Studien zu Gesellschaft und Künsten im Osmanischen Reich. Festschrift Hans Georg Majer.* Istanbul: Simurg, 347-386.
<http://www.freidok.uni-freiburg.de/volltexte/4371/>, elektronischer Sonderdruck, Albert-Ludwigs-Universität Freiburg, 2008.

Töchter der Republik: Gazi Mustafa Kemal Paşa (Atatürk) im Gedächtnis einer intellektuellen weiblichen Elite der ersten Republikgeneration nach Erinnerungsbüchern von Azra Erhat, Mina Urgan und Nermin Abadan-Unat, in: Schmidt, Jan (Hg.) 2002: *Barbara Flemming Armağanı. Essays in Honour of Barbara Flemming.* Cambridge: Department of Near Eastern Languages and Civilizations, Harvard University (zugleich *Journal of Turkish Studies,* 26,1 (2002), 239-264. <http://www.freidok.uni-freiburg.de/volltexte/4372/>, elektronischer Sonderdruck, Albert-Ludwigs-Universität Freiburg, 2008.

Autobiographische und sozialkritische Dimensionen im Fürstenspiegel Anīs an-nās von Šuǧāʿ aus dem timuridischen Schiras, in: Brunner, Rainer u. a. (Hg.) 2002: *Islamstudien ohne Ende. Festschrift für Werner Ende zum 65. Geburtstag.* Würzburg: Ergon (Abhandlungen für die Kunde des Morgenlandes; 54,1), 113-125. <http://www.freidok.uni-freiburg.de/volltexte/4337/>, elektronischer Sonderdruck, Albert-Ludwigs-Universität Freiburg, 2008.

Das Schattentheater *Karagöz* als Spiegel der multikulturellen spätosmanischen Gesellschaft, in: Kalter, Johannes und Schönberger, Irene (Hg.) 2003: *Der lange Weg der Türken. 1500 Jahre türkische Kultur.* Stuttgart: Linden-Museum, 222-237.

„Nähe in der Ferne“, eine Goethesche Lebensformel im Kontext seiner Begegnung mit Hafiz, *Spektrum Iran,* 17,1 (2004), 61-77.

Erinnerungen von Literaten als Quelle für die Literaturgeschichte der türkischen Moderne, in: Fenz, Henrik und Kappert, Petra (Hg.) 2006: *Turkologie für das 21. Jahrhundert. Herausforderungen zwischen Tradition und Moderne. Materialien der Vierten Deutschen Turkologen-Konferenz, Hamburg, 15-18. März 1999.* Wiesbaden: Harrassowitz (Veröffentlichungen der Societas Uralo-Altaica; 70), 167-186.

The Turkish Writer Sâmiha Ayverdi (1905-1993) and Her Dream of the Ottoman Past, in: Kaçar, Mustafa und Durukal, Zeynep (Hg.) 2006: *Essays in Honor of Ekmeleddin İhsanoğlu. Volume I: Societies, Cultures, Sciences: a Collection of Articles.* İstanbul: IRCICA (Studies and Sources on the History of Islamic Civilisation Series; 13), 363-379.

Politische und literarische Positionen türkischer Schriftstellerinnen in historischer Sicht, in: Tomašević, Dragana u. a. (Hg.) 2006: *Frauen schreiben. Positionen aus Südosteuropa.* Graz: Leykam, 174-186.

The Sociable Self: The Search for Identity by Conversation (*sohbet*). The Turkish Literary Community and the Problem of Autobiographical Writing, in: Akyıldız, Olcay u. a. (Hg.) 2007: *Autobiographical Themes in Turkish Literatures. Theoretical and Comparative Perspectives.* Würzburg: Ergon (Istanbuler Texte und Studien; 6), 143-156.

Geschlechterbeziehungen im Wandel: Die „Türkische Bibliothek“ als Quelle zur Sozialgeschichte, in: Badry, Roswitha u. a. (Hg.) 2009: *Liebe, Sexualität, Ehe und Partnerschaft. Paradigmen im Wandel. Beiträge zur orientalistischen Gender-Forschung.* Freiburg: fwpf, 153-168.

Die klassische Moderne der türkischen Literatur, in: Bekim Agai (Hg.) 2010: *Der Bosporus zu Besuch am Rhein. Eine Reise durch die zeitgenössische türkische Kultur*. Berlin: ebv (Bonner Islamstudien 20), 11-25.

Im Rahmen der Türkischen Bibliothek verfasste *Nachworte*, alle Zürich: Unionsverlag:

Turan, Tevfik (Hg.) 2005: *Von Istanbul nach Hakkâri. Eine Rundreise in Geschichten,* 83-391.
<http://www.unionsverlag.com/info/link.asp?title_id=2347&link_id=6092>.

Erbil, Leylâ 2005: *Eine seltsame Frau.* Aus dem Türkischen von Angelika Gillitz-Acar und Angelika Hoch, 193-201.
<http://www.unionsverlag.com/info/link.asp?title_id=2345&link_id=6099>.

Ali, Sabahattin 2007: *Der Dämon in uns.* Aus dem Türkischen von Ute Birgi-Knellessen, 331-343.
<http://www.unionsverlag.com/info/link.asp?title_id=2400&link_id=7031>.

Glassen, Erika und Fişekçi, Turgay (Hg.) 2008: *Kultgedichte = Kült Şiirleri*, 9-23 (hier Vorwort).

Ağaoğlu, Adalet 2008: *Sich hinlegen und sterben.* Aus dem Türkischen von Ingrid Iren, 489-503.
<http://www.unionsverlag.com/info/link.asp?title_id=2441&link_id=8167>.

Glassen, Erika und Özdemir, Hasan (Hg.) 2010: *Im Reich der Schlangenkönigin: Märchen, Schwänke, Helden- und Liebesgeschichten,* 313-330.
<http://www.unionsverlag.com/info/link.asp?title_id=2544&link_id=8375>.

Adivar, Halide Edip 2010: *Mein Weg durchs Feuer. Erinnerungen.* Aus dem Türkischen und Englischen von Ute Birgi-Knellessen, 575-588.

Adak, Hülya und Erika Glassen (Hg.) 2010: *Hundert Jahre Türkei. Zeitzeugen erzählen*, 9-24 (hier Vorwort, gemeinsam mit Hülya Adak)
<http://www.unionsverlag.com/info/link.asp?title_id=2573&link_id=8486>.

Abkürzungen

CDTA	*Cumhuriyet Dönemi Türkiye Ansiklopedisi/Cumhuriyet Dönemi Türkiye Ansiklopedisi. Yüzyıl Biterken*, Istanbul 1983/1995-1996.
DBİA	*Dünden Bugüne İstanbul Ansiklopedisi*, hg. von İlhan Tekeli, Istanbul 1993-1995.
EI^2	*The Encyclopaedia of Islam*, second edition, Leiden 1954-2002 (auch als elektronische Ressource).
Fundamenta	*Philologiae Turcicae Fundamenta*, hg. von Jean Deny u. a. Wiesbaden/Berlin 1959-2008.
İA	*İslâm Ansiklopedisi. İslâm Âlemi Tarih, Coğrafya, Etnografya ve Biyografya Lugati*, Istanbul 1966-1988.
Index Islamicus	*Index Islamicus. New Books, Articles and Reviews on Islam and the Muslim World*, komp. von James Douglas Pearson u. a., Leiden u. a. 1906- (auch als elektronische Ressource).
KLfG	*Kritisches Lexikon zur fremdsprachigen Gegenwartsliteratur*, hg. von Heinz Ludwig Arnold u. a., München 1983- (auch als elektronische Ressource).
KLL	*Kindlers Literatur Lexikon*, dritte überarbeitete und erweiterte Auflage, hg. von Heinz Ludwig Arnold u. a., Stuttgart u. a. 2009 (auch als elektronische Ressource).
TA	*Türk Ansiklopedisi*, Ankara 1946-1984.
TBEA	*Tanzimat'tan Bugüne Edebiyatçılar Ansiklopedisi*, Istanbul 2001.
TDEA	*Türk Dili ve Edebiyati Ansiklopedisi. Devirler/İsimler/Eserler/Terimler*, Istanbul 1977-1998.
TDVİA	*Türkiye Dinayet Vakfi İslâm Ansiklopedisi*, Istanbul 1988-.
TEA	*Türk Edebiyati Ansiklopedisi*, hg. von Atilla Özkırımlı, Istanbul 1982-1987.
ZDMG	*Zeitschrift der Deutschen Morgenländischen Gesellschaft*, 1847-1921; N. F. 1922- (zum Teil auch als elektronische Ressource).

Poesie und Bilder

Poetische Botanik

Barbara Kellner-Heinkele, Berlin

Ein Gang durch den Garten osmanischer und türkischer Lyrik hält vielerlei Entdeckungen auf dem Feld der Gemütsbewegungen bereit: Liebessehnsucht in allen Schattierungen von Verzweiflung bis Herausforderung, leidenschaftliche Enttäuschung, heitere Freude, Zerknirschtheit, träumerisches Erinnern, Trauer, Melancholie, Leidensausbrüche, Sarkasmus und Spott – bis hin zu den Emotionen, die sich in beißender sozialer und politischer Kritik entladen. Im Verwirrspiel der Gefühlsmetaphern zerfließen die Grenzen zwischen jenseitiger und weltlicher Liebe, zwischen dichterischer Pose und intimem persönlichen Fühlen, zwischen dem Einzelnen und der Gemeinschaft, in die er hineingestellt ist. Die Blumen, Bäume und sonstigen Gewächse dieser poetischen Gartenlandschaft, die auch als ungezähmte Erdenlandschaft gedacht werden kann, vermögen auf jeden Fall intellektuelles Vergnügen, Wertschätzung sprachlicher Meisterschaft und Bewunderung für schöpferische Phantasie hervorzurufen.

Eine Gartenfreundin, die bei einem Spaziergang durch die Dichtung ganz unvermittelt den Blick auf die dichterisch ins Licht gesetzte Flora richtet, könnte entdecken, dass es überraschend zahlreiche Blüten und Gewächse sind, die – sei es sinnbildlich oder den sprachlichen Höhenflug schmückend – in den Versen aufleuchten. Die Dichter und Dichterinnen der alten Zeit ließen sich keineswegs nur von der Schönheit der Rosen und der Anmut der Zypressen inspirieren, sondern ließen auch andere Blumen und Bäume sprechen. Die moderne Lyrik überrascht dagegen mit individuellen botanischen Bildern, da sie sich weit vom osmanischen Dichterkosmos entfernt hat. Die folgende Blütenlese ist gedacht als ein bunter Geburtstagsstrauß für Erika Glassen. Er ist in Bewunderung und Verehrung gepflückt.[1]

Zu Beginn wollen wir einigen osmanischen Dichterstimmen das Wort geben, die der Rose allerlei Reflektionen der Gemütsstimmung zugewiesen haben, wobei die Rose, Sinnbild der vollkommenen Schönheit und der Vergänglichkeit, weder eindeutig den Frühlingsgefühlen noch der abgeklärten Heiterkeit des Sommers vorbehalten ist. Vielmehr ist sie das zentrale Symbol vielschichtiger Liebesempfindungen, und oft umgibt sie ein Hauch von Melancholie. Häufig pflanzt der Dichter in seinen poetischen Garten auch die Tulpe, die Narzisse

---

1 Mein Beitrag möge nicht als Kommentar zur osmanischen und türkischen Lyrik verstanden werden, sondern als spielerisches Experiment mit Wörtern, Wortsinn und Wörtlichnehmen oder auch als ein Verkosten sinnfällig „blumiger" Bilder in der Sprache von Dichtern. Zugleich ist hier auch eine Hommage für den Band „Kultgedichte" mitgedacht. Im Übrigen gab ich der Übersetzung der Gedichte aus berufener Feder den Vorzug vor meiner eigenen.

oder Hyazinthe und überlässt sie, im Schatten der Zypresse, einem Wettstreit der symbolischen Bedeutungen.

Bahâr mevsimidür hem-dem-i sabâ olalum
Gül ile dôst kohusina âşina olalum
Cü devr-i lâledür ihlâs ile kadeh dutalum
Nite ki nergis olur mest-i bî-riyâ olalum [...]

It's the season of spring, let us be
cheek to cheek with the east wind
Let us be friends with the rose,
and companions of its scent

It is the time of the wild tulip –
with pure hearts let us take up the cup
Like the narcissus, let us be drunk
without pretense [...]

Şeyhî (gest. ca. 1431)[2]

[...] Taşradan geldi çemen sahnına bīçāredürür
Devr-i gül sohbetine lâleyi iletmediler [...]

It came a foreigner into the realm of park-lands, thus it is
That when the rose holds carnival the tulip's smartly shown the door.

Necâtî (gest. 1509)[3]

---

2 Şeyhî (gest. ca. 1431), siehe Walter G. Andrews/Najaat Black/Mehmet Kalpaklı (Hg. und Übers.), *Ottoman Lyric Poetry. An Anthology*, Austin 1997, 31, Text 272. Die vielfältigen Bedeutungen, die osmanische und neuere Dichter in den Rosen zu erkennen wussten, belegt Cemal Kurnaz, Art. „Gül", in: *TDVİA* 14, 219-222, mit zahlreichen Beispielen; vgl. auch Marianne Beuchert, *Symbolik der Pflanzen,* Frankfurt am Main/Leipzig 2004, 279-287, und Siegfried Becker, Art. „Rose, Rosenwunder", in: *Enzyklopädie des Märchens* 11, Berlin/New York, 833-842. Auch der Tulpe eignet eine zwiespältige Symbolik: u. a. versinnbildlicht sie den Pokal der im Frühling wiederkehrenden Lebensfreude oder der rotseidenen Festgewandung, vgl. Annemarie Schimmel, *Kleine Paradiese. Blumen und Gärten im Islam*, Freiburg im Breisgau 2001, 90-95. Die Narzisse ihrerseits kann für die im Frühling wiederkehrenden Kräfte der Natur stehen, aber auch für das schöne „Auge" des Liebenden oder der Geliebten, siehe Beuchert, *Symbolik der Pflanzen*, 233-235, Schimmel, *Kleine Paradiese*, 99-104.

3 Necâtî (gest. 1509), übersetzt von E. J. W. Gibb, siehe Elias John Wilkinson Gibb, *A History of Ottoman Poetry*, Vol. II, London 1965, 119, Text in Fahir İz, *Eski Türk edebiyatında nazım. XIII. yüzyıldan XIX. yüzyıl ortasına kadar yazmalardan seçilmiş metinler,* 1/I, 2. Auflage, Ankara 1995, 203, und Necmettin Halil Onan, *Izahlı Divan Şiiri Antolojisi*, Ankara 1941 (*Türk Edebiyatı Antolojileri* 2), 51. Irene Mélikoff sieht in diesem Vers den Gegensatz zwischen der Gartenblume (*gül*) und der Feldblume (*lâle*) ausgedrückt (Irene Mélikoff, „La fleur de la souffrance. Recherche sur le sens symbolique de *lāle* dans la poésie mystique turco-iranienne", *Journal Asiatique,* 255 (1967), 341-360, hier 345). Eine weniger poetische Übersetzung als die von Gibb müsste wohl lauten: „Da sie als ärmliche Außenseiterin kam, wurde die Anemone (Mohnblume/Tulpe) nicht zum Festgelage der Rosenzeit zugelassen."

[...] Dertli bülbül bahçelerde bağlarda
Figan eder yaz geldiği çağlarda
Mor sünbüllü gönce güllü dağlarda
Ferhat Şirinini bulagelmiştir [...]

[...] The stricken nightingale, in the gardens, in the vineyards,
cries out at those times when summer comes.
On mountains with purple hyacinths and budding roses
Ferhat always finds his Shirin [...]

Kâtibî (17. Jh.)[4]

Hyazinthen und Rosen werden sich nach ihrer natürlichen Blütezeit kaum im Garten begegnen, aber im Garten der Dichter lassen sie sich zu einer höchst effektvollen Farb- und Duftkomposition von symbolischen Assoziationen verbinden. Das Arrangement aus duftintensivem Goldlack, schlanker Zypresse und schönäugiger Narzisse rückt die Harmonie von Haupt und Gestalt in den Blick. Beide Weisen münden dann eher in einem eleganten Sprachfeuerwerk der Huldigung an den oder die Geliebte(n) als in einem wahrhaft empfundenen Ausbruch des Gefühls.

Gülşeni vasf eylemekten rûy-ı cânândır garaz
Sünbülü yâd etmeden gîsû-yı cânândır garaz [...]
Gülistânın anmadan şebbû vü serv ü nergisin
Zülf-i müşkîn kadd-i bâlâ çeşm-i fettândır garaz [...]

The only reason to describe the rose garden is the face of the beloved
The only reason to mention hyacinths is the beloved's locks [...]
What reason to mention the garden, its wallflower, cypress, and narcissus
But to recall your musky locks, your tall body, your seductive eye [...]

Fıtnat Hanım (gest. 1780)[5]

[...] Semen-būyum gül-endāmım
zehī serv-i gülistānım
Gülüm reyhānım eşcārım[...]

[...] My jasmine scented, rose fragrant one,
My cypress grown in a rose garden, [...]
My rose, my sweet basil, my trees, [...]

Nesîmî (14./15. Jh.)[6]

---

4 Kâtibî (17. Jh.), übersetzt von Andrews, siehe Walter G. Andrews, *An Introduction to Ottoman Poetry*, Minneapolis/Chicago 1976, 39, Text 38. Mit der Hyzinthe konnten die Dichter vor allem auf die duftende dunkle Lockenpracht des oder der Geliebten anspielen, siehe Schimmel, *Kleine Paradiese*, 79-80.

5 Fıtnat Hanım (gest. 1780), übersetzt von Kemal Silay, siehe Kemal Silay (Hg.), *An Anthology of Turkish Literature*, Bloomington, Indiana 1996, 235, Text in BTK 7, 14.

6 Nesîmî (14./15. Jh.), übersetzt von Bernard Lewis, siehe Silay, *Anthology*, 87, Text in İz, *Eski Türk Edebiyatında Nazım*, 162-163. Jasmin vor grüner Landschaft verglichen die Dichter

Die Rose strahlt mehr die Zerbrechlichkeit vergänglicher Schönheit und die bewaffnete Scheu des Liebeobjekts aus als Hoheit und Majestät. Aber im Verein mit dem Bild von der edel Schatten spendenden, alles überragenden Zypresse lässt eine einzelne Rose kraft ihrer dominierenden Schönheit ihre Umgebung als prächtiges Rosenfeld erstrahlen – eine Vorstellung, die sich auf Herrscher wie Geistesgrößen übertragen lässt.

[...] Salṭanat bāğında bir serv-i sehī-reftārsın
Cilve-gāhuñ gül gibi ṣaḥn-i gülistāndur henūz. [...]

[...] In the garden of authority you are a cypress of tall and graceful gait
Where you parade your attractiveness like a rose is yet a rose-garden-field. [...]

ʿİşretî (gest. 1566)[7]

Mit dem folgenden Gedicht von Nedîm (gest. 1730) begegnen wir wieder der Tulpe, die, wie Rose und Narzisse, Freude, Festlichkeit und unbeschwerten Lebensgenuß ankündigen kann. Aber sie wird auch mit dem Blut der Märtyrer in Verbindung gebracht.[8]

Yine bezm-i çemene lâle fürûzan geldi
Müjdeler gülşene kim vakt-i çerâgan geldi [...]
Can-fezâ turra-i hûban gibi zülf-i sünbül
Dil-guşâ nazm-ı Nedîmâ gibi ruhsâre-i gül [...]

Again the tulip came in flames to the gathering in the meadows
Good tidings to the rose garden, the time for festivity has come [...]
The lovelock of the hyacinth, like the beloved's forelocks, will revive souls
The cheeks of the roses, like the poetry of Nedim, will fill hearts with joy [...]

Nedîm (gest. 1730)[9]

Auch der dem feinsinnigen Sultanshof fernstehende Dichter Karaca Oğlan vermag allerlei von Rosen und Nachtigallen zu singen, aber als wandernder Dichter weiß er auch die wildwachsende Flora der Wälder und Höhen, die er durchzieht, poetisch einzusetzen, um seiner Gemütslage Herr zu werden, wenn die schönen Mädchen, die ihm begegnen, sich nicht erweichen lassen wollen. So dürfte die sich in Farben, Tönen, Gerüchen und Formen verdichtende Naturschilderung vor allem die Gefühlslandschaft des Dichters untermalen.

---

gern mit dem Sternenhimmel, siehe Schimmel, *Kleine Paradiese*, 96-98. In der Zypresse, oft Begleiter geweihter Orte, sahen sie meist die schlanke, biegsame Gestalt des geliebten Wesens. Basilikum gilt als belebender Duftspender schlechthin, siehe Klaus-Detlev Wannig, *Der Dichter Karaca Oğlan. Studien zur türkischen Liebeslyrik*, Freiburg 1980, 230.

7 ʿİşretî (gest. 1566), übersetzt von Andrews, siehe Walter G. Andrews, *Poetry's Voice, Society's Song. Ottoman Lyric Poetry*, Seattle/London 1985, 153 (Übersetzung und Text).

8 Zu diesem Thema siehe Mélikoff, „La fleur de la souffrance", und hier Fußnote 23.

9 Nedîm (gest. 1730), übersetzt von Kemal Silay, siehe Silay, *Anthology*, 211; Text in Abdülbâki Gölpınarlı (Hg.), *Nedim Divanı*, 2. Auflage, Istanbul 1972, 360.

Kuşlar cığrışıp daldan dala ötüşür
Fesleğen yaylası yeşil salında
Yeşil ardıç, reyhan, sünbül kokuşur
Feslegen yayla anber toprak yolunda

Sarı ciğdem küme küme serilmiş
Taşlarında kekik reyhan dirilmiş
Bu güzellik ta ezelden verilmiş
Fesleğen yayla sağında solunda [...]

In Zweigen zwitschern Vögel sich Gesang zu;
Dicht steht Basilikum in grüner Wiese.
Wacholder, Königskraut und Hyazinthen
verströmen Duft von Ambra auf den Boden.

In Büscheln gelber Krokus hingebreitet;
auch zwischen Steinen noch: Basilikum lebt auf
am Thymian. Es gibt die Schönheit ewig,
das Königskraut zur Rechten und zur Linken. [...]

Karaca Oğlan (16. Jh.)[10]

Ein Dichter der neuen türkischen Sprache findet an einem trägen Sommernachmittag im Lächeln einer Schlummernden zu einer Inspiration, die in den fluiden Grenzen zwischen Diesseits und Jenseits angesiedelt zu sein scheint. Farben, Licht, Geräusche lösen sich auf in flirrenden Gedanken vom Kosmos der Dinge.

Her şey yerli yerinde; havuz başında servi [...]
Sarmaşıklar ve böcek sesleri sarmış evi. [...]
Belki rüyâlarındır bu tâze açmış güller,
Bu yumuşak aydınlık dalların tepesinde,
Bitmeyen aşk türküsü kumruların sesinde
Rüyâsı ömrümüzün çünkü eşyaya siner. [...]

Jedes Ding hat seinen Platz, am Teich die Zypresse, [...]
Efeuranken, Käfersurren umkreisen das Haus. [...]
Vielleicht sind die frisch erblühten Rosen deine Träume,
Diese sanfte Helligkeit an den Spitzen der Zweige,
Das immerwährende Liebeslied im Gurren der Tauben,
Denn der Traum unseres Lebens verbirgt sich in den Dingen. [...]

Ahmet Hamdi Tanpınar (1901-1962)[11]

---

10 Karaca Oğlan (16. Jh.), übersetzt von Klaus-Detlev Wannig, siehe Wannig, *Der Dichter Karaca Oğlan*, 449, Text 448. Bemerkenswerterweise sind *feslegen* (< Griech. *basilikós*) und *reyhan* Synonyme wie im Deutschen Basilienkraut, Basilikum und Königskraut, siehe Ingeborg Hauenschild, *Türksprachige Volksnamen für Kräuter und Stauden mit den deutschen, englischen und russischen Bezeichnungen*, Wiesbaden 1989, Nr. 792. Zu Karaca Oğlans Funktionalisieren von Natur, siehe Wannig, *Der Dichter Karaca Oğlan*, 213-240, insbesondere 227-234 und 239-240 zu diesem Gedicht.

11 Ahmet Hamdi Tanpınar (1901-1962), „Her şey yerli yerinde", übersetzt von Erika Glassen, siehe Erika Glassen/Turgay Fişekçi (Hg.), *Kultgedichte. Kült Şiirleri*, Zürich 2008, 25, Text 24.

Wie Erika Glassen in ihrer feinfühligen Einleitung zu dem Band Kultgedichte - Kült Şiirleri bemerkt, die vielleicht „im schlaflosen Gras einer langen Nacht“ (Melih Cevdet Anday, 1915-2002)[12] entstand, ist die vorherrschende Stimmung der türkischen Dichter der neuen Zeit eher melancholisch oder gebrochen. Vom Rosenüberschwang der osmanischen Dichter ist kaum etwas übrig geblieben. Rosen sind nicht mehr nur gefälliges Sinnbild von Liebesschmerz oder blühender Schönheit des Liebesobjektes, sondern Zeichen von vergangener Jugend, ja krudem, realen Leiden, von Blutrot und Tod.

[...] cığlığım uzun uzun kalır içimde
yani güller giyinmiş bir adam nerde ben nerde
rüzgâr bir dirimi dört yöne bölerken tepelerde
ve gece duruşmasından yeni çıkmışken
sabahın terazisi eksik tartar gölgemi [...]

[...] mein schrei verharrt viel zu lange in meinem innern
ein mann der einst rosen trug bin ich das noch
während der wind auf den hügeln das eine leben in die vier himmelsrichtungen verweht
wird eben dem nächtlichen verhör entronnen
auf der waage des morgens mein schatten zu leicht befunden [...]

Turgut Uyar (1927-1985)[13]

Die türkischen Dichter der Moderne entdeckten für ihre Verse weniger spektakuläre Blumen als Rosen, Tulpen, Nelken, wie etwa Edip Cansever, der in seinen „Tragödien III“ immer wieder beschauliche Alltagsszenen auszumalen scheint. Aber über der harmlosen Szenerie von unauffällig rankenden Pflanzen (heilsames Eisenkraut, beständiger Efeu, bescheidene wilde Rosen) - deren Wurzeln wie mit Krallen das Mauerwerk durchlöchern - bricht plötzlich die Wut der Katastrophe herein. Oder der Dichter lässt eine friedliche Szene erstehen (weiße Nelke, Schneeglöckchen), die mit der Farbe Weiß (wie Unschuld, wie Tod) den sinnlosen Akt der Gewalt nicht sofort erahnen lässt:

[...] Mineler, sarmaşıklar, o yaban gülleriyle
Örtülü bir duvarın ansızın
Kanlı, kireçli bir taş yağmuru halinde
Korkunç bir silah olduğunu yerine göre [...]
Ya da bir düşte yürüyor gibi
Islak mavi bir sabahtı, açtınız pencerenizi
Şöyle bir gerindiniz, gökyüzüne baktınız

Die Natur des Efeus evoziert Treue, Beständigkeit, Tod und Unsterblichkeit, siehe Beuchert, *Symbolik der Pflanzen*, 63-65.

12 Melih Cevdet Anday (1915-2002), „Çiftlikteki gece“, übersetzt von Johannes Neuner, siehe Glassen/Fişekçi (Hg.), *Kultgedichte*, 47, Text 46.

13 Turgut Uyar (1927-1985), „acının coğrafyası“, übersetzt von Uta Schlegel, siehe Glassen/Fişekçi (Hg.), *Kultgedichte*, 293, Text 292.

Tutarak sapından bembeyaz bir karanfili [...]
Bir kurşun!
Birden o zamansız, o yersiz başdönmesi
Hani av araçları satılan bir dükkân vardı
İçi doldurulmuş çulluklar, kardelen çiçekleri [...]

[...] Eine mit Eisenkraut, Efeu und Hundsrosen
Überwucherte Mauer wird plötzlich
Zu einem blutigen Kalksteingeriesel
Zu einer schrecklichen Waffe [...]
Oder wie es manchmal in Träumen der Fall ist,
An einem blauen feuchten Morgen habt ihr das Fenster geöffnet,
Rekelt euch und schaut in den Himmel
In der Hand eine weiße Nelke, [...]
Da! Ein Schuss! [...]
Da gab es doch dieses Geschäft für Jagdbedarf voller Rebhühner und Schneeglöckchen...
[...]

Edip Cansever (1928-1986)[14]

In einem anderen Gedicht Cansevers steht die Nelke für die Unmöglichkeit, die Mauer der Einsamkeit des Individuums zu durchbrechen:

[...] Örneğin rakı içiyoruz, içimize bir karanfil düşüyor gibi [...]
Sen o karanfile eğilimlisin, alıp sana veriyorum işte [...]
Derken karanfil elden ele... [...]

[...] Par exemple nous buvons du raki, c'est comme si un oeillet tombait à l'intérieur de nous [...]
Toi tu as un penchant pour cet oeillet, je le cueille et te l'offre voilà [...]
Puis l'oeillet passe de main en main... [...]

Edip Cansever (1928-1986)[15]

Nicht anders als bei den osmanischen Dichtern kann die Nelke bei den modernen Dichtern die Assoziation von Annehmlichkeiten und Wohlbefinden (*keyif*) vermitteln, aber diese beziehen sich nicht mehr auf höfisches Leben, sondern auf Jedermann, wie oben bei Cansever zu erfahren war. Ahmet Arif spricht auch von Jedermann, aber bei ihm ist die Wahrnehmung von Nelkenduft nur ein Moment des Vergessens in einer schier endlosen Reihe von Gefängnisjahren.

14 Edip Cansever (1928-1986), „Tragedyalar III", übersetzt von Uta Schlegel, siehe Glassen/Fişekçi (Hg.), *Kultgedichte*, 307, 309, Text 306, 308.

15 Edip Cansever (1928-1986), „Yerçekimli karanfil", übersetzt von Jean Pinquié und Levent Yilmaz, siehe Jean Pinquié/Levent Yilmaz, *Anthologie de la poésie turque contemporaine*, Edition bilingue, Preface de Nedim Gürsel, Paris 1991, 146, Text 147.

[...] Görüşmecim, yeşil soğan göndermiş,
Karanfil kokuyor cıgaram
Dağlarına bahar gelmiş memleketimin... [...]

[...] Mein Besucher hat Frühlingszwiebeln mitgebracht,
Nach Nelken riecht meine Zigarette
Frühling ist auf den Bergen meines Landes... [...]

Ahmet Arif (1927-1991)[16]

Der Desillusionierung und den Grausamkeiten des Lebens gegenüber, denen die Erwachsenen sich ausgesetzt sehen, werden Kirschblüten – wie die königlichen Blumen der osmanischen Dichter ein überaus beliebtes Motiv osmanischer Miniaturenmaler und Kunsthandwerker – bei Cahit Külebi zum Symbol kindlicher Unbeschwertheit, aber auch Begrenzung durch die Erwachsenenwelt:

[...] Eğer kuvvetim yetse benim
Şehrin bütün çocuklarını alırım evlerinden
Hepsine kiraz çiçeklerinden
Bir çift kanad takarım. [...]

Wenn meine Kraft ausreichte,
Würde ich alle Kinder der Stadt aus ihren Häusern holen
Allen aus Kirschblüten
Ein Flügelpaar anheften.

Cahit Külebi (1917-1997)[17]

Pelargonien, im Volksmund Geranien, finden sich nicht bei den osmanischen Poeten, aber sie haben mit ihrer unaufdringlichen Alltäglichkeit und Blühfreudigkeit bis in den späten Herbst die Aufmerksamkeit von Nâzım Hikmet, Can Yücel und Oktay Rifat auf sich gezogen, um einen stillen Augenblick des Besinnens festzuhalten:

Itır saksısında artan koku,
denizlerde uğultular
ve işte dolgun bulutları ve akıllı toprağıyla sonbahar... [...]

---

16 Ahmet Arif (1927-1991), „İçerde", übersetzt von Ümit Güney, siehe *Akzente,* 27/6 (Dez. 1980), 529, Text in Ahmed Arif, *Hasretinden prangalar eskittim,* 32. Auflage, Istanbul 1992, 6. In einem Gedicht Nâzım Hikmets aus dem Band *Son Şiirler* heißt es „...çiçekleri severmişim meğer/üç kımızı karanfil yolladı bana hapishaneye yoldaşlar 1948..." (doch da es hieß, ich liebte Blumen, schickten mir die Kameraden drei rote Nelken ins Gefängnis") (siehe Mehmet H. Doğan (Hg.), *Yüzyılın Türk Şiiri (1900-2000)*, Istanbul 2001, 253). Mit ihrer Geste könnten die Kameraden auch auf die rote Nelke als Blume der Arbeiterbewegung angespielt haben.

17 Cahit Külebi (1917-1997), „Hürriyet", übersetzt nach Pazarkaya, siehe Yüksel Pazarkaya (Hg. und Übers.), *Die Wasser sind weiser als wir. Türkische Lyrik der Gegenwart*, München 1987, 201, Text 200.

The smell rises from the geraniums
The waves hum on the seas
Autumn is here with its full clouds

Nâzım Hikmet (1902-1963)[18]

[...] Bu sesler işte sessizliğini büyüten toprak
O senin sardunyalar gibi konuşkan sessizliğini.
Hayatta yattık dün gece
Üstümüzde meltem
Kekik kokuyor ellerim hâlâ
Senle yatmadım sanki [...]
Dağları dolaştım [...]

[...] Ô terre, ces bruits font ton silence grand
Ô ton silence qui parle comme les géraniums
Nous avons dormi sous la véranda la nuit dernière
La brise était sur nous
Mes mains sentent encore le thym
Comme si, loin d'avoir dormi avec toi,
Je m'étais promené dans les montagnes [...]

Can Yücel (1926-1999)[19]

[...] açıyorum kapılarını girip çıkıyorum
ölü bir bahçıvanla dikiyorum
sardunyayı saksıya, gülü
saydam gemilerin uzaktan geçtiği yola. [...]

[...] J'ouvre les portes j'entre je sors
Assisté d'un jardinier mort je plante
Un pélargonium dans un vase ainsi qu'une rose
Sur les chemins lointains des navires transparents [...]

Oktay Rifat (1914-1988)[20]

Melancholischer gestimmt ist ein weiteres Gedicht von Oktay Rifat, in dem das Geschick des Blühens und Vergehens, dem Natur und Mensch gemeinsam ausgeliefert sind, mit natürlichen Phänomenen und von Menschenhand geschaffenen Objekten assoziiert wird.

---

18 Nâzım Hikmet (1902-1963), übersetzt von Larry Clark, siehe Silay (Hg.), *Anthology*, 369, Text in Nâzım Hikmet, *Kuvâyi Milliye*, 4. Auflage, Istanbul 1991, 108.

19 Can Yücel (1926-1999), „Akdeniz yaraşıyor sana", übersetzt von Jean Pinquié und Levent Yilmaz, siehe Pinquié/Yilmaz, *Anthologie*, 108, Text 109. Der unauffällige Thymian gehört wie Basilikum zu den stärkenden Duft-, Küchen- und Heilkräutern.

20 Oktay Rifat (1914-1988), „Eski koltukta", übersetzt von Jean Pinquié und Levent Yilmaz, siehe Pinquié/Yilmaz, *Anthologie*, 60, Text 61.

[...] Surların taşlarında biten ot ve incir,
Rüzgârlı osmanlı çayırları ve şebboy,
Kırık yazıt, selvili çeşme, kiralık ev
Onun sultanlığında serpilir ve ölür. [...]

Das Gras und der Feigenbaum, die zwischen Mauersteinen wachsen,
die windigen osmanischen Wiesen und der Goldlack,
Die zerbrochene Steininschrift, der Zypressenbrunnen, das Mietshaus
Blühen und sterben unter seiner Herrschaft.

Oktay Rifat (1914-1988)[21]

In dem folgenden Gedicht huldigt İlhan Berk wohl Istanbul (oder ist es Bodrum?) in dem höchst kapriziösen Vergleich mit einer Seerose, die sich im Wasser spiegelt.

[...] Sen ki bir nilüfersin ölçüsüz uyaksız
Anlaki beyaz, masmavi hohlarım seni [...]

Toi qui est un nénuphar sans mesure et sans rime
Comprends, blanche et toute bleue, que je souffle sur toi

İlhan Berk (1918-2008)[22]

Bereits die osmanischen Dichter ließen sich von Wildblumen faszinieren, zumal, wenn es sich um den Klatschmohn handelte, der mit seinen roten Blütenblättern und den tiefschwarzen Staubfäden an liebeskrank verweinte Augen und das in der osmanischen Lyrik sprichwörtliche Brandmal der Liebe erinnern konnte.

Seḥâb-ı luṭfuŋ âbın teşne-dillerden dirîġ itme
Bu deştüŋ baġrı yanmış lâle-i nuʿmânıyuz cânâ

[...] We are the poppies of this wasteland
whose hearts are burnt black with grief [...]

Bâkî (1525-1600)[23]

---

21 Oktay Rifat (1914-1988), „Bin kılıkta", übersetzt von Yüksel Pazarkaya, siehe Pazarkaya (Hg. und Übers.), *Die Wasser sind weiser als wir*, 119, Text 118. In der nahöstlichen Landschaft ubiquitäre Gewächse wie Gras, Feigenbaum, stark duftender Goldlack und Zypresse bilden hier eine perfekte Symbiose.

22 İlhan Berk (1918-2008), „Bir düzyazıyımdır belki de ben", übersetzt von Jean Pinquié und Levent Yilmaz, siehe Pinquié/Yilmaz, *Anthologie*, 92, Text 93.

23 Bâkî (1526-1600), Übersetzung siehe Andrews u. a. (Hg.), *Ottoman Lyric Poetry*, 93, Text 287. Zu *lâle-i nuʿmân* vgl. Mélikoff, „La fleur de la souffrance", die dafür plädiert, vor dem 18. Jh. unter *lâle* und zumal *lâle-i nuʿmân* nicht die bekannte Gartentulpe, sondern die rote Feldanemone oder den Klatschmohn zu verstehen, beide mit schwarzem Blütengrund und daher das Blutrot mit einem Brandmal vereinend. Raby (Julian Raby, 1560-1650. Maturity and Decline of İznik Pottery", in: Nurhan Atasoy/Julian Raby, *İznik. The Pottery of Ottoman Turkey*, hg. von Yanni Petsopoulos, London 1989, 218-368) übernimmt auf Seite 223 die Argumentation, doch zeigt die İznik-Keramik des 16. Jh.s sehr häufig rote Tulpen mit spitzen Blütenblättern, wohl nach einer wilden Tulpenart.

Cahit Külebi spricht von einer weniger harmlosen Mohnsorte, wenn er den Wind Anatoliens wild über die Landschaft ziehen läßt. Die Disteln müssen in diesem Gedicht mit seinem positiven Grundton keineswegs nur die Mühsal des kargen Bodens signalisieren, sondern können auch – mit der ihnen eigenen Schönheit – für die Kraft und Genügsamkeit der anatolischen Menschen stehen.

[...] Sonra başlayıp alçalmaya ovalara doğru,
Haşhaş tarlalarında eflatun, pembe, beyaz,
Kıraçlarda mavi dikenler...
Toz toprak gözlerine gitmiştir. [...]

[...] Dann hinab in die Täler steigend,
In Schlafmohnfeldern lila, rosa, weiß,
Auf dürrem Boden blaue Disteln...
Sand und Staub flogen ihm ins Auge. [...]

Cahit Külebi (1917-1997)[24]

Durch sieben eisenbewehrte Tore von der Freiheit getrennt, kann sich in einem Gedicht von Ahmet Arif der umgitterte Blick des Gefangenen nur noch auf ein paar genügsame Blümchen heften, die gleichsam zu einem Garten werden, der die Hoffnungslosigkeit des Dichters zu teilen scheint:

[...] İner, yedi kol demiri,
Yedi kapıya.
Birden, ağlamaklı olur bahçe
Karşıda duvar dibinde.
Üç dal gece sefâsı,
Üç kök hercai menekşe...

Sieben Eisenstangen fallen
An sieben Toren.
Mit einem wird dem Garten
Gegenüber, am Fuß der Mauer, zum Weinen zumute.
Drei Ringelblumen,
Drei Stiefmütterchen.

Ahmet Arif (1927-1991)[25]

---

[24] Cahit Külebi (1917-1997), „Rüzgâr", übersetzt von Pazarkaya, siehe Pazarkaya (Hg. und Übers.), *Die Wasser sind weiser als wir*, 203, Text 202. Nach Beuchert, *Symbolik der Pflanzen*, 55-57, symbolisiert die Distel – schon seit der biblischen Schöpfungsgeschichte – den Lohn der Sünde, aber daneben auch Männlichkeit und Schutz gegen böse Geister.

[25] Ahmet Arif (1927-1991), „Akşam erken iner mahpusaneye", übersetzt nach Yüksel Pazarkaya, siehe Pazarkaya (Hg. und Übers.), *Die Wasser sind weiser als wir*, 223, Text 222. Stiefmütterchen (Viola tricolor) gedeihen wild und im Garten auf guten wie sehr schlechten Böden, daher könnte es als Sinnbild der überlebenswilligen Anpassungsfähigkeit gedeutet werden.

Gesellschaftskritisch ist das Gedicht Ece Ayhans, in dem der Oleander, der die Mittelmeerlandschaft so üppig schmückt, nur auf den ersten Blick die Trauer der Schulkameraden über den Selbstmord des Mitschülers zum Ausdruck bringt, denn nach den religiösen Vorstellungen der Muslime muss sich der Sünder (hier der politisch Ausgegrenzte) in der Hölle von den Früchten des Oleanderstrauches ernähren.

> [...] Arkadaşları zakkumlarla örmüşlerdir şu şiiri. [...]
>
> [...] Seine Freunde flochten aus Oleander dieses Gedicht. [...]
>
> Ece Ayhan (1931-2002)[26]

Stand für die osmanischen Dichter die Zypresse für die graziöse Gestalt des oder der Geliebten, so hat Ahmet Arif diesem Bild einen neuen Sinn gegeben, nämlich den des jugendlichen Helden, vor dem sich die Fülle des Lebens noch ausbreitet, hätten nicht staatlich sanktionierte Meuchelmörder dem ein Ende gesetzt.

> [...] Babam gözlerini verdi Urfa önünde
> Üç de kardaşını
> Üç nazlı selvi,
> Ömrüne doymamış üç dağ parçası. [...]
>
> [...] Seine Augen schloss mein Vater vor Urfa
> Auch drei seiner Brüder
> Drei schlanke Zypressen
> Drei Felsen noch lechzend nach Leben. [...]
>
> Ahmet Arif (1927-1991)[27]

Die Vergeblichkeit des Sehnens nach Gerechtigkeit und Frieden haben zahlreiche osmanische und türkische Dichter zum Thema genommen. In A. Kadirs Gedicht scheinen die Gewächse die Idee von den wehrhaft in den Bergen um Ehre und

---

[26] Ece Ayhan (1931-2002), „Meçhul öğrenci anıtı", übersetzt von Klaus-Detlev Wannig, siehe Glassen/Fişekçi (Hg.), *Kultgedichte*, 245, Text 244. Im Koran wird der Oleander (Rosenlorbeer) dreimal erwähnt: Sure 37/62-66, Sure 44/43-45, Sure 56/51-53. Demnach ist *zaqqūm* ein Baum, der in der Tiefe der Hölle wächst. Die Verdammten essen dessen bittere Früchte, die Dämonenköpfen gleichen und ihnen wie flüssiges Blei im Magen liegen; vgl. Bosworth, C. E., Art. „Zakkum", in: *EI*^{2} XI (2002), 425-426.

[27] Ahmet Arif (1927-1991), „Otuz üç kurşun", übersetzt von Sabine Adatepe, siehe Glassen/Fişekçi (Hg.), *Kultgedichte*, 267, Text 266. Wie Refik Durbaş aus einem Interview mit Ahmet Arif berichtet, bildet einer der zahlreichen Vorfälle von Kurdenverfolgung in der Zeit der Einparteienherrschaft vor 1946 den Hintergrund zu dieser Trauerode, siehe Glassen/Fişekçi (Hg.), *Kultgedichte*, 268-273. Den politischen Hintergrund beleuchtet auch H. Neşe Özgen, „The Ideology of Selective Forgetting. How a Political Massacre is Remembered in Turkey: The ‚33 Bullets Incident'", in: Ildikó Bellér-Hann (Hg.), *The Past as Resource in the Turkic Speaking World*, Würzburg 2008, 85-107.

Unabhängigkeit ringenden Rebellen zu versinnbildlichen. Dem Albtraum von Gefangenschaft und Tod stellt der Dichter mit leiser Drohung den Widerstand als unabsehbares Feld von Schilfrohr entgegen, das zwar niedergemäht, aber doch nie ausgerottet werden kann.

Dağlardan devedikeni getirdim bir avuç,
bir avuç kanlı devedikeni dağlardan. [...]
Sustum, hıncımı bastım kanıma
Açarken zindanların avlusunda kanlı güller. [...]
Vurur ayışığı kamış tarlasına,
yüzer kan içinde kamış tarlası. [...]

Von den Bergen brachte ich Disteln, eine Handvoll,
eine Handvoll blutige Disteln von den Bergen. [...]
Ich schwieg, ertränkte meinen Zorn in meinem Blut
Und in den Hinterhöfen der Kerker erblühten blutige Rosen. [...]
Der Mond wirft sein Licht auf das Schilfrohrfeld,
das Schilfrohr schwimmt im Blut. [...]

A. Kadir (1917-1985)[28]

In der Türkei kennt und liebt jedermann die Platane, die vor allem den Nutzen zu haben scheint, dass sie Teegärten beschattet, in Parks Kühle verbreitet und dem Beton der Straßen einen günen Hauch von Menschlichkeit verleiht. In seinem Herbstgedicht spielt Bâkî auf den bunten Flickenmantel der Derwische an, die allem irdischen Streben entsagen. Den Wind lässt der Dichter doppelsinnig der Platane die handgelappten Blätter rauben und, angesichts ihres gefleckten Rindenkleides, ihre (mystische) Botschaft von Bescheidenheit und Ausdauer in die Weite tragen. Nâzım Hikmet dagegen rätselt spielerisch, unter einer Platane, über Gott und die Welt und kommt zu dem Ergebnis „Gott sei Dank leben wir" (çok şükür yaşıyoruz).

[...] Eşcār-i bāġ ḫırka-yı tecrīde girdiler
Bād-i ḫazān çemende el aldı çınārdan [...]

[...] The foilage of the garden has put on the cloak of selflessness,
The autumn wind in the meadow has become a disciple of the plane tree. [...]

Bâkî (1526-1600)[29]

[...] Su başında durmuşuz
çınar, ben, kedi, güneş, bir de ömrümüz.
Suda suretimiz çıkıyor

---

28 A. Kadir (1917-1985), „Kanlı şiirler", übersetzt von Johannes Neuner, siehe Glassen/Fişekçi (Hg.), *Kultgedichte*, 277, 281, Text 276, 280.

29 Bâkî (1526-1600), übersetzt von Walter G. Andrews, siehe Andrews, *An Introduction to Ottoman Poetry*, 102 (Text und Übersetzung).

çınarın, benim, kedinin, güneşin, bir de ömrümüzün.
Suyun şavkı vuruyor bize
çınara, bana, kediye, güneşe, bir de ömrümüze. [...]

Am Wasser stehen wir:
Die Platane, ich, die Katze, die Sonne, unser Leben dazu.
Im Wasser unser Spiegelbild:
der Platane, meines, der Katze, der Sonne und unseres Lebens.
Das Licht des Wassers fällt auf uns:
die Platane, mich, die Katze, die Sonne und unser Leben. [...]

Nâzım Hikmet (1902-1963)[30]

Die ganze Fülle an Farben und Düften, die der Spätsommer entfaltet, scheint in den folgenden Gedichtzeilen eingefangen, die vielleicht auch spielerisch eine Assoziation mit ganz vordergründigem, flüchtigen Behagen zulassen – als wollten sie die um Abgeklärtheit ringende Grundstimmung aufhellen.

[...] Ayva sarı nar kırmızı sonbahar!
Her yıl biraz daha benimsediğim. [...]

[...] Gelb die Quitte, rot der Granatapfel, der Herbst ist da!
Ihn mache ich mir jedes Jahr etwas mehr zu eigen. [...]

Cahit Sıtkı Tarancı (1910-1950)[31]

Geceydi: Olgunlaşan narın içini duydum;
Suskun zamanın andacı! [...]
Olgunlaşan narın içindeyim. Oluyorum. [...]

Nacht war es: Des reifenden Granatapfels Inneres erspürte ich,
Erinnerung an schweigende Zeit! [...]
Im reifenden Granatapfel hause ich. Gedeihe. [...]

Ahmet Oktay (geb. 1933)[32]

Auch Melih Cevdet Anday spielt mit den zwiespältigen Wahrnehmungen, die das Reifen in der Natur hervorruft. Vertraute Geräusche und Gerüche verschmelzen in diesen Zeilen mit der geheimnisvollen Fremdheit der grenzenlosen Nacht.

---

30 Nâzım Hikmet (1902-1963), „Masalların masalı", übersetzt von Yüksel Pazarkaya, siehe Pazarkaya (Hg. und Übers.), *Die Wasser sind weiser als wir*, 47, Text 46.

31 Cahit Sıtkı Tarancı (1910-1950), „Otuz beş yaş şiiri", übersetzt von Yüksel Pazarkaya, siehe Pazarkaya (Hg. und Übers.), *Die Wasser sind weiser als wir*, 87, Text 86. Die Symbolik des Granatapfels zielt vor allem auf Fruchtbarkeit, Liebe und Lebensfülle, siehe Beuchert, *Symbolik der Pflanzen*, 121-125.

32 Ahmet Oktay (geb. 1933), „Solgun bahçe", übersetzt von Sabine Adatepe, siehe Glassen/Fişekçi (Hg.), *Kultgedichte*, 31, 33; Text 30, 32.

[...] Susup kalmıştık tüylü harupların
Ve kederin çiti boyunca garip. [...]
Gecenin sarnıcına düştü boş bir yıldız,
Çam kozalağı gibi gümbürtüyle,
Atlarımızın kusursuz sessizliğinde,
Yaşlı zeytinlerin altından girdik
Ölmüş ot kokulu ciftliğe, sıcak; [...]

[...] Wir schwiegen, entlang der Hecke aus Leid
Und gefiederten Johannisbrotbäumen, fremdartig. [...]
In die Zisterne der Nacht fiel ein leerer Stern,
Knackend wie ein Fichtenzapfen,
In der vollkommenen Stille unserer Pferde,
Unter alten Olivenbäumen hindurch
Betraten wir den nach Heu riechenden Hof, heiß; [...]

Melih Cevdet Anday (1915-2002)[33]

Anders als in osmanischen Gedichten ist Liebe bei Sennur Sezer ein erdverbundenes Gefühl. Zumindest scheint die Dichterin anzudeuten, dass sie nunmehr eine aus der Zeit gewachsene Liebe den Passionen der Jugend vorzieht, die sie mit dem betäubenden Duft der Ölweide im Frühling vergleicht.

[...] - Sevda nasıldır?
Unuttu etim iğde çiçeklerini [...]
Sevda dendi mi
- Elinizi toprağa dayayın
- Duyun tohumun çıtırtısını
- Kekik koklayın [...]

[...] - Was ist Liebe?
Mein Leib hat die Blüten der Ölweide vergessen [...]
Wurde da von Liebe gesprochen?
- Stützen Sie Ihre Hand auf die Erde
- Lauschen Sie auf das Knacken der Samen
- Riechen Sie am Thymian [...]

Sennur Sezer (geb. 1943)[34]

Dieser botanische Spaziergang durch die abwechslungsreichen Landschaften osmanischer und türkischer Poesie ließe sich leicht fortsetzen. Man könnte anderen Routen folgen und übersehenen Wegzeigern nachspüren, den Zeichen, die die

33 Melih Cevdet Anday (1915-2002), „Çiftlikteki gece“, übersetzt von Johannes Neuner, siehe Glassen/Fişekçi (Hg.), *Kultgedichte*, 47; Text 46.

34 Sennur Sezer (geb. 1943), „Hekim öğütleri“, übersetzt von Uta Schlegel, siehe Glassen/Fişekçi (Hg.), *Kultgedichte*, 59; Text 58. Das Gedicht wurde 1982 publiziert. Zum überwältigenden Duft der Ölweide vgl. die Kurzgeschichte des Malers und Dichters Bedri Rahmi Eyüboğlu (1913-1975) in: *Die Oelweide*. Moderne türkische Erzähler übertragen und eingeleitet von Andreas Tietze, Basel 1964, 8-15.

Dichter setzten, in anderen Weisen nachgehen, auf ihre Emotionen in vielerlei Variationen reagieren. Doch der rote Faden bliebe dabei immer die Harmonie und Vielschichtigkeit der Sprache, in der sie jubeln, meditieren und leiden.

Bī-ḫazān ḳalsun bahār-i gülşenin
Müsteʿān alsun ḳarār-i düşmenin

Let the spring of your garden remain without autumn
Let He Whom we ask for aid take away the peace of your enemy

Nâbî (1642-1712)[35]

[35] Nâbî (1642-1712), übersetzt von Walter G. Andrews, s. Andrews 1976, S. 58, Text ebd.

Der Preis der Lyrik. Förderung, Auszeichnung, Opfer

Barbara Flemming, Leiden

In der verdienstvollen Reihe *Türkische Bibliothek* nimmt der Band „Kultgedichte", eine Anthologie von zweiundvierzig türkischen Gedichten, die Erika Glassen und Turgay Fişekçi in einer zweisprachigen Ausgabe veröffentlicht haben,[1] eine besondere Stellung ein. Türkische Dichter und Künstler unserer Tage stellen darin ihre Lieblingsgedichte vor. In ihren Kurz-Essays ist viel von Lyrikpreisen und Auszeichnungen die Rede. Das hat mich dazu angeregt, als Beitrag zum *Hoşsohbet* für Erika Glassen den folgenden Versuch einer Bestandserhebung zum „Preis" der Lyrik im guten wie im schlechten Sinne anzubieten. Birgt doch Hochschätzung der Dichtung auch Risiken, wenn Gedichte mit der politischen Strafjustiz in Konflikt kommen. Manches davon kann bei den großen Romanciers nachgelesen werden. Als Ausgangsmaterial sollen die „Kultgedichte" dienen. Sie erlauben – dank der Erscheinungsdaten, die jedem der ausgewählten Gedichte beigegeben werden – einen Blick auf die türkische Lyrik vor 1985. Außer Bejan Matur sind darin Lyriker vertreten, die bereits vor 1985 (ausweislich der Anthologien von Pazarkaya[2] und Behramoğlu[3]) Rang und Namen hatten.

Am Phänomen der Literaturpreise[4] und ihrem Gegenteil, der Nichtauszeichnung ja Bestrafung von Dichtern, lassen sich gewisse Motive und Widersprüche des türkischen Literaturlebens[5] vor 1985 wiederfinden und darstellen: das kemalistische Gesellschaftsmodell mit seiner Beschwörung der Kompatibilität von Islam und *laiklik*; das Kopftuch; das Weiterleben des mystischen Islams; die Anziehungskraft der kommunistischen Utopie im Streit mit dem kemalistischen „Populismus"; Leugnung der Kurden und Anerkennung der Dichter des „Ostens".

Ein Repräsentant osmanischen Mäzenatentums ist Nedim. Seit der junge Gelehrte, ein leuchtender Stern der Diwan-Poesie, sich unter den Schutz von Nevşehirli İbrahim gestellt hat, macht er Karriere. Sein Gönner wird Wesir, dann Sultansschwiegersohn und Großwesir, und der Dichter steigt auf bis zur Professur an den *sahn-i seman*. Er wird Leiter einer Bibliothek, geht am Hof aus und ein,

---

1 Erika Glassen/Turgay Fişekçi (Hg.), *Kultgedichte*, Zürich 2008.

2 Yüksel Pazarkaya, *Moderne türkische Lyrik. Eine Anthologie*, Tübingen/Basel 1971.

3 Ataol Behramoğlu, *Son Yüzyıl Büyük Türk Şiiri Antolojisi*, 2. revidierte Auflage, Istanbul 1991.

4 Übersichten bieten *TEA* 4, 1982, 949-956 (Preise bis 1980), Atilla Özkırımlı, „Anahatlaryla Edebiyat", *CDTA* 3, 602-606 (Preise bis 1982), sowie İhsan Işık, *Yazarlar Sözlüğü*, Istanbul 1990.

5 Yüksel Pazarkaya sprach 1982 in *Rosen im Frost. Einblicke in die türkische Kultur*, Zürich 1982, 80, von „Lebenslinien, in denen die Widersprüche der Zeit sichtbar werden".

erhält reiche Zuwendungen (*in'āmāt*) und dichtet heitere, weltliche Gedichte. Nach einem trinkfreudigen Leben stirbt er am 23. Oktober 1730 durch einen Sturz vom Dach seines Hauses, kurz bevor eine „Revolution" (*ihtilal*) der Tulpenzeit ein Ende macht.[6]

Geförderte Dichter in der Großen Nationalversammlung

Das wichtigste Subventionsinstrument in der „Lyrikbranche" waren in den Anfängen der Großen Nationalversammlung und der Republik nicht Preise, sondern Abgeordnetenmandate. Gazi Mustafa Kemal wurde angemessen hymnisch gefeiert von Dichtern, die ihm ihre Abgeordneten-Gehälter verdankten.[7] In der ersten Legislaturperiode (1920-1923) bekam der greise Abdülhak Hamit (Tarhan, 1852-1937) einen Ehrensold. Mehmet Akif (Ersoy, 1873-1936), der Dichter der Nationalhymne, saß für Burdur im Parlament. In der zweiten Legislaturperiode (August 1923-1927), während derer die Republik ausgerufen wurde, bekam Mehmed Akif kein Mandat mehr; er stand mittellos da und ging bekanntlich später nach Ägypten.[8] Yahya Kemal (Beyatlı, 1884-1958), der die Nationalisten publizistisch unterstützt hatte, wurde 1923 zum Abgeordneten für Urfa ernannt; in dieser Eigenschaft nahm er 1925 als Delegierter an den Unterhandlungen mit den Franzosen über die türkisch-syrische Grenze teil. 1926 ging Yahya Kemal als Gesandter (*orta elçi*) nach Warschau. In der dritten Legislaturperiode (1927-1931) hatte Abdülhak Hâmit ein Mandat für Istanbul. Mehmet Emin (Yurdakul, 1869-1944) ließ sich 1930 zum Eintritt in die „Freie Republikanische Partei" (*Serbest Cumhuriyet Fırkası*) überreden; als dies Experiment einer „loyalen Opposition" zu erfolgreich war und die Partei im November 1930 geschlossen wurde, verlor der alte Herr seinen Sitz im Parlament und hatte Mühe, wieder ein Mandat der CHP zu erlangen.[9] Der *Fecr-i ati*-Dichter Fazıl Ahmet Aykaç (1884-1967) war Abgeordneter von Elazığ. 1929 ging Yahya Kemal nach Madrid (wiederum als Gesandter; lange vor dem spanischen Bürgerkrieg), 1931 wurde er nach Portugal versetzt. Die Belohnung und Versorgung von Dichtern mit Mandaten nahm naturgemäß ab, seit echte Wahlen durchgeführt wurden. Faruk Nafiz Çamlıbel (1898-1973), der Dichter der Atatürkzeit, war nach dem Umsturz (*ihtilal*) von 1960 als DP-Abgeordneter eine Zeitlang auf Yassıada interniert. In unseren Tagen setzt die Große Nationalver-

---

6 Fevziye Abdullah Tansel verschweigt in „Nedîm", *İA* IX (1964), 173, die Trunksucht des Dichters nicht.

7 Gedichte wurden wie Kasiden verfasst. Unter den poetischen Huldigungen auf Mustafa Kemal ragen zwei von Abdülhak Hamit (1925 und 1927) sowie mehrere Gedichte heraus, die Mehmet Emin (Yurdakul) Atatürk und seinen Siegen widmete; das lange Gedicht „Zafer" (1928) wurde noch 1981 in Mehmet Kaplan u. a. (Hg.), *Atatürk Devri Türk Edebiyatı* I, Ankara 1981, 63, wieder abgedruckt.

8 Fahir İz, „Mehmed 'Akif", *EI*[2] VI (1991), 985-986.

9 Samet Ağaoğlu, *Babamın Arkadaşları*, Istanbul o. J., 82-84; Fahir İz, „Mehmed Emin", *EI*[2] VI (1991), 986-989.

sammlung Ehrenpreise für verdiente Intellektuelle aus; zu den Empfängern gehören der Nobelpreisträger Orhan Pamuk, der Musiker Fazıl Say und die Historiker Halil İnalcık, İlber Ortaylı und Kemal Karpat.

Die Zeitschrift Varlık

Zum zehnten Jahrestag der Republik gaben Sabri Esat (Siyavuşgil, 1907-1968) und später Yaşar Nabi (Nayır, 1908-1981) mit Unterstützung der CHP die Monatszeitschrift *Varlık* heraus. Beide waren Gründungsmitglieder der „Sieben Fackeln", deren Gedichte sie druckten. Die erste Nummer erschien am 15. Juli 1933. Im *Varlık* debütierten Fazıl Hüsnü Dağlarca (1914-2008), Orhan Veli (Kanık, 1914-1950), Oktay Rifat (1914-1988) und Melih Cevdet (Anday, 1915-2002), das heißt, Dichter des *Garip* (später auch die Ersten Neuen genannt). Was hier erschien, erzielte sofort die Aufmerksamkeit des Publikums, auch die erste Erzählung von Sait Faik (Abasıyanık, 1906-1954). Die staatliche Lenkung war unübersehbar: „*Varlık* sammelte in einer Zeit, in der es keine Zeitschrift mit literarischem Schwerpunkt gab, die bekannten Literaten und bekam auch Unterstützung von der CHP, um das Vakuum (*boşluk*) auf dem Gebiet der Kunst zu füllen. Bis in die 1960er Jahre hinein öffnete *Varlık* in der Lyrik der 1940er Generation – außer den Sozialisten – und in Erzählung und Roman den vom Lande stammenden Autoren seine Seiten."[10]

Staatsförderung: Auftragsdichtung

Halit Fahri (Ozansoy, 1891-1971), einer der fünf „Silbendichter", erhielt den Auftrag, ein Theaterstück zu schreiben: das „Epos der zehn Jahre" (*On Yılın Destanı*), ein Versdrama, das in Anwesenheit des Gazis uraufgeführt wurde. Darin wurde dem Heldentum der Türken im Unabhängigkeitskrieg, dem Wiederaufbau und dem Gazi gehuldigt.[11] Faruk Nafiz Çamlıbel und sein Schüler Behçet Kemal Çağlar (1908-1969), der Barde Atatürks, schrieben den „Marsch des zehnten Jahres" *Onuncu Yıl*, der bis auf den heutigen Tag gesungen und gespielt wird.

Die Volkshäuser als Kulturzentren

Der Ort für die nationalistische Kultur waren zwischen 1932 und 1951/2 die Volkshäuser (*Halkevleri*), die als verlängerter Arm der CHP an die Stelle der „Türkenherde" (*Türk Ocakları* von 1912) getreten waren. Damit wollte die positivistisch denkende kemalistische Führungselite das osmanisch geprägte Volk zum

10 Özkırımlı, „Anahatlaryla Edebiyat", 588.

11 Auszug in Kaplan (Hg.), *Atatürk Devri*, 1, 519. Atatürk wird dem Propheten Isa gleichgestellt. Christa-Ursula Spuler, „Das türkische Drama der Gegenwart", *Die Welt des Islams*, XI (1968), 18, 48 und 167-169.

„Laizismus“ und zur türkisch-anatolischen Geschichte erziehen. Jede Stadt bekam ein Volkshaus; das von Diyarbakır und die Volksheime in den umliegenden Kleinstädten dienten vorzugsweise der Türkisierung. Der Empfang von Radio Ankara war aber schlecht („ein dumpfes Knistern“); die Dörfler hörten kurdischsprachige Radiosendungen aus Eriwan.[12]

Neben Dichterlesungen wurden Theatervorführungen geboten. Das erste Stück, das auf der Bühne der *Halkevleri* gespielt wurde, hieß „Der Hirte“ *Çoban* (1932), und stammte von Behçet Kemal Çağlar, der auch die Hauptrolle spielte. „Der Überfall“ bzw. „die Nomadenwanderung“ *Akın* (1932) wurde von Faruk Nafiz in Übereinstimmung mit der neuen Geschichtstheorie angefertigt: ein Schüler trug vor, wie die Türken die Welt besiedelten.[13] Die Kulturabteilung der Volkshäuser, die auch Bücher publizierten, leitete von 1938 bis 1947 Ahmet Muhip Dıranas (1909-1980). Behçet Kemal Çağlar wurde 1935 zum Inspekteur der Volkshäuser ernannt und bereiste das ganze Land. In der Provinz stieß der kemalistische Impetus an Grenzen, die manches *Halkevi* selbst zur „Bühne“ von Konflikten machte.[14]

Adalet Ağaoğlus (1929) Romanfigur Aysel ist in dem Stück „Vaterland und Pflicht“ (*Vatan ve Vazife*) für die Rolle eines Dorfmädchens vorgesehen, für das sie jeder ohnehin ansah, mit ihrem knielangen Kittel und den Zöpfen. Die Geschichtslehrerin will, dass sie ihre Haare wie ein westliches Mädchen kurz schneiden lässt, *alagarson*. Ihr Vater will nichts davon hören. In der Kleinstadt zwingen die Eltern sie, ein Kopftuch zu tragen.[15] Häufig werden Frauenhaare thematisiert, auch in der fiktiven Aufführung eines 1936 datierten „jakobinisch“ bühnenwirksamen Stückes „Vaterland oder Schleier“ (*Vatan veya Türban*), ein Ereignis, auf das Orhan Pamuks Roman *Kar* von Anfang an zuläuft. Eine junge Frau beschließt, ihren schwarzen *çarşaf* abzulegen. Sie tut es und macht ihre Freiheit (*özgürlük*) bekannt. Jetzt ist sie glücklich. Ihre Familie, ihr Verlobter und bärtige muslimische Männer widersetzen sich dieser Freiheit aus verschiedenen Gründen. Die Frau gerät in Wut und verbrennt ihren Schleier. Bärtige Fanatiker reißen die Frau an den Haaren und wollen sie gerade töten, als die jungen Soldaten der Republik die Frau retten.[16]

---

12 Uğur Ümit Üngör, *Young Turk Social Engineering. Mass Violence and the Nation State in Eastern Turkey, 1913-1950*, Diss. Amsterdam 2009, 301-316; zum Radio 326.

13 Spuler, *Drama*, 15-19, 48-49, 168 und 180; zu Çamlıbels „Wanderung“ siehe ebd., 104-105.

14 Alexandros Lamprou, *Between Central State and Local Society. The People's Houses Institution and the Domestication of Reform in Turkey (1932-1951)*, Diss. Leiden 2009, informiert am Beispiel von Kayseri und Balıkesir über die Praxis der Volkshäuser; Stichworte sind u. a. „Frauen auf der Bühne“ und „Konkurrenz zum Kaffeehaus“.

15 Adalet Ağaoğlu, *Ölmeye Yatmak*, Istanbul 1973, deutsch von Ingrid Iren, *Sich hinlegen und sterben*, Nachwort von Erika Glassen, Zürich 2008, 90/dt. 117; 71/dt. 94.

16 Orhan Pamuk, *Kar*, Istanbul 2002; deutsch von Christoph K. Neumann, München 2002, englisch von Maureen Freely, London 2004.

Noch 1960 lässt Gülten Akın (1933) in einem Gedicht im Geiste solcher Lehrstücke eine junge Frau gegen die „Sitte" (*töre*) aufbegehren. Die Frau, die sich „von Makel behaftet" (*'ayb*) fühlt, legt aber keinen *çarşaf* ab, sondern sie schneidet, im Sinne der fiktiven Geschichtslehrerin, ihre langen schwarzen Haare ab. Von ihrem Gruß an den befreiten auferstandenen Menschen (*kişi*) fühlt sich Nurgül Ateş (1977) angesprochen.

Adalet Ağaoğlus *Ölmeye Yatmak* führt uns mehrfach ins Volkshaus von Ankara. Im Wechsel mit der Fakultät (*Dil-Tarih-Coğrafya*) werden dort Lyrik-Matineen veranstaltet; beliebt sind *„Kışlada Bahar"*, *„Vatan borcu biter bitmez ordayım"* von Bekir Sıtkı Erdoğan (1926) und Gedichte auf Atatürk.[17] Nichts von Nâzım Hikmet (Ran, 1902-1963). Dessen Gedichte dürfen nicht gelesen und weitergegeben werden, gedruckt ohnehin nicht. Ali Baysal, begabter Bauernsohn mit Volksschulabschluss, hütet die Hefte, in die er Gedichte von Nâzım Hikmet einträgt, als verborgenen Schatz.[18] Einmal lädt das Volkshaus zu einem „Tag der Dichter" (*Şairler Günü*) ein. Der Ausschuss hat Gedichte von Unbekannten ausgewählt, und ein junger Poet liest sein Gedicht vor einem Publikum (*bir topluluk önünde*), in dem sich zwei leibhaftige Dichter befinden: Orhan Seyfi Orhon (1890-1972) und Munis Faik Ozansoy (1911-1975); ein Foto kommt in die Zeitung (*Ulus*).

Solche Szenen in *Ölmeye Yatmak* gehören zur Rückschau auf eine Institution, die mit ihren Bibliotheken und sonstigen Einrichtungen nur zwanzig Jahre bestanden hat. „1951, als mit dem Einzug der Demokratie der Schwung der kemalistischen Revolution abflaute",[19] wurden die Volkshäuser geschlossen und seit 1952 im Unterrichtsministerium untergebracht. Gleichzeitig wurden die Dorfinstitute *Köy Enstitüleri*, jene legendären Landerziehungsheime, die im Sinne des Kemalismus auf die Dorfjugend einwirken sollten, wegen „kommunistischer Tendenzen" geschlossen. Es war just die Zeit – 1952 – wo ein führender Nakşbendi-Scheich sich in Istanbul installierte.

„Mystiker der Republik"

Zwei Jahre nach ihrer Gründung hatte die Republik die Derwischorden aufgehoben und ihre Konvente geschlossen. Die Besitzrechte der Eigentümer waren jedoch nicht angetastet worden, ebenso wenig wie die als Moschee dienenden Gebäude. Das sei, wie es im Rückblick hieß, im Geiste des wahren Laizismus geschehen; auch habe sich Mustafa Kemal bemüht, „den Islam für die Republik zu erhalten."[20]

---

17 Ağaoğlu, *Ölmeye Yatmak*, 283/dt. 374.

18 Ağaoğlu, *Ölmeye Yatmak*, 284/dt. 376.

19 Pamuk, *Kar*, 148/vgl. dt. 176.

20 Ahmet Mumcu, *Tarih Açısından Türk Devriminin Temelleri ve Gelişimi*, Istanbul 1979, Niyazi Kızılyürek, „Le kémalisme", in: Erik-Jan Zürcher (Hg.), *Turkey in the Twentieth Century*, Berlin 2008, 400-403; Şerif Mardin, „Islam in 19th and 20th century Turkey", ebd., 458.

Die Nakşbendis[21] hatten es verhältnismäßig leicht, die Zeit der Einparteiherrschaft zu überstehen, weil sie kein Tekke brauchten, und weil sie sich Ämter in der Religionsbehörde Diyanet sichern konnten. Der wichtigste Zweig behauptete sich mit einem Kulturverein in der Istanbuler İskender Paşa Moschee, wo Mehmed Zahid (Kotku, 1897-1980) bis an sein Lebensende als Imam und *hatip* wirkte.[22] Scheich Abdülhakim Arvasî (1860-1943), aus alter kurdischer Familie, hatte den nationalen Unabhängigkeitskampf aktiv unterstützt und durfte nach der Schließung der Tekkes in seinem Kaşgari Dergahı (Eyüp) wohnen bleiben. Einer seiner Brüder war Bataillons-Imam, ein Schwiegersohn saß im Parlament. Nach zwei Verhaftungen, 1925 und 1931, wurde Scheich Arvasî wieder auf freien Fuß gesetzt und füllte die Moscheen, an denen er als Prediger angestellt war. Den Laizismus lehnte er kategorisch ab. 1943 wurde der greise Scheich in Izmir unter Hausarrest gestellt und ging dann nach Ankara, wo er im selben Jahr starb. Als Scheich Arvasî im Jahre 1934 von der Kanzel der Ağa Camii in Beyoğlu predigte, begegnete ihm Necip Fazıl Kısakürek (1905-1983), der als einer der stärksten türkischen Lyriker des 20. Jahrhunderts damals auf der Höhe seines Ruhmes stand.[23] Die Begegnung bedeutete für Necip Fazıl eine vollständige Umkehr; der Dichter wurde zum Interpreten der Rābıṭa, der Bindung an den Meister.[24] Als Schüler des Scheichs – sein Buch *O ve ben* erlebte 1990 die 6. Auflage[25] – musste sein Weg von der „Symphonie" weg zur „Klausur" (*çile*) und in Gegnerschaft zum Staat führen. Gegen das 1935 geschriebene patriotische Stück „Das Saatkorn" (*Tohum*) war jedoch staatlicherseits nichts einzuwenden.[26] Auch ein psychologisches Stück, „Die Erschaffung eines Menschen" wurde 1938 im Stadttheater Istanbul uraufgeführt.[27]

Die Erforschung der Dichtung des „nachkemalistischen Islam der Türkei" und des „unverhüllt zutage tretende Neo-Islamismus seit 1944" – gegen den Orhan Veli kämpfte[28] – ist noch in der Entwicklung begriffen. Anfang der 1980er Jahre

---

21 Hamid Algar, „Der Nakşbendi-Orden in der republikanischen Türkei", in: Jochen Blaschke/Martin van Bruinessen (Hg.), *Jahrbuch zur Geschichte und Gesellschaft des Vorderen und Mittleren Orients 1984. Islam und Politik in der Türkei*, Berlin 1985, 184. Thierry Zarcone, „Les Nakşibendi et la république turque: de la persécution au repositionnement théologique, politique et social (1925-1991)", *Turcica*, XXIV (1992), 138.

22 Işık, *Yazarlar Sözlüğü*, 278.

23 Essay von Beşir Ayvazoğlu in Glassen/Fişekçi, *Kultgedichte*, 110-115, hier 115.

24 Fritz Meier zitiert es-Seyyid ʻAbdülhakim Arvāsī, *Rābıṭa-ı şerīfe*, Istanbul 1342/1923, 14: *rābıṭa-i telebbüsiyye* in *Zwei Abhandlungen über die Naqšbandiyya I. Die Herzensbindung an den Meister. II. Kraftakt und Faustrecht des Heiligen*, Istanbul 1994, 152, auch 181.

25 Thierry Zarcone, „Tasawwuf. 6. Amongst the Turcs.", *EI²* X (2000), 333-334.

26 Laut Spuler, *Drama*, 146-147 ein „sehr schwaches" Stück (Ferhad Bey hilft Maraş von den Franzosen zu befreien), laut Kaplan „ein interessantes Stück, das die inneren Kräfte beschreibt, welche im Unabhängigkeitskrieg in den Anatoliern arbeiteten" (*Atatürk Edebiyatı*, xxxv).

27 Spuler, *Drama*, 145-149: Die Dichtung ist die wesentliche Macht in Husrevs Leben – er identifiziert sich mit seinem eigenen Werk und wird darüber wahnsinnig.

28 Klaus Kreiser, *Lebensbilder aus der Türkei*, Zürich 1996, 63 und 69.

charakterisierte İsmet Özel die Dreiergruppe Necip Fazıl Kısakürek, Asaf Halet Çelebi (1907-1958) und Ahmet Muhip Dıranas als „Mystiker der Republik,“[29] zu denen er auch Sezai Karakoç (1933) zählte.[30]

Staatliche Förderung in der „Republik-Zeit“[31]

1942 lobte die Einheitspartei CHP einen ersten Wettbewerb aus, und zwar für Prosa, und berief dazu eine vielköpfige Jury. Die Preise, damals noch *mükâfat*, wanderten in die Hände von – fast schon – Altmeistern.[32] Ihre Namen bezeugen, wie weit in der Literatur die personellen Wurzeln in die Jungtürkenzeit zurückreichten.[33] Vier Jahre nach dem Romanpreis, 1946, veranstaltete die CHP ihr erstes Lyrik-Preisausschreiben. Den ersten Preis und großen Ruhm erntete Cahit Sıtkı Tarancı (1910-1956) für *Otuz Beş Yaş*. Den zweiten Preis erhielt Attilâ İlhan (1925-2005) für seine Trauerode auf *Cebbaroğlu Muhammed*, einen Widerstandskämpfer gegen die Franzosen in der Gegend um Maraş.[34] Den dritten Preis gewann Fazıl Hüsnü Dağlarca.[35] Ein Jahr später, 1947, es war das Jahr, in dem er als Botschafter nach Karachi ging, nahm Yahya Kemal in der Kategorie „Kunst“ der İnönü-Preise eine Auszeichnung für *Hayal Şehir* entgegen. 1947 veranstaltete die CHP einen Dramenwettbewerb und verlieh dem inzwischen als Regimegegner bekannten Necip Fazıl Kısakürek für das (allerdings vom Spielplan abgesetzte) Stück *Sabır Taşı* (1940) den ersten Preis.[36] Mit dem zweiten Preis für *Gölgeler* wurde Ahmet Muhip Dıranas ausgezeichnet.[37]

---

29 Işık nannte ihn einen der besten Dichter der Cumhuriyet-Zeit; gleichlautend Gülten Akın in den Kultgedichten: „Einer der größten Dichter der Republik“.

30 İsmet Özel, „Şiir“, *CDTA* 3, 631-638, besonders 633 f. Zu Sezai Karakoç ebd., 635.

31 *„Cumhuriyet Devri“* meinte früher die Zeit von Atatürks Präsidentschaft bis etwa 1950 (Horst Wilfried Brands, „Die türkische Prosaliteratur“, in: Werner Kündig-Steiner (Hg.), *Die Türkei. Raum und Mensch, Kultur und Wirtschaft in Gegenwart und Vergangenheit*, Tübingen/Basel 1977, 186-197, bes. 190-191), seither wurde der Begriff „Republik-Zeit“ bis mindestens in die achtziger Jahre ausgedehnt: vgl. *CDTA* 3, 636-638.

32 1. Halide Edip Adıvar *Sinekli Bakkal* (1936), zuerst auf Englisch erschienen, 2. Yakup Kadri Karaosmanoğlu *Yaban* (1932), 3. Memduh Şevket Esendal *Ayaşlı ile Kiracıları* (1934).

33 Vgl. Nur Bilge Criss, *Istanbul under Allied Occupation 1918-1923*, Leiden u. a. 1999, 96.

34 *TEA* 3, 677-8. Cebbaroğlu Muhammed fällt in den Bergen, wo er seine Ehre gegen die Urfa, Antep und Maraş bedrohenden Franzosen verteidigt hat.

35 Laut Nermin Menemencioğlu, *The Penguin Book of Turkish Verse*, Harmondsworth 1978, 53, stieg er erst 1956 zum allseits berühmten Dichter empor; etwas skeptisch Mehmet Kaplan, *Cumhuriyet Devri Türk Şiiri*, 2. Auflage, Istanbul 1975. Dağlarca spielte laut Pazarkaya, *Rosen im Frost*, 105, eine Rolle in der „Sprachrevolution“.

36 Spuler, *Drama*, 145-149; zur Frage nach der Zensur ebd., 23.

37 Spuler, *Drama*, 110 (Angst eines alten Mannes vor dem Altern und dem Tod).

Private Förderung: der Yeditepe-Lyrik-Preis

Gegen die scheinbare Nüchternheit und „Alltäglichkeit" der Garip-Dichter formierte sich Widerstand – in der konservativen Zeitschrift *Hisar*[38] – und Staatspreise waren einstweilen nicht in Sicht. In dieser Situation öffnete sich für die „Zweiten Neuen" (*İkinci Yeni*) der Schirm des Yeditepe-Preises. 1954, in den Anfangsjahren der Menderes-Regierung, stiftete Hüsamettin Bozok (1916-2008), der Herausgeber der Zeitschrift *Yeditepe*, den gleichnamigen Lyrikpreis. Er fing als kleiner Preis an, anfangs mit 300 TL dotiert. Ausgezeichnet wurde jeweils das beste Gedicht des Vorjahres. Der Yeditepe-Preis wurde zum Dreh- und Angelpunkt der „Zweiten Neuen" und wird vielfach im Band *Kultgedichte* erwähnt. Die Reihe beginnt 1955 mit Oktay Rifat. 1956 folgte Fazıl Hüsnü Dağlarca, der wohl die meisten Preise bekam: 1956 und 1958 wurde er im In- und Ausland ausgezeichnet.[39] Es folgten: 1957 Behçet Necatigil (1916-1979), 1958 Edip Cansever (1928-1986) und 1959 Cemal Süreya (1931-1990, beide *İkinci Yeni*), 1965 Ahmet Oktay (1933), 1978 Hilmi Yavuz (1936), 1979 Refik Durbaş (1944), 1981 Cahit Külebi (1917-1997). Die Empfänger erzielten bis auf den heutigen Tag bleibende Zustimmung im lesenden Publikum.

Die Preise des Türk Dil Kurumu *(TDK)*

Nach dem Ende der Volkshäuser ging das Mäzenat des Staates auf die von Atatürk gegründete Türkische Sprachgesellschaft (*Türk Dil Kurumu*) über. 1954 begann die lange Geschichte der *Türk Dil Kurumu Ödülleri*. Sie wurden jedes Jahr am „Sprachfeiertag", dem 26. September, in fast allen Sparten der Literatur und auch der Sozialwissenschaften verliehen. Dotiert mit je 3500 TL, ebneten die TDK-Preise Dichtern und Schriftstellern – Gülten Akın war die weibliche Ausnahme[40] – den Zugang zum lesenden Publikum. Die Lyriker, die einen TDK-Preis bekamen, waren für die Zukunft etabliert, auch wenn Verfolgung wegen Artikel 141 StGB nicht ausgeschlossen war. Eine Schattenseite der Preisverleihungen war die Einvernahme durch das Establishment.[41] Übersetzerpreise gingen an A. Kadir (1917-1985) und Azra Erhat (1915-1982).

---

38 Attilâ İlhan war ein erbitterter Gegner des „*Garip*" laut Pazarkaya, *Moderne türkische Lyrik*, 40.

39 Pazarkaya, *Rosen im Frost*, 111.

40 Menemencioğlu, *The Penguin Book of Turkish Verse*, hebt ihre beiden TDK-Preise (1961 und 1971) eigens hervor.

41 Güneli Gün in Kemal Silay (Hg.), *An Anthology of Turkish Literature*, Bloomington, Indiana, 1996, 579: der TDK-Preis 1975 habe Füruzan eher geschadet.

Nichtleser

Ein Teil der Gesellschaft las nicht; Menschen mit Grundschulbildung vergaßen ihr Lesen wieder[42] oder begnügten sich mit der intensiven wiederholenden Lektüre, etwa des *Vesiletü n-Necat* von Süleyman Çelebi, das oft zusammen mit Gedichten von Yunus Emre rezitiert wurde.[43] Enis Batur (1952) sah vor achtzehn Jahren die Situation der Leserschaft so: zu 59,8 % bestehe sie aus Schülern und Studenten, zu 15,8 % aus Freiberuflern, zu 12,4 % aus Beamten, zu 6,2 % aus Hausfrauen und zu 5,8 % aus Arbeitern.[44] In der Türkei, die damals 55 Millionen Einwohner zählte, erreichte „ein gutes ‚vielverkauftes' Buch 20.000 Leser".[45] Oğuz Atays fiktiver Schüler Selim Işık hatte kein einziges Buch. „Um zu lesen, in Enzyklopädien nachzuschlagen", ging der Junge in die öffentliche Leihbibliothek (*genel kitaplık*). Yıldız Ecevit brachte 1990 in ihrer Studie über Oğuz Atay (1934-1977), „Lesefaulheit" und Neigung zur Trivialliteratur mit der Entwicklung der Medien in Verbindung.[46]

Kultgedichte einst und jetzt

„Zum Kultgedicht taugt nur ein Gedicht, das seinen Charakter als Gedicht verleugnet. Es muss dem Leser suggerieren, dass es aus dem Leben und nicht aus der Literatur hervorgegangen sei. Nicht Belesenheit, Formulierungskunst und literarischen Ehrgeiz benötigt der Dichter, sondern Intensität des Lebens und Erlebens."[47] So wurden geliebte Kultgedichte wie *„Sis"* auswendig deklamiert.[48] Aus der Atatürk-Zeit stammt das ernste Anatolien-Gedicht *„Han Duvarları"* von Faruk Nafiz Çamlıbel. Ein Politiker unserer Tage rezitierte es aus dem Stegreif, es war sein Kultgedicht.[49] Cahit Sıtkıs "Fünfunddreißigstes Jahr" (*Otuz Beş Yaş),*

---

42 Johann Strauss, „Literacy and the development of the primary and secondary educational system; the role of the alphabet and language reforms", in: Erik-Jan Zürcher (Hg.), *Turkey in the Twentieth Century*, Berlin 2008, 515. „Lesen hat keine alte Tradition und ist bis heute immer noch keine sehr verbreitete Beschäftigungsart" schrieb Pia Göktürk, *Der Werdegang der modernen Türkei*, Istanbul 1983, 84.

43 Strauss, „Literacy", 510-511. Im April dieses Jahres (2009) strömten Zehntausende zum Mevlid für Turgut Özal am 16. Jahrestag seines Todes in die Sultanahmet-Moschee (*Sabah* 20.4.2009).

44 Mustafa Everdi, „Kitap ve Suç", in: D. Mehmet Doğan (Hg.), *Türkiye Kültür ve Sanat Yıllığı 1991*, Ankara 1991, 34.

45 Enis Batur, „Okuyor görünmenin yolları", in: Doğan (Hg.), *Türkiye Kültür ve Sanat Yıllığı*, 110.

46 Yıldız Ecevit, *Die Intellektuellenproblematik bei Max Frisch und Oğuz Atay*, Istanbul 1990, 92. Oğuz Atay, *Tutunamayanlar*, Istanbul 1972, 6. Auflage, Istanbul 1990, 646.

47 Frei nach Heinz Schlaffer, „Die Verachtung der Bücher und die Verehrung des Buches", in: Rebekka Habermas und Walther H. Pehle (Hg.), *Der Autor, der nicht schreibt*, Frankfurt 1989, 23.

48 Erika Glassen in *Kultgedichte*, 13.

49 „Kulturbanausen, die nur ein Gedicht kennen", Glassen/Fişekçi, *Kultgedichte*, 72-73.

„Hälfte des Lebens", war jahrelang „Kult" sowohl bei Konservativen wie bei Modernen.[50] Den fiktiven Dörfler in Ankara Ali Baysal fasziniert die Begeisterung, mit der sich einige befreundete Beamte und Arbeitslose Zitate aus ihren Lieblingsgedichten wie Bälle zuwerfen.[51] Heute ergeht es Can Bahadır Yüce (1981) nicht anders: Wenn er ganz allein ist und sich erholen will, greift er nach ‚seinem Necatigil' und ‚seinem Turgut Uyar' wie Werther nach seinem Homer.[52] Feridun Andaç (1954) schlägt „Ataols Buch" (=Ataol Behramoğlu, geb. 1942) auf: „Welch eine Wohltat ...!"[53] Für Nihat Ateş (1969) „prallt" ein Kultgedicht „bei der ersten Begegnung an die Wände unserer Gefühlswelt."[54]

Lyrik in der Schule

Alle türkischen Schüler wachsen mit Gedichten von Yunus Emre auf; den Volksschulkindern (erinnerte sich Çetin Altan in *Milliyet* 3.9.2008) wurde Mehmet Akifs Trauerode auf die Gefallenen von Gallipoli „Çanakkale Şehitleri" nahegebracht; für die weiterbildenden Schulen wurden repräsentative Dichter ausgewählt, die in der Literaturgeschichte und den maßgeblichen Anthologien ihren Platz gefunden haben. Neuerdings hat die Einsicht, dass literarische Werke innerhalb ihrer historischen Dimension gesehen werden müssen, interessante Diskussionen über den literarischen „Kanon" angeregt.[55]

An Schulgeschichten ist kein Mangel in der türkischen Literatur. Das Thema „Leiden eines Knaben im Militärinternat" behandeln Adalet Ağaoğlu in *Ölmeye Yatmak*[56] und Ece Ayhan (1931-2002) in seinem Epitaph auf einen unbekannten Schüler. Alle Schulen sollten Gemeinschaft stiften: ein Volk, eine Sprache. Dies wurde vor allem in den Schulen mit Wohnheim (*yatılı okul*) im „Osten" durchgesetzt.[57] Selbst das Gefängnis wurde zur Schule, zum Ort „realistischer türkischer Literatur", in dem nicht nur türkische Feldforschung,[58] sondern auch Studien zur

50 Menemencioğlu, *The Penguin Book of Turkish Verse*, 21 und 53.

51 Ağaoğlu, *Ölmeye Yatmak*, 138/dt. 150-151.

52 Siehe den Essay von Can Bahadır in Glassen/Fişekçi, *Kultgedichte*, 134-136.

53 Siehe den Essay von Feridun Andaç in Glassen/Fişekçi, *Kultgedichte*, 88-92, hier 91.

54 Siehe den Essay von Nihat Ateş in Glassen/Fişekçi, *Kultgedichte*, 150-153, hier 150.

55 Börte Sagaster, „Canon, Extra-Canon, Anti-Canon: On Literature as a Medium of Cultural Memory in Turkey", in: Catharina Dufft (Hg.), *Turkish Literature and Cultural Memory. "Multiculturalism" as a Literary Theme after 1980*, Wiesbaden 2009, 63-71.

56 Türk. 130-132.

57 Das Wirken der Pädagogin Sıdıka Avar (1901-1979) als Direktorin des Mädcheninstitut von Elazığ wurde von Kreiser, *Lebensbilder*, 40-41, Sevim Yeşil, MA-Arbeit, Middle Eastern Technical University 2003, und neuerdings von Üngör erforscht, der auch Avars Privatarchiv heranziehen konnte. Üngör, *Young Turk*, 330-337; Metin Yüksel, „A 'Revolutionary' Kurdish Mullah from Turkey: Mehmed Emin Bozarslan and His Intellectual Evolution", *The Muslim World* 99/2, April 2009, 356-380.

58 Erika Glassen, „Das türkische Gefängnis als Schule des literarischen Realismus. Nâzım Hikmets Weg nach Anatolien", in: Ingeborg Baldauf (Hg.), *Türkische Sprache und Literaturen:*

kurdischen Sprache und Dichtung betrieben werden konnten. Noch die Romanfigur Turgut Bey im Kars der neunziger Jahre kann dem Gefängnis als einer Art Internatsschule etwas Gutes abgewinnen[59].

Ein fiktiver Schüler „liebte den Türkischlehrer in der 2. Klasse Mittelschule. Er ließ Gedichte von neuen Dichtern auswendig lernen".[60] Den angesehenen Literaturlehrern verdankten ihre Schüler unendlich viel. Einer von ihnen war Behçet Necatigil im Kabataş Erkek Lisesi, zu dessen Schülern Hilmi Yavuz gehörte. In Ankara unterrichtete die Literaturhistorikerin und Dichterin Fevziye Abdullah Tansel (1912-1988) siebenundzwanzig Jahre lang am Erkek (Atatürk) Lisesi. Cahit Külebi lehrte am Gazi Lisesi; am Lise von Sivas wirkte Ahmet Kutsi Tecer (1901-1967). Die Schullehrer ließen Gedichte schreiben (Aziz Nesin [1915-1995] verfaßte ein Gedicht über das Schaf), und so dichtete der junge Ahmed Arif (1927-1991) seinem Lehrer zuliebe „etwas Haşim (1884-1933), etwas Tanpınar (1901-1962), etwas Tarancı und viel Anfängerstümperei (*acemilik*) ..."[61] Die Romanfigur Aysel schreibt heimlich Gedichte, ihre Lehrerin lässt sie sich zeigen und will sie zu Nurullah Ataç Bey bringen. „Unser Literaturlehrer Gündüz Berker beauftragte jeden Schüler, ein Interview mit einem Künstler zu machen."[62] Banu Yıldıran Genç (von den „*Kultgedichten*") ist selbst eine junge Lehrerin für Literatur an Lyzeen.

Förderung durch Kritik[63]

Aus dem Lehrerberuf erwuchsen Literaturhistoriker[64] und Kritiker, wie der von der Diwandichtung und von Yahya Kemal herkommende Nurullah Ataç (1898-1957), der später Dağlarca feierte. Ahmet Hamdi Tanpınar (1901-1962) las an der Universität über die Gedichte seines Lehrers Yahya Kemal. Seine Interpretation eines *şarkı* verlockt die Romanfigur Nermin in Leylâ Erbils (1931) *Tuhaf Bir Kadın* zu respektlosen Fragen.[65] Ein „Hisarcı" war der hier mehrfach erwähnte Mehmet Kaplan (1915-1986). Rauf Mutluay (1925) ist gleichermaßen als Kritiker wie als

Materialien der ersten deutschen Turkologen-Konferenz; Bamberg 3.-6. Juli 1987, Wiesbaden 1991, 130-141, hier 138, 140.

59 Pamuk, *Kar*, 411/dt. 491/engl. 418.

60 „Orta ikide Türkçeciyi sevdi. Yeni şairlerden şiirler ezberletiyordu." Atay, *Tutunamayanlar*, 650.

61 Ahmed Arif, *Hasretinden Prangalar Eskittim. 1968-2008*, Istanbul 2008, (Sonderausgabe zum 40. Jubiläum), 170.

62 Leyla Şahin interviewte den Volkssänger Nesimi Çimen, siehe Metin Cengiz u. a. (Hg.), *Sivas 2 Temmuz*, Istanbul 1994, 189.

63 Ahmet Oktay, „Eleştiri", *CDTA* 3, 639-648, mit Foto von Asım Bezirci.

64 Literaturgeschichte für den Schulgebrauch schrieb İsmail Habib Sevük (1892-1954): Erika Glassen, „Gefängnis", 132. Lesebücher verfassten Ali Canip (Yöntem, 1887-1967) und Cevdet Kudret (Solok, 1907-1992), letzterer unter Pseudonym, siehe Strauss, „Literacy", 511.

65 Das Gedicht „Dün kahkalar yükseliyorken ..." (*Eski Şiirin Rüzgârıyle* 1962, 121), um das es hier geht, hatte Friedrich von Rummel, *Die Türkei auf dem Weg nach Europa*, München 1952, 134, achtungsvoll übersetzt.

Literaturhistoriker geschätzt. Asım Bezirci (1927-1993, siehe unten) war einst „beliebtester lebender Kritiker“ (laut Şükran Kurdakul). Natürlich spielten die Kritiker auch als Juroren bei den Preisverleihungen eine Rolle. Der angehende Dichter Yüce las in der Zeitung *Milliyet* die Kolumne von Hasan Pulur (1932), der wiederum ein Freund von Hilmi Yavuz war.[66]

Selbstförderung

Die jungen Dichter brauchten die Bindung an Freunde (Ahmed Arif und Cemal Süreya redeten manchmal nächtelang). Das Istanbul der vierziger Jahre hatte „Küllük“, ein *Lokanta* plus Sommercafé am Beyazıt-Platz. Hier kritisierten junge Künstler gegenseitig ihre Werke und brachten sogar eine Zeitschrift heraus, die „*Küllük*“ hieß, am 1. September 1940 erschien und sofort verboten wurde.[67] Ähnliches erzählt Demir Özlü von den Dichtern und Literaten, die in Cafés des Stadtteils Fatih der 1950er und 1960er Jahre (*İkinci Yeni*) ihre Aussprachen hatten. Dreißig Jura-Studenten in Ankara, die sich zu einer "Vereinigung der jungen türkischen Literatur" zusammenschlossen, erwählten zu ihrem geistigen Führer den bejahrten Mehmet Emin, der sich freute, ihr „Hirte“ (*çoban*) zu sein.[68]

„*Kızlar bile okuyor*“ „Sogar Mädchen lernen:“ in *Ölmeye Yatmak* beneidet Ali seine ehemalige Mitschülerin Aysel. Dennoch war Poesie anfangs eine frauenlose Welt. Leyla Erbils Romanheldin Nermin hat keinen leichten Stand in der Istanbuler literarischen Szene.[69] Ankara bot für die jungen Frauen der dreißiger Jahre das günstigere Klima. Azra Erhat erzählt, wie wohl sie sich da seit 1936 fühlte; „Man unterhielt sich viel ernsthafter und tiefsinniger in Ankara, und auch die Freunde, die aus Istanbul kamen, passten sich der Atmosphäre an. Selbst als junge Frau allein konnte man in ein Lokal gehen und unbefangen unter lauter Männern sitzen...“[70]

Staatliche Alterswürdigung

Necip Fazıl Kısakürek wurde 1975 an seinem fünfundsiebzigsten Geburtstag vom Nationalen Studentenbund MTTB geehrt. Das Kulturministerium zeichnete ihn 1980 mit seinem mit TL 250.000 dotierten Preis für hohe Verdienste (*Kültür Bakanlığı Üstün Hizmet Ödülü*) aus. Der Verband Türkischer Schriftsteller (TYB, siehe

---

66 Glassen/Fişekçi (Hg.), *Kultgedichte*, 134.

67 Wolfgang Riemann, „Die türkische Literaturzeitschrift Küllük (1940). Anmerkungen und Index der Beiträge“, *Materialia Turcica* 14 (1988), 91-99.

68 Ağaoğlu, *Babamın Arkadaşları*, 82-84.

69 Erika Glassen, Nachwort zu Leylâ Erbil, *Eine seltsame Frau*, Zürich 2005, 193-201.

70 Erika Glassen, „Töchter der Republik... Azra Erhat, Mina Urgan und Nermin Abadan-Unat“, *Journal of Turkish Studies* 26 (2002), 252.

unten) folgte 1982 mit dem Preis für *Üstün Hizmet*.[71] Zwei Stiftungen ehrten ihn: Das *Türk Edebiyat Vakfı* erhob den „Meister" (*üstad*) mit „Patent" (*berat*) von 1980 zum *Sultan üş-Şuârâ*, und das *Milli Kültür Vakfı* verlieh ihm 1981 seinen Preis (*Armağan*) in der Sparte „Denken" (*fikir*) für sein Werk „Atlas des Glaubens und des Islams" (*İman ve İslam Atlası*).

Anfang Mai 2008 nahm der fünfundneunzigjährige Fazıl Hüsnü Dağlarca aus den Händen des AKP-Kulturministers Ertuğrul Günay eine Verdienstmedaille entgegen. Am 15. Oktober 2008 ist der Dichter gestorben, einer der Gefeiertsten der türkischen Lyrik des 20. Jahrhunderts. Am 4. Dezember 2008 überreichte Staatspräsident Abdullah Gül in Anwesenheit von Ministerpräsident Erdoğan und geladenen Gästen, darunter Adalet Ağaoğlu und Hilmi Yavuz (Ayvazoğlu gehörte der Jury an), den „Kultur- und Kunstpreis des Präsidialamts" (*Cumhurbaşkanlığı Kültür ve Sanat Büyük Ödülü*) in der Sparte Literatur dem zweiundachtzigjährigen Yaşar Kemal. In seiner Ansprache erwähnte Gül, das Werk des Dichters reiche „von Homer bis Dede Korkut, von den kurdischen Epen zu Yunus Emre". In seiner Dankrede sprach Yaşar Kemal die Hoffnung auf sozialen Frieden aus und wiederholte den Wunsch, in Anatolien möge jeder in seiner Muttersprache unterrichtet werden.

Überbietung in der Poetenverehrung

Mit den drei Alterspreisen haben wir einen Gipfel erklommen, von dem sich eine kurze Umschau ermöglicht. Yunus Emre ist zur nationalen Symbolfigur geworden. Er gilt als der „größte Dichter türkischer Zunge" (Yaşar Kemal) und wird oft „der türkisch-muslimische Humanist" genannt. Mehmet Emin war der „Nationale Dichter" (*Millî şair*) par excellence, Mehmet Akif war der „Dichter des Glaubens" (*İman şairi*). Nur wenigen Dichtern wurde wie Yahya Kemal jene Bewunderung zuteil, die quasireligiöse Formen annahm. Er war der größte, bedeutendste Dichter, er wurde *Dev şair* genannt, und Mustafa Şekip Tunç (1886-1958) nannte ihn „Dichter-Gott" oder „Gott-Dichter" *Tanrı şair*.[72] Samipaşazade Sezai (1860-1936) erklärte ihn zum „absoluten Statthalter" Nedims (*Nedîm'in de vekîl-i mutlakı Yahya Kemal'dır.*)[73] Bei dem verehrten Meister (*üstad*) Necip Fazıl Kısakürek umfaßte die Erhebung zum „Sultan der Dichter" Werk, Leben und Wirkung gleichermaßen. Als „größter lebender türkischer Dichter" galt Fazıl Hüsnü Dağlarca, der 1971 „der produktivste und zugleich bedeutendste lebende türkische Dichter" und Ehrenpoet einer Buchmesse war. Nâzım Hikmet galt Verehrung als dem „ersten und bedeutendsten

---

[71] Diesen Preis bekamen unter anderen auch: Cemil Meriç, Mehmet Kaplan, Emin Bilgiç, Fevziye Abdullah Tansel, Orhan Şaik Gökyay und Sezai Karakoç, siehe Işık, *Yazarlar Sözlüğü*, am Schluss des Bandes.

[72] Cevdet Kudret (Solok), „Yahya Kemal Üzerine Düşünceler", *Tarih ve Toplum* 19 (Ağustos 1985), 56-64.

[73] F. A. Tansel, Art. „Nedîm", *İA* IX (1964), 173.

Erneuerer der türkischen Lyrik.“[74] Seine *Menschenlandschaften* seien das größte Epos seit Homer.[75] Als Gülten Akın in der Männerdomäne Lyrik noch eine Ausnahme war, war sie „die einzige bedeutende Lyrikerin der Gegenwart“.[76] Ein Indiz für den Aufstieg zur Kultfigur ist der Ehrentitel *Şair-i Azam*, den Hilmi Yavuz von Talat Halman bekam.[77] Ahmed Arif hat seinen eigentlichen Kultstatus erst posthum erreicht. Von ihm als einem „Gipfel“ (*doruk*) ist in der Jubiläumsausgabe von 2008 die Rede.[78] Das Leben dieses Dichters ist ein Beispiel für den im Titel angekündigten anderen „Preis der Lyrik;“ er zahlte mit Studienabbruch und Gefängnisaufenthalten (1950 und 1952-53).

Preis der Lyrik im Sinne von strafrechtlicher Verfolgung

Für die türkische Lyrik waren die Jahre 1938 (Nâzım Hikmets Einkerkerung), 1971 und 1980 entscheidende Kerben. Besonders die Erinnerung an den zur Chiffre gewordenen 12. März (1971) zeigt, wie empfindlich damals die Lyrik getroffen war, welche Strafen und Opfer die Dichter auf sich nahmen. Wie ernst Literatur genommen wurde, erklärte sich Oğuz Atay 1974 aus der „Angst der paranoiden Bürokraten (*yöneticiler*), die glauben, dass jede Aktivität sich gegen den Staat richtet. Das ist die Angst vor der Bildung. Vor der Druckerei, vor der Dichtung, vor der Malerei, vor der Philosophie, sogar vor der Religion. Das ist die Angst der Volkspartei vor den ‚Dorfinstituten‘, der Demokratischen Partei vor der modernen Malerei.“[79]

„In der Periode der Republik, die sich die westliche Demokratie zum Vorbild nahm, wurden viele Schriftsteller und Dichter verschiedenartiger Weltanschauungen ins Gefängnis geworfen“, heißt es 1975 bei Mehmet Kaplan. Er fährt fort: „An ihrer Spitze steht der an Moskau gebundene, offen kommunistische Propaganda verbreitende Nâzım Hikmet. Neben ihm wurden noch viele marxistische Schriftsteller ins Gefängnis geworfen. Aber sie stehen nicht allein. Außer ihnen widerfuhr nationalistischen, turanistischen und rechtgläubigen (*dindar*) Schriftstellern und Dichtern dasselbe Los. [...] Nicht Einkerkerung, nicht einmal die Hinrichtung kann die Künstler daran hindern, ihre Gedanken auszusprechen. Sie halten in ihrer Hand eine unsterbliche Waffe, welche diejenigen, die über sie richten, ihrerseits verurteilt: die Kunst.“[80]

---

74 Pazarkaya, *Moderne türkische Lyrik*, 245.
75 So Yaşar Kemal in Pazarkaya, *Rosen im Frost*, 138.
76 Pazarkaya, *Moderne türkische Lyrik*, 239.
77 http://tr.wikipedia.org/wiki/Hilmi_Yavuz (13.06.2009).
78 Arif, *Hasretinden*, 176.
79 „Tagebuch“, veröffentlicht in *Milliyet*, Januar 1984; zitiert nach Ecevit, *Intellektuellenproblematik*, 93, türkisch 243.
80 Kaplan, *Cumhuriyet Devri Türk Şiiri*, 30-32.

Kernbegriffe sind Angst und Mut, Opfer und Heldentum. Die Lyriker zeigten Opfermut (*fedakârlık*) und Stolz (*gurur*). Tapfer im Angesicht von Folter und Tod, waren die politischen Gefangenen von dem Willen beseelt, nur nicht feige zu erscheinen.[81] In Umdrehung der Tatsachen behauptet Mehmet Kaplan, Federico García Lorca (1889-1936), der „bei uns fälschlich als Marxist angesehen wird", sei nicht so sehr wegen seiner Werke berühmt als wegen der Tatsache, dass er zu Unrecht „zum Opfer (*kurban*) gemacht wurde".[82]

Orhan Pamuk hat sich in *Kar* den Hintergrund von 1995 gewählt, um von dort aus auf die Situation der Linken von 1975 zurückzublicken. Das Leben als Verbannter (*sürgün*) aus politischen Gründen, an die er längst nicht mehr glaubte, hatte in Ka's Kopf den Zusammenhang zwischen Politik und Selbstaufopferung ein für allemal aufgehoben.[83] „In seiner Jugend hatte es für Ka eine der höchsten ideellen Rangstufen bedeutet, wenn jemand sein Leben gab um eines intellektuellen oder politischen Anliegens willen oder für das was er geschrieben hatte." Er dachte nicht mehr so;[84] allerdings träumten manche immer noch von einem heldischen, aufopferungswilligen Menschen (*kahraman ve fedakâr insan*).[85]

Die Sprache versagt vor dem Brandanschlag von Sivas: es starben die Lyriker Metin Altıok (1941)[86] und Behçet Aysan (1949), beide Träger von Literaturpreisen. Sie und der Dichter und Literaturhistoriker Asım Bezirci kamen am 2. Juli 1993 nach dem Freitagsgebet im Hotel Madımak ums Leben. Sie konnten das brennende Haus nicht verlassen, weil es von einer lynchbereiten Menge umstellt wurde. Bei dem Pir Sultan Festival, der Anschlag galt bekanntlich Aziz Nesin, kamen 37 Teilnehmer ums Leben.[87] Das Strafverfahren zog sich über Jahre hin. Nach Berufungen stellte der Kassationshof (*Yargıtay*) im Mai 2001 fest, es habe sich um einen Versuch gehandelt, Laizismus und Republikanismus abzuschaffen.[88]

---

81 „…aman korkak demesinler", Pamuk, *Kar*, 298/dt. 359.

82 Kaplan, *Cumhuriyet Devri Türk Şiiri*, 563.

83 Pamuk, *Kar*, 296.

84 Als er dreißig war, hatte das Sinnlose des Lebens mancher seiner Freunde ihn von diesem Gedanken entfremdet (*Kar*, 296/dt. 355/engl. 303).

85 Pamuk, *Kar*, 424/dt. 507.

86 Das Requiem für Metin Altıok, das sein Freund Fazıl Say als Oratorium komponiert hatte, wurde 2003 uraufgeführt.

87 Unter den Opfern waren die Volkssängerin Edibe Sulari (1953), die Volkssänger Muhlis Akarsu (1948), Nesimi Çimen (1931) und Hasret Gültekin (1971), der Karikaturist Asaf Koçak (1968) und die Studentin der Universität Leiden Carina Johanna Theodora Thuijs. Die Forschung ist ungebührlich kaltsinnig mit der niederländischen Soziologiestudentin umgegangen: Michael Reinhard Hess, „Alevi Martyr Figures", *Turcica* 39 (2007), 282, spricht von „the Dutch girl Carinna Cuanna," sie sei „neither Alevi nor even Turkish" gewesen.

88 Auf die Angeklagten wurde Paragraph 146 (Versuch, die verfassungsmäßige Ordnung zu stürzen) angewandt. Die Menge hatte gerufen „Şeriat gelecek, zulüm bitecek, Cumhuriyeti burada kurduk, burada yıkacağız. Yaşasın şeriat, yaşasın Hizbullah, kahrolsun laiklik.", *Cumhuriyet Hafta*, 18. Mai 2001. Zu Aleviten als Opfer solcher Pogrome Ursula Spuler-

Artikel 141-142 bedrohten mit schweren Freiheitsstrafen den „Versuch der Gründung einer Gemeinschaft mit dem Ziel, die Herrschaft einer sozialen Klasse über die anderen sozialen Klassen zu errichten oder eine soziale Klasse abzuschaffen." Seit dem Umsturz von 1960 hätten die Artikel 140-142 eigentlich unwirksam sein müssen, weil die Welle sozialer Strömungen die ohnehin vagen Unterschiede zwischen Sozialdemokratie, Sozialismus und Marxismus aufgehoben hatte.[89] Gleichwohl mussten Klassenkampf und Kommunismus aufgespürt und die „Sendboten Moskaus" bestraft werden. Artikel des alten Strafgesetzbuches[90] sind Merkzeichen in den biographischen Dichterlexika. Nach Artikel 141-142 wurde Ahmed Arif verurteilt; nach 141 Hasan İzzettin Dinamo, nach 142 Rıfat Ilgaz; angeklagt wurde Hasan Hüseyin (Korkmazgil). Verurteilt wurden zwei alevitisch-türkische Liedermacher (*ozan*): Aşık Mahzuni Şerif (Şerif Cırık, 1940-2002) und Emekçi (Ali Haydar Bender), der am 28. Dezember 1978 beim Massaker von Maraş seinen Vater und viele Verwandte verloren hatte.

Der hochgeachtete İlhan Berk (1918-2008), Dichter der „Zweiten Neuen", Empfänger eines TDK-Preises, der in den *Kultgedichten* mit einem Gedicht von 1979 vertreten ist, sah sich 1953 wegen Artikel 142 StGB strafrechtlicher Verfolgung ausgesetzt: es ging um seinen Lyrikband *Günaydın Yeryüzü*. Asım Bezirci hatte Erfahrungen mit dem politischen Druck der Demokratischen Partei; achtmal wurde er nach monatelanger Haft freigesprochen.

Bestrafung und Förderung im „Osten"

Artikel 312 Abs. 2 StGB stellte das öffentliche Aufstacheln (*tahrik*) des Volkes „im Hinblick auf Unterschiede in Klasse (*sınıf*), Rasse (*ırk*), Religion (*din*), *mezhep* oder regionale Unterschiede (*bölge farklılığı*) zu Hass und Feindseligkeit" unter Strafe.[91]

Mit „Region" (*bölge*) war in erster Linie der „Osten" (*Doğu*) gemeint. Hier lebten *Doğulu vatandaşlar* „östliche Mitbürger", kurz „Ostler" *Doğulu*, die man bis in die neunziger Jahre als „Stämme" und „ethnische Elemente" kannte.[92] Den Schülerinnen im Mädcheninstitut von Elazığ war streng verboten, Kurmancî oder Zaza zu sprechen; dabei wurden sie immer noch als Kurdinnen angesehen in dem

Stegemann, „Türkei", in: Werner Ende/Udo Steinbach (Hg.), *Der Islam in der Gegenwart*, 5. Auflage 2005, 229-246, hier 229, 231, 244.

89 Kemal H. Karpat, „Ideology in Turkey after the Revolution of 1960", in: Kemal H. Karpat u. a. (Hg.), *Social Change and Politics in Turkey*, Leiden 1973, 317-355, hier 359.

90 Das türkische Staatsschutzstrafrecht wurde im Jahre 1991 mit der Einführung des Antiterrorgesetzes umstrukturiert (Christian Rumpf, *Einführung in das türkische Recht*, München 2004, 408-414 bezog sich auf dieses). Das alte Strafgesetzbuch galt bis 2005; siehe unten.

91 „Hierüber wird hin und wieder die Beteiligung an der Diskussion um die Kurdenfrage bestraft, weil das Betonen einer ethnischen Unterschiedlichkeit ... als „rassistische Hetze" angesehen wird." Rumpf, *Einführung*, 413.

92 Feridun Zaimoğlu (geb. Bolu 1964) macht sich lustig über den „Südöstler" und die „Südöstlerin": „Volkes Gesänge", *Die Zeit*, 24 (4. Juni 2009), 48-49.

Institut, das doch ihre kurdische Identität auslöschen sollte.[93] Im „Osten" erhielt sich die kurdische Medrese-Tradition.[94] Der kurdische Autor Mehmed Uzun (1953-2007), der als Kind nach der bekannten Einschulungs-Ohrfeige türkisch gelernt hatte, widmete sich nach dem März 1971 im Militärgefängnis Diyarbakır philologischen Studien. Kurdisch war seine Muttersprache, aber erst jetzt lernte er, darin zu schreiben. Erst einmal lernte er „ernsthaft Kurdisch" bei seinem Vetter Ferit Uzun. Auch Tarık Ziya Ekinci, M. Emin Bozarslan und Musa Anter (1920-1992) waren in diesem Gefängnis; dazu kurdische Volkssänger (*dengbêjler*); Lieder wurden übersetzt und „alle Dialekte" gesprochen.

„Ich war ein Ostler (*Doğulu*), ein Gebirgler (*dağlı*)", erklärte Ahmed Arif. Für Mehmet Kaplan war er außerdem Marxist und *gerillacı*.[95] Arifs Opfer fing damit an, dass er für ein ungedrucktes Gedichtmanuskript in türkischer Sprache verprügelt wurde; stolz machte es ihn, dass einige seiner türkisch geschriebenen Gedichte ins Kurmancî und Zaza übersetzt und mündlich weiter getragen wurden. An einer Stelle im unwegsamen Sperrgebiet im steppenhaften Plateau-Taurus, 38° 54'′ 20" Nord und 44° 7′ 51" Ost, könnte eine Tafel lauten: „Hier liegen einunddreißig tote Mitbürger, erschossen von den Soldaten ihres Landes." Stattdessen steht auf einer Tafel am Eingangstor der Gendarmerie-Kommandantur von Özalp „General Mustafa Muğlalı." Den Namen des Generals, der für die Massenerschießung verurteilt wurde, nennt Ahmed Arif in seiner Trauerode nicht. Das tut Hilmi Yavuz in einem seiner „Ostgedichte." Auf die – damals unnennbare – kurdische ethnische Identität der „Ostler" macht er mit Orts- und Werknamen (*Mem û Zîn*[96]) aufmerksam.

Bestrafung nach Artikel 163

Der erst 1949 ins StGB aufgenommene Artikel 163, der die Gründung von Gemeinschaften in Gegnerschaft zum Laizismus (*laikliğe aykırı*) und vieles mehr mit schweren Strafen belegte, sollte die Aktivität von Islamisten einschränken. Er wurde teils übertrieben streng, teils milde gehandhabt.[97]

Schriften Necip Fazıls wurden nach Artikel 163 StGB bestraft. Yüksel Pazarkaya (1940) hielt 1971 den zum Islamisten gewandelten Necip Fazıl Kısakürek als Dichter für gescheitert. Pazarkaya sprach von einer „Aufgespaltenheit des Ichs, die seinem lyrischen Schaffen ein frühes Ende setzte... Es entstand eine unvereinbare Diskrepanz zwischen den neuen Formen und seinem religiös-dogmati-

93 Üngör, *Young Turk*, 330-337.

94 Kreiser, *Lebensbilder*, 89-90, und Yüksel, „Kurdish Mullah", 367.

95 Kaplan, *Cumhuriyet Devri Türk Şiiri*, 561-563.

96 Zu Ahmed-i Xan (Ehmedê Xanî), *Mem u Zin*, „das wichtigste kurdische Buch in den 1960er Jahren", Yüksel, „Kurdish Mullah", 360, 376, der auch Totenklagen für Scheich Sa'id erwähnt.

97 Heidi Wedel, *Der türkische Weg zwischen Laizismus und Islam*, Opladen 1991.

schen Denken. Er musste die Lyrik aufgeben und in Auflehnung gegen die neue, republikanische Staats- und Gesellschaftsordnung zu einem geistigen Führer des militant-religiösen Lagers in der Türkei werden."[98]

İsmet Özels Wandlung vom sozialistischen Dichter zum bekennenden Muslim und türkischen Nationalisten wird viel Aufmerksamkeit in verschiedenen Medien zuteil.[99] In dem „Kultgedicht" von 1975, das eine Identitätskrise beschreibt, erklärt er seine Absicht, zum Wortführer (*ses sahibi*) zu werden; er ist bereit, Sühne zu leisten (*kefarete hazırım*).[100]

Nach dem 12. September war das Ethos von Mut und Opferbereitschaft „aus der Mode gekommen". „Linke" waren nicht mehr davon überzeugt, dass ihre politischen Ideale einen Fortschritt bedeuteten. Viele zogen sich in Innerlichkeit und Frömmigkeit zurück. Im fiktiven Kars des Jahres 1995 lässt Orhan Pamuk den Lyrikliebhaber Muhtar sagen: „die Frommen, die Rechten, die muslimischen Konservativen" seien nach seinen „Jahren als atheistischer Linker sehr gut für ihn gewesen";[101] den fiktiven Theaterdirektor Sunay lässt er spotten: „Hierzulande haben schon eine Menge linker Dichter in Panik die Fronten gewechselt, weil sie sich denken: Lass mich bloß Islamist werden, bevor die an die Macht kommen".[102]

Seit der Umorientierung nach 1980 sollte die Türk-İslam Sentezi als ideologisches Fundament der Idee einer einheitlichen Nation unter einem starken Staat dienen.[103] Die Aufhebung des Artikels 163 StGB[104] leistete dem politischen Aktivismus der sunnitischen Islamisten in den Medien bedeutenden Vorschub.

Als dem fiktiven Dichter Ka in Kars sein Tod angekündigt wird, zieht die Reihe der ermordeten Intellektuellen an ihm vorbei. Dabei wird Ka schmerzlich bewusst, dass er in einer Kultur lebte, die diese toten Schriftsteller, er gebraucht einmal das Wort „Opfer" (*kurban*), schnell vergaß.[105]

---

98 Pazarkaya, *Moderne türkische Lyrik*, 20-21.

99 Die soziologische Abschlussarbeit an der Sakarya Üniversitesi von Rasul Selvi, „Türk Aydınında Değişim Olgusu. Bir örnek olarak İsmet Özel", Sakarya 2003, steht im Internet: http://www.scribd.com/doc/14538832/TURK-AYDININDA-DEGISIM-OLGUSU-BIR-ORNEKOLARAK-OZEL (05.11.2010).

100 Zu *kaffāra* „Sühne" d. h. Ausgleichszahlung für eine Sünde, bei der keine andere Person einen Rechtsanspruch hat (wie z. B. beim Fastenbrechen, vgl. Johannes Reisner, „Armensteuer und Almosen" in: Ende/Steinbach (Hg.), *Der Islam in der Gegenwart*, 159).

101 Pamuk, *Kar*, Kap. 7.

102 Pamuk, *Kar*, 200/dt. 242.

103 Wedel, *Der türkische Weg*, 87, 129; Kızılyürek, „Kémalisme", 429; Heinz Käufeler: *Das anatolische Dilemma. Weltliche und religiöse Kräfte in der modernen Türkei*, Zürich 2002; Besprechung von Volker Adam in *ZDMG*, 157/1 (2007), 232-234.

104 1991 laut Zarcone, „Les Nakşibendi", 147 und Kızılyürek, „Kémalisme", 430; laut Spuler-Stegemann, „Türkei", 236, fiel der Paragraph erst im April 1993 weg.

105 Pamuk, *Kar*, 296 f./dt. 356. 32 Ermordete nennt die Liste: http://en.wikipedia.org/wiki/List_of_assassinated_people_from_Turkey (14.06.2009).

Solidarität

Seit den siebziger Jahren hat sich die Freundschaft von Dichtern zur Solidarität verwandelt; es bildeten sich Organisationen von Schriftstellern zur Wahrung ihrer Standes- und Berufsinteressen. Am linken Flügel wurde 1974 die Türkische Schriftstellergewerkschaft (*Türkiye Yazarlar Sendikası*, TYS) gegründet, die gegen Buchverbote, Konfiszierungen und Druck auf Schriftsteller kämpfte. Am rechten Flügel folgten 1978 die konservativ-islamischen Autoren mit der Gründung des Verbandes Türkischer Schriftsteller (*Türkiye Yazarlar Birliği*, TYB). Von YAZKO und PEN ist in den „*Kultgedichten*" die Rede.

Neuordnung (Schließung) der Sprachgesellschaft TDK

Nach 1980 konnte der *Türk Dil Kurumu*, dessen Sprachpurismus bei den herrschenden Generalen als falsch und überaltert galt, nicht abgeschafft werden, weil er ein Vermächtnis Atatürks war. So wurde er der neu gegründeten Hohen Atatürkgesellschaft (*Atatürk Kültür, Dil ve Tarih Yüksek Kurumu*) einverleibt.[106] De facto wurde der TDK 1983 aufgelöst und nach Gesichtspunkten der geltenden Staatsideologie neu einberufen. Damals schied Cahit Külebi aus seinem Amt als Generalsekretär des TDK. Der neue TDK betätigt sich sprachschöpferisch (*Genel Ağ* für „Internet", *elmek* für „e-mail") und hat eine politisch korrektere, die „Bektaşis" nicht mehr beleidigende Definition von *mumsöndü* in Umlauf gebracht.

Förderung und Gefährdung in der Gegenwart

Ein literarisches Ereignis war die Wiedereinbürgerung von Nâzım Hikmet durch die AKP-Regierung.[107] Die Flut dünner Bändchen Lyrik, die Rauf Mutluay an die osmanische Tradition der Gaseldichter und *Tezkeres* erinnerte,[108] hat nicht nachgelassen. Jedoch werden Neulinge, potentielle Preisträger, anders gefördert als früher. Neun Träger des wichtigen Behçet Necatigil-Preises, eines „Familienpreises," sind im Band *Kultgedichte* versammelt, vier Essayisten und fünf Kultdichter (der fiktive Ka ist Preisträger). Bejan Matur, die ausgewiesene Dichterin mit alevitisch-kurdischem Hintergrund, ist für ihre türkischsprachige Lyrik preisgekrönt worden.

---

106 Mehmet Kaplan war von 1983 bis in sein Todesjahr 1986 Mitglied des *Yüksek Kurul* der Hohen Atatürkgesellschaft.

107 Die türkische Regierung gab mit einer offiziellen Verlautbarung im Januar 2009 Nâzım Hikmet, der am 25. Juli 1951 ausgebürgert wurde und am 3. Juni 1963 in Moskau starb, 45 Jahre nach seinem Tod im Exil symbolisch die entzogene Staatsbürgerschaft zurück. Auf Exil und Ausbürgerung kann hier sonst nicht eingegangen werden.

108 Rauf Mutluay, *50 Yılın Türk Edebiyatı*, Istanbul 1973. 372: „Der Wunsch mit Lyrik anzufangen ist eine der Krankheiten unserer Literatur..."

Die wirtschaftliche Entwicklung der Türkei und die veränderte Rolle des Staates[109] mussten sich auf die Literatur auswirken. 1986 stellte der Soziologe Emre Kongar (1941) fest, dass im Hinblick auf Förderung „neuerdings in den Gebieten Kunst und Literatur ein stabileres System“ zum Tragen komme.[110] Erst neuerdings verliert die Lyrik an Terrain gegenüber der Prosa.[111] Über eine „Welt, in der sich niemand mehr an Gedichte erinnert“, sorgte sich İsmet Özel.[112]

Das neue Strafgesetzbuch der Türkei wurde am 1. Juni 2005 ratifiziert.[113] Noch immer schreitet neben der Förderung das Gespenst der Strafverfolgung einher. Orhan Pamuk wurde wegen Erwähnung der Ermordung von 30.000 Kurden und einer Million Armenier wegen Beleidigung der Türkei und ihrer Staatsorgane (Art. 159 und 312 StGB) gerichtlich belangt,[114] und Nedim Gürsel musste sich im Mai 2009 wegen Beleidigung religiöser Gefühle und wegen religiöser Volksverhetzung vor einem Istanbuler Gericht verantworten;[115] er wurde am 25. Juni 2009 freigesprochen.

Unübersehbar erscheinen die Ehrungen, Dichterlesungen, Buchmessen, Fernsehauftritte und Berichte in Zeitungen und Zeitschriften.[116] Hilmi Yavuz macht mit Talat Sait Halman (1931) eine Fernsehsendung „Önce Şiir Vardı“. Es gibt Autorenlesungen, Signiertage (*imza günleri*), Werkstattgespräche, Seminare für angehende Autoren. *Şiir Şölenleri* wurden vom TYB in Provinzhauptstädten organisiert. Die Stadtverwaltung von Ümraniye[117] veranstaltete einen Wettbewerb für traditionelle Lyrik zum Thema „Mevlana ve Hoşgörü“. Ein Literaturfestival namens *Şiiristan* brachte in Istanbul Dichter aus aller Welt zusammen (März April 2009). So findet nicht nur Prosa, sondern auch Lyrik in der Türkei Andrang und Zuspruch. Zur Vermittlung auch ihrer schwierigen, schwerverständlichen Seiten trägt der türkisch-deutsche Band *Kultgedichte* erfolgreich bei.

---

109 Paul Dumont, „Le modèle économique dans la presse islamiste turque. L'État et l'étatisme en question“, in: Gisela Procházka-Eisl/Martin Strohmeier (Hg.), *The Economy as an Issue in the Middle Eastern Press*, Wien 2008, 68-73.

110 Emre Kongar, „Turkey's Cultural Transformation“, in: Günsel Renda/C. Max Kortepeter, *The Transformation of Turkish Culture. The Atatürk Legacy*, Princeton 1986, 19-68.

111 Börte Sagaster, „Tendenzen in der zeitgenössischen türkischen Prosaliteratur“, *Zeitschrift für Türkeistudien* (ZfTS), 15 (2002) 1+2, 7-27.

112 Glassen/Fişekçi, *Kultgedichte*, 121.

113 Spuler-Stegemann, „Türkei“, 665.

114 Spuler-Stegemann, „Türkei“, 231.

115 *Frankfurter Allgemeine Zeitung*, 17.4.2009.

116 Muhsin Mete, „Dergiler“, in: Doğan (Hg.), *Türkiye Kültür ve Sanat Yıllığı*, 525-587, bes. 533. Kleinere Literaturzeitschriften erschienen seit 1923 überall in der Türkei. Auch hier formierten sich zwei Lager: Als Wortführer von *Dergâh* wurde der bei „links und rechts gleich angesehene“ İsmet Özel bezeichnet.

117 Die islamistische Organisation dieser Istanbuler Teil-Stadt schildert Jenny B. White, *Islamist Mobilization in Turkey. A Study in Vernacular Politics*, Seattle 2002.

Zwei Gedichte von Musa Dschälil. Tatarischer Text, Übersetzung, Anmerkungen[1]

Mark Kirchner, Gießen

Musa Dschälil, sowjetischer Dichter und kommunistischer Aktivist tatarischer Nationalität wurde 1944 als Angehöriger einer tatarischen Widerstandsgruppe in deutscher Kriegsgefangenschaft in Berlin hingerichtet.[2] Wie auch beim türkischen Dichter Nazım Hikmet (1901-1963) war Musa Dschälils Werk von der Parteilichkeit für die kommunistische Bewegung gekennzeichnet; wie auch bei Nazım Hikmet mussten bedeutende Teile seiner Lyrik unter den Bedingungen der Gefangenschaft entstehen. Für das Werk beider ist aber auch der gemeinsame muslimische, türksprachige Hintergrund in Konfrontation mit einer atheistischen und egalitären Weltanschauung konstituierend.[3]

Musa Dschälil wurde 1906 in der Nähe der russischen Stadt Orenburg (in der Übergangszone zwischen dem europäischen und asiatischen Teil Russlands unweit der heutigen Grenze zu Kasachstan) geboren. Bereits als Jugendlicher schloss er sich ungeachtet seiner traditionellen Ausbildung an einer tatarischen Madrasa der kommunistischen Bewegung in der Phase der noch nicht beendeten Kämpfe zwischen Weißgardisten und Kommunisten an. In jener Zeit publizierte er erste Gedichte, in denen zum Teil klassische russische und orientalische Stoffe und Motive auf Elemente einer avantgardistischen Lyrik treffen. Ein interessantes Beispiel ist sein im Juli 1922 im Alter von 16 Jahren entstandenes Gedicht *Yaŋa nikax belän*, in dem der Dichter einem jungen Paar die Glückwünsche zur Vermählung überbringt. Das künftige gemeinsame Leben des Paares mit all seinen Hoffnungen wird dabei

---

1 Der Verfasser dieses Beitrags konnte im Rahmen der vom DAAD (Deutscher Akademischer Austausch Dienst e. V.) geförderten Partnerschaft zwischen der Staatlichen Universität Kazan und der Justus-Liebig-Universität Gießen seit 2004 wiederholt zu Arbeitsaufenthalten in die Republik Tatarstan (Russische Föderation) reisen. Im Februar 2006 besuchte er mehrere Veranstaltungen im Kontext der Feierlichkeiten zum hundertsten Geburtstag Musa Dschälils in Kazan. Im Ergebnis dieser Feierlichkeiten entstand auch ein kurzer Beitrag im Wissenschaftsmagazin der Universität Gießen, siehe Mark Kirchner, „Musa-Dschälil. Aspekte der Erinnerung", in: *Spiegel der Forschung. Wissenschaftsmagazin,* 23:1/2 (2006), 20-21. Des Weiteren wird verwiesen auf Mark Kirchner/Danija F. Zagidullina, „Musa Ğälil, Moabit törmäsendä yazılğan şigır'lär (Moabiter Hefte)", in: *KLL.*

2 Zu Leben und Wirkungsgeschichte Musa Dschälils vgl. Ilshat Gimadeev/Jan Plamper, „Tatarstan. Mythos um Musa Džalil", in: *Osteuropa,* 57,12 (2007), 97-115, und Mark Kirchner, „Leben zwischen Wolga und Ural, hingerichtet in Berlin. Die „Moabiter Hefte" Musa Dschälils", in: Dirk van Laak (Hg.), *Literatur, die Geschichte schrieb*, Göttingen 2010, 240-252.

3 Ein Vergleich von Leben und Werk der beiden Dichter siehe Mark Kirchner, „Musa Džalil' i Nazym Xikmet", in: *Musa Džalil'. Tvorčestvo i podvig. Vzgljad iz 21. Veka,* Kazan 2007, 42-45.

dezent und zurückhaltend mit den Hoffnungen auf eine heranbrechende neue, freie, bessere Zeit in Beziehung gesetzt.

Yaŋa nikax belän[4]

Sandugačtay,
Kübäläktäy,
Ike gönahsïz;
Almagačtay,
Gölčäčäktäy,
Bergä kilgänsez.
  Könegezne, tönegezne,
  Bergä, aŋlašïp;
  Kulïgïznï, sereŋezne
  Šunda yalgašïp;
  Tabïškansïz,
  Kavïškansïz,
  Alsuw märğännär.
  Pak-gönahsïz,
  Par ikänsez,
  Mäg'sum al ğannar.

Sïyïrčïklar kebek bergä
  Ildä sayragïz!
Birep bitler algï köngä
  Yullar saylagïz!
Il kügendä
Sez bügen dä,
  Tönne yugaltïp;
  Göl ğirendä,
  Eš könendä,
  Kükräkne ačïp,
Göl bagïnda,
Il taŋïnda,
  Alga čïqqansïz;
Kük yagïnda
Sez tagïnda
  Kul bireškänsez

Küŋlem – izge;
kotlap sezne,
Čirttem sazïmnï.
Yadkar ittem,
Ilham ittem
  Küŋel bagïmnï.
  Imanïm ak, telägem pak,
  Tezemne čügep,

4 Transkribierte Wiedergabe des Gedichts nach Musa Ğälil, *Äsärlär*. Biš tomda. Kazan 2006, Bd. 1, 58-59. Das vermutlich in arabischer Schrift verfasste Gedicht war vor dieser Ausgabe nicht publiziert worden.

Kaynap yöräk, ašïp teläk,
basïmnï bögep,
kotlïym sezne
Birep süzne:
Räxät yäšägez!
Mäŋge, mäŋge,
Bizäp taŋnï,
Gäwhär jasagïz!!

Zur Vermählung in neuen Zeiten

Wie die Nachtigall,
Wie der Schmetterling,
Zwei Unschuldige,
Wie der Apfelbaum,
Wie die Rose
Seid ihr zusammengekommen,
Euren Tag, eure Nacht,
Zusammen, einander verstehend.
Eure Hände, euer Geheimnis
Beschließt ihr gemeinsam,
Habt euch gefunden,
Habt euch verbunden.
Rosige Perlen,
Rein, ohne Schuld,
Seid ihr ein Paar,
Sündlose Seelen rosarot.

Singt wie Stare
gemeinsam mit den anderen!
Schaut auf die Tage vor euch!
Wählt euren Weg!
Unter strahlendem Himmel
Lasst heute die Nacht hinter euch!
Im Rosenbeet,
Im Arbeitstag
Seid freien Herzens!
Im Rosenhag,
In des Landes Morgenröte,
Seid ihr vorangeschritten.
Unter dem Himmel
Habt ihr euch
Die Hände gegeben.

Aus reinem Herzen,
Euch zu Ehren
Schlag ich die Laute.
Gegeben habe ich,
Gewidmet habe ich
Meinen Herzensgarten.

Mit lauterem Glauben und reinem Wunsch
Trete ich vor euch.

Mit pochendem Herzen
Verneige ich mich,
Eröffne meine Rede
Und wünsche euch:

Lebt in Frieden!
Schafft Juwelen,
Ewiglich zum Schmuck der Morgenröte!

Leicht, federnd kommt das Gedicht des jugendlichen Dschälil daher. Die kurzen Verszeilen sind dabei reich an Bildern und anderen poetischen Mitteln. Konventionell mag im Kontext eines an ein junges Paar gerichtetes Gedicht der Bezug auf Nachtigall und Schmetterling wirken. Die Nachtigall verweist dabei auch auf die Metaphorik klassisch orientalischer (mystischer) Dichtung, der Schmetterling mag eher ein Element aus der (traditionellen) russischen Dichtung sein. Revolutionär im Kontext der Literatur einer islamisch geprägten Kultur ist allerdings die Klarheit und Einfachheit mit der gleich zu Beginn des Hochzeitsgedichts die Geschlechter „Tag" und „Nacht" zusammenfinden. Das „einander verstehen" ist die Basis dieser Beziehung, nicht das Schicksal und auch nicht der Wille Dritter. Das Paar ist dennoch „rein" und „ohne Schuld", miteinander verbunden wie Perlen an der Schnur – auch ein orientalisches Motiv. Rot, rosig ist die Farbe dieser Perlen, sicherlich ist darin ebenso eine Referenz auf die neue Zeit zu sehen, die erst kurz vor dem Verfassen des Gedichts im östlichen Russland angebrochen war. Wieder beschreibt der Autor das junge Paar mit dem Bild von Singvögeln. Es ist aber diesmal nicht die auf den Orient verweisende Nachtigall, sondern der Star, ein Schwarmvogel, mit dem der Autor zeigen kann, wie sich das junge Paar in ein größeres Kollektiv einbetten wird. Mit dem Kollektiv ist der Blick und der Weg „in des Landes Morgenröte" nach vorn gerichtet. Der Dichter verneigt sich vor dem Paar und wünscht ihm, dass es dies „Morgenröte" mit bleibenden Werken bereichern möge. Nur im tatarischen Original ist erkennbar, wie der Autor, der bereits damals seit einigen Jahren in der Jugendorganisation der Partei tätig gewesen war, souverän traditionelle Segensformeln und Begriffe aus dem islamischen religiösen Kontext einzusetzen vermag, ohne mit dem neuen Geist seiner Dichtung in Konflikt zu geraten. Bei Dschälil ist der „Glaube" nicht mehr der Glaube an den einen das Schicksal bestimmenden Schöpfergott, sondern an die naturgegebene Kraft des Menschen gemeinsam mit anderen das Leben im Gesellschaftlichen wie im Privaten selbst in die Hand zu nehmen.

Als Musa Dschälil im Juli 1942, also exakt 20 Jahre später, das Gedicht „die Freiheit" verfasste, befand er sich seit kurzer Zeit in deutscher Kriegsgefangenschaft. Zuvor war seine steile Karriere, die ihn unter anderen bis in eine Spitzenposition des Schriftstellerverbandes der Tatarischen ASSR gebracht hatte, durch den Angriff der deutschen Wehrmacht und seinen Fronteinsatz beendet worden.

Aber auch in der Sowjetunion selbst waren seit Jahren die revolutionären und kreativen Ansätze in den frühen Jahren der Revolution in Repression und in einem sich sowjetpatriotische verstehenden sozialistischen Realismus erstickt worden. In deutscher Kriegsgefangenschaft schloss sich Musa Dschälil bald einer tatarischen Widerstandsgruppe an. Als diese Gruppe enttarnt wurde, wurden er und seine zehn Mitstreiter zum Tode verurteilt. Noch vor seinem Tode gelang es Musa Dschälil, seine in Gefangenschaft entstandenen Gedichte in ein aus Bögen der Feldpost hergestelltes Heft einzutragen und diese an einen belgischen Mithäftling weiterzugeben. Als „Moabiter Hefte" fanden die Texte nach 1953 als Ikone des antifaschistischen Widerstands sowjetischer Nationalitäten im gesamten Gebiet der Staaten des Warschauer Paktes in zahlreichen Übersetzungen große Verbreitung.

Irek[5]

Kaya gïna baŝïm kuysam da,
Kaygï talïy yöräk itemne.
Kič yatsam da, irtä tursam da,
Ällä närsäm ğitmey ŝikelle.

Ayak kulïm böten bötenen,
Buy-sïnnïŋ da sizmeym kimlegen,
Bar närsäm dä ğitä ğitewen,
Ğitmey barï irkem - xörlegem.

Üzem teläp jörter bulmagač,
Yuk ayagïm minem, juk kulïm.
Närsä soŋ ul, irkem bulmagač,
Bar buluwïm belän yuklïgïm.

Atam-anam yuk ta, ilemdä,
Äytegez, min yäteym idemme?
Min yugaltïm d.[6] ğirendä
Anamnan da yakïn ilemne.

Min kol monda, jortsïz-ireksez,
Ireksez häm ilsez - min üksez.
Atam-anam bulgan bulsa da,
Bulïr ide urnïm busaga.

---

5 Wiedergabe des in arabischer Schrift verfassten Gedichts auf der Basis der Faksimile-Edition der Moabiter Hefte (Musa Ğälil, *Moabit däftärläre*. Faksimil' basma. Kazan 2005) unter Berücksichtigung von Musa Ğälil, *Äsärlär* 2, 69.

6 So die Faksimile-Ausgabe (Musa Ğälil, *Moabit däftärläre*). In der Edition von 2006 (Musa Ğälil, *Äsärlär* 2, 69) finden wir *došman ğirendä* wörtlich „im Land des Feindes". Die Anmerkungen zur Werkausgabe verweisen darauf, dass der Buchstabe *d* im Text aus Gründen der Tarnung als Abkürzung für *došman* oder *dayčland* stehen könne (Musa Ğälil, *Äsärlär* 2, 360).

Bulïr idem haman min yäteym,
Tik talangan etlär miŋa tiŋ.[7]

Altïn irkem, azat tormïšïm,
Kaya očtïŋ kiyek koš bolïp?
Nik očmadï soŋgï sulïšïm,
Šunda bergä, siŋa kušïlïp?

Beldem mikän irek käderen[8]
Xör čagïnda, duslar, elek min?
Tatïp awïr kollïk ğäberen
Inde beldem tämen ireknеŋ!

Šatlandïrsa jazmïš küŋelne,
Kavïštïrïp irek-serdäškä,
Bagïšlarmïn kalgan gomerne
Irek öčen izge köreškä.

Die Freiheit[9]

Wohin ich meinen Kopf auch immer lege,
mich dreh und wende, irgend etwas quält.
Gleich, ob ich still bin oder mich bewege,
ein Mangel foltert mich: die Freiheit fehlt.

Ich habe alles an der rechten Stelle,
die Hände, Füße – ganz und gar normal.
Doch seh ich mich gefangen in der Zelle,
die Freiheit fehlt, und das ist meine Qual.

Ich seh mich willenlos und seh die Wände,
in diesen Wänden lebend, ohne Sinn.
Was nützen mir die Füße und die Hände,
wenn ich an Hand und Fuß gefesselt bin?

In meiner Heimat wurde ich geboren.
War ich dort, Elternloser, abgespeist?
Erst in der Fremde habe ich verloren
mein Vaterland und fühle mich verwaist.

Hier bin ich Sklave, ewig an der Kette,
und gleich dem Hunde ich die Peitsche spür.

---

7 Die beiden Verszeilen, die im regelmäßigen strophischen Aufbau des Gedichts als Fremdkörper wirken, sind in der hier zitierten deutschen Übersetzung (Mussa Dshalil, *Moabiter Hefte*, Berlin 1977) nicht berücksichtigt. Ein Blick in die Faksimile-Ausgabe (Musa Ğälil, *Moabit däftärläre*) zeigt, dass der Verfasser in dem eng beschriebenen Heft keinen strophischen Aufbau markiert hat. Übersetzung der beiden fehlenden Zeilen : „Als Waise wäre ich gleich einem Straßenköter."

8 So die Handschrift. In der Edition (Musa Ğälil, *Äsärlär* 2, 69) an die heute gängige Orthographie angepasst: *kader*.

9 Deutsche Nachdichtung von Wilhelm Tkaczyk auf der Basis einer Interlinearübersetzung aus dem Tatarischen (Mussa Dshalil, *Moabiter Hefte*, 21-22).

Selbst wenn ich Vater und auch Mutter hätte,
mein Platz wär immer „draußen vor der Tür".

Wohin bist du, mein Adler, fortgeflogen,
die Freiheit nutzend, König im Revier?
O hättest du den Atem eingesogen,
der mir noch bleibt – ich wär erlöst mit dir.

Als ich noch frei war, wußt ich da zu schätzen,
die goldne Freiheit, kannt ich ihren Wert?
Erst hier im Lager spür ich mit Entsetzen,
dass ich ein Slave bin, verhöhnt, entehrt.

O sollte ich noch eine Chance haben
und sollte mich der Freunde Kraft befreien.
Die Freiheit ist die schönste aller Gaben,
dem Freiheitskampf würde ich mein Leben weihn.

Wie viele andere Gedichte in den Moabiter Heften kreist Musa Dschälils hier vorgestelltes Gedicht um die Erfahrung von Gefangenschaft und Entehrung, Schmerz, Qual und Trauer. Auch die Ahnung des drohenden Todes in Gefangenschaft lastet auf dem Gedicht. Konventionelle Reime und konventionelle Strukturen geben dem Gedicht eine pathetische Schwere, die nichts mehr von der Leichtigkeit des zwanzig Jahre zuvor geschriebenen Gedichts ahnen lässt. Auch wenn beide Gedichte mit einer Hoffnungsbekundung für die Zukunft schließen, so bleibt diese Bekundung im Gedicht „die Freiheit" doch hypothetisch. Die Qualität und das Gewicht des frühen Gedichts Musa Dschälils mag aus dem Text selbst ersichtlich werden; der Wert des zweiten Gedichts erschließt sich nur im Kontext der Entstehung des Textes.

Musa Dschalil starb am 26. August 1944 in Berlin unter dem Fallbeil. Eine Tafel in der Gedenkstätte Plötzensee erinnert heute an ihn und an die mit ihm hingerichteten sowjetischen Widerstandskämpfer tatarischer Nationalität. Die in der DDR entstandenen deutschen Übersetzungen seiner Moabiter Hefte wurden nach der Deutschen Einheit nicht wieder aufgelegt.

Orient-Bilder/Bilder-Orient. Imagination und visuelle Erschließung. Plädoyer für einen integrativen Ansatz

Wolf-Dieter Lemke, Berlin

1. Die Orientalismus-Diskussion der letzten Jahrzehnte war weitgehend textorientiert. Dominiert von Edward Saids *Orientalism* (1978) galten die Untersuchungen zum westlichen Orient-Diskurs vor allem der Literatur, der Reiseliteratur und den neu entstandenen akademischen Wissenschaften vom Orient.[1] Die vielfältigen und intensiven Bemühungen um visuelle Welterschließung fanden dagegen weniger Interesse.[2] Nur die orientalistische Malerei und die Orient-Fotografie wurden stärker berücksichtigt und in die Orientalismus-Debatten einbezogen. Vereinzelt richtete sich das Interesse auch auf dreidimensionale Orient-Präsentationen wie Völkerschauen, Installationen des kommerziellen Ausstellungsbetriebes, Varieté- und Zirkusspektakel, Präsentationen in den neuen Museen für Kunst, für Kunstgewerbe und für Völkerkunde.

2. Das Hauptaugenmerk galt aber der orientalistischen Malerei des 19. Jahrhunderts. Sie wurde eingehend analysiert und dokumentiert. Zahlreiche Ausstellungen und Veröffentlichungen bezeugen das nach jahrzehntelanger Ignorierung erstaunlich nachhaltige Interesse.[3] Motiviert durch das 150-jährige Bestehen der

---

1 Edward W. Said, *Orientalism*, London 1978; Edward W. Said, *Orientalismus*, Frankfurt am Main u. a. 1981. Vgl. Isolde Kurz, *Vom Umgang mit anderen. Die Orientalismus-Debatte zwischen Alteritätdiskurs und interkultureller Kommunikation*, Würzburg 2000. Siehe auch Bill Ashcroft/Pal Ahluwalia, *Edward Said*, rev. ed., reprinted, London u. a. 2002, 49-83; A. L. Macfie (Hg.), *Orientalism. A Reader*, Edinburgh 2000. Die Textorientiertheit betont z. B. der Eintrag „Orientalism" in Ansgar Nünning (Hg.), *Metzler Lexikon Literatur- und Kulturtheorie. Ansätze, Personen, Grundbegriffe*, Stuttgart u. a. 1998, 408: „Der orientalistische Diskurs umfasst weit mehr als die philologischen, historischen oder anthropologischen Sparten der Orientalistik: die Vorstellungsmuster und Darstellungsweisen in einem breiten Spektrum von Texten (literarische Werke, Reiseführer, journalistische Berichte, politische Traktate, naturwissenschaftliche Studien, philosophische und religionskundliche Schriften) ...".

2 Zur generell traditionellen Bevorzugung von Texten gegenüber Bildern und zum visual turn (visualistic turn, iconic turn) vgl. Klaus Sachs-Hombach (Hg.), *Bildwissenschaft. Disziplinen, Themen, Methoden*, Frankfurt am Main 2005, besonders die Abschnitte „Historisch orientierte Bildwissenschaften" und „Sozialwissenschaftliche Bildwissenschaften". Vgl auch die Sammelbände Klaus Sachs-Hombach (Hg.), *Bildtheorien. Anthropologische und kulturelle Grundlagen des Visualistic Turn*, Frankfurt am Main 2009 und Jörg Probst (Hg.), *Ideengeschichte der Bildwissenschaft. Siebzehn Porträts*, Frankfurt am Main 2009.

3 Siehe hierzu u. a. *Doğu'nun Cazibesi. Britanya Oryantalist Resmi. The Lure of the East. British Orientalist Painting*, Istanbul 2008; Holly Edwards, *Noble Dreams, Wicked Pleasures. Orientalism in America, 1870-1930*, Princeton 2000; Philippe Jullian, *Les orientalistes. La vision de l'Orient par les peintres européens du XIXe siècle*, Fribourg 1977; Gérard-Georges Lemaire, *The*

Fotografie, fand auch die historische Orientfotografie zunehmend Beachtung. Eine wachsende Publikationstätigkeit – vor allem in den Ländern des Vorderen Orients und Nordafrikas – belegt das nachdrücklich.[4] Allerdings war das Interesse eher dokumentarisch, weniger analytisch orientiert.[5] Nicht ganz so umfangreich ist die Literatur zu den dreidimensionalen Präsentationsformen. So aufschlussreich diese Untersuchungen auch sind, angesichts der zahlreichen im 19. Jahrhundert erprobten Orient-Visualisierungen konnten sie nur zu Teilergebnissen führen. Die Ausrichtung der Forschung war zu selektiv und zu ausgrenzend, um ein adäquates Gesamtbild zu zeichnen.

Massenwirksame Medien wurden kaum untersucht. Offenkundig wurden sie für nicht aussagekräftig gehalten.[6] Dabei hatten gerade sie den Bildbestand ins Unermessliche erweitert und wirkten allein schon durch ihr massenhaftes Vorkommen. Auch waren sie es, durch welche die meisten Menschen zum ersten Mal mit dem Orient in Berührung kamen und ihre – wie auch immer zu bewertenden – Kenntnisse erlangten. Registriert, aber nur unzureichend analysiert, wurde auch die Mehrfachverwendung von Motiven und die Wanderung in und

---

Orient in Western Art, Cologne 2001; Christine Peltre, *Les orientalistes,* Paris 1997; Christine Peltre, *Dictionnaire culturel de l'orientalisme,* Paris 2003; Christine Peltre, *Orientalisme,* Paris 2004; Lynne Thornton, *The Orientalists. Painter-travellers 1828-1908,* Paris 1983 sowie die von dem französischen Verlag ACR publizierten Übersichten „nationaler Schulen".

4 Die Flut an Veröffentlichungen lässt sich kaum noch überblicken. Es seien nur einige hervorgehoben. Zum Osmanischen Reich siehe *Images d'Empire. Aux origines de la photographie en Turquie. Collection Pierre de Gigord,* Istanbul 1993; Bahattin Öztuncay, *The Photographers of Constantinople. Pioneers, studios and artists from 19th century Istanbul,* Istanbul 2003; für den Libanon siehe Fouad Debbas, *Des photographes à Beyrouth. 1840-1918,* Paris 2001; für Syrien siehe Badr El-Hage, *Des photographes à Damas, 1840-1918,* Paris 2000; für Palästina siehe Elias Sanbar, *Les Palestiniens. La photographie d'une terre et de son peuple de 1839 à nos jours,* Paris 2004; für Ägypten siehe Colin Osman, *Egypt. Caught in time,* Reading 1997; für Nordafrika siehe *Photographes en Algérie au XIXe siècle,* Paris 1999. Ansonsten sei auf die einschlägigen Abschnitte des *Index Islamicus* verwiesen. Für eine erste Übersicht europäischer Reisefotografie siehe Sylvie Aubenas/Jacques Lacarrière, *Voyage en Orient,* Paris 1999; Wulf Köpke (Hg.), *Mit Kamel und Kamera. Historische Orient-Fotografie 1864-1970,* Hamburg 2007; Nissan N. Perez, *Focus East. Early Photography in the Near East (1839-1885),* New York 1988.

5 Ausnahmen sind u. a.: Thomas Theye (Hg.), *Der geraubte Schatten. Die Photographie als ethnographisches Dokument,* München 1989; Sarah Graham-Brown, *Images of Women. The Portrayal of Women in Photography of the Middle East 1860-1950,* London 1988; G. Beaugé/J.-F. Clément (dir.), *L'image dans le monde arabe,* Paris 1995; *Images d'Empire*; Wolf-Dieter Lemke, Ottoman photography. Recording and contributing to modernity, in: Jens Hanssen (Hg.), *The empire in the city. Arab provincial capitals in the late Ottoman empire,* Würzburg 2002, 237-252; Anne Maxwell, *Colonial Photography and Exhibitions. Representations of the Native and the Making of European Identities,* London 1999; Wulf (Hg.), *Mit Kamel und Kamera*; Annegret Nippa, *Lesen in alten Photographien aus Baalbek,* Zürich [1996]; Annegret Nippa/Peter Herbstreuth, *Unterwegs am Golf von Basra nach Maskat. Photographien von Hermann Burchardt = Along the Gulf,* Berlin 2006.

6 Wie informativ gerade diese Medien sein können, belegt eine umfangreiche Studie von Otto May, *Deutsch sein heißt treu sein. Ansichtskarten als Spiegel von Mentalität und Untertanenerziehung in der Wilhelminischen Ära (1888-1918),* Hildesheim 1998.

durch verschiedene Medien.[7] Das Gleiche gilt für das Spannungsverhältnis zwischen vorgeblich dauerhaft festgeschriebenen Orient-Imaginationen und zunehmenden Realkenntnissen. Das Gesamtsystem der Orient-Visualisierungen, das Spezifische der einzelnen Elemente und die Interdependenzen zwischen ihnen sollten noch einmal überdacht werden. Ansätze existieren. So beschränken sich neuere Darstellungen des Orientalismus nicht nur auf die Malerei, sondern beziehen andere Manifestationen mit ein, wie Fotografie und Architektur, Mode und Kunstgewerbe, Ausstellungen und Völkerschauen.[8] Eine darüber hinausgehende, radikale, alle Erscheinungen verbindende und integrierende Darstellung westlicher Veranschaulichungen des Orients bleibt ein Desiderat.

4. Die Welt des späten 19. Jahrhunderts wurde von Bildern überflutet wie keine Epoche vor ihr. Visualisierungen faszinierten, sei es in Form von Abbildungen, Nachbildungen oder illusionistischen Installationen. Die Zuversicht, Realitäten wirklichkeitsgetreu wiedergeben zu können, war noch ungebrochen. Präzise akademische Malerei dominierte. Die revolutionäre Erfindung der Fotografie wurde begeistert aufgenommen. Der Wahrheitsanspruch des neuen Mediums wurde zunächst akzeptiert. Mischformen zwei- und dreidimensionaler Repräsentation – von Dioramen und Panoramen bis hin zu Großinstallationen – suchten die Grenze zwischen dem Dargestellten und der Darstellung zu verwischen. Es kam zu einem phänomenalen Anstieg der Bildproduktion. Nicht nur deren Ausmaß erstaunt. Auch die Vielzahl neuer Drucktechniken und der Erfindungsreichtum,

---

7 Als Beispiele für die Mehrfachverwendung eines gleichen Bildmotivs seien die Reklame für die Zigarettenmarken *Sulima* und *Moslem* sowie die Reklame für Soennecken & Co, München, Photograph. Bedarfsartikel genannt: Für *Sulima* warb ein bärtiger Beduine (Entwerfer unbekannt) als Plakat in zwei Varianten (siehe Klaus Popitz (Hg.), *Das frühe Plakat in Europa und den USA : e. Bestandskatalog. Forschungsunternehmen „19. Jahrhundert" d. Fritz-Thyssen-Stiftung,* Berlin 1977-1980, Bd. 3, Nr. 4426) und als Reklamemarke (siehe Manfred Zollickhofer, *Reklamemarken. Tabak,* Hamburg 2003, 108). Auf einer weiteren Reklamemarke und mindestens einer Blechdose (Sammlung Lemke, Berlin) ist der gleiche Araber zu finden, hier unter Hinzufügung einer Basarstraße. Für *Moslem* warb ein Entwurf („osmanischer Dandy") von Hans Rudi Erdt (1883-1918) als Plakat (siehe Popitz (Hg.), *Das frühe Plakat,* Bd. 3, Nr. 823), als Reklamemarke (siehe Zollickhofer, *Reklamemarken,* 94) und auf einer Blechdose (siehe Susanne Bäumler (Hg.), *Die Kunst zu werben. Das Jahrhundert der Reklame,* Köln 1996, 348). Für Soennecken warb ein Entwurf („Tourist auf Kamel vor einer Pyramide") von Richard Winckel (1870-1941) als Plakat (siehe Popitz (Hg.), *Das frühe Plakat,* Bd. 3, Nr. 3441), als Reklamemarke in mindestens sieben Farbvarianten (Sammlung Lemke, Berlin) und als Reklamepostkarte (Sammlung Lemke, Berlin).

8 So z. B.der Ausstellungskatalog Edwards, *Noble Dreams.* Behandelt werden neben der Malerei u. a. Architektur, Ausstellungen, Filme, Warenreklame, Mode, Kunstgewerbe. Vgl. auch Peltre, *Dictionnaire,* 4: „L'approche de l'altérité, la confrontation avec d'autres horizons géographiques, la révélation de langages visuels inconnus ouvrent la voie à une perception différente de l'espace et du monde. Cette sensibilité nouvelle doit être abordée dans toute sa richesse plastique, la peinture jouant le premier rôle, sans oublier les autres manifestations artistiques qui se sont enrichies au contact de l'Orient, telles que l'architecture, les arts décoratifs, la musique ou même, dans une version plus contemporaine, le cinéma."

mit dem immer neue Bildtypen lanciert wurden, überraschen.[9] Die in großen Stückzahlen produzierten neuen Bildmedien dienten der Information und der Kommunikation. Am einflussreichsten wurden die rasch populär werdenden Ansichtskarten. Daneben halfen Stereofotografien und eine Vielzahl von Sammelbildern die Welt visuell zu erschließen.[10]

5. Das 19. Jahrhundert war eine Periode europäischer politischer, militärischer und wirtschaftlicher Expansion. Der Vorstoß in neue Welten führte zu einem verstärkten Interesse an regionalen, historischen und kulturellen Studien. Die wissenschaftliche Erforschung des Orients wurde intensiviert. Versuche der intellektuellen Durchdringung wurden begleitet von Bemühungen um visuelle Erfassung. Gemälde und Drucke, das neue Medium Fotografie, dreidimensionale Präsentationen und Inszenierungen suchten den Abstand zwischen nah und fern zu überbrücken und halfen, eine rapide wachsende Welterfahrung einzuordnen. Ansichten selbst der entferntesten Gegenden wurden in großen Mengen produziert und reproduziert, auch intensiv gesammelt. Das Unbekannte, das Ungewohnte wurden verfügbar gemacht durch Veranschaulichung. Es schien, als sei Europa entschlossen, sich der Welt ein zweites Mal zu bemächtigen, diesmal durch visuellen Zugriff. Bilder, die den Orient thematisierten, erfreuten sich besonderer Beliebtheit. Orientbilder hatte es schon früher gegeben[11], aber noch nie waren sie so erschwinglich und so einfach zu erhalten. Den Orient bereisten nun viele, doch sie bereisten einen Bilder-Orient.

6. Bei der Vielzahl der Bildmedien ist es verwunderlich, dass sich die Orientalismus-Forschung bevorzugt mit der orientalistischen Malerei beschäftigt hat. Der Ansatz ist zu elitär und zu enggefasst. Zwar lassen sich Übereinstimmungen zwischen Leitvorstellungen der Malerei und späteren westlichen Orient-Vorstellungen konstatieren, daraus kann aber nicht auf eine direkte Abhängigkeit geschlossen werden. Dies geschieht aber implizit, wenn die „Falschheit" von Bildern hervorgehoben und eine Kontinuität in späteren Kontexten konstatiert wird.[12] Orientalistische Gemälde waren nur wenigen zugänglich. Die Bevorzugung des einen Mediums wird den tatsächlichen Bildverhältnissen nicht gerecht. Erst die

---

9 Eine Übersicht bietet das Kapitel „Neue Funktionen und Techniken – Das 19. Jahrhundert" von Anja-Franziska Eichler, *Druckgrafik,* Köln 2006, 108-137. Ausführlich: Hans-Jürgen Wolf, *Geschichte der Druckverfahren. Historische Grundlagen, Portraits, Technologie,* Elchingen 1992.

10 Eine umfassende Beschreibung der im 19. Jahrhundert gebräuchlichen Bildmedien findet sich bei Christa Pieske, *Das ABC des Luxuspapiers. Herstellung, Verarbeitung und Gebrauch 1860-1930,* Berlin 1984. Vgl. auch Maurice Rickards, *Collecting Printed Ephemera,* Oxford 1988.

11 Siehe Irini Apostolou, *L'Orientalisme des voyageurs français au XVIIIe siècle. Une iconographie de l'Orient méditerranéen,* Paris 2009, 257-278: "La production iconographique et l'image des Orientaux".

12 So etwa Rana Kabbani, "Regarding Orientalist Painting Today", *Doğu'nun Cazibesi,* 90-101.

enorme Zunahme der Bildproduktion, verbunden mit dem Aufkommen neuer Bild- und Präsentationsformen, sorgte für ein breites Angebot an Orient-Bildern.

7. Kollektive Vorstellungen werden zu einem erheblichen Teil von Bildern generiert, kontrolliert und verbreitet. Voraussetzung ist die allgemeine Zugänglichkeit, eine Bedingung, die das 19. Jahrhundert in hohem Maße erfüllte. Eine komplexe Bildkultur war entstanden. Visuelle Information und Interpretation setzten an, bislang vorherrschende, wortorientierte Verfahren zu ergänzen, wenn nicht zu überlagern. Für die Geschichtsschreibung bedeutet dies: Bilder sind nun nicht mehr in erster Linie Material für Illustrationen. Sie werden zu historischen Quellen, die die traditionellen Textquellen ergänzen oder ersetzen.[13] Die industriell produzierten, in hohen Auflagen verbreiteten Orient-Bilder sind Quellen in zweifacher Hinsicht: Orient-Bilder waren Träger und Urheber von Imaginationen. Durch die massenhafte Verbreitung älterer und neuerer Orient-Entwürfe verankerten sie diese fest im kollektiven Bewusstsein. Die Existenz eines industriell gefertigten Bilder-Orients war eine der Voraussetzungen für die Herausbildung von noch heute wirksamen Orient-Stereotypen. Orient-Bilder waren aber auch Instrumente eines breit angelegten Wissenstransfers. Bilder erreichten mehr Menschen, als es Texte vermochten. Um Bilder zu betrachten, bedurfte es keiner Vorbildung. Für die Allgemeinheit war der Bilder-Orient eine Art visuelle Enzyklopädie. Prozesse des Entstehens und der Konsolidierung kollektiven Orient-Wissens lassen sich am Bilder-Orient ablesen und verfolgen. Eine Schwierigkeit besteht darin, dass sich beide Zielsetzungen überschnitten. Orient-Bilder vermittelten Wissen, tradierten aber auch – bewusst oder unbewusst – Imaginationen. Noch komplexer wird es, wenn vorhandenes Wissen gezielt eingesetzt wurde, um Imaginiertem den Anschein von Realität zu verleihen. Das Nebeneinander von Bilder-Orient / Orient-Bilder ist daher nicht als starrer Gegensatz zu interpretieren, sondern als Prozess kontinuierlicher Ausdifferenzierung.

8. Um diesen Sachverhalt zu verstehen, bedarf es zweierlei: eines Referenz- und Orientierungssystems und einer Kenntnis der Medien, über die der Orient als Imagination, Abbildung oder Nachbildung an breite Bevölkerungskreise gelangte. Erst das Zusammenwirken beider Faktoren erlaubt es, die verschlungenen Prozesse der Verbreitung und Durchsetzung von zu Stereotypen gerinnenden Imaginationen nachzuzeichnen. Und es verdeutlicht, wie – als korrigierende Gegenbewegung – die visuelle Verbreitung von Wissen erfolgte.

9. Es liegt nahe, die frühe orientalistische Malerei zum Referenz- und Orientierungssystem zu bestimmen. Durch die Visualisierung bestehender und die Propagierung neuerer Orientvorstellungen hat sie die Basis für weitere Entwicklungen gelegt und den Zeitgeschmack auf Jahrzehnte beeinflusst. An ihr lassen sich

[13] Siehe dazu Jens Jäger „Geschichtswissenschaft“, Sachs-Hombach (Hg.), *Bildwissenschaft*, 185-195 und die von ihm angegebene Literatur.

nicht nur Grundpositionen westlicher Sichtweisen ablesen, sie hat auch die Themenbereiche und Motive ausgebildet, die zu Orient-Indikatoren erstarrten.

Die orientalistische Malerei des 19. Jahrhunderts definiert sich durch die Behandlung von orientalischen Sujets, nicht durch einen eigenständigen Stil. Zwar gab es historische Phasen und stilistische Besonderheiten, maßgeblich war aber die Thematik. Es gab keine spezielle Schule orientalistischer Malerei, nur westliche Maler des Orients. Ihnen gemeinsam war, dass sie im akademischen Stil der Zeit malten, als brillante Technik und präzise Darstellung hoch geschätzt wurden.[14] Orientalistische Malerei ist das Produkt von Außenstehenden. Der abbildende Künstler positionierte sich gegenüber den orientalischen Realitäten, seien sie durch Beobachtung gewonnen oder imaginiert. Seine Kunst ist wesenhaft konfrontativ. Dazu passt, dass die meisten Gemälde nicht im Orient entstanden. Versuche, die strukturelle Distanz zu überwinden, wurden erschwert durch kulturelle Übereinkünfte. Die frühen orientalistischen Maler veranschaulichten Ideen, die das 18. Jahrhundert festgeschrieben hatte. Für die Aufklärer war der Orient ein Konzept, das sie – gestützt auf Reiseberichte – entwickelt hatten, um einzelne Aspekte, die sie der Region zusprachen, zu einem Kontext fügen zu können.[15] Ihnen war weniger an einer Analyse des Orients gelegen als an einer Definition des Okzidents durch Kontrastierung. Ihr Orient war eine Projektion, nicht das Ergebnis persönlicher Erfahrung und erworbener Kenntnisse.[16] Dem Okzident wurde Klarheit, Rationalität und Streben nach Gleichheit zugesprochen. Der Orient wurde als obskur, irrational, grausam und sinnlich charakterisiert, Vorstellungen, die die orientalistische Malerei visualisierte.

10. Geteilte Ausgangspositionen schließen unterschiedliche Entwicklungen nicht aus. Intellektuelle und künstlerische Strategien änderten sich. Der Prozess, zu adäquaten Bildfindungen zu kommen, benötigte Zeit. Die orientalistische Malerei durchlief mehrere Phasen. Die Anfänge waren gekennzeichnet durch eine Mischung von historischer Erzählung und verdeckter Rechtfertigung. Ziel war es, die westliche militärische Dominanz und vorausgesetzte kulturelle Überlegenheit zu glorifizieren. Das Interesse galt den Siegern, nicht den Besiegten. Dies schloss

---

14 Vgl. Thornton, *The Orientalists,* 13.

15 Vgl. Apostolou, *L'Orientalisme des voyageurs français.*

16 „The despotic fantasy that Grosrichard submits to painstaking scrutiny is historically precisely situated in the period of the Enlightenment ... it is the time when the basic social and political structures of modernity were laid down and elaborated, along with its basic forms of subjectivity. It is the time of spectacular endeavours proposing a rationally based society, a new concept of state, civil society, democratic liberties, citizenship, division of power, and so on; but in a strange counterpoint, there was the image of Oriental despotism as the very negative of those endeavours, their phantasmic Other. This was nourished by numerous travellers's accounts and propelled by their fictional amplifications to hold sway over imagination at large, becoming one of the prevalent 'ideas' of the epoch, a commonly acknowledged fantasy." Mladen Dolar zu Alain Grosrichard, *The Sultan's Court. European Fantasies of the East,* London 1998 (Übersetzung von *Structure du sérail: La fiction du despotisme asiatique dans l'Occident classique,* Paris 1979), XI.

eine präzise Wiedergabe des orientalischen Umfeldes nicht aus.[17] Der anfängliche halbdokumentarische Ansatz wurde ergänzt und überlagert durch Bemühungen um mentale und künstlerische Aneignung. Der Orient der Romantiker war ein Orient künstlerischer Erfindung. Er diente als Projektionsfläche für europäische Fantasien und Wünsche. Er war eine Traumlandschaft, die mit dem geografischen Orient interferierte.[18] Umfang und Intensität der Kontakte nahmen zu. Die Erfahrung orientalischer Realitäten veränderte Einstellungen. Eine Art ethnografischer Orientalismus entstand, bestrebt, orientalische Lebenswelten exakt wiederzugeben.[19] Alle drei Ansätze bestanden im 19. Jahrhundert nebeneinander her, vermischten sich auch, wobei das Romantisch-Artifizielle dominierte.

11. Auf der Basis dieser Grundeinstellungen entfaltete sich eine Bilderwelt, die aus einem begrenzten Kanon von Themen und Motiven bestand. Generell galt: für Maler und Publikum war der Orient ein Fest für die Augen, ein Reich von Farben, Bildern und Träumen. Die Orientalisten waren fasziniert von der Farbenpracht der Straßen und Märkte, dem Erscheinungsbild der Menschen, den orientalischen Sitten und Gebräuchen, den religiösen und privaten Zeremonien. Genremalerei blühte. Architektonische und dekorative Details der islamischen Kunst wurden präzise wiedergegeben. Andere Künstler malten ländliche Szenen oder gingen in die Wüste, um die Beduinen, die Orientalen par excellence, zu porträtieren.[20]

Einige Aspekte faszinierten besonders: Da war vor allem die mysteriöse Welt der orientalischen Frauen.[21] Orientalistische Frauen waren immer schön und sie waren immer jung. Der Harem wurde zur Bühne für erotische und exotische Träume, ein von westlichen Männerfantasien geschaffener fiktiver Raum, den Müßiggang, raffinierte Sinnlichkeit und Luxus kennzeichneten.[22] Teil dieser Welt

---

17 Vgl. Peltre, *Les orientalistes*, "Témoins de l'histoire", 19-61. Siehe auch Lemaire, *The Orient in Western Art*, "The Conquest of Egypt", 88-143, "French Colonization of the Maghreb", 153-173.

18 Vgl. Peltre: *Les orientalistes*, „L'haute poésie ou l'Orient des romantiques", 64-127. Vgl. auch Alain Daguerre de Hureaux/Stéphane Guégan, *L'ABCdaire de Delacroix et l'Orient*, Paris 1994, "Orient des peintres romantiques", 104.

19 Vgl. Peltre, *Les orientalistes*, „Réalismes", 129-181.

20 Vgl. die Zusammenstellung von Jullian, *Les orientalistes*, „Pourquoi l'Orient?", 69-104.

21 Vgl. Apostolou, *L'Orientalisme des voyageurs français*, "L'univers féminin, le harem et l'imaginaire français", 315-328; Tayfur Belgin (Hg.), *Harem. Geheimnis des Orients*, Krems 2005; Mohja Kahf, *Western Representations of the Muslim Woman. From Termagant to Odalisque*, Austin 1999; Lynne Thornton, *La femme dans la peinture orientaliste*, Courbevoie (Paris) 1993. Siehe auch *Mauresques. Femmes orientales dans la photographie coloniale 1860-1910*, textes de C. Taraud, photographies des collections Roger-Viollet, Paris 2003.

22 „L'odalisque (au sens propre, une servante de harem) incarne au cours du XIXe siècle le mythe de la femme orientale aux beautés prometteuses. Elle suscite une iconographie abondante, souvent inégale, ...". Daguerre de Hureaux/Guégan, *L'ABCdaire de Delacroix*, 102. „By the end of the 19th century, Orientalism was often closely linked with eroticism. Admittedly, the great exponents of the form ... had already set the tone. But with the triumph of academic painting, this eroticism acquired a more dubious character. ... Artists

war der Kauf von Sklavinnen, ein Lieblingsmotiv orientalistischer Malerei. Neben die Idee des idyllischen Raums trat so die lustvoll ausgebreitete Vorstellung von persönlichen Tragödien, von Intrigen, Eifersucht und Mord. Sexuelle Ausbeutung war Machtausübung. Gewalt beherrschte privates wie öffentliches Leben. Der Orient galt als irrational, als emotional und als brutal.[23] Kampfszenen, Hinrichtungen und grausame Jagden wurden immer wieder evoziert. Das Bild des blutrünstigen orientalischen Despoten etablierte sich.

12. Damit sind Grundhaltungen, Thematik und einige Hauptmotive benannt. Sie waren der Fundus, auf den nachfolgende Künstler und andere an Orient-Visualisierungen Interessierte immer wieder zurückgriffen, auch wenn ihnen die Abhängigkeit nicht bewusst sein musste. Übereinstimmungen mit noch heute wirksamen Orient-Stereotypen sind augenfällig. Es liegt nahe, direkte Zusammenhänge zu vermuten.[24] Da die Gemälde aber nur wenigen zugänglich waren, konnten die orientalistischen Vorstellungswelten die Allgemeinheit nur auf Umwegen erreichen. Welche Wege waren es? Wie wurde die Lücke zwischen den Hervorbringungen der Orientalisten und der Welterfahrung breiter Bevölkerungskreise überbrückt? Gab es Zwischenstufen, Modifikationen und Korrekturen?

Das Interesse der Orientalismus-Forschung hat den Gemälden gegolten, weniger ihrer Rezeption und den Fernwirkungen. Diese Aspekte sind bisher kaum thematisiert und erst recht nicht analysiert worden. Der Aufsatz möchte auf die Notwendigkeit entsprechender Untersuchungen hinweisen. Behauptet wird, dass die Transferprozesse orientalistischer Bildvorgaben entscheidend mit dazu beigetragen haben, bis heute wirksame Orientvorstellungen auszubilden. Ausgehend von der Bilderwelt der Orientalisten, ergänzt, modifiziert und korrigiert durch neue Erfahrungen, kristallisierte sich ein Kanon von Orient-Imaginationen und Orient-Indikatoren heraus. Für die Verbreitung und nachhaltige Wirkung sorgten unterschiedliche Multiplikatoren, darunter vor allem die neuen Bildmedien. Diese übernahmen eine Doppelfunktion: Sie halfen Stereotypen auszubilden und visuell durchzusetzen. Sie dienten aber auch der visuellen Verbreitung zunehmender Orientkenntnisse und damit der Korrektur von Stereotypen.

Um diese Prozesse zu verstehen, müssen die beteiligten Medien separat und im Kontext beschrieben und untersucht werden. Dies ist im Rahmen eines Aufsatzes nicht zu leisten. Eine der Komplexität des Stoffes angemessene Beschreibung und Analyse muss einer größeren Studie vorbehalten bleiben. Doch seien einige generelle Bemerkungen zum Ablauf der Transferprozesse und dem Beitrag der beteiligten Medien angefügt.

---

quickly turned the Turkish bath and, of course, the harem into erotic clichés.", Lemaire, *The Orient in Western Art,* 270. Vgl. auch Emmanuelle Peyraube, *Le Harem des Lumières. L'image de la femme dans la peinture orientaliste du XVIIIe siècle,* Paris 2008.

23 Vgl. zu diesem Aspekt Grosrichard, *The Sultan's Court* und Apostolou, *L'Orientalisme des voyageurs français,* "La cruauté ottomane", 311-314.

24 Siehe oben Anm. 11.

13. Gemälde und Zeichnungen, grafische Blätter und Buchillustrationen mit orientalischer Thematik hatte es seit Jahrhunderten gegeben. Aus Kosten- und Bildungsgründen war die Breitenwirkung allerdings begrenzt. Mit der Druck- und Bildrevolution des 19. Jahrhunderts änderte sich dies nachhaltig. Mehrere Faktoren kamen zusammen: drucktechnische Neuerungen, das Aufkommen von neuen Bild- und Präsentationsmedien[25], die allgemeine Verbesserung des Erziehungswesens, das wachsende Interesse an der nichteuropäischen Welt, die zeittypische Sammelleidenschaft.

Zum Bilder-Orient zählten fortan nicht nur die überkommenen Bildmedien, sondern auch Fotografien, Ansichtskarten, Sammelbilder, Reklamemarken, Oblaten, Plakate und anderes mehr. Hinzu kamen konkurrierende Formen der visuellen Welterschließung wie die modellhaften Inszenierungen von Dioramen und Panoramen und die dreidimensionalen Großpräsentationen auf Welt- und Gewerbeausstellungen. Orient-Bilder wurden auch von Völkerschauen, Zirkusspektakeln, Bühnen- und Varieté-Shows und den neu entstehenden Museen offeriert. Nicht nur das Angebot wurde vielfältiger. Die neuen Bildtypen waren mehrheitlich Industrieprodukte und damit erschwinglich. Kaufmannsbilder und Reklamemarken gab es ohnehin gratis. War der Zugang zu Bildern einst das Privileg vermögender Schichten, erreichten Bilder und ihre Botschaften nun breite Bevölkerungskreise.[26]

So verschiedenartig die Multiplikatoren auch waren, sie alle trugen dazu bei, ein in den Grundzügen konsistentes Orient-Bild zu zeichnen. Orient-Entwürfe und Orient-Indikatoren waren nicht an Medien gebunden.[27] Sie konnten wandern, mussten sich nur den wechselnden Bedingungen der Trägermedien und Szenarien

---

25 Als die gebräuchlichsten Druckverfahren bezeichnet Eichler, *Druckgrafik,* die Lithografie (108-115; seit 1796-98), den Holzstich – Xylografie (116-118; seit 1780), den Stahlstich (118-119; seit 1819) und die um die Jahrhundertmitte erneut populär werdende Radierung (120-122).

26 „Waren die Farbdrucke im 18. Jahrhundert wegen des hohen Preisniveaus vor allem einer kleinen wohlhabenden Käuferschicht vorbehalten, wurde es im 19. Jahrhundert durch das Aufkommen der neuen Techniken der Lithografie und der Xylografie möglich, durch hohe Auflagen einem breiteren Publikum Zugang zu druckgrafischen Werken zu verschaffen. ... Die Erfindung der Lithografie ... trug zur Vielfalt der Ausdruckmittel bei und revolutionierte die bekannten Sujets, vor allem Karikatur und Satire, Zeitungs- und Buchillustration. Die Gebrauchs- und Illustrationsgrafik erfuhr eine zuvor unbekannte Blüte ...“, Eichler, *Druckgrafik,* 108.

27 So konstatiert beispielsweise Anne Dreesbach, „Kalmücken im Hofbräuhaus. Die Vermarktung von Schaustellungen fremder Menschen am Beispiel München“, in: Hans-Peter Bayerdörfer/Eckhart Hellmuth (Hg.), *Exotica. Konsum und Inszenierung des Fremden im 19. Jahrhundert,* Münster 2003, 217-235, hier 234: „Die Klischees, mit denen für die Schaustellungen fremder Völker geworben wird, finden sich überall dort wieder, wo mit Exotik Werbung gemacht wird, eine Feststellung, die deshalb so wichtig ist, weil sie beweist, dass sich Stereotypen von fremden Menschen über verschiedene Medien hinweg und trotz unterschiedlicher Zielsetzungen verbreiten bzw. verbreitet werden. Die Werbung für Hacker (eine Bierbrauerei, Anm. WDL), exotische Romane, Kolonialromane, Romanzen, exotisch inszenierte Räume wie Cafés und Restaurants und Varietévorstellungen arbeiten immer wieder mit denselben Klischees.“

anpassen. Als Geflecht sich gegenseitig beglaubigender Multiplikatoren wirkten sie umso nachhaltiger. Nicht ein einzelnes Medium war für die Herausbildung kollektiver Orient-Bilder verantwortlich, sondern ein sich allmählich entfaltendes, Mediengrenzen überschreitendes Netzwerk.

14. Vor allem zwei Erfindungen halfen, orientalistische Vorstellungswelten zu verbreiten: die Lithografie[28] und die Fotografie. Beide Verfahren offerierten Techniken zur Bildherstellung, beide ermöglichten preisgünstige Reproduktionen. Auch waren sie einfacher zu handhaben als ältere Verfahren. Reproduktionen orientalistischer Gemälde wurden in den unterschiedlichsten Formaten und Techniken angeboten. Portfolios zeitgenössischer Malerei enthielten häufig orientalistische Gemälde. Größere Formate gab es als Wandschmuck. Zeitweise populär waren auch fotografische Reproduktionen, entweder als montierte Originalfotos oder als Fotogravüren.[29] Reproduziert wurden nicht nur die Werke führender Maler. Orientalismus war en vogue. Zahlreiche Epigonen versuchten sich an orientalischen Sujets.[30] Auch ihre vielfach recht trivialen Hervorbringungen wurden vervielfältigt und wirkten fort. Am einflussreichsten waren Reproduktionen auf Postkarten. Die Zahl der durch das neue Bildmedium bekannt gemachten Gemälde dürfte in die Tausende gehen.[31] Andere Karten beruhten auf eigens angefertigten Entwürfen.[32] Poststempel belegen, dass sie ebenso für den innereuropäischen Markt bestimmt waren wie für den touristischen. Postkarten waren das Medium, durch das das Bildprogramm der Orientalisten in immer neuen Varianten an breite Bevölkerungskreise gelangte. Die künstlerische Qualität war häufig

---

28 Siehe dazu *Bilderbunter Alltag – 200 Jahre Lithographie.* Hamburg 1999; Heinrich Kemper, *Bildersteine Steinbilder. Lithographische Drucke für Werbung und Illustration,* Münster 1995.

29 Vgl. Wolf-Dieter Lemke, *Staging the Orient : Fin de siècle Popular Visions = Représentations de l'Orient : imagerie populaire Fin de siècle,* Beirut 2004, 94-95.

30 Eine Vorstellung von der großen Zahl orientalistischer Maler vermitteln die Bände des ACR-Verlages (vgl. oben Anm. 3), wobei auch diese nur eine Auswahl repräsentieren: Gerald M. Ackermann, *Les Orientalistes de l'école britannique,* Courbevoie (Paris) 1991 (227 Maler); Caroline Juler, *Les orientalistes de l'école italienne,* Courbevoie (Paris) 1992 (126 Maler); *Gli orientalisti italiani. Cento anni di esotismo 1830-1940,* A cura di Rossana Bossaglia, Venezia 1998, nennt ca. 70 weitere Maler; Martina Haja/Günther Wimmer, *Les orientalistes des écoles allemande et autrichienne,* Courbevoie (Paris) 2000, nennt 75 Maler. Thornton, *The Orientalists,* nennt ca. 80 weitere Maler, während Frédéric Hitzel, *Couleurs de la Corne d'Or. Peintres voyageurs à la Sublime Porte*, Courbevoie (Paris) 2002, über 200 Maler unterschiedlicher Nationalität aufführt.

31 Besonders beliebt und in ganz Europa verbreitet waren die „Salons de Paris"-Postkarten. Die Pariser Salons waren bevorzugte Ausstellungsorte orientalistischer Malerei. Vgl. hierzu Jullian, *Les orientalistes,* „Les Salons", 49-68.

32 Besonders produktiv waren in dieser Hinsicht Friedrich Perlberg (1848-1921; zu ihm siehe Haja/Wimmer, *Les orientalistes des écoles allemande et autrichienne,* 120-123); Carl Wuttke (1849-1927; zu ihm siehe ebd. 176-177); Fabio Fabbi (1861-1946; zu ihm siehe Juler, *Les orientalistes de l'école italienne,* 122-125). Auf ihren Ölskizzen und Aquarellen beruhen zahlreiche Orientserien. Weit verbreitet waren auch die unsignierten Orientserien der englischen Firma Ralphael Tuck & Sons.

wenig beeindruckend. Orientmotive waren aber attraktiv genug, um selbst solche Karten zu Werbeträgern zu machen, sei es durch Zudrucke[33] oder in verkleinerter Form als Reklamemarken[34].

15. In Konkurrenz zur Ausbreitung orientalistischer Bild- und Vorstellungswelten standen Bemühungen um wirklichkeitsgetreue Wiedergabe. Nicht alle Imaginationen hielten dem Druck neuer Erfahrungen und wachsender Kenntnisse stand. Es kam zu Teilrevisionen. Ein die Realitäten besser widerspiegelnder Bilder-Orient begann sich durchzusetzen. Die neuen Bildmedien spielten bei diesem Aussonderungsprozess eine maßgebliche Rolle. Vor allem die Fotografie in all ihren Erscheinungsformen[35], die Sammelbilder und die Reklamemarken[36] erwiesen sich als einflussreich.

16. Orient-Fotografien erreichten die Öffentlichkeit seit Anfang der vierziger Jahre. Sie lieferten bildliche Information in bisher unbekannter Präzision und Dichte und ermöglichten es, das Erscheinungsbild der orientalischen Welt auf neuartige Weise enzyklopädisch zu erfassen und allgemein zugänglich zu machen.[37] Neben der Reisefotografie waren es vor allem stereoskopische Aufnahmen, die – häufig mit beigedruckten Erläuterungen – das Hauptinstrument visueller Orient-Erschließung wurden. Fotografische Ansichten des Orients wurden in simulierter Dreidimensionalität im Unterricht eingesetzt, ließen sich in öffentlichen Einrichtungen studieren oder dienten dem Familienvergnügen. Das neuartige Medium wurde begeistert gesammelt.[38]

Fotografien sind nicht einfach zu lesen, auch wenn es anfänglich so schien, und die Zeitgenossen das neue Bildmedium sogar für glaubwürdiger hielten als Malerei und Grafik. Das Bewusstsein, dass der fotografische Akt stets mit einer Vielzahl

---

33 Vor allem beliebt als Werbung für Tabakwaren, Nahrungsmittel, Drogerieartikel und Kurzwaren, also Dingen des täglichen Gebrauchs.

34 Z. B. Reklamemarken der Waffelfabrik Hörmann, Dresden, Serie 5 (Orient) und Serie 15 (Orient) unter Verwendung von Orient-Serien des Kartenverlages Römmler & Jonas, Dresden.

35 Zu den fotografischen Reproduktionsverfahren, die die massenhafte Verbreitung von Bildern erst ermöglichten, gehörten die Heliogravüre, der Lichtdruck, die Autotypie und die Fotogalvanografie, Eichler, *Druckgrafik,* 126. Eine detaillierte Geschichte der Entwicklung fotografischer Verfahren, einschließlich der Reproduktionstechniken, gibt Josef Maria Eder, *Geschichte der Photographie,* Halle 1932.

36 Zu Reklamemarken siehe Pieske, *Das ABC des Luxuspapiers,* 223-226; Zollickhofer, *Reklamemarken,* Einführung.

37 „Bei der Verifizierung der alten und überlieferten Bilddarstellungen bemerkte man alsbald, wie unzuverlässig dieselben waren und wie weit sie von der nun fotografisch dokumentierten „Wirklichkeit" abwichen. Wenngleich uns heute dieser Fortschritt bisweilen auch nur als ein eher oberflächlicher bewusst ist – ... – so bleibt doch der Fortschritt, den die Fotografie nicht nur für das vorige Jahrhundert brachte, unbestritten." Einführung zu Theye (Hg.), *Der geraubte Schatten,* 9, unter Verweisung auf Wolfgang Kemp (Hg.), *Theorie der Fotografie,* Bd. 1, München 1980.

38 Vgl. Lemke, *Staging the Orient,* 76-80.

von Codierungen einhergeht, musste sich erst noch entwickeln.[39] Bei vielen Fotografien war zudem der Einfluss der Orientmalerei zu spüren.[40] Das überrascht wenig. Auch anderweitig brauchte die Fotografie Jahrzehnte, um sich von den Sehweisen und den Kompositionsschemata abendländischer Maltraditionen zu lösen.[41] Fotografien dokumentierten den zeitgenössischen Orient dennoch viel exakter und viel umfassender als es orientalistische Veranschaulichungen je vermocht hätten. Allein schon die Menge der abgelichteten Motive ist erstaunlich. Durch das Aufkommen von Ansichtskarten steigerte sich die Zahl ins Unermessliche. Selbst wenn vieles arrangiert war, Realität schien immer durch, wenn auch in unterschiedlicher Intensität und unterschiedlich deutlicher Codierung. Wie bei aller realitätsabbildender Fotografie ist auch bei der Orient-Fotografie die Pluralität der möglichen Lesarten zu berücksichtigen. Als Beispiel für eine adäquate Analyse sei eine Studie zu Jean Geiser, einem Fotografen aus Algier, angeführt. In *Belles Algériennes de Geiser* analysiert ein Kulturwissenschaftler das zugrunde liegende orientalistische Frauenbild, während eine Anthropologin die Zuschreibungen von Kleidung und Gegenständen auf Authentizität überprüft.[42]

17. Sammelbilder oder Kaufmannsbilder waren kleinformatige Bilder, die zahlreichen Artikeln, meist Nahrungsmitteln, beigegeben wurden. Durch die Zugabe von schön gedruckten Karten und die Wahl von attraktiven Themen und Motiven hofften die Firmen, Sammelinteresse und Kundenbindung zu erzeugen.[43] Sam-

39 Vgl. hierzu Philippe Dubois, *Der fotografische Akt. Versuch über ein theoretisches Dispositiv.* Hg. und Vorwort von Herta Wolf, Amsterdam, Dresden 1998, besonders Kapitel 1: „Von der Wirklichkeitstreue zum Index. Ein kleiner historischer Rückblick auf das Problem des Realismus in der Fotografie". Dubois unterscheidet: „1. die Fotografie als Spiegel des Wirklichen (der Diskurs der Mimesis). 2. die Fotografie als Transformation des Wirklichen (der Diskurs des Codes und der Dekonstruktion). 3. die Fotografie als Spur eines Wirklichen (der Diskurs des Index und der Referenz).", Dubois, ebd., 30.

40 Vgl. u. a. Gordon Baldwin, *Roger Fenton. Pasha and Bayadère,* Los Angeles 1996; Alain Fleig, *Rêves de papier. La photographie orientaliste 1860-1914,* Neuchâtel 1997; Safia Belmenouar/Gérard Guicheteau/Marc Combier, *Rêves mauresques. De la peinture orientaliste à la photographie coloniale,* o. O. 2007; Peltre, *Les orientalistes,* „Peinture et photographie", 167-173; Öztuncay, *The Photographers of Constantinople,* Bd. 1, "The impact of Orientalism on the art of photography", 51-67.

41 Vgl. Ulrich Pohlmann u. a. (Hg.), *Eine neue Kunst? Eine andere Natur! Fotografie und Malerei im 19. Jahrhundert,* München 2004 und Ursula Peters, *Stilgeschichte der Fotografie in Deutschland 1839-1900,* Köln 1979.

42 *Belles Algériennes de Geiser. Costumes, parures et bijoux,* commentaires de Leyla Belkaïd, précédés de *L'Autre regard* de Malek Alloula, Paris 2001. Zu Geiser siehe Jean-Charles Humbert, *Jean Geiser, photographe-éditeur d'art. Alger, 1848-1923,* Paris 2008.

43 Zum Bildmedium Sammelbilder siehe Erhard Ciolina/Evamaria Ciolina, *Reklamebilder,* Augsburg 2000; Hartmut L. Köberich, *Reklame-Sammmelbilder. Katalog mit Bewertung der Sammelalben und Liebigbilder aus der Zeit von 1872-1945,* Rabenau [1981]; *Die Liebig-Sammelbilder und der Atlas des Historischen Bildwissens.* Einleitung von Bernhard Jussen. Begleitheft zur DVD *Liebig's Sammelbilder*, Berlin 2002; Detlef Lorenz, *Reklamekunst um 1900. Künstlerlexikon für Sammelbilder,* Berlin 2000; Pieske, *Das ABC des Luxuspapiers,* 230-239; Bernhard Jussen (Hg.), *Reklame-Sammelbilder. Bilder der Jahre 1870-1970 mit historischen The-*

melbilder suchten mit geradezu enzyklopädischem Anspruch, die Welt in all ihren Erscheinungsformen zu erfassen und abzubilden. Erläuternde Texte unterstrichen den welterklärenden, pädagogischen Anspruch. Sie wurden leidenschaftlich gesammelt.[44] Sammelbilder beeinflussten die Genese primärer Weltbilder. Sie sind aufschlussreiche Quellen für mentalitätsgeschichtliche Forschungen. Auf diesem Bildtypus basiert das Projekt „Atlas des historischen Bildwissens" des Max-Planck-Instituts für Geschichte in Göttingen Es untersucht die Rolle des Massenmediums für die Herausbildung von Geschichtsbild und Selbstverständnis der wilhelminischen Epoche.[45] Enger gefasst ist die Untersuchung *Bilderschule der Herrenmenschen. Koloniale Reklamesammelbilder*.[46] Vergleichbares wäre im Hinblick auf den Orient zu leisten.

Auf Kaufmannsbildern orientalischer Thematik findet sich die vertraute Mischung von Imagination und Welterschließung, wobei das Bemühen um Realerkenntnis deutlich überwiegt. Aber auch dieses Medium kam nicht ohne etablierte Orient-Indikatoren aus: Orientalische Schönheiten, Haremsbilder, Szenen aus *Tausendundeiner Nacht*, Beduinen, Kamele, Moscheen, Basare, usw. Vor allem die Karten von Schokoladefirmen verwendeten diese Stereotypen, wobei ihr Orient zum niedlichen Kinderorient mutierte.

Weit häufiger wurden aber Kenntnisse verbreitet, gefördert durch die dem Medium spezifische Kombination von Bild und erläuterndem Text. So existieren Serien zu Ländern und Landschaften, Geschichte und Politik, Völker und ihren Sitten, Kunst und Architektur und vieles mehr.[47] Selbst eine Art Bildjournalismus wurde erprobt mit Serien zu dem italienisch-osmanischen Krieg um Libyen,[48] den Balkankriegen[49] und anderen kriegerischen und politischen Ereignissen[50].

---

men. 20.000 Sammelbilder, Berlin 2008; Erich Wasem, *Das Serienbild. Medium der Werbung und Alltagskultur*, Dortmund 1987.

44 „Das systematische Sammeln der Bilder (der Liebigbilder, WDL) setzte um 1890 ein und führte zu einer Sammelleidenschaft, die insbesondere in den folgenden 20 Jahren epidemische Ausmaße annahm. In den größeren Städten fanden sich Sammlervereine zusammen. Kataloge wurden erstellt ...", Pieske, *Das ABC des Luxuspapiers*, 233-234. Das Gleiche galt für Ansichtskarten und Reklamemarken. Die wichtigsten Serien waren *Au bon Marché* (Paris), *Liebig* (Hauptsitz London), *Suchard* (Neuenburg, Schweiz), *Palmin* (Mannheim), *Stollwerck* (Köln), *Hartwig & Vogel* (Dresden), *Gartmann* (Altona). Vgl. hierzu das Schema Sammelbilder in Pieske, *Das ABC des Luxuspapiers*, 231.

45 Zu dem Projekt vgl. *Die Liebig-Sammelbilder und der Atlas des Historischen Bildwissens* und Jussen (Hg.), *Reklame-Sammelbilder. Bilder der Jahre 1870-1970 mit historischen Themen.*

46 Joachim Zeller, *Bilderschule der Herrenmenschen. Koloniale Reklamesammelbilder*, Berlin 2008.

47 Vgl. Köberich, *Reklame-Sammmelbilder*; *Die Liebig-Sammelbilder und der Atlas des Historischen Bildwissens*; Jussen (Hg.), *Reklame-Sammelbilder.*

48 *Der Krieg um Tripolis.* Aecht Franck (Kaffeefirma). Auch Wesenberg (Schokoladen); Hauswaldt (Kaffeezusatz); *Der italienisch-türkische Krieg.* Darboven (Kaffee); *Der italienisch-türkische Krieg.* Zuntz (Kaffee).

49 *Der Krieg auf dem Balkan.* Aecht Franck (Kaffee); *Balkankrieg.* Pfund (Molkerei). Auch van Rossum (Margarine) und Hauswaldt (Kaffeezusatz).

50 Beispielsweise der Feldzug gegen den Mahdi: *Sudan.* Blankobilder und Jürgens-Kaffee.

Der Orient der Kaufmannsbilder war zwar nur ein Mosaik, zusammengesetzt aus zahlreichen Einzelwahrnehmungen und Wissensfragmenten. Dennoch brachte er einen erheblichen Wissenszuwachs. Um ihn zu verstehen, bedurfte es keiner Vorbildung. Die Basis für kollektives Orient-Wissen wurde gelegt. Die äußerst beliebten Reklamemarken[51] verbreiteten ähnliche Bildinhalte, allerdings ohne textliche Erläuterungen. Auch sie halfen, das orientalistische Zeichensystem noch fester im kollektiven Bewusstsein zu verankern, auch sie erweiterten das Wissen um den Orient.

18. Ähnlich zwiespältig war die Botschaft der dreidimensionalen Präsentationsformen, der Dioramen, Panoramen[52], Völkerschauen[53] und nationalen Viertel auf Weltausstellungen[54]. Auch sie offerierten eine Mischung von Imagination und Information. Im Gegensatz zu den gedruckten Massenmedien sind sie eingehend analysiert worden. Das Verhältnis zu den Bild-Medien wurde dabei allerdings kaum berücksichtigt. Sie wurden separat behandelt, nicht als Teilaspekte einer visuellen Orient-Erschließung.

Als ein Beispiel für die Mischung von orientalistischer Imagination und angestrebt authentischer Präsentation sei Carl Marquardts Völkerschau *Marokkanische Reiter* genannt. Das Programm liest sich wie ein Inventar von Themen und Motiven der orientalistischen Malerei: Ein mächtiger Herrscher tritt auf. Sein Harem erscheint. Sklavenjäger, Tänzer, Schlangenbeschwörer, Handwerker werden gezeigt, aber auch Prozessionen, Kämpfe, Jagden und vieles mehr[55]: Dieses war wohlvertraut, nur waren dies nicht mehr zweidimensionale Bilder. Themen und Motive waren weitergewandert und hatten sich materialisiert. Die darstellenden

---

51 „Zwischen 1912 und 1914 dürften allein im deutschen Sprachraum über 100 000 verschiedene Reklamemarken herausgegeben worden sein.", Zollicker, *Reklamemarken,* 1.

52 Zu diesen Medien siehe *Zauber der Ferne. Imaginäre Reisen im 19. Jahrhundert,* Weitra [2008]; Stephan Oettermann, *Das Panorama. Die Geschichte eines Massenmediums,* Frankfurt/Main 1980; *Sehsucht. Das Panorama als Massenunterhaltung des 19. Jahrhunderts,* Frankfurt 1993; Bernard Comment, *Das Panorama,* Berlin 2000.

53 Siehe Anne Dreesbach, *Gezähmte Wilde : die Zurschaustellung „exotischer" Menschen in Deutschland 1870-1940,* Frankfurt am Main 2005; Dreesbach, „Kalmücken im Hofbräuhaus"; Bayerdörfer/Hellmuth (Hg.), *Exotica*; Hilke Thode-Arora, *Für fünfzig Pfennig um die Welt. Die Hagenbeckschen Völkerschauen,* Hamburg 1989; Stefanie Wolter, *Die Vermarktung des Fremden. Exotismus und die Anfänge des Massenkonsums,* Frankfurt am Main u. a. 2005. Siehe auch Stephan Oettermann, „Fremde. Der. Die. Das. Völkerschauen und ihre Vorläufer", in: Lisa Kosok u. a. (Hg.), *Viel Vergnügen. Öffentliche Lustbarkeiten im Ruhrgebiet der Jahrhundertwende,* Essen 1992, 81-100; Hilke Thode-Arora, „Herbeigeholte Ferne. Völkerschauen als Vorläufer exotisierender Abenteuerfilme aus Deutschland 1919-1939", in: *Triviale Tropen. Exotische Reise- und Abenteuerfilme aus Deutschland 1919-1939,* München 1997, 19-33.

54 Siehe Zeynep Çelik, *Displaying the Orient. Architecture of Islam at Nineteenth-Century World's Fairs,* Berkeley 1992; *Le livre des expositions universelles 1851-1989,* Paris 1983; Maxwell, *Colonial Photography*; Christian Rapp, „Die Welt im Modell. Weltausstellungen im 19. Jahrhundert", in: Hermann Fillitz/Wolfgang Amann (Hg.), Der Traum vom Glück. Die Kunst des Historismus in Europa, Wien, München 1996, 45-51.

55 Ansichtskarte: *Carl Marquardts „Ausstellung Afrika", Reichenberg 1906*: Marokkanische Reiter, Folge der Vorführungen ... (Sammlung Lemke, Berlin).

Nordafrikaner waren dagegen „echt". Sie waren traditionell gekleidet und führten authentische Gerätschaften mit sich. Die Wirkung auf die Zeitgenossen ist schwer abzuschätzen, da keine verlässlichen Quellen vorliegen.[56] Die Präsentation von authentischem Material im Kontext einer etablierten Bilderwelt war aber sicher wirkungsvoll und zugleich breitenwirksam, da sie ein Millionenpublikum erreichte. Vorhandene Stereotypen wurden konsolidiert[57], es wurde aber auch über reale Aspekte der materiellen Kultur informiert, wobei deren Auswahl wiederum – bewusst oder unbewusst – Codierungen unterlag. Dass man sich der Zwiespältigkeit solcher Inszenierungen bewusst war, verdeutlichen Überlegungen, in Berlin ein Gelände für „wissenschaftliche" Völkerschauen bereitzustellen. Kommerzielle Völkerschauen wurden zunehmend als Unterhaltung eingestuft, mochten sich die Impresarios noch sehr um Wissenschaftlichkeit und Authentizität bemühen. Für ihre Präsentationen waren andere Orte vorgesehen.[58] Bemerkenswert ist hierbei, dass nach Jahrzehnten der Berührung mit dem Orient genug Wissen vorlag, um differenzieren zu können. Die Polarität von Bilder-Orient und Orient-Bildern war nunmehr fest etabliert.

19. Die Verwendung stereotyper Orient-Bilder wurde allmählich begrenzt. Nur in der Welt der Künste, der Unterhaltung, der Werbung und der politischen Propaganda erwies sich die Dualität der Orient-Entwürfe als zählebig. Beide Ansätze verharrten in einem offenen oder verdeckten Spannungsverhältnis. Dabei kam der Zuwachs an Wissen dem imaginierten Orient gelegentlich zugute. Von ihm beglaubigt, blieb er das befremdlich Andere, ein mit der orientalischen Wirklichkeit nur noch lose verbundenes Kunstgebilde. Auf reale Komponenten konnte auch ganz verzichtet werden, um das Artifizielle der Orientevokationen noch zu steigern, ein Verfahren, das besonders in den darstellenden Künste angewandt wurde. Der in den Köpfen angesiedelte Orient wurde durch Anspielungen und Zitate evoziert, die Künstlichkeit durch Überhöhung betont. Es entstand eine von den orientalischen Realitäten abgelöste, höchst artifizielle Kunstwelt.[59] Folgerichtig war ein weiterer Schritt, den manche vollzogen: Orient-Imaginationen

---

56 Hilke Thode-Arora, „Völkerschauen in Berlin", in: Ulrich van der Heyden u. a. (Hg.), *Kolonialmetropole Berlin. Eine Spurensuche,* Berlin 2002, 149-154, hier 154.

57 „Die Schaustellungen trugen so beinahe ausschließlich dazu bei, vorhandene Bilder zu verfestigen. Führt man sich vor Augen, dass diese Art von Schaustellung außerordentlich erfolgreich war, dass manche Menschenausstellungen bis zu 60.000 Besucher am Tag zählten, darf die Tragweite dieser Form von Bestätigung von Klischees nicht unterschätzt werden.." Dreesbach, „Kalmücken im Hofbräuhaus", 233-234.

58 Thode-Arora, „Völkerschauen in Berlin", 151-152.

59 Beispiele hierfür finden sich in der Welt des Stummfilms *The Thief of Baghdad* (Douglas Fairbanks, 1924); *Die Abenteuer des Prinzen Achmed* (Lotte Reiniger, 1923-1926) und in den zahlreichen, sich orientalisch gebenden Varietédarbietungen oder Salomé-Inkarnationen. Vgl. Matthew Bernstein u. a. (Hg..), *Visions of the East. Orientalism in Film,* Rutgers, N. J. 1997; *Triviale Tropen*; Brygida Maria Ochaim/Claudia Blank, *Varieté-Tänzerinnen um 1900. Vom Sinnenrausch zur Tanzmoderne*, Frankfurt am Main u. a. 1998; Helen Bieri Thomson/ Céline Eidenbenz, *Salomé. Danse et décadence,* Gingins 2003.

lieferten Rollenmodelle für selektive Integration in bürgerliche Lebenswelten, erlaubten die Flucht in fantastische Welten.[60]

20. Die vorausgehenden Überlegungen verstehen sich als Plädoyer für einen integrativen Ansatz. Bilder und dreidimensionale Präsentationen werden als unterschiedliche Manifestationen eines einzigen Vorgangs gedeutet, der visuellen Erschließung und der visuellen Interpretation des Orients. Das Mit- und Gegeneinander von imaginativer Projektion und zunehmender Kenntnis wird als Prozess des Ausprobierens und des Ausdifferenzierens interpretiert. Der prozessuale Charakter erschließt sich umso deutlicher, je mehr Medien herangezogen werden. Gemeinsamkeiten treten klarer hervor, aber auch die Unterschiede. Tendenziell imaginationsstiftende Medien wie die Malerei sind zusammenzubringen mit eher Realitäten widerspiegelnden Medien wie die Fotografie, die Sammelbilder und die dreidimensionalen Präsentationen. Als konkurrierende Typen agierten sie seit Mitte des Jahrhunderts in zwei gegenläufigen, aufeinander bezogenen Prozessen: Orient-Imaginationen wurden visuell durchgesetzt, wurden zu Stereotypen und zu allgemein akzeptierten Orient-Indikatoren. Die indikatorische Funktion blieb erhalten, auch wenn der Konstruktcharakter erkannt war. Parallel dazu setzte eine Verschiebung ein: von der behaupteten Erfassung von Realitäten hin zu einer zunehmenden Annäherung an Wirklichkeiten, wenn auch mit retardierenden Einschüben. Dieser Prozess verlief nicht überall gleich. Charakteristische Unterschiede können nur detaillierte Untersuchungen zeigen.

---

60 Vgl. Lemke, *Staging the Orient,* 144-151 („10. Where to Drink and Eat in Style"); 152-167 ("11. How to Make Oneself at Home in the Orient"); 168-181 ("Changing Appearances, Adopting Lifestyles"); 209-223 ("Where to Find Pleasure amid Oriental Settings").

Roman und Sprache

Das „Viertel mit den sieben Leben". Beyoğlu in der türkischen Romanliteratur

Börte Sagaster, Nicosia

Beyoğlu, mit griechischem Namen Pera, ist wohl das am häufigsten beschriebene Stadtviertel der modernen türkischen Literatur.[1] Im 19. Jahrhundert verkörpert es dort als Symbol Europas einen definitiv nicht türkischen Ort innerhalb Istanbuls. Als Viertel, in dem seit dem 15. Jahrhundert die europäischen Botschaften angesiedelt waren, hatte es von jeher einen ausgesprochen europäischen Charakter. Während es vor dem 19. Jahrhundert im Istanbuler Stadtgefüge jedoch keine besondere politische und kulturelle Rolle spielte, änderte sich dies gründlich im 19. Jahrhundert. Als Folge des verstärkten europäischen Einflusses wurden Beyoğlu und sein Nachbarviertel Galata, das alte genuesische Viertel, im 19. Jahrhundert Symbole für den Aufstieg der europäischen Kultur im Osmanischen Reich. Nach dem osmanischen Handelsabkommen mit England 1838, bei dem verschiedene Handelseinschränkungen aufgehoben waren, überfluteten Exportwaren aus England den osmanischen Markt, und europäische Handwerker und Kaufleute ließen sich verstärkt in Galata und Beyoğlu nieder. Istanbul war der Hauptimporthafen für europäische Waren, und Beyoğlu wurde nun zum Zentrum der Verbreitung europäischer Mode und Lebensart im Osmanischen Reich. Agenten für die Vertreibung dieser Mode waren insbesondere die armenischen und griechischen Nichtmuslime, die durch die von Europa gewährten Privilegien zu einer neuen Mittelschicht aufstiegen. Das Viertel bekam damit zusehends einen Sonderstatus innerhalb des Istanbuler Stadtgefüges:[2] Im Gegensatz zu allen anderen Stadtvierteln gab es hier gedeckte Straßen und eine elektrische Straßenbeleuchtung. Das Verkehrssystem, welches das Viertel mit anderen Teilen Istanbuls verband, wurde ausgebaut, zwei Brücken zum Regierungsviertel in Istanbul errichtet. Die neue Bedeutung Beyoğlus als Tor zu Europa und die mit der Ausrichtung nach Europa einhergehende allmähliche Säkularisierung des Landes sind unter anderem dadurch bezeugt, dass die osmanischen Sultane nunmehr vor allem weltliche Paläste und nicht mehr Moscheen bauen ließen, die sie in der Umgebung Beyoğlus auf der europäischen Seite des Bosporus platzierten (Dolmabahçe, Çırağan, Yıldız).

---

1 Zur Geschichte und den Besonderheiten des Viertels siehe Nur Akın, „Beyoğlu", in: *DBİA* 2, 212-220.

2 Zur Geschichte dieser Sonderrolle s. Stephen Rosenthal, „Minorities and Municipal Reform in Istanbul, 1850-1870", in: Benjamin Braude/Bernard Lewis (Hg.), *Christians and Jews in the Ottoman Empire. The Functioning of a Plural Society, Vol. 1: The Central Lands*, New York/London 1982, 387-385.

Die neue Bedeutung Beyoğlus spiegelt sich auch in den ersten Werken der modernen türkischen Romanliteratur. Das neue Beyoğlu und sein multiethnischer und multikultureller Mikrokosmos bilden die Szenerie für viele osmanisch-türkische Romane, die Ende des 19. und zu Anfang des 20. Jahrhunderts geschrieben wurden. Das Interesse türkischer Autoren an diesem Stadtviertel blieb auch in der Republikzeit weiter lebendig. Besonders seit den 1980er Jahren ist es wieder so stark, dass sich die Frage stellt, was eigentlich die Faszination dieses Viertels für türkischsprachige Literaten über einen so langen Zeitraum ausmacht. Ich möchte im Folgenden – angeregt durch meine Erinnerungen an die Zeit, die ich mit Erika Glassen zusammen Anfang der 90er Jahre am Orient-Institut in Istanbul verbrachte – die Rolle Beyoğlus in der Literatur seit dem Entstehen der modernen türkischen Literatur im 19. Jahrhundert etwas ausführlicher in den Blick nehmen ...

Den ersten Beyoğlu -Roman in türkischer Sprache schrieb kein Türke, sondern ein osmanischer Nichtmuslim: Vartan Paşas (Hovsep Vartanyan, 1813-1879) *Akabi Hikâyesi* (Akabis Geschichte), der Roman eines Istanbuler Armeniers, der als der erste in türkischer Sprache verfasste Roman der türkeitürkischen Literatur gilt,[3] beginnt mit einer Szene in einem Beyoğluer Modegeschäft im Jahre 1846. Ein junger Mann „mit feinen Brauen, schwarzem Schnurrbart, länglichem Gesicht von leicht dunklem Teint, schmaler Gestalt, mit kleinen dunklen Augen und Pockennarben"[4] in europäischer Kleidung reitet, deutlich auf Wirkung bedacht, vor dem Geschäft vor, steigt vom Pferd und kommt herein, um Stoff für einen neuen Anzug zu kaufen. Der Handel dient ihm jedoch nur als Vorwand, die ihn bedienende französische Modistin zu umwerben. Dass diese kein Türkisch spricht, führt in der Folge zu einer Reihe von amüsanten Missverständnissen, bis er schließlich mit der Begründung nicht das gefunden zu haben, was er suche, das Geschäft wieder verlässt.

In dem Roman Vartan Paşas, 1851 erschienen, ist Beyoğlu ein Ort, an dem (insbesondere armenische) Nichtmuslime und Europäer verschiedener Sprachen zusammen leben und an dem es die Möglichkeit zu zahlreichen Zerstreuungen gibt. Das Flanieren entlang der Modegeschäfte des Viertels, das abendliche Treffen mit Freunden und das Kartenspielen in den armenischen Familien, die Flirts zwischen jungen Männern und Mädchen auf der Straße und in den Familien, Theaterbesuche und Empfänge bilden die soziale Welt, die in diesem Buch beschrieben wird. Beyoğlu ist hier der Repräsentationsort europäischer Kultur und Lebensart. Dass diese für die osmanische Gesellschaft – auch die der Nichtmuslime – etwas aufregend Neues ist, wird deutlich am Verhalten der (nichtmuslimischen) Romanfiguren gegenüber der europäischen Kultur. Insbesondere eine Figur ist es, die die Probleme des Annäherungsprozesses der osmanischen an die europäische Kultur in dem Roman auf amüsante und ironische Weise verkörpert: Der oben vorgestellte Rupe-

[3] Vartan Paşa, *Akabi Hikâyesi. İlk Türkçe Roman (1851)*, herausgegeben von A. Tietze, Istanbul 1991, „Önsöz", X.

[4] Vartan Paşa, *Akabi Hikâyesi*, 1.

nig Ağa bewegt sich überwiegend in Beyoğlu, stellt seinen europäischen Lebensstil demonstrativ zur Schau und zeigt doch durch seinen übertriebenen Geschmack und unangemessenes Verhalten, dass er mit den europäischen Sitten nicht wirklich vertraut ist. Rupenig Ağa kleidet sich übertrieben bunt, sein Zimmer ist in geschmackloser Weise „pseudo-europäisch“ („*göya alafranka*“) eingerichtet,[5] und in der Meinung, diese seien ‚leicht zu haben', steigt er europäischen Frauen so gierig nach, dass er nur Misserfolge erlebt.

Das unzureichende Verständnis der europäischen Kultur ist auch ein wichtiges Thema der Romane, die seit den 1870er Jahren von osmanisch-türkischen Muslimen verfasst wurden. Auch bei ihnen ist Beyoğlu der Ort, der die europäische Kultur und Lebensart repräsentiert. Während in Vartan Paşas Romanwelt die Muslime noch ohne Ausnahme in anderen Vierteln, insbesondere „in Stanbul, wo wie jeder weiß die Vergnügen rar sind“[6] leben, gehören sie in den türkischen Romanen der 1870er Jahre zu den neu zugezogenen Bewohnern des Viertels oder besuchen dieses regelmäßig. Der erste muslimische Beyoğlu-Bewunderer der modernen türkischen Literatur ist Ahmed Midhats (1844-1912) Zeynel Bey aus der 1870 erstmals veröffentlichten Erzählung „Esaret“ (Sklaverei). Selbst noch den osmanischen Traditionen verhaftet, ersehnt er die Befreiung aus den beengenden osmanischen Familientraditionen durch das bequeme Leben, welches er durch den europäischen Lebensstil in Beyoğlu verkörpert sieht: „Einer meiner Freunde, der nur eine Frau hatte, jedoch seinen Konak mit zahlreichen weißen und schwarzen Sklavinnen und ein paar blutjungen tscherkessischen Mädchen bevölkert hatte und unter dieser schweren Last fast erstickte, verkaufte nach dem Tod seiner Frau Haus und Sklavinnen, legte den Erlös mit seinen Ersparnissen zusammen, kaufte Aktien und hatte so einen Weg gefunden, im Monat 35 Lira zu verdienen. Er kam mit einer aus Mutter und Sohn bestehenden griechischen Familie, die ein schönes Haus in Kalekapısı bewohnte, überein, dass sie ihm ein Zimmer vermietete und seine Wäsche dort gewaschen wurde. Für das Mittag- und Abendessen schloss er einen Vertrag mit dem Lokal Valori auf der Grande Rue de Pera ab. So gelangte er zu Herzensruhe und Wohlbefinden in dieser Welt. Für mich war das ein anerkanntes und er-

---

5 Zwei wertlose alte Spiegel mit geblümten Glasrahmen dienen als ‚französische Spiegel', an ihren Rändern kleben Visitenkarten, „wie man sie im Lithographieladen als Beispiele verwendet“, mehrere billige Drucke in schweren Rahmen („Der Einzug der Franzosen in Algerien“, „Die Ballonfahrt Komaskis in Haydarpaşa“, „Der griechische König Otto“, „Die griechische Königin Helena“) hängen an den Wänden, es gibt ein Bücherregal mit ein paar türkischen, französischen und armenischen Büchern, ein französisches Bett und einen Tisch mit einer riesengroßen Klingel für die Dienstboten. Als Rupenig Aga eine Dame zu Besuch hat, die er beeindrucken will, betätigt er diese, um einen Dienstboten zu rufen der seiner Besucherin die von Rupenig Aga angebotene Zigarette anzünden soll. Eine Katze, die unter dem Sofa liegt, erschrickt und huscht aus dem Zimmer, die Dame erschrickt ebenfalls, beim Aufstehen wirft sie einen Stuhl um, der wiederum wirft andere Gegenstände aus der Bahn, bis schließlich ein Spiegel zerbricht und die Besucherin sich eilig wieder verabschiedet... (Vartan Paşa, *Akabi Hikâyesi*, 48-49).

6 Vartan Paşa, *Akabi Hikâyesi*, 12.

strebenswertes Beispiel, doch da ein solcher Lebensstil in unserem Land noch nicht gern gesehen ist, entschied ich mich dagegen...[...]."[7]

In den Romanen und Erzählungen von Ahmed Midhat, dem produktivsten und vielseitigsten Autor der frühen modernen türkischen Literatur, ist Beyoğlu Symbol für Europa im Guten wie im Schlechten. Im Guten steht es für technischen Fortschritt und Innovation, für Konsum, ein komfortables Leben und Prosperität, für all die Qualitäten, die die Reformer im Osmanischen Reich des 19. Jahrhunderts als unabdinglich für eine gute Zukunft ansahen. Im Schlechten steht das Viertel jedoch auch für die Gefahren, die eine solche Zukunft mit sich bringt, für den Bruch mit der Vergangenheit, der mit der Entfremdung vom und schließlich dem Verlust des ‚Selbst' verbunden ist. Als Vergnügungsviertel, in dem Weinhäuser, teure Modegeschäfte und Tanzveranstaltungen die Gelegenheit zu exzessiver Verschwendung und egozentrischer Lebensweise geben, ist Beyoğlu in seinen Erzählungen und Romanen das Symbol für den kulturellen Paradigmenwechsel in der Reformzeit, der mit dem Verlust der traditionellen gesellschaftlichen Strukturen einhergeht.

Die ambivalente Haltung der Osmanen zur europäischen Kultur ist in Ahmet Midhats *Felatun Bey ile Rakım Efendi* (Felatun Bey und Rakım Efendi) von 1875 durch die zwei Hauptfiguren des Romans auf den Punkt gebracht. Felatun Bey, ein junger Mann ohne festen Halt im Leben, der von seinem Vater den unkritischen Glauben an die Überlegenheit der europäischen Kultur übernommen hat, ist ein muslimischer jüngerer Bruder von Vartan Paşas Rupenig Ağa, ein ‚Dandy a la franca' (*alafranga züppe*), der jeden Trend der europäischen Mode in stundenlangem Prüfen vor dem Spiegel sklavisch kopiert.[8] Er ist mit seinem Vater von Üsküdar auf der asiatischen Seite Istanbuls ins europäische Beyoğlu gezogen, lebt dort verschwenderisch, verachtet die osmanische Kultur und hat doch selbst die europäische Kultur nur unzureichend verstanden, so dass er sich in der europäischen Gesellschaft von Beyoğlu durch sein schlechtes Französisch und seine groben Fehler in der Etikette im Umgang mit Europäern wiederholt der Lächerlichkeit preisgibt. Die Gegenfigur zu Felatun Bey ist der junge Beamte im Außenministerium Rakım Efendi. Vielfach gebildet, spricht er perfekt mehrere europäische und orientalische Sprachen, die er sich im Selbststudium beigebracht hat. Im

---

7 Ahmet Mithat Efendi, „Esaret", in: Ahmet Mithat Efendi, *Letaif-i Rivayat*, bearbeitet von Fazıl Gökçek und Sabahattin Çağın, Istanbul 2001, 13-28, Zitat siehe13-14.

8 Es ist nicht unwahrscheinlich, dass Ahmed Midhat den Roman von Vartan Paşa kannte. Obwohl dieser in armenischer Schrift geschrieben war, wurde er vielleicht, wie es Andreas Tietze für die Literatur der armenischen und griechischen Bevölkerungsgruppen vermutet, die nicht in arabischer Schrift geschrieben und daher für die Mehrheit der Muslime nicht lesbar war, in Kaffeehäusern vorgelesen oder von *meddahs* nacherzählt (Andreas Tietze, „Ethnicity and Change in Ottoman Intellectual History", *Turcica*, XXI-XXII, 1991, 385-395, hier 394-395). Auch ist es nicht unwahrscheinlich, dass der sehr vielseitig interessierte Ahmed Midhat mit der armenischen Schrift vertraut war.

Gegensatz zu Felatun verachtet dieser „humorless industrious prig“[9] die traditionelle osmanische Kultur nicht, sondern sucht vielmehr nach einem Weg, Ost und West in seinem Lebensstil zu vereinen. Da er keinen reichen Vater hat, ist er ganz auf sein eigenes Können angewiesen. Als Waise aus kleinen Verhältnissen, der sich hochgearbeitet hat, scheint er ein Alter Ego Ahmed Midhats. Die Wahl des Namen Rakım, „der Verfasser“, ist vermutlich nicht zufällig.

Beyoğlu ist in diesem Roman ein Ort, der von Felatun Bey und Rakım Efendi ähnlich oft frequentiert wird. Die Motive der beiden für den Besuch des Viertels unterscheiden sich jedoch grundlegend. Für Felatun ist Beyoğlu ein Ort des Konsums und des Vergnügens, den er auf der Suche nach der neusten europäischen Mode und nach amourösen Abenteuern durchstreift. Für Rakım Efendi ist Beyoğlu im Gegensatz dazu ein Ort zum Geldverdienen und zum Erwerb von Kenntnissen über die europäische Kultur. Hier trifft er Geschäftsleute aus dem Kreis der osmanischen Nichtmuslime, denen er gegen Entgelt bei steuerlichen Fragen hilft,[10] oder Europäer wie den Engländer Mister Ziklas, der ihn als Türkischlehrer für seine Töchter engagiert. Hier besucht er seinen armenischen Kollegen, dem er Türkischunterricht gibt und als Gegenleistung dessen Bibliothek französischer Bücher nutzen darf. Hier trifft er auch die französische Klavierlehrerin Josefino, die er als Klavierlehrerin für seine Sklavin Canan engagiert.

Osmanische Nichtmuslime, Türken und Europäer leben im Beyoğlu Ahmet Midhats noch ohne größere Konflikte zusammen. Die Familie Ziklas ist eine intakte englische Familie, deren zwei Töchter sehr behütet aufwachsen und wohlerzogen sind, der Armenier G. ein anständiger „Osmanlı“, der Rakım Efendi für seine Arbeit ordentlich entlohnt. Die Verwendung des Begriffs „Osmanlı“ für einen einheimischen Nichtmuslim zeigt, dass für Ahmed Midhat ethnische und nationale Zugehörigkeiten noch geringe Bedeutung hatten.[11] Dieser Eindruck bestätigt sich beim Blick auf einen anderen Beyoğlu-Roman des Autors, *Karnaval* (Karneval), in dem die nichtmuslimischen Bewohner von Beyoğlu eine wichtige Rolle spielen. Auch dieser 1881 veröffentlichte Roman[12] basiert auf dem Gegensatz zwischen zwei Freunden: dem fleißigen und bescheidenen Resmi („der Konventionelle“) und Zekai, dem Äquivalent zu Felatun, dem *„alafranga züppe“*. Resmi ist eng befreundet mit Hamparson Ağa, einem reichen armenischen Orgelbauer, und seiner jungen Frau. Seine Kenntnis der europäischen Kultur verschafft ihm die Achtung des Ehepaares, und bei Madame Hamparson schlägt die Bewunderung für Resmi in Verliebtheit um, die von ihm erwidert wird. Für den aufdringlichen Zekai, der

---

9 Şerif Mardin, „Super Westernization in Urban Life in the Ottoman Empire in the Last Quarter of the Nineteenth Centur", in: Peter Benedict/Erol Tümertekin/Fatma Mansur (Hg.), *Turkey: Geographic and Social Perspectives,* Leiden 1974, 403-446, Zitat siehe 406.

10 Ahmed Midhat, *Felatun Bey ile Rakım Efendi*, Istanbul 1292 (1875), 17.

11 Siehe hierzu ausführlich Fazıl Gökçek, *Osmanlı Kapısında Büyümek- Ahmet Mithat Efendi'nin Hikâye ve Romanlarında Gayrimüslim Osmanlılar*, Istanbul 2006.

12 Mir vorliegend in der Übertragung von Kazım Yetiş. Ahmed Midhat, *Karnaval,* Ankara 2000.

ebenfalls an ihr interessiert ist und ihr in beschämender Weise Avancen macht, hat sie hingegen nur Verachtung übrig. Obwohl der Roman im Folgenden die Geschichte eines Ehebruchs erzählt, ist er von einer diskriminierenden Darstellung der nichtmuslimischen Frau weit entfernt. Die Geschichte dient viel eher dazu, in der osmanischen Gesellschaft vorhandene traditionelle Strukturen zu kritisieren, so den großen Altersunterschied zwischen Ehegatten und – bei den Nichtmuslimen – das unlösbare Band katholischer Ehen, die schlimme Konsequenzen haben. Die Figur des *alafranga züppe* hingegen steht auch in diesem Roman für eine kritische Darstellung des Identitätsverlusts, der aus der Ablehnung der eigenen kulturellen Traditionen entsteht. Zekai – der „Kluge" – ist ein lächerlicher Nachahmer europäischer Verhaltensweisen, die er mit Amoralität verwechselt, woraus eine Reihe von peinlichen Situationen entstehen.

In Ahmed Midhats Romanen – man könnte noch viele weitere Beispiele nennen – ist Beyoğlu also in erster Linie ein Ort osmanischer multiethnischer und multireligiöser Kultur in einer Zeit des Paradigmenwechsels. Mit seiner aus Europa importierten fortgeschrittenen Technologie, seinen Modegeschäften, seinen Bars und Cafés, seinen Theatern und Opernsälen ist es ein Experimentierfeld für die durch die Tanzimatreformen in Gang gesetzten sozialen Veränderungen, ein Zentrum der Istanbuler Vergnügungskultur welches genossen werden darf, wenn man es wie Rakım Efendi klug für sich nutzt, welches aber auch zur Falle werden kann, wenn man es wie Felatun Bey im Kern nicht richtig verstanden hat.

In der türkischen Literatur zu Anfang des 20. Jahrhunderts ändert sich die Rolle Beyoğlus grundlegend. Mit dem Erstarken des türkischen Nationalismus wird das kosmopolitische Viertel zum Repräsentanten einer ungeliebten Vergangenheit, die von Korruption, Dekadenz und Verfall geprägt ist. Weiterhin trifft man in Beyoğlu den *alafranga züppe*, der nunmehr nicht mehr ignorant und lächerlich ist, sondern im Gegenteil zum skrupellosen Opportunisten avanciert.[13] Ein frühes Beispiel für diesen Typ ist Meftun Bey in Hüseyin Rahmi Gürpınars (1864-1944) 1911 erstmals erschienenem Roman *Şıpsevdi* (Der Schürzenjäger)[14]: Im Gegensatz zu Felatun Bey hat Meftun Bey mehrere Jahre als Student in Paris verbracht, die er weniger zum Studium als zum Vergnügen an den verrufensten Orten von Paris genutzt hat. Zurück in Istanbul, bewegt er sich vorzugsweise in den Kreisen der Europäer von Beyoğlu und geht seiner Familie mit Umerziehungsmaßnahmen zu Menschen mit europäischer Lebensart auf die Nerven. Als er hört, dass sein sehr religiöser Nachbar besonders reich sein soll, beschließt er seine Schwester mit dem Nachbarssohn zu verheiraten. Zynisch verfolgt er diesen Plan mit dem Willen, reich zu werden, korrumpiert die eigene Familie und geht im wahrsten Sinne über Leichen, da sein Schwager sich als Konsequenz von Lie-

---

13 Berna Moran, *Türk Romanına Eleştirel Bir Bakış I: Ahmet Mithat'tan A. H. Tanpınar'a*, 2. Auflage, Istanbul 1987, 258 f.

14 Mir vorliegend in der folgenden Ausgabe: Hüseyin Rahmi Gürpınar, *Şıpsevdi*, neutürkische Übertragung Kemal Bek, 7. Auflage, Istanbul 1995.

besränken schließlich das Leben nimmt. Das Beyoğlu, in dem Meftun Bey sich bewegt, ist bevölkert von mit Europäerinnen verheirateten Türken, die durch diese Heirat ‚europäischer zu werden’ hoffen, und mit Europäern zweifelhafter Herkunft, die auf der Suche nach dem leichtem Geld in den Orient gekommen sind.

In den 1920er Jahren, bei Autoren wie Peyami Safa oder Yakup Kadri Karaosmanoglu, ist Beyoğlu das Vergnügungsviertel der europäischen Besatzer, die in der Zeit nach dem 1. Weltkrieg Istanbul okkupiert halten. Der *alafranga züppe* ist nun endgültig kein lächerlicher Imitator der europäischen Kultur und reicher Erbe mehr, sondern ein smarter und belesener, vollkommen amoralischer und skrupelloser Gauner, dessen größtes Interesse im Erwerb von Reichtum liegt. Der Titel „Sodom und Gomorra“ (*Sodom ve Gomore*)[15] von Yakup Kadri Karaosmanoğlu (1889-1974) bringt die neue Rolle des Ortes und seiner Menschen in der Literatur der 20er Jahre auf den Punkt: Beyoğlu wird nun zum Ort promisker Sexualität und niedriger Begierden, an dem einheimische Muslime und Nichtmuslime mit den europäischen Besatzern verkehren... In den ersten Jahrzehnten der Republikzeit behält Beyoğlu bei den Autoren der neuen türkischen Nationalliteratur (*Millî Edebiyat*) seine Rolle als verführerisches Symbol von Dekadenz und ‚antitürkischem Kosmopolitentum‘ (*kozmopolitizm*).[16] In der Populärliteratur der Zeit wird es zur Falle für unbedarfte Mädchen vom Lande oder aus den traditionell muslimischen Vierteln der Stadt, die auf der Suche nach Ruhm und Reichtum nach Istanbul kommen, und für junge Männer, die den Verlockungen des Lebens ‚*alafranga*‘ nicht standhalten können und sich durch Rauschgift, Alkohol und Bordellbesuche zugrunde richten.[17]

Zunehmend wird Beyoğlu daneben aber auch zum Stadtviertel der türkischen Intellektuellen und der Boheme. Das meines Wissens erste Werk, in dem türkische Intellektuelle das Viertel regelmäßig zu Bar- und Restaurantbesuchen frequentieren, ist der 1897 erschienene Roman *Mai ve Siyah* (Blau und Schwarz) von Halid Ziya Uşaklıgil (1866-1945).[18] Wie in Ahmed Midhats Werken ist Beyoğlu hier immer noch das kosmopolitische Vergnügungsviertel, das schwache Charaktere in seinen Bann zieht. Der Protagonist von Mithat Cemal Kuntays (1885-1956) 1938 erschienenem Roman *Üç İstanbul* (Drei Istanbuls), Adnan, ist ein junger Anwalt, der zur Jungtürkenzeit mit seiner Mutter nach Istanbul kam. Adnan ist ein regelmäßiger Besucher von Beyoğlu, wo er mit zwei Schulfreunden ganze Nächte in einem griechischen Bordell zubringt. Adnan hat ein sehr gespaltenes Verhältnis zu

---

15 Mir vorliegend in der folgenden Ausgabe: Yakup Kadri Karaosmanoğlu, *Sodom ve Gomore*, 8. Auflage, Istanbul 1995.

16 Zu Beyoğlu in der türkischen Romanliteratur der Republikzeit bis 1980 siehe Ali Şükrü Corak, *Cumhuriyet Devri Türk Romanında Beyoğlu*, Istanbul 1995.

17 Für die Autoren und Inhaltsangaben dieser Werke siehe Çorak, *Cumhuriyet Devri*, Kap. 2 (47-113).

18 Mir vorliegend in einer sprachlich überarbeiteten (sadeleştirilmiş) Ausgabe des Hilmi Kitabevi aus den 40er Jahren: Halid Ziya Uşaklıgil, *Mai ve Siyah*, Istanbul 1942.

Beyoğlu: Während es in seinem Romanmanuskript heißt, dies sei der einzige Ort innerhalb Istanbuls, an dem die osmanische Eroberung spurlos vorübergegangen sei, ein Hort illoyaler einheimischer Nichtmuslime, ausländischer Diplomaten und russischer Bombenleger, eine „christliche Dame (*kokona*), die nach altem Teer und abgestandenem Lavendelwasser riecht", ein „unerobert gebliebenes Istanbul" (*fethedilmeyen İstanbul*), würde er doch andererseits ohne es sich selbst einzugestehen ganz gerne dort leben: „Doch diese Seite Adnans war so tief in ihm versteckt dass er sie selbst nicht sah."[19]

Im 1940 erschienenen Roman *İçimizdeki Şeytan* (Der Dämon in uns)[20] von Sabahattin Ali (1907-1948) ist Beyoğlu ein wichtiger Schauplatz, an dem sich die türkische Künstler- und Intellektuellenszene der späten 30er Jahre in Kaffee- und Weinhäusern trifft. Ömer, der Protagonist des Romans, hat hier ein Zimmer gemietet, in das bald nach dem Kennenlernen auch Macide einzieht – ein Mädchen, das er auf dem Deck eines Fährschiffes kennengelernt und in das er sich sofort leidenschaftlich verliebt hat. Macide ist es ist in diesem Roman, die im Gegensatz zum Ömer die negativen Seiten von Beyoğlu besonders wahrnimmt: „Aber die Menschen, die sie hier sah, waren nicht nur unbedeutend, sie waren schrecklich und abstoßend. Jede einzelne ihrer überheblichen und leeren Gesten strapazierte Macides Nerven über die Maßen [...]. ‚Nun bin ich nach Beyoğlu gezogen. Was ich hier aber zu sehen bekomme, ist wirklich der Gipfel. Solche Menschen gibt es weder in Balıkesir noch in Şehzadebaşı, zumindest nicht in einer solchen Menge. Unter ihnen kann man doch unmöglich leben...'[21]" Macide befreit sich schließlich aus diesem ‚leeren Leben', indem sie Istanbul und Ömer hinter sich lässt und zurück an ihren Heimatort Balıkesir geht, während der hochlabile Ömer, der nicht in der Lage ist, seinem Leben eine klare Linie zu geben, durch seine Kontakte zu Freunden mit einer wirren nationalistischen Weltanschauung in Bedrängnis gerät.[22]

Einen Umgang mit dem Schauplatz Beyoğlu, der eine Wende im türkischen Selbstverständnis ankündigt, markiert in meinen Augen der Roman *Aylak Adam* (Der Müßiggänger) von Yusuf Atılgan aus dem Jahr 1959.[23] Für den nur C. genannten Protagonisten des Romans, den „Müßiggänger", der auf stunden- und ta-

19 Mithat Cemal Kuntay, *Üç İstanbul*, Istanbul 1998, 49: „Fakat Adnan'ın bu tarafı, vücudunun o kadar derin bir yerinde gizleniyordu ki bunu kendisi bile görmüyordu."

20 Mir vorliegend auf Türkisch in der Ausgabe des Bilgi Yayınevi: Sabahattin Ali, *İçimizdeki Şeytan*, Istanbul 1974, auf Deutsch erschienen in der „Türkischen Bibliothek" des Unionsverlags als *Der Dämon in Uns*. Aus dem Türkischen von Ute Birgi-Knellessen, Nachwort von Erika Glassen, Zürich 2007.

21 Sabahattin Ali, *Der Dämon in Uns*, 168-169. Im türkischen Text heißt es statt Beyoğlu nur „hierhin" (*bu tarafa*), dass es sich um Beyoğlu handelt, geht jedoch aus dem Kontext hervor (*İçimizdeki Şeytan*, 148).

22 *İçimizdeki Şeytan / Der Dämon in Uns*, Kap. 28.

23 Yusuf Atılgan, *Aylak Adam*, Istanbul 1959. Der Roman erschien in der deutschen Übersetzung in der von Erika Glassen herausgegebenen Türkischen Reihe im Unionsverlag: Yusuf Atılgan, *Der Müßiggänger*. Aus dem Türkischen von Antje Bauer, Zürich 2007.

gelangen Wanderungen die Stadt durchstreift, stellt sich die Frage der kulturellen Entwurzelung und der Balance zwischen „europäischer“, „orientalischer“ und „türkischer Identität“, die in vielen anderen Werken im Zusammenhang mit Beyoğlu die Grundproblematik bildete, nicht. Getrieben von einer unbestimmten inneren Unruhe, dem Drang, nicht das zu tun, was alle tun, nicht so zu sein wie alle anderen, etwas zu tun, das noch niemand anders zuvor so gemacht hat, ist er der erste Individualist der modernen türkischen Literatur. Im Lebensstil – als Erbe des väterlichen Vermögens kann er sich den Luxus eines Lebens ohne Arbeit leisten – gleicht er dem *alafranga züppe* der Tanzimatzeit. Doch ist diese Ähnlichkeit nur oberflächlicher Natur: Jale Parla führt die Orientierungslosigkeit des *züppe* der Tanzimatliteratur auf den Verlust des Vaters zurück, der den Sohn in einem autoritären System ohne Leitfigur zurücklasse.[24] Die Vaterfigur in *Aylak Adam* jedoch ist das Gegenteil einer Leitfigur. Nichts ist wichtiger für den Müßiggänger als die Distanz zum Vater, dem er auf keinen Fall ähneln will. Das Schürzenjägergehabe seines Vaters stößt ihn ab, dessen Gier nach Geld und Ruhm kann er nicht nachvollziehen. Sein Verständnis von der Welt geht über die Grenzen der türkischen Identität hinaus und an politischen Fragen vorbei, er sucht nach „mehr“ („*başka şeyler gerekti*“),[25] das er in der Leidenschaft für Malerei und Literatur und vor allem in der (unerfüllt bleibenden) Liebe zur jungen B. zu finden hofft – nach einer nur unbestimmt gefühlten, aber nichtsdestoweniger dringend notwendigen und vom Alltäglichen abgehobenen ‚höheren Existenz‘. C. verachtet die Politik, er verabscheut Zeitungen und versteht nicht, wie die Menschen jeden Morgen in die Zeitung schauen können. Sein Glauben an Gemeinschaftsideale ist erschüttert: „AUFSTAND IN CHINA. „Sollen sie sich doch alle gegenseitig umbringen. Solange sie uns nichts antun.“ Wenn da „uns“ steht, müsste es eigentlich „mir“ heißen, oder? Ich, mein, mir, mich! Jeder meint doch nur sich selbst.“[26]

Beyoğlu ist in diesem Roman – ohne dass dies eigens betont werden muss – das Zentrum der Kreise, die der „Müßiggänger“ bei seinen Spaziergängen durch die Stadt zieht. Doch die Attraktionen des Viertels, die für die früheren Generationen von Rupenig Ağas, Felatun Beys und selbst noch Adnan Beys so anziehend waren, üben keinen wirklichen Reiz auf ihn aus. Die Schaufenster, Bars und Bordelle des Viertels langweilen ihn, und ins Kino geht er hauptsächlich, um sich den Anforderungen, die die hektische Großstadt an seine Aufmerksamkeit stellt, zu entziehen. Was ihn anzieht, ist Beyoğlu als ein Ort der Großstadt, der die Flucht in die Anonymität erlaubt. Eine moralische Wertung, gar Verurteilung des Viertels sucht man in diesem Roman vergebens. Beyoğlu ist hier ein Ort, der – nunmehr kaum noch von Nichtmuslimen bevölkert – einen Teil des eigenen kulturellen Lebens bildet, ein Treffpunkt der Künstler- und Intellektuellenszene der Türkei.

---

24 Jale Parla, *Babalar ve Oğullar. Tanzimat Romanının Epistemolojik Temelleri*, Istanbul 1990.
25 Atılgan, *Aylak Adam*, 31/dt. 60.
26 Atılgan, *Aylak Adam*, 79/dt. 150.

In den 60er und 70er Jahren taucht Beyoğlu in der Literatur zunehmend auf als ein Ort des Verfalls, wo Zuwanderer vom Lande und gesellschaftliche Randexistenzen ein Leben in Armut und Hoffnungslosigkeit führen und windige Geschäftsleute aus dem Niedergang des Viertels ihren Profit zu schlagen suchen.[27] Die Ereignisse vom 6. und 7. September 1955, als, aufgewiegelt durch den Zypernkonflikt, ein aufgebrachter Mob die Geschäfte nichtmuslimischer Händler in Beyoğlu zerstörte und plünderte, schlagen sich auch in der literarischen Behandlung des Viertels nieder:[28] Vom eleganten reichen Vergnügungsviertel wird es ab den späten 50er Jahren in der Literatur mehr und mehr zu einem Ort, der nur noch von einem kleinen Rest der früheren nichtmuslimischen Einwohner bewohnt wird. Wer irgend konnte, ist ausgewandert, übrig bleiben nur die Alten und Mittellosen. Anatolische Zuwanderer lassen sich in den verlassenen Häusern nieder, viele Zimmer werden auch als „Junggesellenzimmer" (*bekar odası*) an ledige Männer vermietet, die zum Arbeiten in die Stadt gekommen sind. Beyoğlu steht nun im Interesse sozialrealistischer Autoren wie Orhan Kemal, der das Viertel in den 50er und 60er Jahren beschrieb. Während in seinem Roman *Gâvurun Kızı* (Die Tochter des Ungläubigen, 1959) das Leben der Griechen in Beyoğlu noch einen zentralen Platz einnimmt, sind in seinen späteren Romanen die nichtmuslimischen Bewohner des Viertels abgelöst durch Protagonisten aus den anatolischen Dörfern (*Yalancı Dünya*, Verlogene Welt, 1966) oder dem städtischen Armenmilieu (*Sokaklardan Bir Kız*, Ein Mädchen von der Straße, 1968), die in der rauen Atmosphäre eines heruntergekommenen Vergnügungsviertels ums Überleben kämpfen.

Ich komme nun zur Rolle Beyoğlus seit den 1980er Jahren, die für die Türkei mit zwei großen politischen Umbrüchen verbunden sind. Der Putsch vom 12. September 1980 und der Zusammenbruch der Sowjetunion 1989 bewirkten eine tief greifende Umstrukturierung der türkischen Gesellschaft. Indem die Liberalisierung und Internationalisierung der türkischen Wirtschaft in den Folgejahren des Putsches zur Entwicklung einer an globalen Vorgaben orientierten Konsumgesellschaft führte, erlebte die Bedeutung des ‚Lokalen' einen Wandel. Die Rückbesinnung auf das ‚Eigene', die mit der zunehmenden kulturellen Entfremdung in Zeiten der Globalisierung einherging, führte in der Literatur zu einem Boom von nostalgisch gefärbter Erinnerungsliteratur, die sich mit der spätosmanischen und frührepublikanischen Periode auseinandersetzte. Eine besondere Rolle spielen dabei Orte, die mit der multikulturellen Vergangenheit des Landes in Verbindung stehen. Istanbul erfuhr seit den 80er Jahren einen Prestigewandel von der ungeliebten ehemaligen Hauptstadt des Osmanischen Reiches zur viel geschätzten „global city" der Moderne und „europäischen Kulturhauptstadt 2010", in der lokale und internationale Elemente eine facettenreiche Verbindung eingehen. Beyoğlu ist in diesem Zusammenhang als ein Ort europäisch-orientalischen multikulturellen Lebens das Thema

---

[27] Akın, „Beyoğlu", 217 f.

[28] Çorak, *Cumhuriyet Devri*,102-113.

zahlreicher Texte, die eine „unwiederholbare und nicht umkehrbare Zeit“,[29] in der Griechen, Juden und Armenier, Levantiner und Türken in Istanbul zusammen lebten, erinnern oder im Rückblick wieder aufleben lassen. Als ein Nostalgieträger, der die türkische Vergangenheit auf positive Weise mit der Geschichte Europas in Zusammenhang bringt,[30] ist die vergangene Multikulturalität der Türkei heute ein wichtiges Thema der türkischen Literatur.[31] Beyoğlu erscheint dabei in vielen Werken nicht wie in der Literatur zuvor als Ort der „Anderen“, sondern wird nun in der Rückbesinnung zum verlorenen Teil der türkischen Kultur erklärt. Im Roman *Beyoğlu Rapsodisi* (Beyoğlu-Rapsodie) des Krimiautors Ahmet Ümit (geb. 1960) von 2003 beispielsweise[32] ist Beyoğlu – der Hauptschauplatz – kulturelles Zentrum einer Weltmetropole, eine „mit den neusten Wohltaten der Zivilisation ausgestattete Insel der Kultur“.[33] Griechisch- und russisch-orthodoxe Kirchen, griechische Weinhäuser, levantinische Kaffeehäuser, Geschäftshäuser wie das „Afrika Han“, das noch aus osmanischer Zeit stammt, das altehrwürdige Galatasaray Lisesi, alte Kinos und Antiquariate werden beschrieben als zentrale Orte des Istanbuler Lebens, die selbst die schwärzesten Zeiten überlebt haben: Obwohl das Viertel stark unter den Ausschreitungen gegen Nichtmuslime in der Pogromnacht vom 6. auf den 7. September 1955 gelitten und damals „seine Seele“ verloren habe, habe es sich niemals „vollkommen ergeben“. Es habe eben „genau wie Istanbul sieben Leben – es ist ein so fruchtbarer, so kreativer Ort, dass er trotz so vieler Plünderungen, so vieler Angriffe, so viel Ignoranz immer noch schafft, zu überleben.“[34] Trotz veränderter Bedingungen ist Beyoğlu in Ahmet Ümits Roman weiter ein Ort, an dem sich die verschiedensten Menschen und Sprachen begegnen: „… Hier werden so gut wie alle Sprachen der Welt gesprochen. Türkisch, Griechisch, Armenisch, Holländisch, Hebräisch, Arabisch, Persisch, Kurdisch, Russisch, Slowakisch, Englisch, Deutsch, Französisch, Italienisch, Ungarisch…“[35] Beyoğlu , so meint der Ich-Erzähler Selim im Roman, sei vergleichbar einem modernen Babylon, doch anders als im Turm zu Babel sei hier die Kommunikation kein Problem: „Aber wenn die Sprachen in Pera auch unterschiedlich sind, verstehen sich die Menschen und respektieren die Kulturen der anderen. Ich glaube, deshalb ist Pera oder Beyoğlu nicht zusammengestürzt wie der Turm zu Babel…“[36]

---

29 Svetlana Boym, *The Future of Nostalgia*, New York 2001, 13.

30 Svetlana Boym benutzt den Begriff „glocal“ zur Charakterisierung der Nostalgiekultur in Rußland seit Mitte der 1990er Jahre: „I would refer to it as "glocal," since this is a culture that uses global language to express local color.“ Boym, *The Future of Nostalgia*, 67.

31 Zur neuen Rolle der Historie im türkischen Roman der Gegenwart siehe Priska Furrer, *Sehnsucht nach Sinn. Literarische Semantisierung von Geschichte im zeitgenössischen türkischen Roman*, Wiesbaden 2005.

32 Ahmet Ümit, *Beyoğlu Rapsodisi*, Istanbul 2003.

33 Ümit, *Beyoğlu Rapsodisi*, 69.

34 Ümit, *Beyoğlu Rapsodisi*, 321.

35 Ümit, *Beyoğlu Rapsodisi*, 322.

36 Ümit, *Beyoğlu Rapsodisi*, 322.

In Elif Şafaks (geb. 1971) Roman *Baba ve Piç* (Der Vater und der Bastard, dt. als „Der Bastard von Istanbul")[37] ist Beyoğlu der Ort, an dem Zeliha, die Mutter einer der beiden Hauptfiguren im Roman,[38] ihr Tätowiergeschäft hat, und ein zentraler abendlicher Treffpunkt, an dem man in Kneipen und Cafés zusammenkommt. Hier trifft man Aram, Zelihas Freund, einen İstanbuler Armenier und Vertreter der heute noch in der Türkei lebenden Nichtmuslime. Während eines Abends in einem Lokal in der bekannten Asmalımescit-Straße in Beyoğlu wird Aram nach dem Grund gefragt, warum er nicht wie viele andere Armenier nach Amerika ausgewandert sei: „Warum sollte ich so etwas wollen, liebe Armanuş? Dies ist meine Stadt. Ich bin in Istanbul geboren und aufgewachsen. Die Geschichte meiner Familie in dieser Stadt reicht mindestens 500 Jahre zurück. Die Istanbuler Armenier gehören zu Istanbul, wie die Istanbuler Türken, Kurden, Griechen und Juden. Wir haben es einst geschafft, zusammen zu leben, danach haben wir auf sehr schlimme Weise versagt. Jetzt müssen wir das Kosmopolitentum wieder lernen. Noch einmal darf es uns nicht misslingen..." Und er fährt fort: „Ich kenne jede Straße Beyoğlus. [...] Ich liebe es, morgens, abends oder nachts, wenn ich heiter und betrunken bin, diese Straßen zu durchstreifen... Ich würde nichts dafür eintauschen, sonntags mit meinen Freunden am Ufer des Bosporus zu frühstücken, mich allein in der Menge treiben zu lassen. Ich liebe das Chaos, den anstrengenden Zauber, die unverwüstliche Schönheit, die Dampfer, die Musik, die Geschichten, die Melancholie, die Farben und den schwarzen Humor dieser Stadt..."[39] In Elif Şafaks Roman ist Beyoğlu Symbol und Schauplatz einer im Kern unzerstörbaren Multikultur, der eigentliche Kern der Weltstadt Istanbul, die sich mit ihren Internetcafés, ihren zahlreichen ausländischen Besuchern, ihren internationalen Firmen und Banken und der individualistischen Lebensweise ihrer Bewohner längst aus dem engen Kontext rein lokaler und nationaler Bindungen befreit hat.

Beyoğlu als ein Thema und Schauplatz türkischer Romane hat seit mehr als 150 Jahren seine Faszination auch heute nicht verloren. War es in der Tanzimatzeit vor allem das positiv und optimistisch besetzte Symbol und Experimentierfeld einer verstärkten Orientierung an Europa, so wurde der Kosmopolitismus

---

[37] Elif Şafak schreibt schon seit längerer Zeit zweisprachig Türkisch und Englisch. Das Buch ist im Original auf Englisch geschrieben, die türkische Fassung ist eine von der Autorin autorisierte Übersetzung von Aslı Biçen. Die deutsche Übersetzung wurde aus dem Englischen gemacht. Elif Shafak, *The Bastard of Istanbul*, New York u. a. 2007; Elif Şafak, *Baba ve Piç*, Istanbul 2006; Elif Shafak, *Der Bastard von Istanbul*. Aus dem amerikanischen Englisch von Juliane Gräbener-Müller, Frankfurt a. M. 2007.

[38] Die beiden jungen Frauen – Armanuş, eine Amerikanerin mit armenischem Vater, und Asya, eine Istanbuler Türkin – lernen sich kennen als Armanuş auf der Suche nach ihrer Familiengeschichte in die Türkei kommt. Die Aufdeckung ihrer beider Familiengeschichten führt im Verlaufe des Romans zu ungeahnten Verbindungen zwischen den beiden sich zunächst mit viel Distanz begegnenden Frauen.

[39] Şafak, *Baba ve Piç*, 260. Die deutsche Übersetzung aus dem Englischen (Shafak, *Der Bastard von Istanbul*, 327-328), weicht teilweise deutlich von der türkischen Fassung ab und wurde daher für die obige Übersetzung nur sehr bedingt herangezogen.

des Viertels zu Beginn der Republikzeit zum Ausdruck von Dekadenz und antitürkischem Revisionismus. Mit dem Niedergang des Viertels insbesondere nach der traumatischen Pogromnacht Mitte der 50er Jahre, infolge derer viele nichtmuslimische Bewohner des Viertels die Türkei verließen, wie auch dem Aufkommen der „Dorfliteratur“ und der sozialrealistischen Literatur ab den 50er Jahren, geriet das Viertel etwas aus dem Blick türkischer Literaten. Seit den 80er Jahren, insbesondere jedoch seit den 90er Jahren spielt Beyoğlu wieder eine neue Rolle in der Literatur: In Romanen wie Ahmet Ümits *Beyoğlu Rapsodisi* oder Elif Şafaks *Baba ve Piç* ist es mit seiner multikulturellen Vergangenheit zu einem nostalgisch besetzten Symbol geworden, einem „modernen Babylon“ und Repräsentanten einer neuen türkischen Weltoffenheit.

Materielle Kultur und Literatur. Orhan Pamuks *Masumiyet Müzesi* und Elif Şafaks *Baba ve Piç*

Karin Schweißgut, Berlin / Istanbul

Hoşsohbet, die angenehme Unterhaltung, lautet die Devise dieser Festschrift zu Ehren von Frau Prof. Erika Glassen. Unter diesem Thema möchte ich mich der schönen Literatur zuwenden, die gewiss zu einer *hoşsohbet* gehört. Ausgewählt habe je einen Roman von zwei zeitgenössischen türkischen Literaten, die zu den bedeutenden Erzählern des Landes gehören: Orhan Pamuk und Elif Şafak. Eingehen möchte ich auf die beiden erfolgreichen und viel diskutierten Werke hinsichtlich ihrer Aspekte der materiellen Kultur.

Zur Einführung

Bisher wurden Analysen türkischer Literatur mit Studien der materiellen Kultur und der Dinge des Alltags kaum in Verbindung gebracht. Der Blick auf materielle Kultur hat sich in den letzten 20 Jahren jenseits der Grenzen einzelner Fachdisziplinen als fruchtbarer Ansatz für innovative Erkenntnisse erwiesen. Entwickelt wurden die theoretischen Ansätze vor allem in der Archäologie, Ethnologie, Soziologie und den Kulturwissenschaften. Impulse gaben insbesondere Intellektuelle und Wissenschaftler aus Frankreich und dem angloamerikanischen Raum.[1] Die Definition materieller Kultur variiert. Zusammenfassend lässt sich jedoch festhalten: "Material culture consists of any physical manifestation or product of cul-

1 Zur Entwicklung des theoretischen Konzepts materieller Kultur und seinen Anwendungen siehe insbesondere die Einführung von Christopher Tilley sowie die anderen Beiträge des hervorragenden Sammelbandes: Christopher Tilley u. a. (Hg.), *Handbook of Material Culture*, London u. a. 2006 (Tilley, „Introduction“, 1-6). Siehe ferner Gudrun M. König, „Auf dem Rücken der Dinge. Materielle Kultur und Kulturwissenschaft“, in: Kaspar Maase/Bernd Jürgen Warneken (Hg.), *Unterwelten der Kultur. Themen und Theorien der volkskundlichen Kulturwissenschaft*, Köln u. a. 2003, 95-118. Eine der frühen Studien ist Jean Baudrillard, *Das System der Dinge. Über unser Verhältnis zu den alltäglichen Gegenständen*, aus dem Französischen von Joseph Garzuly, 3. Auflage, Frankfurt am Main u. a. 2007. Zur Einführung in die materielle Kultur allgemein siehe vor allem Tilley u. a. (Hg.), *Handbook of Material Culture;* Gudrun M. König (Hg.), *Alltagsdinge. Erkundungen der materiellen Kultur*, Tübingen 2005, und Tobias L. Kienlin, (Hg.), *Die Dinge als Zeichen: Kulturelles Wissen und materielle Kultur. Internationale Fachtagung an der Johann Wolfgang Goethe-Universität Frankfurt am Main, 3.-5. April 2003*, Bonn 2005 (hauptsächlich den einleitenden Beitrag des Herausgebers: „Die Dinge als Zeichen: Zur Einführung in das Thema“, 1-20), ferner Hans Peter Hahn, *Materielle Kultur. Eine Einführung*, Berlin 2005.

ture."[2] Oder noch anders formuliert: "... materiality can mean substance ... The concept of materiality is thus typically used to refer to the fleshy, corporeal and physical, as opposed to spiritual, ideal and value-laden aspects of human existence."[3] Für Christopher Tilley ist

> ... understanding the relationship between subjects and objects, the central concern of material culture studies. [...] Material culture is thus inseparable from culture and human society. [...] Persons and things, in dynamic relation, are constitutive of human culture in general, societies and communities in particular ...[4]

Auf weitere theoretische Ausführungen möchte ich verzichten und mich nun dem Untersuchungsgegenstand zuwenden, den Romanen *Masumiyet Müzesi (Das Museum der Unschuld)*[5] von Orhan Pamuk[6] und *Baba ve Piç (Der Bastard von Istanbul)*[7] von Elif Şafak[8].

Die Idee, literarische Werke hinsichtlich des Materiellen, den Dingen des Alltags zu untersuchen, verdanke ich Orhan Pamuk, der diesen interessanten Lektüre- und Interpretationsansatz in seinem Werk *Masumiyet Müzesi* unterstreicht und

---

2 Daniel W. Ingersoll Jr., „Material Culture", in: William A. Darity (Hg.), *International Encyclopedia of the Social Sciences* 5, 2. Auflage (digitale Ressource), Detroit 2008, 12-18, hier 12.

3 Tilley, "Introduction", 3.

4 Christopher Tilley, „Objectification", in: Tilley u. a. (Hg.), *Handbook of Material Culture*, 60-73, hier 61.

5 Orhan Pamuk, *Masumiyet Müzesi*, Istanbul 2008. Auf Deutsch erschien der Roman unter dem Titel *Das Museum der Unschuld* (übersetzt von Gerhard Meier, München 2008, auch als Hörbuchversion vorhanden). Alle Seitenangaben beziehen sich auf diese beiden Ausgaben. 2009 wurde das Werk in einer englischen Übersetzung veröffentlicht (Orhan Pamuk, *The Museum of Innocence*, übersetzt von Mauren Freely, New York 2009), Übersetzungen in weitere europäische Sprachen folgten bzw. sind angekündigt.

6 Orhan Pamuk, geboren 1952, Literaturnobelpreisträger 2006 (siehe http://nobelprize.org/nobel_prizes/ literature/laureates/2006/), ist heutzutage der bekannteste Schriftsteller der Türkei. Zu seiner Person und seinem komplexen Gesamtwerk siehe unter seinem Namen in *TBEA* 2001, Bd. 2, 680-683, *KLfG* und *KLL* sowie die Homepages zum Autor unter www.orhanpamuk.net und www.orhan-pamuk.de.

7 Elif Şafak, *Baba ve Piç*, 8. Auflage, Istanbul 2006. Den Roman verfasste Elif Şafak auf Englisch, er erschien unter dem Titel *The Bastard of Istanbul*, New York u. a. 2007. Ins Türkische wurde er von Aslı Biçen übertragen, von der Autorin durchgesehen und autorisiert. Die türkische Version weicht streckenweise von der englischen ab, worauf ich nicht näher eingehen werde. Auf Deutsch liegt das Werk unter dem Titel *Der Bastard von Istanbul* vor (aus dem amerikanischen Englisch von Juliane Gräbener-Müller, Frankfurt a. M. 2007; auch in einer Version als Hörbuch 2008). Der Roman wurde darüber hinaus in weitere Sprachen übersetzt (siehe englischsprachige Homepage unter www.metiskitap.com). Aufgrund der Aussagen zum armenischen Genozid im Roman wurde Elif Şafak 2006 wegen Beleidigung des Türkentums, Paragraph 301 des Türkischen Strafgesetzes, angeklagt. Die Anklage wurde in der ersten Sitzung fallengelassen.

8 Elif Şafak, auch Shafak, geboren 1971, ist eine der bedeutendsten innovativen zeitgenössischen Schriftstellerinnen der Türkei. Zu ihrer Person und ihrem beträchtlichen Gesamtwerk siehe unter ihrem Namen in *TBEA* 2001, Bd. 2, 755, *KLfG* und *KLL* sowie die Informationen unter www.metiskitap.com (sowohl die türkische als auch die englische Version der Seite).

der in Interviews zum Roman immer wieder den Aspekt des Sammelns und Präsentierens der Alltagsdinge und deren Bedeutung im Text, das Verhältnis Roman und Museum aufgreift.[9] Die Istanbuler Alltagskultur lässt er in die hohe Literatur einfließen. Ein anderer Roman, der sich eines ähnlichen Modells in Aufbau und Struktur bedient, ist *Baba ve Piç* von Elif Şafak. Die Autorin wendet sich der Esskultur zu.

Masumiyet Müzesi

Das Museum der Unschuld spielt in Istanbul, in der Zeit von 1975 bis 2007, mit Streifzügen bis zu Beginn der 1950er Jahre. Erzählt wird aus der Perspektive des egozentrischen Protagonisten Kemal, ein junger Mann aus der Oberschicht Nişantaşıs, dem vornehmen Viertel Istanbuls. Der Text selbst stammt aus der Feder Orhan Pamuks (565, 569 ff./dt. 545, 548 ff.), der Teil der beschriebenen Welt des Protagonisten ist (140, 567, 570 f./dt. 137 f., 547, 549 ff.). Der im Roman genannte Pamuk scheint mit dem realen Schriftsteller Orhan Pamuk identisch zu sein (577, 585/dt. 556, 565), ein autobiographischer Hintergrund wird jedoch zurückgewiesen (569/dt. 548). Mehrere Plots schichten sich im Roman übereinander. Zunächst ist es die Liebesgeschichte zwischen Kemal (dt. der Vorzügliche) und Füsun (dt. Zauber, Reiz, Charme). Diese beginnt im Roman mit einem Happy End, einem glücklichen außerehelichen Geschlechtsakt. Es folgen viele schmerzvolle Jahre der Trennung, in denen Kemal um die Geliebte kreist. Es endet in der Katastrophe, dem Tod der Geliebten. Eingebettet ist diese Liebesbeziehung in eine Reihe von Themen wie sexuellen Praktiken zwischen Jungfräulichkeit und Ehe in einer islamisch geprägten, sich modernisierenden Gesellschaft. Darüber hinaus werden anhand der Liaison Prozesse von Verwestlichung bzw. Amerikanisierung mit ihren Auswirkungen auf das Individuum und das alltägliche Leben geschildert. Eine weitere Ebene des Liebesverhältnisses ist die Frage nach dem Glücklichsein des Menschen.

Im Kontext der Liebesgeschichte will ich hier noch kurz auf den Themenkomplex der Sexualität und auf beschriebene Machtstrukturen eingehen, da dies für die weitere Interpretation bezüglich der materiellen Kultur hilfreich ist. Mit dem vermeintlichen Happy End zu Beginn des Romans, in dem Kemal Füsun entjungfert, steht die Welt Kopf wie sie durch den Wandel sexueller Praktiken für islamische Vorstellungen Kopf steht. Im Romantitel klingt dies mit der Unschuld (*masumiyet*) an. Wie im Deutschen hat der Begriff neben der semantischen Ebene von Schuldlosigkeit die Bedeutung der Unberührtheit und Jungfräulichkeit von Frauen. Der

[9] Orhan Pamuk/Thomas Steinfeld, „Frankfurter Buchmesse 2008. Blaues Sofa. Das Museum der Unschuld“, übertragen vom *Deutschlandradio Kultur* am 16.10.2008. Siehe auch Thomas Steinfeld/Kai Strittmatter, „Das Museum der Unschuld“, in: *Süddeutsche Zeitung* Wochenende 13./14.09.2008, I-VIII, sowie Orhan Pamuk/Angela Schader, „Die Quittenreibe und das Universum der Liebe“, *Neue Züricher Zeitung* 25.10.2008, http://www.nzzglobal.ch/nzz/forms/page.htm.

Verlust der Virginität (*bekâret*) vor der Ehe hat für Füsun und andere weibliche Romanfiguren negative soziale Folgen (Sibel, Belkıs, Geliebte von Kemals Vater u. a., vgl. 73 ff./dt. 71 ff.). Füsun heiratet einen Mann niedrigerer Position (*içgüvey*), um die Wahrheit zu vertuschen. Jungfräulichkeit gilt auch in der Oberschicht als weibliche Voraussetzung für eine Ehe (402, 507 und 535/dt. 388, 487 und 516). Für den Mann hat eine voreheliche sexuelle Beziehung keine negativen Folgen. Kemal kann sogar zeitgleich, ohne irgendwelche inneren Bedenken, mit seiner Verlobten und seiner Geliebten geschlechtlich verkehren. Ein Roman, der mit einem vermeintlich vorweggenommenen Happy End beginnt, der plakativ islamische und gesellschaftliche Normen mit dem unehelichen Geschlechtsakt missachtet, kann nur in der Katastrophe enden. Auf einer Reise nach Europa verunglückt Füsun tödlich, Kemal überlebt schwer verletzt. Sexuell gesehen misslingt die Reise nach Europa, die sexuelle Befreiung funktioniert nicht. Füsun kann sich den Traditionen nicht entziehen, so dass Kemal – trotz ihrer jahrelangen Ehe – ihre einzige sexuelle Beziehung bleibt (505 ff./dt. 487 ff.). *Masumiyet Müzesi* schildert die Schwierigkeiten und Probleme der Frauen (wie *bekâret*, sexuelle Belästigungen 67 ff./dt. 64 ff.) aus männlicher Perspektive. Der egozentrische Protagonist sieht nicht nur die Dinge um sich in der Beziehung Subjekt-Objekt, sondern auch seine Mitmenschen. Als reicher Verwandter drängt sich Kemal mit fast täglichen Besuchen über viele Jahre hinweg dem jungen Ehepaar auf, er nötigt sie, bis die Ehe Füsuns schließlich scheitert. Kemal behindert Füsuns Wunsch nach Studium und Beruf, so dass von einer Selbstverwirklichung der Frau nicht die Rede sein kann. Ihr Tod im Auto als Selbstmord verstanden, verdeutlicht die Kluft zwischen Mann und Frau. Die Wut und der Wunsch Füsuns, Kemal umzubringen, stößt bei ihm auf völliges Unverständnis (536 f./dt. 516 f.). Der Wagen an sich und der Tod im Auto sind symbolträchtige Bilder.[10] Das Auto kann in Verbindung gebracht werden mit Technik, Moderne, Amerikanisierung, Fortschritt, Schnelligkeit, Kraft und dem Männlichen. Der tödliche Unfall kann somit interpretiert werden als eine zu rasante Entwicklung, die im Desaster endet. Zentraler Punkt der Modernisierung wird – wie in der kemalistischen Ideologie – die Rolle der Frau.

Die Beziehungen der Romanfiguren bilden unsymmetrische Machtverhältnisse ab. Auch hier zeichnet sich eine „männliche" Perspektive aus der Position der Macht ab. Neben der Geschlechtszugehörigkeit spielen die Kategorien arm-reich, das soziale Prestige und die Zugehörigkeit zur Oberschicht in Abgrenzung zu unteren Schichten für Kemal eine Rolle. Das einführende Zitat des Romans (5/dt. 7) thematisiert dies: Armut sei nicht mit rein finanziellen Mitteln zu beheben. Das

---

10 Baudrillard, *Das System der Dinge*, 88 ff., vgl. ebd. S. 156 ff. In *Masumiyet Müzesi* ist der amerikanische Wagen der Marke Chevrolet vor allem Statussymbol. Mit dem Wagen wird die Stadt durchmessen, bei Ausflügen hat das Auto soziale Funktion. Zugleich symbolisiert der Chevrolet Freiheit und Unabhängigkeit sowie die Emanzipation der Frau. Die Überreste des Chevrolets erwirbt Kemal als Museumsexponat, womit seine Kollektion ihren Abschluss findet (555/dt. 534 f.).

Adjektiv *masum* in diesem angeführten Zitat, hier im Sinne arglos, naiv, unwissend, liefert einen weiteren Interpretationsansatz für den Romantitel. Die Beschreibungen, das Durchmessen der Stadt Istanbul, ihrer Viertel mit den jeweiligen Lokalen, Geschäften, Kinos etc., ihrer sozialen Schichtung und allem, was für das alltägliche Leben von Bedeutung ist, kann beschriebenen Machtstrukturen zugeordnet werden. Die Orte sind identitätsstiftend. Der Mensch ist nicht zeit- und raumlos zu denken.

Als nachrangigen Plot kann man den Roman als die Geschichte der Istanbuler Alltagskultur (der Oberschicht) mit einem Fokus auf den Dingen des Alltags betrachten. Zu dieser Kultur gehört die Geschichte des Films in der Türkei, mit den Produktionen von Yeşilçam (288 ff./dt. 285 ff.). Die Alltagskultur wird Teil einer Erinnerungskultur, die mit nostalgischem Blick auf die Vergangenheit schaut. Die Erinnerung ist hier an konkrete Dinge gebunden, mit denen individuelle Gefühle hervorgerufen werden. Die Alltagsdinge erhalten so eine Funktion im Prozess des Sich Erinnerns, sie spenden Trost (*teselli*), sie fetischieren den Schmerz der unerfüllten Liebe, sie sind Teil des eigenen Seins und stiften Identität. Sie schaffen individuelle Subjektivität, eine Subjektivität, die nur mittels Materiellem möglich und denkbar ist. Als weiteren Plot des Romans, der mit der Geschichte der Alltagskultur eng in Zusammenhang steht, sind die Betrachtungen der Dinge an sich.

Die theoretische Literatur klassifiziert Dinge nach ihren Eigenschaften, ihren Bedeutungen und ihrem Lebenszyklus, einem sozial und kulturell, individuell und kollektivem Eigenleben. Material, Farbe, Größe, Formung, Haltbarkeit, Dauer im Gebrauch, Funktionalität, Handhabung, Exklusivität oder breite Streuung, Klang und Geruch oder die Wahrnehmung durch alle Sinnesorgane sind hierbei relevant. Hinzu kommt die ästhetische Dimension. Jean Baudrillard unterscheidet objektive, subjektive und konnotative Kriterien.[11] Wie alle wissenschaftlichen Arbeiten explizit darlegen, sind Dinge vieldeutig, multirelational und ebenso vielzählig sind ihre Kontextualisierungsmöglichkeiten. Sie rufen Emotionen hervor, sind ein gewichtiger Faktor für die individuelle und kollektive Identität und die Erinnerungskultur. Dinge bieten Orientierung und Sinn. Ihre sozialkulturelle Bedeutung schafft Distinktion durch Geschmack und Lebensstil.[12] Der Wohnraum spiegelt räumlich und moralisch Familien- und Gesellschaftsstrukturen wieder, wie Jean Baudrillard (23 ff.) für die patriarchale Ordnung darlegt. Orhan Pamuk lässt in *Masumiyet Müzesi* mit geradezu analytischem Blick die vielfältigen Dimensionen materieller Kultur in ihrer Komplexität sichtbar werden. Er beschreibt die Dinge mit ihrem Aussehen, ihrer Funktion und ihrer Biographie. Er

11 Baudrillard, *Das System der Dinge*.

12 Siehe König, „Auf dem Rücken der Dinge“; Kienlin, „Die Dinge als Zeichen“; Baudrillard, *Das System der Dinge*; Janet Hoskins, „Agency, Biography and Objects“, in: Tilley u. a. (Hg.), *Handbook of Material Culture,* 74-84, sowie Tilley, „Introduction“.

hebt die individuelle emotionale Beziehung zu einzelnen Gegenständen hervor, bettet all dies in spezifische Erfahrungen des Protagonisten Kemal ein.

Als exemplarisches Beispiel kann das erste Exponat für das Museum betrachtet werden: ein Ohrring Füsuns (38/dt. 36). Dieser Ohrring ist eng verbunden mit der sexuellen Beziehung zwischen Füsun und Kemal (11 f., 538 f./dt. 9 f., 518 f.). Der Verlust des Ohrrings beim Geschlechtsakt am Anfang des Romans steht für den Verlust der Jungfräulichkeit Füsuns und wiederholt sich während eines erneuten vorehelichen Akts vor ihrem Tod. Dass nur ein Ohrring abhanden kommt und nicht beide, mag als die ambivalente Situation, in der sich Füsun zwischen Festhalten und Ablegen traditioneller Normen befindet, interpretiert werden. Kostbare Perlenohrringe verkörpern eine außereheliche Beziehung von Kemals Vater. Kemal schenkt diese Füsun (107 f./dt. 105 f.), wodurch symbolisch Füsuns Status als Geliebte bestätigt wird. Sie will jedoch statt der kostbaren Perlen ihren verloren gegangen Ohrring, die Wiederherstellung der moralischen Norm, der Ehe. Eine Reihe weiterer Gegenstände ist verbunden mit der Beziehung des Liebespaares. Ein Schirm liefert den Vorwand, sich im *Merhamet Apartmanı* zu treffen (33, 36/dt. 31, 34). Das *Appartement der Barmherzigkeit* ist eine von der Familie Kemals seit vielen Jahren nicht mehr genutzte Wohnung. Angestaubt sind dort all die alten Dinge, die nicht mehr benutzt werden. Sie sind beschrieben mit einer Palette von Eigenschaften und ihrem Lebenszyklus, sie fungieren als Gedächtnis- und Gefühlsstütze und sie erinnern nostalgisch an Vergangenes.

Die Zugehörigkeit zur Oberschicht, ihren Statussymbolen, ihrer sozialen Praxis und ihres Konsumverhaltens manifestieren sich durch eine Reihe von Produkten, die zugleich das Verhältnis zum Westen und ideologische Positionen ausloten. Durch diese Produkte grenzt sich die Elite von unteren Schichten ab. Zum einen geschieht dies durch den Preis. Eine französische Handtasche der Marke Jenny Colon, die verwoben ist mit Kemals Beziehungen zu seiner Verlobten und seiner Geliebten, kostet so viel wie sechs Gehälter eines jungen Beamten (15/dt. 13). Ausländische Alkoholika, die nur unter Schwierigkeiten zu besorgen sind (109 f./dt. 107 f.), zeigen zum anderen nicht nur die finanzielle Seite, sondern verdeutlichen Netzwerke wichtiger Beziehungen, in die die Oberschicht eingebunden ist. Einheimische alkoholische Getränke wie Likör sind eingebettet in Diskurse von Religion versus Zivilisation und Kemalismus (44 f./dt. 42 f.). Ein anderes lokales Getränk ist die erste türkische Limonade namens Meltem, die dargestellt ist mit Produktion, Vermarktung, Verbreitung, Konsum und emotionalem Stellenwert. Sie wird verdrängt durch ein Produkt eines international operierenden Konzerns, der Coca Cola. Aufstieg und Fall der einheimischen Limonade stehen stellvertretend für wirtschaftliche Entwicklungen in der Türkei und dem Einfluss der Globalisierung.

Schichtübergreifend, lokal und global in der Wohnkultur und in der Mode einer bestimmten Zeit verwurzelt sind im Roman genannte Porzellanhundefigürchen (*köpek biblosu* 112, 417 f./dt. 110, 402 f.). Nippes dieser Art schafft Vertrautheit und Behaglichkeit (*huzur* 418). Das Kapitel *Die Hunde*, in dem diese Porzellanhündchen im Mittelpunkt stehen, berichtet neutral vom Putsch des 12. Septembers 1980 und seinen Folgen. Der Verlust der Porzellanfigürchen führt zum Verlust von *huzur*, ebenso im folgenden Kapitel *Was ist das eigentlich?* die Präsenz der Militärs. Die dort beschriebene Quittenreibe, die mit Marmelade und Süßem assoziiert ist, wird zeitweise von den Soldaten beschlagnahmt. Für sie ist die Reibe ein Gerät mit scharfer Schneide und somit verboten (426/dt. 411), wodurch u. a. die Absurdität militärischer Maßnahmen deutlich wird. Während der nächtlichen Ausgangssperre bleibt Istanbul Meuten streunender Hunde überlassen (*köpek çeteleri* 426/dt. 411). Diese können zweifelsohne als Anspielung auf die Militärs gesehen werden. Die Hunde zeigen wie subtil und geschickt Orhan Pamuk politische Bewertung, hier eine Kritik am Putsch 1980, einbringt.

Zusammenfassend lässt sich festhalten: Orhan Pamuk blickt fast wie ein Wissenschaftler auf die Dinge des Alltags, wie ein Archäologe gräbt er ihre historischen Schichten aus, mit dem analytischen Blick eines Anthropologen, Zeithistorikers und Kulturwissenschaftlers klassifiziert, beschreibt er die Gegenstände, ordnet ihnen soziale, kulturelle, emotionale Bedeutungen und soziale Differenz zu.[13] Die materielle Kultur wird zum Mapping einer Gesellschaft und ihrer Geschichte.

Im Laufe des Romans legt Kemal eine Sammlung an, die den Grundstock für sein späteres Museum bildet. Diese Kollektion besteht zunächst aus Gegenständen, die er bei der Familie Füsuns einsteckt und mitnimmt. Später kauft er einzelne Exponate hinzu. Der Beginn der Sammlung (ein Lineal, Kapitel 30) mag zufällig sein, er fällt jedoch in die Zeit, in der Füsun verschwindet und für Kemal verloren geht. Danach wird die Nähe, wie sie im ersten Kapitel beschrieben ist, nicht mehr erreicht. Das Sammeln kann hier als Ersatzhandlung für die nicht erfüllte Liebesbeziehung gedeutet werden. Mit der Zeit bemerkt Füsuns Familie die „Diebstähle", sie schreitet nicht dagegen ein, obwohl sie wie anhand der Porzellanhündchen gezeigt, erbost darüber ist. Auf die Frage des Warums, antwortet Kemal: „*Onlar bana iyi geliyordu*," […] (535/ dt. „Das hat mir eben gutgetan" […] 515.). Er hat zwar keine moralischen Bedenken, sich die Sachen anzueignen, dennoch ist er kein Dieb im herkömmlichen Sinne. Kemal entzieht die Dinge ihrer bestimmten alltäglichen Funktion, wie beim Sammeln stets der Fall.[14] Zugleich verdeutlichen die „Diebstähle" die Machtverhältnisse zwischen Kemal als reicher Verwandter und Füsuns Familie: dem Fehlverhalten Oberer begegnet man in der türkischen Kultur mit Großmut. Höhepunkt des Sammelwahns bilden die 4213 gesammelte Zigarettenkippen (Kapitel 68), die als "*mahrem eşyalar*" – „intime Gegenstände" gesehen werden (438/dt. 422). Hier bekommt die Sammelleidenschaft eine starke erotische

13 Vgl. zu den Umgangsweisen mit materieller Kultur König, „Auf dem Rücken der Dinge", 116 ff.

14 Vgl. die Definition des Sammelns bei Russell Belk, „Collectors and Collecting", in: Tilley u.a. (Hg.), *Handbook of Material Culture*, 534-545, hier 535.

und fetischierte Komponente. Darüber hinaus ist der Nikotinkonsum fester Bestandteil der beschriebenen Alltagskultur. Die Sammlung ist vor allem eine persönliche Kollektion Kemals. Sie repräsentiert aber auch die Alltagskultur Istanbuls in einer gewissen Zeitspanne und ist Teil der Erinnerungskultur. Kemal ist der ideale Sammler, wie ihn die theoretische Literatur beschreibt:[15] Ein Mann mittleren Alters,[16] leidenschaftlich,[17] mit einer Nostalgie für den Ursprung und einer gewissen Versessenheit auf das Authentische der gesammelten Gegenstände,[18] der als romantischer Held in einem rituellen, sakralen Akt die Objekte rettet.[19] Mit dem Sammeln ordnet er die Welt – und Orhan Pamuk seinen Roman.

Die letzten drei Kapitel des Romans stehen ganz im Zeichen des Museums, in das Kemals Sammlung übergeht. Er ist Stifter und Kurator. Mit der Präsentation seiner Sammlung bewahrt er die Alltagsdinge vor dem Vergessen und Verschwinden. Im Allgemeinen sind Ausstellungsstücke materieller Kultur in Museen dekontextualisiert.[20] *Masumiyet Müzesi* bildet diesen fehlenden Kontext und liefert Interpretationen für die Exponate im Museum. Der Protagonist Kemal erkennt im letzten Kapitel des Romans die Notwendigkeit eines ausführlichen Museumskatalogs, der die Geschichte eines jeden Gegenstands verzeichnet. Dazu bittet er Orhan Pamuk, seine Geschichte niederzuschreiben, dessen Ergebnis der vorgelegte Roman ist, womit das Werk zu einer Art Museumskatalog wird (vgl. 565/dt. 544 f.). Das Parallelisieren von Roman und Museumskatalog zeigt sich u. a. durch die für einen Roman außergewöhnlich vielen Kapitel, in denen die jeweiligen Gegenstände im Mittelpunkt stehen, so dass die Kapitel wie einzelne Vitrinen wirken. Der Index der Figuren am Ende des Romans liefert eine Art wissenschaftliche Komponente wie sie für einen Museumskatalog denkbar ist. Darüber hinaus ist das Buch Werbung für Orhan Pamuks Museum.

Vorbild und Inspiration für ein persönliches Museum[21] bilden für Kemal verschiedene kleinere Museen in Paris (547 ff./dt. 527 ff.). 5723 Museen, die Alltagsdinge oder private Gegenstände einzelner Persönlichkeiten ausstellen, besucht er weltweit (580/dt. 559; ca. 50 dieser Museen werden namentlich genannt). Nach der Leidenschaft des Sammelns wendet sich Kemal der Passion des Museumsbesuchs zu. Museen mit Alltagsdingen sind in der Türkei weitgehend unbekannt, so dass

---

15 Zum Sammeln allgemein siehe Belk, „Collectors and Collecting".

16 In verschiedenen Lebensphasen wird besonders gerne gesammelt, so im mittleren Alter geschlechtsspezifisch von Männern, vgl. Belk, „Collectors and Collecting", 539.

17 Zur Passion des Sammelns siehe Baudrillard , *Das System der Dinge*, 110 ff.

18 Vgl. Baudrillard, *Das System der Dinge*, 98.

19 Belk, „Collectors and Collecting", 540 f.

20 Zur theoretischen Auseinandersetzung mit dem Thema Museum siehe Anthony Alan Shelton, „Museums and Museum Displays", in: Tilley u. a. (Hg.), *Handbook of Material Culture*, 480-499, und Michael Rowland, „Presentation and Politics", in: Tilley u. a. (Hg.), *Handbook of Material Culture*, 443-445.

21 Orhan Pamuk betont in einem Interview seinen Anspruch, ein Museum sollte persönlich sein, vgl. Pamuk/Steinfeld, „Frankfurter Buchmesse 2008".

die Aufzählung einer enorm hohen Zahl von Museen wie eine Rechtfertigung Orhan Pamuks gegenüber seinen Landsleuten wirkt, die solch einem Ausstellungskonzept mit Unverständnis begegnen könnten. Mit einem Museum der materiellen Alltagskultur findet Orhan Pamuk und mit ihm die Türkei Anschluss an eine international bereits weit verbreitete Entwicklung. Doch nicht die Nachahmung westlicher Modelle hat er im Sinn. Der Blick soll nicht auf das Fremde, sondern auf das Eigene gerichtet werden. So heißt es im Roman hinsichtlich der Ausstellung: "*Türk milleti [...] kendi hayatını seyretmeli.*" (578/dt. 558 „Die Türken sollen [...] ihr eigenes Leben sehen.").

Masumiyet Müzesi parallelisiert mehrfach den Leseprozess mit dem Gang durch das Museum. Anhand zweier verschiedener Medien, einem Text einerseits und Gegenständen andererseits, wird die gleiche Geschichte „erzählt". Beide Medien basieren auf der visuellen Wahrnehmung, jedoch ist beim Museumsbesuch das Visuelle elementar, beim Lesen kommt das Imaginäre stärker zur Geltung. Beide Medien erfordern spezifische Voraussetzungen. Der Gang durch das Museum ist an Ort und Öffnungszeiten gebunden. Das Lesen erfordert die Lesefähigkeit und Kenntnisse der Romansprache, und die Erzählzeit des Romans übertrifft die Dauer des Museumsbesuchs bei weitem. Lektüre und Besichtigung stimulieren individuelle Erinnerungen und Gefühle. Text und Gegenstände ergänzen sich in ihrer Wirkung: Die Exponate authentifizieren das Fiktive, den Roman, und der Roman kontextualisiert die Ausstellung. *Masumiyet Müzesi* gewinnt mit der Parallelisierung von Leser und Besucher eine innovative Dimension.

Baba ve Piç

Elif Şafak wählte mit dem Roman *Baba ve Piç*, der vor Orhan Pamuks *Museum der Unschuld* erschienen ist, einen andersartigen Weg in der Darstellung materieller Kultur. Ihr Roman erzählt die wechselvolle Geschichte zweier Istanbuler Großfamilien, einer türkisch-muslimischen und einer armenischen, die sich ca. in den 1920er Jahren in San Francisco (USA) niedergelassen hatte. Über vier Generationen, von 1915 bis 2005, ist das Schicksal beider Familien durch ein Meister-Lehrlingsverhältnis, mehrere Ehen und schließlich einer Freundschaft miteinander verwoben. Die armenische Großfamilie ist mit dem osmanischen Intellektuellen Ohannes Istanbuliyan[22] – dem Istanbuler – die ältere, jedoch fehlt ihr im Vergleich zur türkischen eine Generation, was sich als Folge des Genozids interpretieren lässt. Rıza Selim, Waise und Stammvater der türkischen Großfamilie, war Lehrling und Schützling des kinderlosen Levon, Schwager von Ohannes Istanbuliyan. Von ihm lernt er das Kesselmacherhandwerk. Das Verhältnis zu seinem Meister ist für Rıza Selim identitätsstiftend. So nimmt er den Nachnamen Ka-

[22] Die Namen der Figuren gebe ich gemäß der türkischen Version des Werkes wieder. Für meine Interpretation nutzte ich die türkische Version.

zancı, dt. Kesselmacher, an und gibt seinem einzigen Sohn den Namen Levon, den er allerdings aufgrund öffentlichen Drucks in Levent abändert. Mit der Republik wechselt Rıza Selim seinen Beruf und wird Fahnenmacher, wodurch er zu Wohlstand und Ansehen kommt. Er steht stellvertretend für die junge Republik, die Fahne symbolisiert die Nationalisierung. Mit seiner nicht existierenden osmanischen Vergangenheit repräsentiert er das offizielle Geschichtsbild, das in der Türkei viele Jahrzehnte vorherrschte. Seine Nachfahren verkörpern dann zwei Lager der türkischen Gesellschaft. Sie sind laizistische Kemalisten oder religiös orientierte Muslime (310/engl. 299).

Baba ve Piç diskutiert den armenisch-türkischen Konflikt mit allen denkbaren Dimensionen und Standpunkten. Dies gelingt der Autorin durch die verschiedenen Figuren, die Figurenkonstellation und durch Unterhaltungen in Chatroom *Cafe Constantinopolis*, in dem sich in den USA lebenden Enkel der ehemals christlichen Minderheiten der Türkei zusammenfinden. Die Figuren verkörpern die individuelle Dimension der Geschichte; im Chatroom kommt eher kollektive Erfahrungen der Armenier zur Sprache. Neben den Auseinandersetzungen um den armenischen Genozid und dessen Folgen wird immer wieder die Frage nach dem Verhältnis zur Vergangenheit thematisiert. Elif Şafak zeigt hier das ganze Spektrum der Möglichkeiten vom Auslöschen und Verdrängen der Vergangenheit, über das Erforschen des Zurückliegenden bis hin zur Überhöhung und Fetischierung vergangener Erfahrungen auf. Im Raum steht auch die Frage, wie mit dem Wissen über die Vergangenheit umzugehen ist. Der Roman gibt mit diesen Diskursen Denkanstöße und Handlungsanweisungen für beide Parteien.

Die materielle Kultur nimmt in Elif Şafaks Roman eine ähnlich strukturierende Rolle wie bei Orhan Pamuk ein. Sie fokussiert allerdings keine Alltagsdinge, sondern die Esskultur und hierbei besonders eine traditionelle Süßspeise namens *aşure*[23]. Das Rezept wird in den Erzähltext aufgenommen (281 f./engl. 272 f.) und die Zutaten bilden je eine Kapitelüberschrift.[24] In den ersten zehn Kapiteln spielt die jeweilige Überschrift eher eine periphere Rolle – oft wird diese Zutat nur ein einziges Mal im Kapitel genannt. Dennoch sind diese Ingredienzien in der Gesamtschau von Bedeutung. Die jeweilige Zutat ist eng verbunden mit einem einschneidenden Ereignis im Leben einzelner Figuren oder größter Intensi-

---

23 Name für den 10. Muḥarram (Monatsname im islamischen Mondkalender) und verschiedene Bräuche dieses Tages, die auf jüdische Ursprünge zurückgehen. Die Süßspeise *aşure* soll durch die in der Arche Noahs vorhandenen Lebensmittel entstanden sein. Für die Schiiten ist es der Todestag Husains, der in der Schlacht von Kerbela umkam. Zu *aşure* siehe Yusuf Şevki Yavuz, „Âşûrâ“, in: *TDVİA* 4, 24-26; Ph. Marçais, „ʿĀs̲h̲ūrāʾ“, in: *EI²*, 45, ferner A. J. Wesinck, “Âşûrâ”, in: *İA* I, 710-711.

24 Die Abweichung der ersten Zutat in der türkischen Version des Romans (44 *nohut*, 281 *fasulye*) kommt durch die Übersetzung zustande. Im Englischen handelt es sich sowohl im Rezept als auch in der Kapitelüberschrift um Kichererbsen (35 und 272 *garbanzo beans*). Die deutsche Übersetzung spricht von Garbanzobohnen (50 und 350), ein Wort, das in den einschlägigen deutschen Wörterbüchern nicht verzeichnet ist.

tät ihrer Gefühle. In einzelnen Passagen verdichten sich die Nennungen von *aşure* oder ihrer Zutaten. Die erhöhte Frequenz ist spannungssteigernd und mit ihr kommt die unschöne Vergangenheit der türkisch-muslimischen Seite ans Licht. So wird in den beiden letzten Kapiteln *aşure* um eine Zutat ergänzt, die dem letzten Kapitel die Überschrift gibt: Kaliumzyanid, besser bekannt als Zyankali. *Aşure* gewinnt im Roman verschiedene sich überlagernde und ergänzende Bedeutungsschichten. Mit ihrem jüdischen Ursprung und den verschiedenen Zutaten, die eigentlich so gar nicht für eine Süßspeise zusammenpassen wollen, symbolisiert sie die multiethnische und multikulturelle osmanische Gesellschaft, deren Wurzeln in früheren Kulturen zu finden sind. *Aşure* steht mit ihrer langen Tradition aber auch für die weit zurückliegende Vergangenheit und zugleich für die synkretistische Dimension religiöser und alltäglicher Praxis in Kleinasien und dem Vorderen Orient. Der letzte Zusatz, das Zyankali, vergiftet diese multikulturelle Atmosphäre im wahrsten Sinne des Wortes. Es steht für den Genozid und den Zusammenbruch des Osmanischen Reiches. Dies als Katastrophe begriffen, ergibt sich eine weitere semantische Schicht für *aşure*. Sie ist ein mahnendes Überbleibsel menschlichen Versagens schlechthin, verdeutlicht durch die Sintflut und die Arche Noahs, in der die Süßspeise aus Not entstanden sein soll (vgl. 315 f./engl. 304 f.). *Aşure* nimmt darüber hinaus eine zentrale Rolle in der Identität der türkischen Familie Kazancı ein. Sie identifiziert sich durch ihren Nachnamen mit der Süßspeise, für deren Herstellung ein *kazan*, ein Kessel, notwendig ist (316). *Aşure* symbolisiert Beständigkeit und Hoffnung (281/engl. 272), wichtiger Bestandteil sozialer Beziehungen und kulturellen Lebens (298/engl. 288 f.). Für Mustafa Kazancı, der seit 20 Jahren in den USA lebt und in diesen Jahren alles Türkische und die Türkei aus seinem Leben verbannt hat, löst *aşure* gefühlvolle Erinnerungen aus, denen er sich nicht entziehen kann (298 f. und 350/engl. 288 f.) und die sein persönliches Fehlverhalten offenbaren. Als Kind durchbricht er soziale Familienbeziehungen, in dem er die Süßspeise nicht den Nachbarn bringt, sondern sie sich einverleibt (298 f./engl. 288 f.). Als Jugendlicher wird im Traum *aşure* zum Balsam seiner Wunden, die ihm der Vater als Strafe für das Masturbieren zufügte (326/engl. 314). Sein schwieriges Verhältnis zur eigenen Männlichkeit und zur tabuisierten Sexualität endet in der familiären Katastrophe, die mit der Sintflut verglichen wird (318/engl. 307): Er vergewaltigt seine jüngere Schwester Zeliha (318-332/engl. 307-318). Die Süßspeise *aşure* durchbohrt den Panzer um sein Gewissen (350), so dass er dem Tötungsverlangen seiner ältesten Schwester Banu nachkommt und die vergiftete Speise zu sich nimmt (351 f., 372 f./engl. 336 f. und 354 f.). Ihre tiefe Gläubigkeit ermöglichte ihr, die Wahrheit über Mustafas Tat und den Genozid zu erfahren (193 ff., 229 ff./engl. 186 ff.; 222 ff.). Für die einzelnen Ingredienzien lassen sich vergleichbar komplexe Interpretationsansätze wie hier für *aşure* umrissen aufzeigen.

Neben der spezifischen Speise *aşure* hat die Ess- und Trinkkultur, der Nikotin- und Alkoholgenuss im Roman eine wichtige Funktion in der Darstellung des Lebensstils, des Geschmacks, der kulturellen und sozialen Praxis, so dass vor allem die Esskultur ein zentrales Moment der Identität – auch in der Migration – bildet.[25] Verschiedene kulturelle Muster und eine Auseinandersetzung mit ihnen zeigen sich vor allem in der Figur Armanuş Çakmakçıyan.[26] Ihre Mutter, die Amerikanerin Rose, trennte sich von ihrem Vater, einem Enkel Ohannes İstanbuliyans, und heiratete aus Rache an der armenischen Großfamilie einen Türken, Mustafa Kazancı. Die junge Frau Armanuş wächst mit zwei verschiedenen Kulturen, mit der protestantischen Welt ihrer Mutter in Arizona und mit der armenischen Großfamilie ihres Vaters in San Francisco auf. Im März 2005 reist sie zur Familie ihres Stiefvaters nach Istanbul, um ihre armenischen Wurzeln zu erkunden (314/engl. 303). Anhand der Esskultur werden die drei Identitäten – amerikanisch, armenisch und türkisch – ausgehandelt. Wesentlich ist dabei die soziale Funktion des Essens. Die beiden Großfamilien (u. a. 30 f. und 134/engl. 22 f. und 122; 60 ff., 110 und 113/engl. 50 ff., 97 und 100) werden so vorgestellt, ergänzt durch die Istanbuler Kneipenkultur mit ihrem Lebensstil (259 ff./engl. 252 ff.). Während für Rose die zu erwartenden türkischen Speisen Ängste hervorrufen (294 und 296 ff./engl. 284 ff.) – Crêpe mit Ahornsirup verkörpern ihre Essgewohnheiten (303/engl. 292) –, so ist es für Armanuş das Verbindende und Gemeinsame zwischen türkischer und armenischer Kultur, wodurch sie sich nach ihrer Ankunft in Istanbul als Armenierin outet (166, 164 ff. und 173/engl. 158, 156 ff. und 165). Der lokale Bezug der Esskultur ist identitätsstiftend. Die Ernährungsgewohnheiten der armenischen Großfamilie in den USA zeigen die Grenzen der Integration auf: der Geschmack lässt sich nicht integrieren. So enthält ein Test, in dem man den Grad seines Armenischseins messen kann, mehrere spezifisch „türkische" Speisen (126 f./engl. 114 f.) und Armanuş nennt die türkische Küche ein Paradies für jeden Armenier (189/engl. 182). Ganz andersartige Aspekte der eigenen Identität rücken für die junge Frau Asya Kazancı durch die jährliche Geburtstagstorte ins Bewusstsein. Es sind ihre ersten Erfahrungen mit dem Schimpfwort *piç* (dt. Bastard) (71 ff./engl. 60 ff.). Sie wächst ohne Wissen um den eigenen Vater vaterlos auf, sie ist die Tochter der vergewaltigten Zeliha, die die Identität des Erzeugers Mustafa bis zu dessen Tod verheimlicht.

---

25 Zum theoretischen Hintergrund der Esskultur allgemein siehe unter dem Stichwort in *Meyers Großes Taschenlexikon,* 10. Auflage, Mannheim 2006 (elektronische Ressource), zum Themenkomplex Geschmack, Lebensstil und Identität siehe Tilley, "Objectification", 66 und Patricia Spyer, „The Body, Materiality and the Senses. Introduction", in: Tilley u. a. (Hg.), *Handbook of Material Culture,* 125-129, sowie Judith Faryuhar, „Food, Eating, and the Good Life", in: Tilley u.a. (Hg.), *Handbook of Material Culture*, 145-160, hier 146 ff. Im Englischen wird der kulturspezifische Nahrungsverzehr von Migranten in der Regel unter dem Begriff Ethno-Food oder Ethnic Foods gefasst. Prägend für die Esskultur sind neben ethnischen, religiöse und lokal-regionale Aspekte.

26 Armanuş trägt einen armenischen Vornamen, den Namen ihrer Urgroßmutter, der Frau von Ohannes İstanbuliyan. Ihr Nachname hingegen ist abgesehen von der Endung *-yan* türkischer Herkunft, dt. Waffenschmied, vgl. 167.

Weitere Dimensionen materieller Kultur finden sich in einer Vielzahl beschriebener Dinge, die allesamt dem Habitus, dem kulturellen und symbolischen Kapital im Bourdieu'schen Sinne zuzurechnen sind. Dazu gehören Wohnungs-, Café- und Kneipeneinrichtungen inklusive der Wandgestaltung mit Bildern und Postern, dazu gehören die teilweise absolut unpassenden Souvenirs, die Rose der Istanbuler Familie kauft (293/engl. 283 f.). Die charakterisierte Kleidung durchbricht die stereotypen Vorurteile über türkische Frauen und zeigt das ganze Spektrum der Art, sich in der Türkei zu kleiden. Armanuş ist schockiert von Zelihas markantem Kleidungsstil mit ihren Miniröcken und hochhackigen Schuhen. Die Schuhe Zelihas verkörpern ihre Identität. Der Bruch eines Schuhabsatzes im ersten Kapitel steht für den Bruch in ihrem Leben infolge der Vergewaltigung durch ihren Bruder. Accessoires nehmen eine vergleichbare Funktion ein. Die beiden armenischen Intellektuellen Ohannes İstanbuliyan und Aram, Zelihas Lebenspartner, werden durch ihre Brille parallelisiert (242, 257). Beide – der eine 1915, der andere 2005 – halten unverbesserlich an Istanbul und ihrem Vertrauen in die Menschen dort fest. Unter allen Dingen nimmt eine Brosche eine Sonderstellung ein. Sie ist in Form eines in der Mitte aufgebrochenen Granatapfels mit leuchtenden Rubinen als Kerne, exquisit gearbeitet von einem armenischen Künstler in Sivas (231/engl. 226). Seit dem Altertum ist der Granatapfel eine symbolträchtige Frucht.[27] Die Biographie der Brosche verdeutlicht mehrere Ebenen dieser Symbolik und fügt noch weitere hinzu. Ohannes İstanbuliyan kauft das Schmuckstück für seine Frau (231 f./engl. 226), was als Symbol der Liebe und der Ehe gewertet werden kann. Ergänzt wird das Bild des aufgebrochenen Granatapfels noch mit einer anderen Bedeutung. Vor der Verhaftung Ohannes İstanbuliyans will ein Freund ihn wachrütteln, wozu er die Lage des Osmanischen Reiches 1915 mit einem Granatapfel vergleicht: "*Nar ortadan ayrılıp da parçalara bölünürse, bir daha mümkünü yok yerine koyamazsın saçılan taneleri* ..." (239/engl. 233) „Wenn ein Granatapfel erst einmal aufgebrochen ist und seine Kerne in alle Richtungen verstreut sind, kann man ihn nicht mehr zusammenfügen." (dt. 300). Folgt man dem Bild der geschlossenen Frucht als Symbol der Kirchengemeinschaft, so lässt sich die aufgebrochene Frucht auf die armenische Kirche übertragen, die zersprengt wird. Im angespannten Moment vor der Verhaftung Ohannes İstanbuliyans ruft die Erinnerung an einen auf den Boden geworfenen aufgebrochenen Granatapfel Panik hervor (239/engl. 233). Das leuchtende Rot (*kıpkırmızı*) kann mit Blut assoziiert werden. Im kirchlichen Kontext verbildlicht der rote Saft

---

27 Der Granatapfel ist vor allem ein Fruchtbarkeitssymbol. Der Baum symbolisiert Liebe, Ehe und Fruchtbarkeit, die geschlossene Frucht die Kirchengemeinschaft und das Öffnen der Frucht die Defloration. Das Rot des Inneren ist ein Symbol der Liebe und des Blutes, damit des Lebens und des Todes. In der Kirche gilt der rote Saft des Granatapfels als Blut der Märtyrer. Als Frucht des Mittelmeerraums steht der Granatapfel im Roman für den regionalen Bezug. Siehe unter dem Stichwort Granatapfel in Hans Biedermann, *Knaurs Lexikon Symbole,* München 2004, 169-170, und Udo Becker, *Lexikon der Symbole,* Köln [2007], 106-107.

des Granatapfels das Blut der Märtyrer. Dementsprechend kann das Rot als Vorgriff auf die folgenden Ereignisse, dem Tod Ohannes İstanbuliyans, interpretiert werden. Die Brosche kann er nicht mehr seiner Frau schenken und sein Lebenswerk, eine Sammlung armenischer Märchen, nicht vollenden. Fruchtbarkeit, Liebe, die Überlieferung der armenischen Traditionen erfüllen sich nicht. Das weitere Schicksal der Brosche steht exemplarisch für die Geschichte der Armenier nach 1915. Şuşan, die Tochter Ohannes', überlebt die Deportation, wird zwangskonvertiert und kommt schließlich in ein Waisenhaus in Istanbul, wo Rıza Selim, der ehemalige Lehrling Ohannes' Schwagers, sie zufällig findet und heiratet. Şuşan bringt einen Sohn zur Welt. Ihr älterer Bruder macht sie ausfindig, überreicht ihr die Brosche und nimmt sie mit nach Amerika. Şuşan lässt ihr Kind und das Schmuckstück als Erbe für ihren Sohn zurück (339 und 341 ff./engl. 324 und 326 ff.). Mit der Brosche lässt Şuşan das Erlebte, die schrecklichen Erfahrungen hinter sich. Sie hinterlässt dieses Schicksal als Erbe den Türken. Die Brosche verbleibt in der Türkei wie all die Besitztümer der Armenier zurück bleiben. Rıza Selim heiratet erneut und gründet so die Familie Kazancı. Der Sohn Şuşans ist sein einziger Nachkomme, so dass die Brosche sich schließlich im Besitz seiner ältesten Tochter Banu befindet (318, 336 und 374/engl. 306, 321 und 355). Die Biographie der Brosche verkörpert die armenische Erfahrung. Sie ist *das* Beweisstück, das Zeichen der Authentizität der armenischen Geschichte im Allgemeinen und der Familien İstanbuliyan/Çakmakçıyan und Kazancı im Besonderen. Wie ihre beiden Familiengeschichten mehrfach miteinander verquickt sind, so ist die türkische Geschichte nicht von der armenischen zu trennen. Der aufgebrochene Granatapfel symbolisiert Leben und Tod. Granatapfelkerne sind eine der Zutaten für *aşure*, so dass die symbolische Bedeutung der Brosche eingebettet ist in die verschiedenen Bedeutungsschichten der Süßspeise (s. o.).

Elif Şafak zeichnet die armenische, türkische oder amerikanische Kultur, in der die Esskultur und der Lebensstil eine zentrale Rolle einnehmen, nie eindimensional. Stets werden verschiedene Facetten sichtbar: Rose, die Vertreterin der amerikanischen Kultur, ist durch den Ort ihrer Herkunft (Kentucky, 68/engl. 57) und ihrem späteren Leben in Arizona (293/engl. 284) ambivalent. Sie ist die Figur, die die beiden Familien zusammenbringt. Dies könnte als Handlungsanweisung gelesen werden, welche Rolle die USA im türkisch-armenischen Konflikt übernehmen könnte. Die türkischen und armenischen Charaktere sind gleichermaßen verschiedenartig oder facettenreich geschildert. Die zwei Soldaten, die Ohannes verhaften, haben unterschiedliche Verhaltensweisen (242/engl. 235). Beide Großfamilien sind sehr heterogen und auch in einer Generation zeigen sich recht unterschiedliche Lebensstile. Barsam, Rose erster Mann armenischer Herkunft, ist noch voll und ganz in die armenische Community und Familie intergriert (287 ff./engl. 278 ff.), während Mustafa, ihr zweiter Mann, mit der türkischen Kultur gebrochen hat (294 f./engl. 285). Mit ihrem Anderssein gehen sie völlig unterschiedlich um. Es ließen sich noch zahlreiche weitere Beispiele anführen. Materielle Kultur fungiert in Elif Şafaks Roman *Baba ve Piç* nicht nur, um den Roman zu strukturieren und ihr Anliegen wie die Geschichte des armenischen Genozids zu thematisieren, sondern sie nutzt Beschreibungen materieller Dinge auch für die Zeichnung ihrer Figuren.

Fazit

Elif Şafak und Orhan Pamuk bedienen sich in den untersuchten Romanen einer vergleichbaren Technik, ihren Text anhand von Gegenständen und Lebensmitteln zu strukturieren. Während Elif Şafak dies in klarer Form mit den Kapitelüberschriften verdeutlicht, erscheinen in Orhan Pamuks Roman die materiellen Güter nicht so offensichtlich, wobei er dies mit metafiktionalen Methoden kompensiert. Er thematisiert den Stellenwert der Gegenstände für seinen Erzähltext. Beide Autoren verknüpfen die Dinge mit wesentlichen inhaltlichen Aspekten, wobei *Masumiyet Müzesi* die nostalgische Erinnerung, Sexualität und *Baba ve Piç* Fragen der Identität, das armenisch-türkische Verhältnis fokussiert. Verkörpert *Der Bastard von Istanbul* mit den gewählten Figuren, einer Welt der Frauen, und inhaltlichen Standpunkten das Weibliche, so steht *Das Museum der Unschuld* für das Männliche. Analog hierzu ist der Beginn der Romane zu lesen: Der Geschlechtsakt bei Pamuk, die missglückte Abtreibung bei Şafak.

Die behandelten Romane sind beide erfolgreiche und viel diskutierte Werke von beträchtlichem Umfang, die in einer durchgehenden Erzählung unterhaltsam und spannend komplexe Sachverhalte thematisieren. Sowohl *Masumiyet Müzesi* als auch *Baba ve Piç* zeigen ein alternatives Bild der Vergangenheit jenseits der offiziellen Geschichtsdarstellung in der Türkei. Sie positionieren sich – u. a. mit ihrer Darstellung von materiellen Kulturgütern – in der türkischen Erinnerungskultur.

Refik Halid'in *Bugünün Saraylısı* Romanında Dil Algısı

Tevfik Turan, Hamburg

Refik Halid Karay 30/31 Mayıs 2009'da İstanbul'da düzenlenen "Unutulmuş Yazarlar Sempozyumu"nda anılan on dört yazardan biriydi. 1888'de doğan, 1909'da yazmaya başladıktan sonra Fecr-i Ati'ye katılan, ama asıl yazarlık ününü daha sonra çıkardığı ve yazılarıyla katıldığı mizah gazetelerinde kazanan, İttihatçıların Anadolu'ya, Cumhuriyet'in Türkiye dışına sürgün ettiği ve 1938'de aftan yararlanarak döndükten sonra bütün eserlerinin yayınlanmaya başlamasıyla şöhretini bir ölçüde sürdüren bu yazarın adını bugün de edebiyata meraklı hemen herkes gerçi bir şekilde bilir. Fakat 1965'te öldükten sonra Karay'a okurların duyduğu ilgi bir hayli azalmış, edebiyat eleştirisi ve bilimi alanında ise böyle bir ilgi uzun süre zaten hiç doğmamıştır.[1] Türkiye'ye dönüşünden sonra, 1939'dan 1947'ye kadar basılan külliyatın ve yazarın 1965'te ölene kadar yazdığı yeni kitaplarının yayınlanışında 50'li, 60'lı, 70'li ve 80'li yıllarda belirgin bir duraklama olduktan sonra, ancak 1990 sonrasında bir canlanma görülür.[2] Karay üzerine yazılan ilk bağımsız incelemeler bu yıllarda yayınlanmış,[3] gene bu yıllarda hakkında tek tük makaleler çıkmaya başlamıştır.[4]

---

1 Kurdakul'un şu değerlendirmesi edebiyatbilimcilerin tutumunu özetler: "Refik Halid'in ülkeye dönüşünden sonra yazdığı – *Bu Bizim Hayatımız* (1950) dışındaki – romanlarda, daha geniş okura ulaşma amacıyle eski sanat beğenisinden uzaklaşarak, edebiyatımıza bir katkısı olmayan yapıtlar verdiği genellikle kabul edilmiştir.", bkz. Şükran Kurdakul, *Çağdaş Türk Edebiyatı. Meşrutiyet Dönemi*, İstanbul 1986, 310; Refik Halid Karay, *Bu Bizim Hayatımız*, İstanbul 1950.

2 Millî Kütüphane'de, Karay külliyatının piyasaya çıktığı ilk onyıl olan 1939-1947 döneminde 23, bunu izleyen iki onyıl içinde toplam olarak ancak bir o kadar daha kitap daha kayıtlıdır: 1950-1957 arası 11, 1964-1967 arası gene 11 adet; bu durgunluk 70'lerde 16 ve 80'lerde 12 kitapla sürer. 1990-1999 arasında 23 kitapla başlayan canlanma 2000'den günümüze kadar 54 kitapla ilk elli yılın toplam kitap sayısına ulaşır; Milli Kütüphane: http://mksun.mkutup.gov.tr (28. 11. 2009).

3 Şerif Aktaş, *Refik Hâlid Karay*, Ankara 1986; Mehmet Nuri Yardım, *Refik Halid. Hayatı-Sanatı Eserleri*, İstanbul 1997; Nihat Karaer, *Tam Bir Muhalif: Refik Halid Karay*, İstanbul 1998.

4 Bkz. Ahmet Oktay, *Cumhuriyet Dönemi Türk Edebiyatı. 1923-1950*, Ankara 1993, 963-979; Taha Toros, *Mâzi Cenneti*, İstanbul 1998, 94-103; Erol Köroğlu, *Türk Edebiyatı ve Birinci Dünya Savaşı (1914-1918). Propagandadan Millî Kimlik İnşâsına*, İstanbul 2004, 388-413; Aynur Koçak/Fulya Aliç, "Her Şeye Yabancı Olmak: Gurbet Hikâyeleri'nde Yabancılık Duygusu", in: Metin Turan (Hg.), *Kültür Ve Edebiyatta Göç Ve Göçmenlik. XV. Uluslararası KIBATEK Edebiyat Sempozyumu*, Ankara 2009, 113-122. – Yukarıda sözü edilen sempozyumda Yusuf Çotuksöken'in Refik Halid üzerine sunduğu bildiri henüz yayınlanmamış görünüyor.

Karay'ın uzunca bir süre için unutulmaya yüz tutması gerek içeriklerinin, gerek dilinin eskimesiyle açıklanabilir. Bir zamanlar "İstanbul Türkçesini en iyi kullanan yazar", "yalnız Türk edebiyatının değil, Rus ve Amerikan edebiyatlarından sonra, hikâyecilikte cihan ölçüsünde ön planda bir yer işgal edebilecek bir hikâyecimiz", "kalemi de tebessümü kadar iğneli bir edip" olarak övülmüş[5] ve iki ciltte topladığı hikâyeleri, on yedi romanı, dokuz cilt kapsayan gezi yazıları, anıları, makaleleri ve bir oyunuyla oldukça büyük bir eser ortaya koymuş olan bu yazarın alımlanma tarihi Türk edebiyat okurunun 1950'lerden bu yana geçirdiği gelişme açısından ilginçtir.

Refik Halid için, hazzın yazarıdır denebilir. Yukarıda sözü edilen talihsizliğinin bir sebebi de budur: Onun unutulmaya yüztuttuğu dönemin edebiyatı artık hazdan çok – gerek bireysel, gerek toplumsal – sorunlara odaklanan bir söylem geliştirmiştir. Zaten Refik Halid'in kısa süren talihi ise hazzın henüz yazılabilir olduğu bir döneme ucundan yetişmiş olmasındadır. Bu özellik daha *Memleket Hikâyeleri*'nin[6] birer sinestezi yaşantısı içeren, görme, işitme, koklama duyularından gelen ince algıların bilinç öncesi duygu kalıntılarıyla kaynaştığı bölümlerinde kendini gösterir:

"Her tarafa taşkın bir şeftali rayihasının dolup sindiği durgun sıcak günlerde işsizler takım takım kasabadan inerler, ırmakta yıkandıktan sonra gelip gölgeli çimenlerde yatarlardı. Yüksek dallardaki fazla olgun, ballı şeftaliler saplarından kurtularak dolgun, yumuşak bir sesle yerlere, çimenler içine, yatanların üzerine mütemadiyen yavaş yavaş dökülürdü. (*Şeftali Bahçeleri,* 32)[7] – Ateş gecesi köylüler toplanırlar, defne yığınlarının rayihalı alevleri üzerinden atlarlardı; genç kızların zaten parlıyan mavi gözlerinde tatlı ateşin tatlı akisleri durgun denizlere vurmuş kandiller gibi tâ derinlerde oynar, kollarındaki cam bileziklerin renkleri tırnaklarını sedeflerdi. *(Yılda Bir,* 110)[8] – Onun gayet tatlı ve ahenktar bir lisanı, açıkça bir Türkçe ifadesi vardı. İki dizinin üzerine oturup [...] köylüye cana yakın, tahassürlü tiz sesi, az arapçalı ve gürültüsüz ifadesile nutka başlayınca dinleyen camilerde bu yolda vaız edilmesine hayret ediyor, [...] bir vaızın esrarlı ve karanlık lezzetini bulamıyarak yeni yenilen bir yemeğin tadına bakar gibi bir onu, bir de kendini dinliyor, fakat bir müddet sonra, senelerden beri işitemediği bir ana sesine kavuşur gibi tâ kalbinden duygulu ve memnun zevkine varıyordu. *(Cer Hocası,* 137)[9]"

---

[5] Gerek *Türk Dili ve Edebiyatı Ansiklopedisi*'nin, gerek *Tanzimat'tan Bugüne Edebiyatçılar Ansiklopedisi*'nin önceki kaynaklara göre çok daha ayrıntılı olan Refik Halit Karay maddelerinde kaynak gösterilmeden anılan bu övgülerden ilkinin kime ait olduğu belirtilmemiş. İkincisi Halide Edip Adıvar, üçüncüsü Yakup Kadri Karaosmanoğlu'dan aktarılıyor; *TDEA* (1982), 192-194; *TBEA* 576-579.

[6] Kitap olarak ilk 1919'da, genişletilmiş basımı 1940'ta (?) yayınlanan bu eser yazarın bugüne kadar en sık basılmış kitabıdır – Refik Halid [Karay], *Memleket Hikâyeleri*, ilâveli ikinci basılış, İstanbul 1940 (?).

[7] Refik Halid [Karay], *Çete*, İstanbul 1939, 32.

[8] Karay, *Çete,* 110.

[9] Karay, *Çete,* 137.

Duyular dünyasındaki bu gezintiler sık sık cinsellik alanına da girer. Yazarın daha ilk hikâyelerinde o dönemde benzerine rastlanmayan bir dolaysızlıkla ele alınan cinsellik ikinci sürgün döneminde yazdığı, 1939'dan sonra yayınlanmaya başlayan romanlarında gittikçe daha cüretkâr bir ifade kazanacaktır.[10] Bir Kurtuluş Savaşı sahnesi üzerinde militarizmden ve nasyonalizmden uzak bir casusluk ve aşk hikâyesi anlatmasıyla ilginç bir roman olan *Çete*'nin esrarengiz kadın kahramanı, Özbek-Rus prensesi Nina – ki "Taze bir briyoş kadar ılık, yumuşak, iştiha verici, cilâlı bir güzellik"e sahiptir[11] – bir yandan bir Sovyet örgütü tarafından kovalanır, bir yandan Kuvay-ı Milliye ile Fransız birlikleri arasında bir çatışmaya sahne olan Anadolu'da arayacağı bir defineye ulaşmaya çalışırken, Beyrut'ta bir suarede şunları anlatır:

"İnsanın, tertemiz bile olsa yine yaşına, sıhhatine, bünye ve mizacına, esmerliğine ve sarışınlığına, moral ve fizik tahassüsüne göre bir kokusu vardır. Burası malûm. Fakat onlar haricinde de millî ve cinsî bir rayiha neşrederler. Bazı milletlerde bu rayiha pek ince, çekici ve mânalıdır. Bazılarında ise kaçırıcı, yahut da sadece şiirsiz, hassasızdır. [...] Bir de, görüyorum ki, Lübnan kadınlarında cinsî açlık yok, yalnız bir cinsiyet iştihası var. [...] Cinsî açlık derin, büyük aşklarla giderilebilen, ancak bunlarla doyabilen bir halettir. Cinsiyet iştihası ise arzudan, hevesten, meraktan, yani her gördüğünü ve bulduğunu isteyişten ibaret bir tahassüs hercailiğidir. Bir millet lâyık olduğu hükûmete nail olduğu gibi bir cemiyet de kendi boyu ile mütenasip aşklar yaşayabilir." *(Çete,* 32 f.) "Fakat, bence, [Lübnan kadınlarının] ekseriyeti sevdalarında çerezcidirler; çeşidi ve çeşniyi severler... Bu deri ve bu şiirsiz koku bana öyle diyor. Hepsine birden taan etmek istemiyorum, belki de içlerinde sevdiklerinin buseleri tesirile memleketlerinin bahçeleri gibi turunç ve mimoza rayihası neşreden nadide maşukalar vardır. [...] Evet. [...] Sevişme arasında ve seviştikten sonra günlerce menekşe ve gül gibi çiçek kokan maşukalar mevcuttur." *(Çete,* 33)

Nina'yı bir süre sonra İskenderun kıyılarında GPU'nun elinden kurtarıp Amanos dağlarına kaçıran Türk çeteci de haz telinden çalmayı bilmektedir. Karşılaşmalarında, "Adana sultanisi fransızca hocası" iken Kuvay-ı Milliye'ye katılmış çeteci Nezih Suad, kod adıyla,

"Kıran da birşeyler hiss(eder): Gözlerinin ne tuhaf menevişleri, cilâlı arabeskleri var. Fakat bir yılan derisi kadar, süslü olmasına rağmen, korkunç, ürpertici... Ağız, işte o, hiç rasgelmediğim birşey... İçinde serin bir meyva eziliyor gibi imrenme veriyor, yutkunma veriyor. Bakarken tad duyuyorum, rayiha duyuyorum." *(Çete,* 86) "Uzun süren hırçın bir sevişmeden sonra Kıran, durgun gecenin içinde çok tatlı, baygın, nazlı bir rayiha sezdi; bir şebboy kokusu... [...] Etrafına baktı, arandı, sonra Ninanın saçlarını, ellerini, göğsünü kokladı, ağzını öptü, nefesini içine çekti;

---

10 *Memleket Hikâyeleri'nde* cinsellik ve kadın bakışaçısı üzerine bir genel bakış için Oktay, *Cumhuriyet Dönemi Türk Edebiyatı,* 968 ff.

11 Karay, *Çete,* 31.

rayiha ondan, hafifçe terli ve heyecanlı vücudünden geliyor; dağ başında bu parfönü nereden bulduğuna ve nasıl, birdenbire çiçekleşiverip havayı ıtırlaştırdığına akıl erdiremedi." *(Çete,* 104).

Fakat Refik Halid'de haz, sadece *üzerine* yazı yazılan bir içerik değil, aynı zamanda bir yazış biçimidir. Bir söyleşide amacını "Türk okuyucusunu çok değersiz eserlerden kurtarıp biraz daha değerlisini, düşündürerek zevkini terbiye edecek olanını ortaya koymak" olarak açıklayan yazar, dikkate değer bir alçakgönüllülükle, bu duygu eğitimi işini para kazanabilmek için bir vasıta olarak gördüğünü belirtir ve şunu ekler: "Öyle bir vasıta ki bunu istemiyerek değil, büyük bir şevkle ateşle yapıyorum."[12] Bu şevk ve ateş bir yandan yazılarında hazları anlattığı bölümlerin bolluğunda ve renkliliğinde, bir yandan da konularını seçerken büyük bir iştahla alışılmışın dışına çıkmasında kendini gösterir. İlk sürgününden döndüğünde yayınlanan *Memleket Hikâyeleri*'nde Anadolu'yu anlatışı edebiyat ortamında bir yenilik olarak alımlanır. Bu dönemde yazdığı, İttihatçı kadroyu ve Kuvay-ı Milliye'yi hicvettiği için *Yüzellilikler* listesine alınarak Türkiye'ye dönüşünün yasaklanmasına yol açan yazıları arasında bulunan *Hülya Bu ya...* başlıklı hikâyesi, Türk edebiyatının belki ilk bilimkurgu metnidir.[13] Daha sonraki romanlarında ise, kahramanlarını ne kendi gezip gördüğü, ne de başka Türk yazarlarının eserlerinin uğrağı olmuş ülkelerde dolaştırmayı, onlara en cüretlisinden aşk, savaş ve casusluk maceraları yaşatmayı sevecektir.

Refik Halid'te nasıl ki edebiyatın kendisi için şevk ve ateşle sahiplenilen bir araç olarak beliriyorsa, edebiyatın taşıyıcısı olan dil de sadece araç olarak kalmaz, bu niteliğinin çok ötesinde, yazarın şevk ve ateşle üzerine eğildiği, ayrıntılarını gözlediği, gelişimini izlediği bir olgu olarak ortaya çıkar. Refik Halid dile soyut, felsefî boyutlar taşıyan bir ilgiyle yönelmez. Ayrıca bu ilgi dilin – Türkçülük akımının önderi çağdaşlarının büyük önem verdiği biçimiyle – millet oluşturucu özelliğine de aldırmaz, dolayısıyla Refik Halid için dilin sadeleştirilmesi, özleştirilmesi gibi bir program sözkonusu değildir. Sadeleşme akımının hedefi olan gündelik dile yönelişi o zaten uygulamaktadır, üzerine ayrıca fikir yürütüp tartışmayı gerekli görmez.[14] 1938'de Türkiye'ye döndüğünde gündemde olan özleşme akımı

---

[12] *20. Asır Mecmuası*'nın 169. sayısından nakleden *TDEA* (1982), 193.

[13] 1922'de yayınlanan *Hülya Bu ya...* 1939'da başlayan külliyatın dördüncü cildinde yer alacaktır (Refik Halid [Karay], *Ago Paşanın Hatıratı,* ilâveli ikinci basılış, İstanbul 1939) – Kurdakul ve Oktay Refik Halid'in 1922'de Suriye'ye kaçışını *Aydede* dergisindeki Kurtuluş Savaşı'nı hicvettiği yazılara bağlarlarken (Kurdakul, *Çağdaş Türk Edebiyatı,* 304; Oktay, *Cumhuriyet Dönemi Türk Edebiyatı,* 963), Köroğlu'na göre asıl sebep, Refik Halid'in mütarekeden sonra Avrupa'ya kaçan İttihatçı triyumvira aleyhine yazdığı ağır yergiler ve Mustafa Kemal ile kadrosunun İttihatçı kimliğiyle bu yergileri hoş karşılamayacağı yolundaki endişeleri olmuştur (Köroğlu, *Türk Edebiyatı ve Birinci Dünya Savaşı,* 410 f.).

[14] I. Dünya Savaşı sırasında yayınlanan bir yazısında, "Muharrirlerden bir arkadaşımız tutturmuş kapı kapı edip ve mütefekkirleri dolaşıyor, 'eski debiyat hakkında fikriniz! Yeni lisana dair mütaleanız?' kabilinden karın doyurmaz, vücut ısıtmaz, sırta giyilmez sualler soruyor," diyen yazar bunlar yerine "Ev kadınlarından ... Et mi idareli, balık mı? İktısatlı adamlardan potinlerin altına çivi mi vurmalı, kösele mi eklemeli?" gibi sorulara cevap top-

ise ancak zaman zaman alay konusu olarak ilgisini çeker. Renklere, kokulara, tatlara düşkün bu yazar için dil de, her şeyden önce, yaşanan lezzettir. Refik Halid gerek gazete yazılarında, gerek roman anlatıcısı rolünde, dönemin İstanbul konuşma dilini tadını çıkara çıkara kullanır. Anlatıcısını ve baş kişilerini eğitim görmüş üst tabaka İstanbullu dilinin bütün incelikleriyle donatır, yan kişilerinse geldikleri tabakaya veya yöreye özgü dil özelliklerini duyarlıkla aktarır. Özellikle *Bugünün Saraylısı*[15] romanında sanki, anlatıcının arkasına gizlenmiş, bütün olayı bir de dil yönünden değerlendiren ve zaman zaman sözü alıp ya bu anlatıcının, ya da romanın baş kişisi Ata'nın ağzından yorumlayan bir üst-dil anlatıcısı var gibidir.

Bugünün Saraylısı'nda dilin ele alınışı konusuna girmeden önce, Refik Halid'in onyıllardan beri okul kitaplarından eksik olmadığı için iyi bilinen ve dili algılayışına ışık tutabilecek bir hikâyesine kısaca değinmek yerinde olur. İkinci sürgün döneminde yazdığı *Eskici*[16] bir Suriye şehrinde geçmektedir. Arapça konuşulan bir ortama düşmek, İstanbullu yetim Hasan için en başta duygusal bir yıkım olmuş, çocuk konuşmayı bırakmıştır. Yıllar süren suskunluğundan kurtulması da gene emosyonel yoldan olacaktır: Bir kunduracının çalışmasını hayran hayran seyrederken içinde bulunduğu ortamı unutur, adama Türkçe olarak, "Çiviler ağzına batmaz mı senin?" diye sorar. Meğer adam da gurbete düşmüş bir Türktür; dertleşip ağlaşırlar. Dil burada karşımıza bütün işlevselliğinden bağımsız, bireysel kimliğin, duygusal donanımın bir parçası olarak çıkmaktadır: Bireyin ana dili, onun insan olarak varoluşunun temel bir unsurudur ve öyle kendine özgü bir yeri vardır ki, büyükler dünyasının işlevselliğinden bir ölçüde kaçmayı başaran Hasan için yerine bir başkasının – gündelik hayatı götürecek kadar Arapçanın – konması sözkonusu olmamıştır.

Refik Halid'in dile ilişkin düşünceleri, romanlarında da, eskinin ruhu ile yeninin işlevselliği arasındaki bu gerilimi yansıtır. Gerçi bu gerilim alanı sözünü ettiği her konuyu, maddî kültürü de, toplumsal ilişkileri de, bireysel yönelişleri de kapsamaktadır; fakat Refik Halid her konuda yeniye açık bir tutum takınırken,[17] iş dile gelin-

lamasının daha yerinde olacağını ekler, Refik Halid [Karay], *Sakın Aldanma, İnanma, Kanma!*, ilâveli ikinci basılış, İstanbul 19412(?), 20. – 1937'de Halep'te yayınlanan *Dil Bahsi*'nde ise konunun "Dil Encümeni, lûgat, terim, akademi, teori bahsi" olmadığını açıkladıktan sonra, kendi kuşağına "eskiden öğrettikleri arapça ile arapça konuşulan memleketlerdeki lisan farkından ve iyi dil bilmemenin tuhaflıklarından" bahsetmeye koyulur, Refik Halid [Karay], *Bir Avuç Saçma*, ikinci basılış, İstanbul 1939, 113-120.

15 Romanın burada incelenen ikinci baskısının sonuna, 1954'te yayınlanan birinci baskının kısaltılmış, yeni baskınınsa tam metin olduğu notu düşülmüş. Yukarıda bu romanla ilgili bütün sayfa numaraları bu ikinci baskıya gönderiyor, bkz. Refik Halid Karay, *Bugünün Saraylısı*, ikinci baskı, İstanbul 1965, 234.

16 Refik Halid [Karay], *Gurbet Hikâyeleri*, İstanbul 1940, 11-15.

17 Yazar gerek romanlarında, gerek makalelerinde sık sık eskinin zorluklarını yeninin rahatlığıyla karşılaştırır, hatta bu konuya üç dönemin yaşayış tarzını karşılaştırdığı bir kitap ayırır. Modern hayatın gerek yaşayışın maddî temellerine kattığı konfora, gerek insan ilişkilerine getirdiği rahatlığa, "tabiiliğe" bir övgü kitabı olan *Üç Nesil, Üç Hayat*'ın "Doğum", "Giyim Kuşam", "Yolculuk" gibi konular işleyen yirmi beş bölümünden hiçbiri "Dil" başlığını taşımaz. Öztürkçe ise, kimilerini doğan çocuğuna "Tunğuç" gibi adlar koymaya yönelten gü-

ce, tartışmaya açmadığı, savunmaya gerek görmediği bir tutuculuk sergiler. Yazarlığının başlangıcında katıldığı sadeleşme akımını kalıcı olarak benimsemiştir ve alabildiğine süssüz, rahat anlaşılır ve akıcı bir dille yazmaktadır; ama kullandığı dil, algının kazanımları olan ayrıntılara hakkını veren bir dildir ve yazarın herhangi bir saflık ülküsü adına bu ince aletinden vazgeçmeye niyeti yoktur. Zaten kendini böyle bir seçim karşısında hissetmez bile. Bu nedenle ikinci sürgün dönüşü döneminde artık unutulmuş, Osmanlıca sayılarak gözden düşmeye başlamış birçok eski veya Batı dillerinden alınma yeni kelimeyi kullanmakta sakınca görmez. Daha bu tutumuyla bile, Öztürkçe'yi edebiyat dilinin vazgeçilmezi sayan bir edebiyat ortamının dışına düşecek, romanları ciddi eleştirmenlerce dikkate alınmaz olacaktır.[18]

Bugünün Saraylısı Refik Halid'in romanları içinde, belki *Bu Bizim Hayatımız* ile beraber, Türkiye'nin Meşrutiyet'ten İkinci Dünya Savaşı sıralarına kadar geçirdiği modernleşme gelişiminin toplum yaşayışındaki izlerini en çarpıcı biçimde sürenlerinden biridir. Romanın baş kişisi, üzerine anlatının odaklandığı kişi olan Ata, Meşrutiyet'ten birkaç yıl önce Mengen'den İstanbul'a, aşçı babasının yanına gelip onun çalıştığı paşa konağında yaşamış ve bu çevrenin zarif kültürünü benimsemiş, ama "Anadolu mizahı" sahibi (30) bir adamdır. İstanbul'un orta halli bir semtinde karısı, oğlu, kızı ve damadıyla bir evde yaşayıp bir ticarethanede ambar memuru olarak kazandığı az parayla – ve çalışan kızının katkısıyla – aileyi geçindirir. Kültürünü aldığı dönemin kibar yaşayışına hatıralarıyla bağlı, ama verdiği hayat mücadelesi içinde gerçekçi olmayı bilen biridir. Ailesinin fertleri ise, gerek anlatıcının, gerek Ata'nın bakış açısından, sığ ve kaba insanlar olarak nitelenir. Günün birinde dayı oğlu Yaşar kızını geçici bir süre için Düzce'den Ata'nın yanına gönderir. Fakat gelen, Ayşe(n), beklenen küçük köylü kızı değil, saraylı annesinin verdiği eğitim ve bu arada zengin olan babasının sağladığı imkânlarla görgüsünü geliştirmiş, zevklerini inceltmiş ve toplumun kaymak tabakasına yükselmeye azmetmiş bir genç kızdır. Onun gelişiyle ve getirdiği parayla Ata ve ailesinin yaşayışı değişir. Hele kendisi hep ticaret gezilerinde olan Yaşar'ın Taksim'de bir daire tutmasıyla birlikte, Ata çocukluğunda kenarından tattığı ve incelmiş zevkleri dolayısıyla kendisine çok uyan bir zengin hayatı yaşamaya başlar. Artık tek sorun Ayşen'in koca bulmasıdır, çünkü yüksek sosyete hayatına şaşılacak bir rahatlıkla uymayı başaran ve güzelliğiyle de bu çevreden birçok erkeğin ilgisini çeken Ayşen kendisiyle ilgilenenlerden hiçbirini sevemez: Ata'nın önceleri sezdiği kadarıyla, içinde sevme yeteneği olmayan bir insandır, ya da Ayşen'in kendi itiraf ettiği üzere, "Dayı"sı Ata'ya âşık olmak talihsizliğine uğramıştır. Ayşen bu çıkmazdan kurtuluşu Mısırlı bir zenginle mutsuz bir evli-

lünç bir modadan ibarettir: "Onlara bakmayınız siz... Çocuğun babası Dil Kurumunda âza.", bkz. Refik Halid [Karay], *Üç Nesil – Üç Hayat*, İstanbul 1943, 11.

18 Örneğin, Refik Halid adı Nurullah Ataç'ın *Dergilerde* adıyla toplanan yazılarında sadece bir kere, o da Ahmed Haşim'le ilgili olarak geçer. Gerçi yazarın 50'li ve 60'lı yıllar boyunca edebiyat ortamının dışına düşmesine yol açan başka sebepler de vardır (köyden şehre göç, sosyal adalet özlemi gibi yeni içeriklerden uzak kalışı gibi). Fakat dilinin eski sayılması da unutuluşunu hızlandıran bir faktör olmuştur. Çünkü artık, örneğin *Türk Dili* dergisinde, edebiyat eleştirisinin metinlerdeki Öztürkçe oranına endekslendiği bir dönem sözkonusudur.

liğe kaçışta bulur. Yaşlı dayı için, "körpe yeğenine tutulduğundan ibaret, gizli kalmış, gizlenmesi lâzım ve gizliliği tabiî olan bir gönül faciası" olan bu eski tarz aşk hikâyesi modern bir ölümle, bir trafik kazasıyla biter.

Romanda dile yönelen dikkat daha anlam öncesi düzleminde, dilin ses varlığına ilişkin gözlemlerde kendini belli eder. Hem anlatıcı, hem Ata Ziya Gökalp'in "İstanbul konuşması/En saf, en ince bize" ilkesini içselleştirmiş gibidir. İkisi de dışarlıklı roman kişilerinin şive özelliklerine, eğlendirici oldukları ölçüde, hoşgörülü bakar, hatta insanın bazı durumlarda ana şivesine dönmesini kaçınılmaz bulurlar, ki bu – romanda yorumsuz geçilmekle birlikte – ana dili için tanınan, yukarıda *Eskici* ile ilgili olarak değindiğimiz varoluşsal duygu temeliyle ilgilidir: "'Şu kavundan yi biraz; bal gibi...' – Heyecanlandığından şivesini bozmuş, 'ye'yi 'yi'ye çevirmişti." (22) Bir "akıl erdirememe" anında da şöyle der: "Bilmem gayrık. [...] Biz evimize çekilek." (137).

Bunun dışında şive – ki bununla İstanbul dışı şiveler kastedilir – genel olarak bir "bozukluk", insanın "dilinin çalması" olarak nitelendirilir. Örneğin Ayşen'in babası, vaktiyle "'Temiz' kelimesini 'temüz' diye söyle(yen,) hele İstanbul'un elektriklerine şaşarak bir: 'Işığa bah!'" demesiyle etrafındakileri gülmekten katıltan (32) Yaşar, hâlâ "lisanını düzeltememişti(r); hattâ eskisini de bozmuştu(r)... Bazı bazı cenup havalisi ağzı ile konuş(ur)" (71). Oysa "bugünün saraylısı" Ayşen'in şivesi Ata'yı yadırgatmaz: "Taşralılarınkine pek az çalıyordu. Mesele basit: peltekliği Çerkez anasiyle, Çeçen analığı ile temasından. İlk Türkçesini de o kadınlardan öğrendiği için, saray terbiyesinin devamı, tatlıydı. Zaten [Ayşen'in geldiği yer olan] Düzce'de ahali karışık olduğundan öyle dangul dungul konuşulmazdı. Eh, [...] yeni okulların tesiri de inkâr edilemez." (21)

Bu alıntı yazarın İstanbul Türkçesinin peşinen kabul ettiği üstünlüğünü örtük biçimde temellendirme girişimi olarak görülebilir: Tek tek bütün şivelerden farklı olarak bu alt-dil, Türkçe'nin 1) saray terbiyesi almış, 2) kozmopolit olma derecesinde karışık olduğu için zengin çözümler geliştirmiş, 3) batılılaşma sürecinde çağdaş eğitimle tanışmış bir dalıdır. Anlatıcı da, aşağı yukarı yaşıtı ve alter ego'su Ata Efendi de, yetiştikleri çağın bu etkilerle oluşan Osmanlı İstanbulu Türkçesi'ni özümlemiş kişiler olarak, o devrin geride kalmış konuşma âdetlerini olsun, tek tek isim, kelime ve deyimlerini olsun sık sık, kâh özlemle, kâh sadece bir kayboluşu saptarcasına anarlar. Ata, dindar bir tarafına hiç rastlamadığımız halde, Ayşen'in annesinin ölümünden bahsettiği bir pasajda, "biraz cami dersi aldığından, softa ağzıyla 'gayın' harfini kalınlaştırarak: Cenab-ı Mevlâ garik-i rahmet eylesin!" der (22). Ata'nın Türkçesi Arapçaya özgü sesleri olduğu gibi bütün bütün ifadeleri de içerir: "Bu kız ulemanın 'nefs-i emmâre' dedikleri şâibelerin envaiyle âlûde olamaz. Malûm a, 'emmâre' derece derece ağırlaşır; marziyye raziye, mülhime, utmeinne, levvame... Ayşen hepsinden berî olmasa bile hiçbirine şiddetle müptelâ değil." (23) – "Ata eski tâbirleri sevdiğinden; 'Ve hellüm cerâ...' (der) ve mütekaitler de dahil, pastahanede bu tâbirin hangi mânaya geldiğini bilen olmadığına hükmed(er)" (130)

Romanda, olayın geçtiği 1944-1946 yıllarında artık seyrekleşmiş birçok sözün de tırnak içine alınarak kullanıldığına ya da hoşsohbet bir öğretmen edasıyla açıklandığına rastlanır. Örneğin, eski konak hayatından sahneler anlatılır: "Ağa, Paşa ile beraber 'Kapı'ya yani hükûmet dairesine gidip gelen [...] adamdı. [...] 'Mabeyn' kapısında [...] konuşmak hakkı da yalnız kendisine verilmişti" (8) Veya: "Birinci Cihan Harbinden hemen önce, dans mânasına geldiği henüz bilinmeyen 'tango' bir renkti. [...] Karagöz gazetesi Fransız askerine 'tangolar' ve İngilizlerinkine 'Con Kikirikler' lakabını takmıştı. [...] Sonradan çıkan 'bobstil' ötekiler kadar tutmadı. Fakat 'naylon'un hayatı uzun süreceğe benzer." (160)

İstanbul'un kozmopolit dili içinde yabancı kökenli kelimelerin kullanılmasına alışık olan Ata yeni kelimeler karşısında ise seçici bir çekingenlik gösterir. Anlamadığı bir ifadeyle karşılaştığında, kâh "Le'eş mâna?" diye alaylı bir tepki gösterir, kâh mobilya ile ilgili olarak duyduğu "stil" kelimesinde olduğu gibi, sonradan anlamını araştırır. Bunlardan bir kısmını ise kendi söz dağarcığına katmaya çalışır: "Vaktiyle kadın erkeği, erkek te kadını yakından tetkik edip maddî ve manevî kusurlarını göremediğinden dolayı hayal kuvvetine dayanarak – ne diyorlardı şimdi? Bir söz kullanıyorlardı; buldu – 'ideal' şekline sokardı." (s. 47) Veya: "[Ayşen] Fikri alınmadan karar verilemiyen bir kuvvet, günün tâbiriyle bir 'otorite' olmuştu." (69) Yeni duyup benimsediği sözler arasında, bir taksi şoföründen öğrendiği "hacıağalar" (64) gibi Türkçe olanlar da vardır. Ama her durumda, dile duyarlı bir insandır ve kulağına geleni dikkatle kaydeder. "Dayısı oğlunun konuşması Ata'ya Şehir Tiyatrosu Komedi kısmında taklitli bir piyes dinliyormuş tesiri yap(ar)" ve "ikide bir, şaştığı birşeyi söylerken, 'Aklımın bardağı kırılayazdı'," demesi üzerine anlatıcı sorar: "Bu sözü de nereden çıkarmış? Mengen'de söylenmez." (73)

Ama yeni sözler, kökenleri ne olursa olsun, Ata'yı önce bir yadırgatır: "'Köşk' deriz öylelerine, şimdi 'villa' ismini taktılar." (38) Dildeki yenilikler bazen, Ata'nın zevk olarak bağlı kaldığı kültürde bir bozulmaya eşlik etmektedir: "[Villaların] Kapılarına dişçi, doktor muayenehanesiymiş gibi tabelâlar da koyuyorlar; villâ bilmem ne! Villâ 'Gel keyfim gel!' Frenkperestlik, züppelik, görmemişlik, özenti! Bizim köşk otuz odalı idi, tabelâ, plâka, levha asmak kimsenin hatırından geçmemişti." (38) Yeni kullanımları zaman zaman açık biçimde eleştirir; Ayşen Ata'yı, "'Park Oteli' deme, dayıcığım, 'Park Otel' onun adı," diye düzelttiğinde, anlatıcı şu yorumu yapma fırsatını bulur: "Ata Efendi yeni terkiplere aleyhtardır; kızın tekrarladığı ihtarlara rağmen bildiği şekilde söyler. Sokak isimlerini de, sonuna edat koymadan yazmaz. Meselâ 'çeşme sokak', 'çeşme sokağı'dır." (78) Bu eleştiriye nadiren biraz kızgınlık karışır: "Kız bugün – telâffuzunu hiç sevmediği ve elinden gelse çoluğuna çocuğuna yasak edeceği – frenkçe bir sözle anılan o, erguvan rengi yeni elbisesi içinde hakikaten çiçeğe dönmüştü." (63)

Ata ve onunla sık sık aynı bakış açısını paylaşan anlatıcı yeni kullanıma girmiş Türkçe kelimelerden "hacıağalar" gibi halk arasında ortaya çıkmış olanları yadırgamazken, günün kültür ortamını belirleyen Öztürkçe akımına karşı yer yer alaycı bir mesafede durur. Kullandığı dil zaten o günün konuşma dili olduğundan özel bir anlaşılırlık çabası içinde değildir. Buna karşılık yeni moda isimleri sevmez: "Rüştü ile kardeşi Serin – Serin'miş adı! – iskemlelere hemen oturmuşlardı." (42) Yazılarında olduğu gibi bu romanda da, dönemin gündeminde önemli bir yer tutan Öztürkçe tartışmasına girmekten sanki özenle kaçınır ve tek tük mizahî değinmelerle yetinir. Refik Halid özleşmeyi o yılların seçkinlerinin yeni bir özel dil, dolayısıyla yeni bir hitabet üslubu ve manipülasyon aracı yaratma çabası olarak görmüş gibidir, çünkü *Bugünün Saraylısı*'nda ne de olsa şu sözlere rastlarız: "[Birden zengin olan] Damat Atıf'taki değişiklik de başka şekildeydi: Sahte bir terbiye, bir nezaket içinde 'her şeyin iyisini ben bilirim, benim yaptığım doğrudur, siz de kim oluyorsunuz?' diyen bir hal. [...] Bir ara siyasî de konuştu; nutuk tecrübeleri yapıyordu ve sesini, edasını cumhurreisininkine benzetmek için kalınlaştırmağa ve cümlelerin sonuna bir kat'iyet vermek için harfleri tok tok telâffûza çabalıyordu. Yeni kelimeleri de ifratla kullanmağa başlamıştı: / 'Kesin'ler, 'yetki'ler, 'egemenlik', 'siyasal' ... Beğen beğendiğini al!" (154)

Refik Halid'in öbür romanlarında da dili dikkatle gözleyip yorumlayan bir anlatıcı ve kişiler yok değildir. Fakat *Bugünün Saraylısı*'nda bir yandan dil özelliklerine yapılan göndermeler ve dilde kendi kendine olagelen değişikliğin konu edilişindeki bolluk, öte yandan, tam da dile bu kadar duyarlı bir anlatıcının/baş kişinin o dönemde kamuoyunu ilgilendiren birçok konuya (ulaşım, modalar, eğlenceleriyle şehir hayatı, savaş, çok partili döneme geçiş hazırlığı gibi) değinirken güncel dil tartışmalarından uzak duruşu bizi Refik Halid'nin dilin bir müdahale konusu olmasını ısrarla reddettiği sonucuna götürecektir. 1951'de yazıldığı belirtilen *Bugünün Saraylısı*'nın 1965 tarihli ikinci baskısında kitabın 1954'teki birinci baskısının kısaltılmış olduğu açıklanıyor. Bu iki versiyon arasındaki bir karşılaştırma Refik Halid'in *Bugünün Saraylısı*'nda dil algısıyla ilgili bölümleri ne ölçüde romanın özüne ait saydığı hakkında belki aydınlatıcı olabilir. Çünkü romanının çekirdek olayından uzaklaşarak eski âdetler, yabancı diyarlar, insan ruhunun garip likleri gibi konularda sohbete dalmayı seven, hatta belki bu eğiliminin farkında olarak bir yazısında romanını "doldurmak"tan söz eden bir yazar sözkonusudur. Gene de, dil algısının Refik Halid'in bütün yazılarında olduğu gibi elimizdeki romanda da – örneğin köle ticaretinin yasaklanması ve İstanbul zenginlerinin hizmetçi kullanma kültürü üzerine açtığı bir parantezden – daha merkezî bir yere oturduğu açıktır. Refik Halid – mizahı, üslup ustalığı, oluşturduğu dünyadaki canlılık ve ayrıntı zenginliği gibi çekici yanlarından başka – sadece bu dil algısının uyanıklığı açısından da tekrar okunmaya değer bir yazar olarak ilgimizi bekliyor.

Das ist Liebe! Über den ersten Roman der Schriftstellerin Sâmiha Ayverdi (1905-1993)

Nazlı Kaner, Freiburg

Vor 14 Jahren gab mir Dr. Semiha Yüksel, die damalige Leiterin der *Kubbealtı Akademisi*[1], in Istanbul eine Kopie des ersten Romans der türkischen Schriftstellerin und Mystikerin Sâmiha Ayverdi. Das Buch mit dem programmatischen Titel „Das ist Liebe!" *(Aşk Budur!)* erschien 1938 im Istanbuler Verlag *Maarifet Basımevi* und ist seit langem vergriffen.[2] In die seit 1993 erscheinende Gesamtausgabe der Werke Ayverdis, die sorgsam gepflegt wird, ist es als einzige ihrer Publikationen nicht aufgenommen worden.[3] Auf meine Nachfrage erklärte mir Semiha Yüksel, das Werk sei zu „schwärmerisch", deshalb werde es, so wie es Sâmiha Ayverdi gewünscht habe, keinen Nachdruck geben.

Sâmiha Ayverdi, die 1967 von Annemarie Schimmel als „«unzeitgemäße» aber dafür vielleicht um so reizvollere Schriftstellerin" der deutschsprachigen Turkologie erstmals vorgestellt wurde[4], ist bisher von der Forschung wenig beachtet worden[5].

---

1 Aufgabe der von den Geschwistern Ayverdi 1978 gegründeten Stiftung *Kubbealtı Akademisi Kültür ve San'at Vakfı* (www.kubbealti.com) ist die Pflege der osmanischen Kultur. Die Akademie veranstaltet Seminare und Kurse und betreibt einen eigenen Verlag.

2 Die Millî Kütüphane in Ankara verzeichnet laut Onlinekatalog (www.mkutup.gov.tr) ein Exemplar in ihren Beständen: Standnummer 1938 AD 1457.

3 Die Gesamtausgabe umfasst gegenwärtig (Stand 2009) 37 lieferbare Titel. Nicht lieferbar sind zurzeit ihre ersten vier Romane; neben *Aşk Budur!* die 1977, 1976, und 1993 jeweils in zweiter Auflage erschienenen *Batmayan Gün* (1939), *Mâbed'de bir Gece* (1940) und *Ateş Ağacı* (1941). Ein Werkverzeichnis bietet Nazlı Kaner, *Sâmiha Ayverdi (1905-93) und die osmanische Gesellschaft. Zur Soziogenese eines ideologischen Begriffs: osmanlı*, Würzburg 1998, 115 f.

4 Annemarie Schimmel, „Samiha Ayverdi: Eine Istanbuler Schriftstellerin", in: Wilhelm Hoenerbach (Hg.), *Der Orient in der Forschung: Festschrift für Otto Spies zum 5. April 1966*, Wiesbaden 1967, 569-585, hier 584 (Original im Dativ). Annemarie Schimmel erwähnt das Buch in ihrem Essay als: *Aşk bu imiş* und übersetzt „Das wird wohl Liebe gewesen sein".

5 Über Sâmiha Ayverdis Konzept der osmanischen Gesellschaft siehe Kaner, *Sâmiha Ayverdi.* Ayverdi im Kontext der Forschung zur weiblichen türkischen Autobiografie in der frühen Republikzeit untersuchen Erika Glassen, „Die Töchter der letzten Osmanen", in: Sabine Prätor u. a. (Hg.), *Frauen, Bilder und Gelehrte: Studien zu Gesellschaft und Künsten im Osmanischen Reich. Festschrift Hans Georg Majer.* Istanbul 2002, 347-386, und Nazan Aksoy, „A Historical Approach to Turkish Women's Autobiographies", in: Koray Melikoğlu (Hg.), *Life Writing. Autobiography, Biography, and Travel Writing in Contemporary Literature*, Stuttgart 2007, 83-98. Eine Einführung in die Hauptkomponenten der Weltsicht Ayverdis gibt Erika Glassen, „The Turkish Writer Sâmiha Ayverdi (1905-1993) and her Dream of the Ottoman Past", in: Mustafa Kaçar/Zeynep Durukal (Komp.), *Essays in Honour of Ekmeleddin Ihsanoglu.* Vol. 1 *Societies, cultures, sciences: a collection of articles*, Istanbul 2006, 363-379. Ausgeklammert bleiben hier die tendenziösen Publikationen über Ayverdi, die im Kreise ihrer Anhänger verfasst wurden.

Gewiss gewährt Ayverdi mystisch nicht-initiierten Lesern keinen leichten Zugang zu ihrer politisch stark polarisierenden und religiös-moralisierenden Literatur, die in der Türkei bis in die 1970er Jahre geflissentlich ignoriert wurde. Doch bietet ihr Werk durchaus Ansatzpunkte für die weitere Erforschung der türkischen Geistesgeschichte, vor allem aber, als volkskundliche Quelle gelesen, der Alltagskultur der osmanischen Elite. In den folgenden Ausführungen soll der Debütroman dieser Schriftstellerin untersucht werden, die sich weniger durch die literarische Qualität oder Popularität ihrer Romane, sondern als „Leitfigur der konservativen Istanbuler Szene"[6] einen Namen gemacht hat. Dabei liegt der Fokus darauf, wie dieser Roman im Vergleich zu Ayverdis Gesamtwerk zu beurteilen ist – und, nicht zuletzt, ob die Entscheidung gegen eine Neuauflage tatsächlich und allein seiner schwärmerischen Qualität geschuldet ist.

1905 geboren, erlebte Sâmiha Ayverdi ihre Kindheit und Jugend unter dem Eindruck einer sich radikal wandelnden gesellschaftlichen und weltpolitischen Ordnung.[7] So wuchs Ayverdi zwar mit allen Privilegien der osmanischen Aristokratie auf, erlebte aber gleichzeitig als Angehörige der vom Wandel am stärksten betroffenen Schicht das Verschwinden von Lebensgewissheiten und den rasanten Untergang einer seit Jahrhunderten bestehenden Kultur. Wie Ayverdi in ihren Kindheitserinnerungen[8] schreibt, fand sie schon mit zwölf Jahren ihre geistige Heimat in der islamischen Mystik. Mit zweiundzwanzig Jahren, zwei Jahre nach dem Verbot der Sufi-Orden, schloss sich Ayverdi dem Kreis um den Sufi-*Şeyh* und *Galatasaray*-Absolventen Ken'an Rifâî[9] an, dem spirituellen Führer (*mürşit*) ihrer Mutter, durch den nun auch sie ihre mystische Initiation erfuhr.

Zwischen diesem Schritt, mit dem sie eine klare Haltung gegen die republikanische Staatsideologie einnahm, und dem Erscheinen von *Aşk Budur!* im Todesjahr Atatürks (1938), liegen die ereignisreichen Jahre der ersten Periode der Türkischen Republik. Um sich von der als rückständig empfundenen osmanischen Vergangenheit deutlich abzugrenzen, strebten die Gründer des Nationalstaates danach, innerhalb von kürzester Zeit eine neue, türkische Identität zu konstruieren, die sich auf ein idealisiertes frühes Türkentum in Zentralasien bezog. Zu den drastischen Maßnahmen des Reformprozesses auf dem programmatischen Boden der Verwestlichung, der die türkische Gesellschaft in einen als „fortschrittlich" imaginierten Zustand überführen sollte, gehörten auf kulturellem Gebiet etwa die Neu-

6 Glassen, „Die Töchter", 381.

7 In die 12 Jahre zwischen 1912 und 1924, in denen Ayverdi vom siebenjährigen Kind zur jungen Erwachsenen von neunzehn Jahren heranwuchs, fielen der jungtürkische Verfassungsstreich, die Balkankriege, der Erste Weltkrieg, der türkische Befreiungskampf und die Republiksgründung mit Abschaffung von Sultanat und Kalifat.

8 Sâmiha Ayverdi, *Bir dünyâ'dan bir dünyâ'ya*, Istanbul 1974, 132 f.

9 Ken'an Rifâî gründete 1908 den auch für Frauen zugänglichen Konvent *Hırka-ı Şerif Altay Ümm-i Ken'an Dergâhı* im Istanbuler Stadtteil *Fatih*, der sich zu einem Treffpunkt für Dichter, Intellektuelle und auch Angehörige anderer Religionen entwickelte. Über Rifâî vgl. Kaner, *Sâmiha Ayverdi*, 26-33.

schreibung der Geschichte als eine türkisch-nationale, der Bruch mit dem Islam und der osmanischen Vergangenheit und die Sprachreform. Die zeitgenössische türkische Literatur reflektiert intensiv die Auswirkungen dieser politischen und kulturellen Neuorientierung auf die Gesellschaft: „Der Befreiungskrieg mit seiner patriotischen Aufbruchstimmung, der Alltag der kleinen Leute, die Verwestlichung, ihre Probleme, aber auch ihre Auswüchse, soziale Veränderungen und Generationenkonflikt, die Kluft zwischen Stadt und Land, Intellektuellen und Volk, das waren zunächst die wichtigsten Themen des Romans."[10]

Der soziale und kulturelle Wandel hat auch Ayverdi aus ihrer konservativen, elitären Position heraus intensiv beschäftigt. Ihre vorwiegend im Istanbul des niedergehenden Osmanischen Reichs angesiedelten Romane und Kurzgeschichten[11] sind ihr Medium, um fundamentale Kritik am in ihren Augen desolaten Zustand der türkischen Gesellschaft zu üben. Eine typische Figurenkonstellation in ihren Romanen ist die Gegenüberstellung des berechnenden, kalten, westlich orientierten und moralisch zweifelhaften Menschen mit dem mystisch inspirierten, edlen und überlegenen Charakter. Zwischen diesen beiden Polen findet der suchende, orientierungslose oder verirrte Held schließlich durch die mystische Liebe, *aşk*, auf den „rechten" Weg.[12] Ayverdi lässt ihre Protagonisten das Schlüsselthema des gesellschaftlichen Diskurses der Zeit, die Identitätssuche zwischen östlicher und westlicher Kultur, leidenschaftlich ausleben und diskutieren, bettet dies aber konsequent in eine vom Leitmotiv „*aşk*" vorangetriebene Haupthandlung ein. In ihrem Weltbild, das tief im Sufismus eines Mevlana Celaleddin Rumi und ihm geistig nahe stehender türkischer Mystiker wie Yunus Emre wurzelt[13], ist *aşk*, als spezifische Fähigkeit und Eigenschaft des religiös inspirierten Menschen, immer auch Antwort auf jedes gesellschaftliche und individuelle Problem und einzig mögliche Grundlage für eine harmonische Gesellschaft.

Mit Publikationen wie *İstanbul Geceleri* (1952) oder *Edebî ve Manevî Dünyâsı İçinde Fatih* (1953) anlässlich der 500-Jahr-Feier zur Eroberung Istanbuls, gehört Sâmiha Ayverdi zu den frühen Literatinnen und Literaten, die sich der idealisierenden Rückbesinnung auf die osmanische Gesellschaft und Kultur als sozial-harmonische Ordnung auf der Grundlage eines türkisch geprägten Islams verschrieben haben. Mit ihren weiteren Schriften, vor allem der (eigenen) Familiengeschichte *İbrâhim Efendi Konağı* (1964), gelingt es ihr, durch die erzähltechnisch sehr geschickte Vermischung von real Erlebtem, Überliefertem und Fiktion, sich als authentische

10 Priska Furrer, *Sehnsucht nach Sinn. Literarische Semantisierung von Geschichte im zeitgenössischen türkischen Roman*, Wiesbaden 2005, 5. Hier in Anm. 20 auch weiterführende Literatur zur türkischen Romanliteratur der frühen Republik.

11 Ayverdi verfasste von 1938 bis 1948 Romane und Kurzgeschichten. Nachdem ihr letzter Roman (*Mesihpaşa İmamı*) erschienen war, schrieb Sâmiha Ayverdi keine – formal gesehen – fiktionale Literatur mehr, sondern Biographien, historische Abhandlungen, Erinnerungen und Aufsätze.

12 So zum Beispiel in *Batmayan Gün* (1939), *Ateş Ağacı* (1941), *Mesihpaşa İmamı* (1948).

13 Glassen, „The Turkish Writer Sâmiha Ayverdi", 366.

Zeitzeugin der verherrlichten osmanischen (türkisch-islamischen) Gesellschaft zu inszenieren.[14] Parallel zur Rückkehr des Islams in die Öffentlichkeit und dem Erstarken konservativer Kräfte in Gesellschaft und Politik, die sich ab den 1960er Jahren zur Ideologie der Türkisch-Islamischen-Synthese (*Türk-İslam-Sentezi,* kurz TIS) formierten, gewann auch Ayverdi als deren Vorzeigefigur zunehmend an Bedeutung. So entwickelte sich die „unzeitgemäße" Schriftstellerin zu einer zentralen Persönlichkeit im ideologischen Umfeld der TIS, die sich heute „als Ideologie der Einheit und eines starken Staates (...) gegen den unaufhaltsam scheinenden Prozess der Ausdifferenzierung der türkischen Gesellschaft"[15] richtet – verehrt als die „letzte Osmanin" *(son Osmanlı)* und das „nationale Gedächtnis" *(millî hafıza).*[16]

Vor diesem Hintergrund liest sich *Aşk Budur!* überraschend, denn Sâmiha Ayverdi wählte für ihr Erstlingswerk ein für sie – im Blick zurück – völlig untypisches zeitliches und räumliches Setting, fern vom Istanbul des späten 19. und beginnenden 20. Jahrhunderts. *Aşk Budur!* handelt zur Zeit der Lahmiden-Dynastie im südirakischen Hira unter dem Herrscher Mundhir III.[17] in der ersten Hälfte des 6. Jahrhunderts nach christlicher Zeitrechnung – also noch vor der Verkündung des Islams durch den Propheten Muhammad.[18]

Der in drei Teilen von Ayverdi als auktorialer Erzählerin angelegte Roman beginnt am Hofe Mundhirs III. (*Menzer*) am Vorabend des Empfangs von Marküs, des byzantinischen Gesandten. Der junge Hofarzt Hamza sinniert über seine unerwiderte Liebe zu Meryem, Tochter des einflussreichen Höflings Zeyyad, die er

---

14 Ausführlicher: Kaner, *Sâmiha Ayverdi*, 103-109.

15 Furrer, *Sehnsucht nach Sinn*, 4. Zur Türkisch-Islamischen Synthese siehe Martin Strohmeier, *Seldschukische Geschichte und türkische Geschichtswissenschaft. Die Seldschuken im Urteil moderner türkischer Historiker,* Berlin 1984; Günter Seufert, *Politischer Islam in der Türkei. Islamismus als Ausdrucksmittel einer sich modernisierenden Gesellschaft*, Bremen 1995.

16 Gürbüz Azak, „Son Osmanlı", in: *Kubbealtı Akademi Mecmuası*, 22,2-3 (1993), 75-76, und Ergun Göze, „O, Millî Vicdandır", in: *Kubbealtı Akademi Mecmuası,* 17,4 (1988), 81. Der jüngst verstorbene nationalistische Schriftsteller Ergun Göze gehörte zur Gründergeneration der Kubbealtı Akademisi. Ein Nachruf erschien am 19.10.09 in der Onlineausgabe der Tageszeitung *Hürriyet.*

17 St. 554 n. Chr. Das südlich von Kufa gelegene arabische Fürstentum Hira (nicht zu verwechseln mit dem Berg *Hirā*, wo Muhammad seine erste Offenbarung erhielt), ein Vasallenstaat der persischen Sassaniden, wurde von der Dynastie der Lahmiden beherrscht. Über die vorislamischen Lahmiden berichten zahlreiche arabische Historiker, darunter aṭ-Ṭabarī (st. 923), Ibn Hišām (st. 829/834) und al-Masʿūdī (st. 957). Weiterführende Literatur: Gustav Rothstein, *Die Dynastie der Lakhmiden in al-Hîra. Ein Versuch zur arabisch-persischen Geschichte zur Zeit der Sasaniden*, Berlin1899; Bernard Lewis, *Die Araber. Aufstieg und Niedergang eines Weltreichs*, Wien 1995 und vor allem Theresia Hainthaler, *Christliche Araber vor dem Islam*, Leuven 2007, mit umfassender Bibliographie zum Thema. Siehe auch Isabel Toral-Niehoff (FU Berlin), „Stammesfürsten und Dichterkönige – die arabischen Christen und das Reich der Lahmiden" (erscheint 2011).

18 Der Frage, ob *Aşk Budur!* nach formalen Kriterien der Gattung des historischen Romans zuzuordnen ist, wird hier nicht nachgegangen. Zur neueren Gattungsforschung und der Anwendung ihrer Analysekriterien auf die türkische literarische Geschichtsschreibung: Furrer, *Sehnsucht nach Sinn.*

nur heiraten möchte, wenn es ihm gelingt, ihr Herz zu erobern. Doch Meryem liebt weder ihn noch einen anderen, Liebe ist ihr fremd. Während des Empfangs weckt die schöne Meryem ungewollt die Begierde des zügellosen Byzantiners. Geistesgegenwärtig verweigert sich Mundhir dessen Forderung, ihm Meryem zu geben (*vermek*), mit einer Lüge: Sie sei Hamza versprochen. Meryem und Hamza müssen heiraten. Gleich nach der Hochzeit wird Hamza nach Ägypten beordert, um den erkrankten Pharao *(Mısır Firavunu)* zu heilen. Mit der nächsten Karawane reist Hamza nördlich des Toten Meers entlang über Arona und Askalon nach Gaza, von dort per Schiff weiter nach *Dimyat* und *Helyopalis*.[19] Wie berauscht von seinen intensiven Gedanken an Meryem, verspürt er weder Hunger noch Durst, obwohl der Weg in der heißesten Jahreszeit durch die Wüste führt und das Wasser knapp ist. Hier hat Hamza einen verstörenden Traum: „In seinem Traum sah er eine fremde Hand, hörte er eine fremde Stimme, aber er sah nicht, wem diese Hand, diese Stimme gehörte. Diese Hand zeigte gen Himmel auf den Mond und auf einen Stern, der sich dem Mond in beängstigender Weise angenähert hatte. Sie (die Stimme) sprach: Sieh, in wessen Stimme deine Geliebte klingt *(bak sevgilin kimin sesinde!)*!“[20]

Schnell gelingt es Hamza, den Pharao zu heilen, er macht sich auf, „die ägyptische Kultur aus der Nähe zu erkunden, besonders die gerade im Bau befindliche Pyramide zu untersuchen.“[21] Dabei wird die Begegnung mit dem Sklaven Ömer, dessen stolze Haltung Hamzas Aufmerksamkeit erregt, zum Schlüsselerlebnis. Ömer gehört zum Stamm der *Ebüşşettar*, der unter dem Stammesfürsten Yusuf in der Umgebung von Hira angesiedelt ist. Hamza ist fasziniert von der Kraft der Worte Ömers, der ihm von dem einen, seinem Gott *(Allah)*, von Liebe *(aşk)* und von Yusuf, seinem weltlichen und geistigen Führer erzählt. Ganz beiläufig schließt sich Hamza Ömers monotheistischem Glauben an, während sie bei einem Besuch des Heiligtums von Memphis die götzendienenden Menschen beobachten: „Ömer fasste Hamza an der Schulter und rief: Sieh sie dir an, Hamza, diese Bedauernswerten! Ich hoffe, du teilst mit ihnen nicht den Glauben an diese Sinnlosigkeiten! Feuer, Ochsen, Steine, die Sonne anzubeten – sei voller Mitleid angesichts dieses gedanklichen Wildwuchses ... Hamza fiel es nicht schwer, auf die Götzendienerei zu verzichten. Er wusste sowieso, dass sie nur auf falschen *(düzme)* und primitiven *(ibtidaî)* Wahnvorstellungen *(vahime)* beruhte...“[22] Schließlich bewirkt Hamza Ömers Freilassung und reist mit ihm zurück nach Hira.

Der umfangreichste, dritte Teil des Romans ist vor allem den mystischen Botschaften Yusufs gewidmet. Gleich bei der ersten Begegnung erkennt Hamza in Yusuf die Traumerscheinung, wagt aber nicht, ihn um eine Deutung zu bitten. Er

---

19 Dimyat (tr.), arab. Dumyat, ca. 200 km nördlich von Kairo; „Helyopalis“, wohl das antike Heliopolis nordöstlich von Kairo.

20 Ayverdi, *Aşk Budur!*, 62 f.

21 Ayverdi, *Aşk Budur!*, 78. Der letzte Pyramidenbauer war Ahmose, Begründer der 18. Dynastie, lebte gegen 1560-1525 v. Chr.

22 Ayverdi, *Aşk Budur!*, 99-100.

ist tief beeindruckt von der charismatischen Führerpersönlichkeit: „Yusufs Worte waren von ergreifender Harmonie. Der lebenserfahrene Hamza, der schon viele Herrscher und im offiziellen wie privaten Rahmen große Persönlichkeiten getroffen hatte, für den der Umgang mit den Würdenträgern ganz selbstverständlich war, begann, angesichts dieses bescheiden gekleideten, ausnehmend freundlichen, aber durch göttliche Kraft erhabenen Stammesfürsten, zu zittern."[23] Auch für Meryem ist die Begegnung wie ein *coup de foudre*. Sie verliebt sich (un)sterblich in Yusuf, schon bald erkennen sie ihre Seelenverwandtschaft. „Als würden sich ihre Herzen *(gönül)* über eine geheime, zwischen ihren Herzen *(kalp)* errichtete Brücke gegenseitig besuchen. Aber dieses Kommen und Gehen konnte man weder sehen noch hören. Jeder Atemzug Yusufs strömte wie eine Sintflut aus Feuer direkt in Meryems Herz."[24] Hamza und Meryem werden zu ständigen Gästen in Yusufs Haus, das er mit seiner Frau Ümmül Bedr, genannt Billi, seinem Freund und Diener Mahbub und dessen Frau Sude bewohnt.[25] Umringt von seinen Adepten (*mürit*) belehrt und erbaut Yusuf als *mürşit* die gebannt Lauschenden mit seinen Gedanken, die um die Beschaffenheit der Welt und des Menschen kreisen, um stets und in immer wieder neuen Worten auf die allem innewohnende Macht der Liebe zurückzukommen. Immer häufiger spricht er nur für Meryem: „Über die Liebe spricht man in drei Begriffen. Der Liebende, der Geliebte und die Liebe. Aber in Wahrheit sind alle drei nur Eins. Der Geliebte ist der Spiegel des Liebenden, die Liebe ist ihr Ganzes. Die Gestalt, die einem Menschen gegenüber sichtbar wird, der in den Spiegel schaut, hat keinen Körper; sie ist der Schatten des Schauenden. Ebenso gelten auch die Zuneigung und die Leidenschaft, die der Liebende gegenüber dem Geliebten verspürt, seinem eigenen Abbild, seiner eigenen Liebe. Weil zwei liebende Menschen die Ursache und das Wesen ihrer Liebe nicht kennen, erscheint sie ihnen doppelt. Aber der Liebende ist der Geliebte; und der Geliebte der Liebende. Nun, das ist Liebe *(aşk budur)*, Meryem!"[26]

Das Liebesverhältnis zwischen Yusuf und Meryem gestaltet sich zunehmend dramatisch. Für Yusuf ist Meryem wie „ein Stern, der von meiner Seele gefallen ist."[27] Er erklärt: „Du liebst mich, weil du in mir die absolute Manifestation der

---

23 Ayverdi, *Aşk Budur!*, 118.

24 Ayverdi, *Aşk Budur!*, 151.

25 Die regelmäßigen Treffen bei Yusuf erinnern an die Zusammenkünfte (*sohbetler*) in Ken'an Rifâîs Haus im Istanbuler Stadtteil *Fatih*. 1991/1992 publizierte Sâmiha Ayverdi Gespräche (*Sohbetler)* mit Ken'an Rifâî. Hier beschreibt sie, wie sich die Adepten um Rifâî versammelten und Gespräche über die weltliche und mystische Liebe führten: *Sohbetler. Ken'an Rifâî*, 2 Bde., Istanbul 1991/1992.

26 Ayverdi, *Aşk Budur!*, 148. Hier zeigt sich der tiefe Einfluss Rumis, „der unübertreffliche Meister von Liebe und Leidenschaft im höchsten Sinne" (Annemarie Schimmel, *Mystische Dimensionen des Islam. Die Geschichte des Sufismus*, München 1992, 415). Über die Bedeutung der Liebe in der islamischen Mystik des Osmanischen Reichs, bzw. der Türkei: Schimmel, *Mystische Dimensionen des Islam*; Fuat Köprülü, *Türk Edebiyatında İlk Mutesavvıflar*, Ankara 1966.

27 Ayverdi, *Aşk Budur!*, 174.

Liebe *(aşkın mutlak zuhurunu)* erblickt hast; und ich liebe dich, weil ich mich in dir gesehen habe."[28] Während sein Leben durch Meryem keineswegs aus der gewohnten Bahn gerät, er sich vielmehr bemüht, den Schein und den geziemenden Abstand zu wahren, steigert sich Meryems Liebe bis zur Besessenheit. Warum, fragt die Erzählstimme Ayverdi, liebt Meryem Yusuf? „Weil für sie außer Yusuf kein anderes Wesen der Schöpfung es wert ist, geliebt zu werden .... Meryem liebt *(sev-)* Yusuf nicht nur, sie betet ihn an *(tap-)*. Wie banal und bedeutungslos ist das Verliebtsein (*sevmek lâfzı*) doch im Vergleich zur Liebe *(aşk)*."[29] Meryem magert ab und fiebert nach Yusuf, der für sie zur Projektionsfläche der totalen Vereinigung mit dem (weltlichen) Geliebten wird: „Es gibt keine zwei Geschöpfe namens Yusuf und Meryem... Für Meryem war die Erde, der Himmel, alles nur ganz allein Yusuf, nur er..."[30] In dieser sich zuspitzenden Situation drängt Meryems Vater, dem der einflussreiche Charismatiker ein Dorn im Auge ist, Mundhir dazu, Yusuf fortzuschicken. Yusuf ist damit einverstanden, das Land für ein Jahr zu verlassen. Am Tag seines Aufbruchs setzt er Hamza davon in Kenntnis, der sich nun endlich eingesteht, dass Meryem nicht für ihn, sondern für Yusuf bestimmt sei. Doch Meryem, zu schwach und zu krank, stirbt in Hamzas Armen.

„It seems to me", beschreibt Erika Glassen die Ayverdi eigene Erzählform, „she learned from the *Mesnevi* how to convey moral messages by stories."[31] Das hingebungsvolle, nahezu ekstatische Reflektieren über die weltliche und mystische Liebe, das Vermitteln moralischer Botschaften im Rahmen einer Haupthandlung mit einer Fülle darin eingebetteter mystischer Lehren – das ist das wichtigste Anliegen von *Aşk Budur!* und gleichzeitig die große Konstante im gesamten Werk Ayverdis. Doch ein kurzer vergleichender Blick zeigt, dass auch zentrale Charaktere und Motive ihres erzählerischen Werks in *Aşk Budur!* schon angelegt sind. Da ist Meryem, die suchende, orientierungslose Heldin, die, wie Aliye in *Batmayan Gün* oder Imam Hâlis in *Mesihpaşa İmamı* einen inneren Wandlungsprozess im Zeichen der Liebe durchlebt, wenngleich hier ohne *Happy End*. Oder Billi, Yusufs unattraktive, ihn selbstlos liebende Frau, die das Liebesverhältnis mit der jüngeren Rivalin mitleidig duldet und die in *Mesihpaşa İmamı* als Imam Hâlis' Frau Gülsüm wiederkehrt. Würde man die im vorislamischen, arabischen Hira agierenden Figuren aus ihrer historischen Kulisse herausschneiden und in das Istanbul des beginnenden 20. Jahrhunderts einsetzen – sie würden sich dort harmonisch einfügen.[32] Auch die

---

28 Ayverdi, *Aşk Budur!*, 196.

29 Ayverdi, *Aşk Budur!*, 170.

30 Ayverdi, *Aşk Budur!*, 154.

31 Glassen, „The Turkish Writer Sâmiha Ayverdi", 367.

32 Mit Meryem hat Ayverdi eine interessante, zeitgenössische Figur konzipiert (deren manche Züge, am Rande bemerkt, die autobiografische Deutung geradezu herausfordern). Autonom und selbstbestimmt verweigert sie sich den Erwartungen der Gesellschaft. Obwohl sie sich in ihrer Liebe zu Yusuf völlig aufzulösen scheint, besitzt sie einen starken Willen, den sie gegen alle Widerstände in der Gesellschaft durchsetzt oder, wenn es ihr nicht mehr gelingt, stirbt. Dabei gesteht ihr die Gesellschaft einen großen Spielraum zu. Weder lässt sie

kritische Haltung gegenüber „dem Westen", ein immer wiederkehrendes Motiv in Ayverdis Romanen, ist als beiläufiger Nebenstrang eingearbeitet, sehr gewollt und drastisch gezeichnet: „Der byzantinische Botschafter Markiis war klein und schmächtig, blond, bleich und mit schlammig-gelblichen Augen. Auf seinen blassen Wangen zeichneten sich rote Striemen ab, als hätte er gerade eine Ohrfeige bekommen. Sein Mund war nicht mehr als eine lippenlose, violette Umrandung. Am auffälligsten in Markiis' Gesicht aber waren die Misstrauen erweckenden dreisten und höhnischen Blicke seiner schlammfarbenen Augen. Doch in diesen Blicken lag unbestreitbar eine teuflische Intelligenz und Gerissenheit."[33] Markiis scheitert in seinem Versuch, sich Meryem anzueignen und (sexuell) auszubeuten. Und auch Franklen, Meryems byzantinischem Kunstlehrer, ergeht es nicht besser: Meryem zerschmettert seine Skulptur, und zeigt damit, dass ihr seine Arbeit nichts bedeutet. Der Westen scheitert auf der ganzen Linie, wird nach Hause geschickt: „Markiis und der Bildhauer Franklen saßen, sich gegenseitig tröstend, in einer Ecke. Franklen würde nun auch mit der Gefolgschaft des Gesandten nach Byzanz zurückkehren. Da Meryem seine Skulptur zerbrochen hatte (...) und sich nicht entschließen wollte, eine neue zu beauftragen – was hatte er hier noch zu suchen (...)?"[34]

Spannend ist nun die Frage, welche Konsequenzen das für Ayverdi untypische zeitliche und räumliche Setting hat. Zunächst natürlich: Im vorislamischen Fürstentum Hira gab es weder Muslime noch Türken. Das mag der jungen Ayverdi in ihrem Anliegen, das „Hohelied der mystischen Liebe"[35] zu schreiben, gleichgültig gewesen sein. Das Setting könnte man aber auch als Flucht in die Historie verstehen, um sich der ungeliebten politischen und gesellschaftlichen Realität zu entziehen, die ihrer osmanischen Identität und ihrem mystischen Weltbild keine Daseinsberechtigung einräumte. So wird das religiöse Bezugssystem des von Ayverdi besungenen mystischen Weltbildes, also der Islam (als *tasavvuf*, Sufismus, nicht *taassup*, Fanatismus), in *Aşk Budur!* nicht ein einziges Mal erwähnt – und kann auch nicht erwähnt werden, soll die historische Glaubwürdigkeit gewahrt bleiben.[36] Schließlich spielen sich die Geschehnisse circa 80 bis 90 Jahre vor der

---

sich in eine Heirat drängen (die Heirat mit Hamza war ein politisches Muss), noch hindert ihr Status als Ehefrau sie später daran, ihre Liebe zu Yusuf offen zu zeigen und mit ihren heimlichen Besuchen bei ihrem Geliebten Grenzen zu überschreiten. Sie ist nicht kompromissbereit und findet stets deutliche, oftmals verletzende Worte. „Herzlose Meryem" *(Gönülsüz Meryem)* wird sie im ganzen Reich genannt und Mundhir bemerkt voller Mitleid mit ihrem Vater: „Deine Tochter braucht eine andere Welt als unsere, damit sie leben kann (...)!" (Ayverdi, *Aşk Budur!*, 154). Meryem könnte man sich auch als junge Oberschichtstürkin der 1920er, 1930er Jahre vorstellen, ihrer Gesellschaft entfremdet (Bruch mit dem Alten), nicht an ihre Götzen (republikanische Ideale) glaubend und nicht bereit, sich der Gesellschaft anzupassen (Rückzug in die Welt der Mystik).

33 Ayverdi, *Aşk Budur!*, 16.

34 Ayverdi, *Aşk Budur!*, 45.

35 Schimmel, „Samiha Ayverdi", 570.

36 Trotz einiger grober historischer Fehler glaube ich, dass es Ayverdi um einen realen und nicht fiktiven historischen Rahmen ging und sie sich gezielt Kenntnisse angeeignet hat.

ersten Offenbarung Muhammads ab. Der Text weicht der Frage nicht aus, nennt die monotheistische Religion aber auch nicht beim Namen:

(Mundhir:)
– Nun Yusuf, man sagt über dich, dass du nicht an Götzen *(putlar)* glaubst, stimmt das?
– Das ist sehr richtig, mein Herrscher!
– Hm... das heißt, du glaubst nicht an Götzen? Gibt es denn gar nichts woran du glaubst?
– Gott *(Allah)*!
– Und was ist das für einer? Gibt es denn außer den Götzen einen Gott?
– Gibt es dich, mein Herrscher?
– Natürlich!
– Dann ist die Existenz Gottes *(Allahın mevcudiyeti)* auch natürlich *(tabiîdir)*. Was ist natürlicher, als dass jedes Geschaffene, so wie auch du geschaffen bist *(yaradılmışsın)*, einen Schöpfer hat? „Gibt es Gott" zu fragen, heißt, „gibt es mich, gibt es die Welt und die Dinge, die ich sehe" zu fragen. Wenn Gott nicht existierte, gäbe es auch dich nicht und weder Diesseits noch Jenseits *(bu âlemler)*".[37]

Faktisch war das arabische Fürstentum Hira, das stark von der christlich-hellenistischen Kultur Syriens beeinflusst war, „ein Zentrum des Christentums".[38] Der monotheistische Yusuf und seine Getreuen müssen demnach als Christen gedeutet werden. Dafür sprechen auch die Namen, die Ayverdi ihren Protagonisten gab: Yusuf / Joseph und Meryem / Maria[39] sowie die eindeutigen Bezüge zur biblischen Josephsgeschichte aus der 12. Sure des Korans, die Ayverdi wohl als Inspirationsquelle gedient hat. Sie ist vor allem in Form des persischen Epos *Yusuf-u Zulayha* in die osmanische und türkische Literatur eingeflossen[40] und kursierte in vereinfachter Erzählweise in den türkischen Volksbüchern. So trägt Yusuf charakteristische Züge des schönen Propheten Joseph. Billi erzählt: „Die Frauen ließen Yusuf einfach nicht in Ruhe; zwar gefielen ihm die Aufmerksamkeit und auch die schönen Frauen, aber er wählte keine von ihnen zur Frau. Sogar die reiche Witwe eines verstorbenen Stammesfürsten schickte ihm ständig Botschaften. Wir staunten über die von allen Seiten regnenden Angebote."[41] Auch die Symbolik aus Josephs Traum (Sure12/4): „Vater, ich habe (im Traum) elf Sterne und

---

Allerdings nicht ausreichend, um eine ihr fremde Zeit und Gesellschaft glaubwürdig gestalten zu können.

37 Ayverdi, *Aşk Budur!*, 250.

38 Albert Hourani, *Die Geschichte der arabischen Völker*, Frankfurt 2000, 32. Dazu auch Haínthaler, *Christliche Araber*, 83 ff. Hira konvertierte zum nestorianischen Christentum, bevor es 633 von den Muslimen eingenommen wurde. Vgl. Lewis, *Die Araber*, 41.

39 Ungewiss bleibt hier, ob Ayverdi den biblischen Joseph mit dem neutestamentarischen Joseph, Marias Mann, verwechselte oder bewusst mit den Namen spielte.

40 Über die Josephsgeschichte im Koran und in der türkischen Literatur siehe Erika Glassen, „Die Josephsgeschichte im Koran und in der persischen und türkischen Literatur", in: Franz Link (Hg.), *Paradeigmata: literarische Typologie des Alten Testaments*, Berlin 1989, 169-179.

41 Ayverdi, *Aşk Budur!*, 158. Die Schönheit Josephs ist in der Türkei sprichwörtlich und viel besungen.

die Sonne und den Mond gesehen. Ich sah sie (voller Ehrfurcht) vor mir niederfallen."[42] gleicht jener in Hamzas Traum, ebenso Yusufs Metapher vom „Stern, der von meiner Seele gefallen ist."[43]

Zwar ist kaum anzunehmen, dass Ayverdi bei ihrer „Flucht in die Historie" ihr mystisches Weltbild auf einen von Arabern gelebten christlichen Glauben zurückführen wollte. Doch der historische Rahmen, die realistische Erzählform und die christlichen Bezüge, auch wenn sie aus islamischen und volkstümlichen türkischen Quellen geschöpft werden, müssen im logischen Schluss dazu führen, die christliche Religion als das Bezugssystem und die Araber als die Protagonisten der von Ayverdi gelebten und geliebten Mystik zu interpretieren. Die Frage, welcher Religion die vorislamischen Monotheisten angehörten, mag für Ayverdi 1938 noch bedeutungslos gewesen sein, gelten doch Judentum und Christentum im Koran ohnehin als Vorstufen des Islams bzw. der Islam gar als die ältere Religion.[44] Doch kann man sich gut vorstellen, dass die faktische historische Dimension des Romans ab dem Moment problematisch wurde, als Ayverdis Mystik als konstituierendes Element in die nationalistische *Türk-İslam-Sentezi* einfloss und als genuin *osmanisch* historisch begründet wurde[45]: Der Roman erhält im ideologisierten Blick zurück eine geradezu häretische Grundkonfiguration, neben der die Schwärmerei, ein paar historische Ungereimtheiten und möglicherweise zu offensichtliche autobiografische Bezüge schlicht verblassen. So erweist sich *Aşk Budur!* als der unzeitgemäße Roman einer heute in der Türkei durchaus zeitgemäßen Schriftstellerin.

---

42 Koran, Sure 12 / 4 (Joseph) in der Übersetzung von Rudi Paret, 5. Auflage, Stuttgart u. a. 1989, 165.

43 Als weitere Hinweise auf die Josephsgeschichte deute ich Yusufs Reise nach Ägypten und seine Begegnung mit dem Pharao sowie Meryem, die wie Suheila die Skulptur (den Götzen) des byzantinischen Künstlers zerbricht.

44 So versteht sich der Islam zwar in Kontinuität mit den früheren prophetischen Sendungen der Juden und Christen, definiert sich jedoch als die endgültige Gestalt der Religion wie auch Muhammad als das Siegel der Propheten und hebt somit alle früheren Formen der Religion und deren Gesetze auf. Vgl. z. B. Adel Theodor Khoury, *Der Islam und die westliche Welt*, Darmstadt 2001, 15 f. oder Annemarie Schimmel, *Der Islam*, Stuttgart 1990, 18 f.

45 Über die Ideologisierung des Begriffs siehe Kaner, *Sâmiha Ayverdi*.

Erinnerungen und (Auto)biographisches

Ein Verlierer der türkischen Militärrevolution von 1960

Martin Strohmeier, Nicosia

Das türkische Militär: eine Welt für sich?

Armeen weltweit sind nicht bekannt als Muster von Transparenz; eine Tendenz zur Geheimhaltung ist ihnen inhärent. Das türkische Militär gilt gemeinhin als eine besonders streng nach außen abgeschirmte, praktisch autonome und mit umfassenden Kompetenzen und Kontrollmöglichkeiten ausgestattete Institution, die höchst ungern einen Blick auf ihr Innenleben erlaubt.[1] Namentlich das Offizierskorps sei, so die weit verbreitete Annahme, eine Welt für sich.[2] Mehr als die Hälfte (nämlich 6 von 11) der türkischen Staatspräsidenten waren ehemalige Offiziere. Generell reicht die Macht der Militärs tief in den zivilen Staatsapparat hinein. Eine wichtige Rolle spielt dabei eine weite Auslegung des Begriffes „nationale Sicherheit", denn auch politische, wirtschaftliche und soziale Themen, die im Nationalen Sicherheitsrat (in dem Militärs und Regierung vertreten sind) diskutiert werden, fallen in den Bereich nationale Sicherheit.[3] Der Etat der Streitkräfte ist der Kontrolle des Parlaments weitgehend entzogen.[4] Die Beschneidung des Einflusses des Mili-

---

1 Gerhard Weiher, „Die innenpolitische Rolle des Militärs", in: Klaus-Detlev Grothusen (Hg.), *Südosteuropa-Handbuch IV. Türkei*, Göttingen 1985, 303-315, hier 307. Ausführlicher dazu Gerhard Weiher, *Militär und Entwicklung in der Türkei 1945-1973. Ein Beitrag zur Untersuchung der Rolle des Militärs in der Entwicklung der Dritten Welt*, Opladen 1978, 114-148.

2 Dagegen ist die „Welt der Zivilisten" die „Außenwelt", Mehmet Ali Birand, *Shirts of Steel. An Anatomy of the Turkish Armed Forces*, London/New York 1991, 100.William Hale charakterisiert das Militär in seinem Vorwort zu Birands Buch (VIII) als „hidden world", William Hale, *Turkish Politics and the Military*, London/New York 1994, 319: „...differentiation of the military from civil society...".

3 Orhan Erkanlı, eines der „radikalen" Mitglieder des Komitees für Nationale Einheit (*Milli Birlik Komitesi*), das am 27. Mai 1960 die Macht ergriff, äußerte 1974: „Vom Reispreis über Straßen bis hin zu touristischen Zentren gibt es kein einziges Problem in diesem Land, das nicht mit nationaler Sicherheit zusammenhängt. Und wenn jemand zufällig ein tiefsinniger Denker ist, dann ist auch das eine Angelegenheit für die nationale Sicherheit", Feroz Ahmad, *The Making of Modern Turkey*, London 1993, 130. Ahmad gibt keinen Fundort für das Zitat an. In der türkischen Übersetzung seines Buches lautet das Zitat (ebenfalls ohne Quellenangabe) folgendermaßen: „Bu ülkede pirinç fiyatlarından karayollarına ve turistik yörelere kadar ulusal güvenlikle ilgili olmayan tek bir sorun yoktur. Eğer çok derin bir düşünürseniz, bu da bir ulusal güvenlik meselesidir", *Modern Türkiye'nin Oluşumu*, 2. Auflage, Istanbul 1994, 184.

4 Nezir Akyeşilmen, „Yasama: Türkiye Büyük Millet Meclisi", in: Ali Bayramoğlu/Ahmet Insel (Hg.), *Almanak Türkiye 2006-2008. Güvenlik Sektörü ve Demokratik Gözetim*, Istanbul 2009, 13-21.

tärs in Staat und Gesellschaft[5] ist eine der Bedingungen („Kopenhagen-Kriterien"), die an die Aufnahme der Türkei in die EU geknüpft werden.[6]

Es hat den Anschein, dass Transparenz in den Streitkräften tabu ist, und Diskretion oberstes Prinzip; Verstöße dagegen werden gerichtlich verfolgt. Ein Beispiel aus der jüngeren Vergangenheit für den Versuch, Kritik und Missstände nicht an die Öffentlichkeit dringen zu lassen und die Reihen zu schließen, ist das Verfahren gegen die türkische Journalistin Nadire Mater. In ihrem Buch *Mehmed'in Kitabı* berichten Soldaten (überwiegend Rekruten) über ihre bedrückenden Erfahrungen im Krieg mit der „Arbeiterpartei Kurdistans" (*Partiya Karkeren Kurdistan*, PKK) in Südostanatolien.[7] Mater wurde wegen Beleidigung der Armee angeklagt, jedoch freigesprochen.

Selbst im Zeitalter des Internets, in dem kaum etwas verborgen bleibt und Interna durch rasante Nachrichtenübermittlung publik werden, scheint das Militär in der Lage, durch Einschränkungen und Verbote die Veröffentlichung von Vorgängen im Militär zu unterbinden. So wurde im Februar 2001 die Militärkritische Web-Seite *subay.net*, in der Angehörige der Streitkräfte ihre Sorgen und Nöte artikulieren konnten, unter Androhung strafrechtlicher Schritte auf der Grundlage des notorischen Artikels 159 des Türkischen Strafgesetzbuches (u. a. Beleidigung des Militärs) nach knapp halbjähriger Präsenz still gelegt.[8] Inzwischen ist *subay.net* wieder im Netz; möglicherweise um den Preis der Domestikation?[9] Langfristig indes werden wohl die modernen Medien die Isolierung des Militärs aufweichen.

---

5 Eine rezente und knappe Einführung in den Themenkomplex bietet William Hale, „Turkey: The role of the military in politics", in: Erik-Jan Zürcher (Hg.), *Turkey in the Twentieth Century*, Berlin 2008, 65-87. Vgl. auch Frank Tachau/Metin Heper, „The State, Politics and the Military in Turkey", *Comparative Politics*, 16/1 (1983), 17-33.

6 *Commission of the European Communities, Turkey 2009 Progress Report* (14.10.2009), 10 f. – Eine besondere Ausformung des Klandestinen bis hin zur Sphäre der Geheimbündelei ist das geheime Netzwerk Ergenekon, eine Organisation bestehend aus ehemaligen und aktiven Offizieren aus Polizei und Militär sowie Zivilisten, der Vorbereitungen zu einem Putsch und Verschwörung zur Ermordung Intellektueller vorgeworfen werden bzw. die Planung von Aktionen, die ein „Gefühl der Unsicherheit in der Gesellschaft" hervorrufen sollte. Der Komplex wird gegenwärtig vor Gericht untersucht.

7 Untertitel: *Güneydoğu'da Savaşmış Askerler Anlatıyor*, Istanbul 1999; eine deutsche Ausgabe erschien unter dem Titel *Mehmets Buch. Türkische Soldaten berichten über ihren Kampf gegen kurdische Guerillas*, Frankfurt 2001.

8 Art. 301 des neuen STGB von 2005 entspricht ganz überwiegend dem alten Artikel 159. Weitere relevante Artikel in diesem Zusammenhang sind Art. 318 „Distanzierung des Volkes vom Militär" und Art. 319 „Aufwiegelung zum Ungehorsam". Siehe Yaman Akdeniz, „ Internet Governance and Freedom in Turkey", 2003: www.cyber-rights.org/documents/osce_turkey_paper.pdf (13.12.2009). Siehe auch www.info-turk.be/270.htm (06.12.2009). – Nach einer Meldung in *Sabahonline* vom 13.2.2001war die treibende Kraft hinter der Einrichtung der Web-Seite die Ehefrau eines Offiziers. Als Zweck der Web-Seite gab sie die „Verbreitung kemalistischen Gedankenguts" an.

9 Das heutige *subay.net* bezeichnet sich als „unabhängige Nachrichten-Site für Soldaten", die keinerlei Verbindung mit den türkischen Streitkräften habe: www.subay.net/hakkimizda

Ein Fenster zum Militär: Selbstzeugnisse von Offizieren

Die Abschottung von der „Außenwelt“ war aber nie total. Wie war es dann um Offenheit und Öffentlichkeit im türkischen Militär in den letzten hundert Jahren bestellt? Darüber könnte speziell ein Genre Auskunft geben, nämlich die zahlreichen Memoiren von Offizieren. Im Unterschied zu den „ungefilterten“, „authentischen“, spontanen, kurzlebigen und tagesaktuellen Stellungnahmen, z. B. in *subay.net*, sind Autobiographien und Memoiren weniger geeignet, die angestrebte Diskretion zu verletzen, weil sie des Schreibaktes bedürfen und dadurch tendenziell an Authentizität und Aktualität verlieren. Die Erörterung militärischer Interna (abgesehen von Belangen, die strikter Geheimhaltung unterliegen) aus vergangenen Jahren oder Jahrzehnten gilt nicht mehr als Verstoß gegen Diskretion oder als Tabubruch. Selbstzeugnisse türkischer Offiziere haben eine lange Tradition; sie dienen der Rückschau und Rechtfertigung und machen auch nicht Halt eben vor der Mitteilung von Krisen und Konflikten (z. B. um Strategien) im Militär, von Kompetenzstreitigkeiten und Konkurrenz unter den Kameraden. In der Regel sind die Memoiren von Offizieren abgefasst, die auch politisch eine Rolle spielten. Die Zahl von Memoiren und Autobiographien von Persönlichkeiten des Militärs, insbesondere aus der Zeit der Balkankriege, des Ersten Weltkrieges und des Unabhängigkeitskrieges ist Legion. Die Herausstellung eigener Verdienste und der Fehler anderer prägen diese Schriften, von Aḥmed ʿIzzet Pascha[10] und ʿAbdullâh Pascha[11] über Aḥmed Cemâl Pascha[12] bis hin zu ʿAli Fu'âd Cebesoy[13] und Kâzım Karabekir.[14]

Auch im letzten halben Jahrhundert sind etliche Selbstzeugnisse veröffentlicht worden. Sie legen Rechenschaft ab, versuchen, das eigene Tun in einem möglichst vorteilhaften Licht darzustellen, lassen uns an der militärischen Ausbildung und der Begegnung mit Vorgesetzten und Untergebenen sowie mitunter auch am Privatleben teilhaben und geben Einblicke in die Denkweisen und den geistigen Ha-

(6.12.2009). Die Tatsache, dass daneben eine offenbar offiziöse Web-Seite www.subaylar.net existiert, deutet darauf hin, dass *subay.net* in der Tat eine gewisse Unabhängigkeit von der Armeeführung nicht abgesprochen werden kann. Von einer kritischen Haltung ist aber nichts zu spüren: Bekannte patriotische Gedichte wie z. B. Mehmet Akif Ersoys „An die Gefallenen von Çanakkale“ (ein Exzerpt aus seinem *ʿÂṣım*, Istanbul 1924) und Verlautbarungen des Generalstabs prägen den Inhalt.

10 *Feryadım*, 2 Bde., Istanbul 1992-1993; zuerst auf Deutsch erschienen unter dem Titel *Denkwürdigkeiten des Marschalls Izzet Pascha. Ein kritischer Beitrag zur Kriegsschuldfrage*, Leipzig 1927.

11 *1328 Balkan ḥarbinde Şark Ordusu Ḳumandanı ʿAbdullâh Paşa'nın ḫâṭırâtı*, Istanbul 1336/1918-19.

12 *Ḫâṭırât 1913-1922*, Istanbul 1922. Deutsche Übersetzung unter dem Titel *Erinnerungen eines türkischen Staatsmannes*, München 1922.

13 *Milli Mücadele Hatıraları*, Istanbul 1953.

14 *İstiklâl Harbimiz*, Istanbul 1960.

bitus von zumeist hohen Offizieren.[15] Diese Memoiren sind – wie ganz allgemein das Genre – nicht frei von tendenziöser Zielsetzung und subjektiver Färbung. Eine vergleichend-systematische Analyse – die nicht Absicht dieses Artikels ist – von Dutzenden dieser Selbstzeugnisse könnte Beiträge zu einem Gruppenprofil leisten und Schlüsse auf die innere Verfassung des Offizierskorps nahe legen. Womöglich erweisen sich die Militärs als eine – im Vergleich zu anderen Berufsgruppen in der Türkei – besonders mitteilsame und „erinnerungsfreudige" Gruppe. Zu den prominenten Memoirenschreibern[16] gehören Kenan Evren (geb. 1918), Generalstabschef (1978-1983), Junta-Chef (1980-1982) und Staatspräsident (1982-1989)[17] und Muhsin Batur, Befehlshaber der Luftwaffe (1969-1973).[18] In den Kontext der Militärrevolution von 1960, die eine besonders große Anzahl von Memoiren hervorbrachte, gehören: Cemal Madanoğlu (1907-1993), Mitglied des Komitees für Nationale Einheit (MBK);[19] Sıtkı Ulay, ebenfalls MBK-Mitglied;[20] Oberst Talat Aydemir, der nach zwei Putschversuchen im Februar 1962 und Mai 1963 zum Tode verurteilt wurde;[21] Dündar Seyhan, ein Mitstreiter Talat Aydemirs (der aber im Unterschied zu Aydemir nicht zum Tode verurteilt wurde);[22] Orhan Erkanlı, Mitglied des MBK;[23] Brigadegeneral Kenan Esengin,[24] ein Opfer der Säuberung in den Streitkräften im August 1960; Oberst Haydar Tunçkanat,[25] Mitglied des MBK.

---

15 Vgl. Ali L. Karaosmanoğlu, „Officers: Westernization and Democracy", in: Metin Heper/ Ayşe Öncü/Heinz Kramer (Hg.), *Turkey and the West. Changing Political and Cultural Identities*, London/New York 1993, 19-34.

16 Die meisten dieser Selbstzeugnisse tragen den Titel Hatıralar, Hatırat oder Anılar, also „Erinnerungen" oder „Memoiren", auch wenn sie in etlichen Fällen das gesamte Leben (eher ein Merkmal für eine Autobiographie) und nicht einen bestimmten Lebensabschnitt (eher ein Charakteristikum für Memoiren) betreffen; im Übrigen sind die Übergänge zwischen beiden Genres fließend.

17 *Kenan Evren'in Anıları*, 6 Bde., Istanbul 1991-92.

18 *Anılar ve Görüşler: Üç dönemin perde arkası*, 2. Auflage, Istanbul 1985.

19 *Anılar 1911-1953*, Istanbul o. J. [um 1982] (alles Erschienene?). Dies Buch enthält im Vorspann eine lobende Zuschrift (vielleicht ein vergiftetes Lob?) eines Psychiaters namens Vakıf Özkul an den Verfasser; darin heißt es u. a.: „Es steht mir nicht zu, zu sagen, dass sie (d. h. die Erinnerungen) eine angenehme, flüssige und faszinierende Lektüre darstellen, die wir von Soldaten nicht gewöhnt sind. Aber in meiner Eigenschaft als Psychiater sehe ich es als meine Pflicht an zu sagen, dass es keine einfache Sache ist für einen Menschen, sich ohne Tarnung darzustellen und erst recht, sich im Spiegel betrachten zu lassen, ganz so, wie wenn man im Unterbewusstsein herumstochert".

20 *Harbiye Silah Başına: 27 Mayıs 1960*, Istanbul 1968.

21 *Talat Aydemir' in Hatıraları*, Istanbul 1968.

22 *Gölgedeki Adam*, Istanbul 1966.

23 *Anılar... Sorunlar...Sorumlular*, 2. Auflage, Istanbul 1972.

24 *27 Mayıs ve Ordudaki Kıyımlar. 27 Mayıs ve Orduda Emeklilik Olayı*, Istanbul 1978. Seine Schrift ist vielleicht die schärfste publizierte Kritik an der Säuberungsaktion im August 1960.

25 *27 Mayıs 1960 Devrimi (Diktadan Demokrasiye)*, Istanbul 1996.

Das türkische Militär: kein monolithischer Block

Wie ist nun die Gruppe oder Klasse beschaffen, zu der die Individuen gehören, welche diese Erinnerungen verfasst haben?[26] In den Augen eines Mitglieds des Komitees für Nationale Einheit (*Milli Birlik Komitesi*), das in dem Putsch von 1960 die Macht ergriff, Hauptmann Orhan Erkanlı, existiert in der Türkei „...eine militärische Klasse, genauso wie es eine Arbeiter- und Bauern-Klasse gibt, und das Offizierskorps ist das Rückgrat dieser militärischen Klasse".[27] Ein Charakteristikum des Offizierskorps ist seine bereits zu einem frühen Zeitpunkt von allgemeinbildenden Schulen getrennte Ausbildung an Militärgymnasien.[28] Gleichwohl ist das türkische Militär kein monolithischer Block.[29] Es besteht aus verschiedenen Gruppierungen mit jeweils eigenen Strategien und Ideologien; eine Reduzierung auf zwei Gruppierungen, nämlich „Moderate" und „Radikale", ist eine Vereinfachung. Für die Jahre 1960-1973 wurden sechs Hauptströmungen identifiziert.[30] Andererseits gibt es eine starke Homogenität hinsichtlich der sozialen Herkunft des Offizierskorps. Es rekrutiert sich weitgehend aus Angehörigen von Unter- und Mittelschicht. Dass Söhne von Offizieren (der Berufswahl ihres Vaters folgend) ihrerseits Offiziere werden, ist keineswegs selten.[31] Die Homogenität vermindert sich aber durch eine Unterteilung des Offizierskorps in die wenigen privilegierten Generalstabsoffiziere (*kurmay*, Absolventen der Kriegsakademie, *Harp Akademisi*), gewissermassen die Elite der Streitkräfte, und in „einfache" Offiziere (d. h. Absolventen der Kriegsschule, *Harp Okulu*). Eine weitere Aufgliederung ergibt sich aus dem größeren politischen Aktivismus rangniedrigerer Offiziere im Vergleich zu Generälen. Ausserdem sind Sympathien für politische Richtungen ein zusätzliches Differenzierungsmerkmal.[32]

Nach Karpat identifiziert sich das Militär ideologisch nicht mit einer der Schichten, aus denen es sich rekrutiert, sondern mit dem Staat. Diese Gleichsetzung mit dem Staat mache es „unempfänglich für Tagespolitik".[33] Das mag in der Vergangenheit so gewesen sein. Heute jedoch tun hohe Militärs immer wieder ihre Mei-

---

26 Ahmet Insel/Ali Bayramoğlu (Hg.), *Bir Zümre, Bir Parti. Türkiye'de Ordu*, Istanbul 2004.

27 *Anılar...Sorunlar...Sorumlular*, Istanbul 1973, 376, zitiert nach Hale, *Turkish Politics and the Military*, 320 f. Erkanlı zählte zu den „Vierzehn" und wurde später CHP-Abgeordneter. Vgl. sein *Askerî Demokrasi 1960-1980*, Istanbul 1987, 76 f.

28 Es gibt drei Militärgymnasien (*askeri lise*) in der Türkei: Istanbul, Bursa und Izmir.

29 Weiher, "Die innenpolitische Rolle", 307.

30 Semih Vaner, „The Army", in: Irvin Cemil Schick/Ertuğrul Ahmet Tonak (Hg.), *Turkey in Transition: New Perspectives*, New York-Oxford 1987, 236-265, hier 236-242.

31 Walter F. Weiker, *The Modernization of Turkey. From Atatürk to the Present Day*, New York 1981, 37-40. Zu Rekrutierungsmustern im türkischen Militär vgl. James Brown, „The Military and Society: The Turkish Case", *Middle Eastern Studies*, 25 (1989), 387-404.

32 Weiher, "Die innenpolitische Rolle", 307 f.; Vaner, „The Army", 242-250.

33 Kemal Karpat, „Turkish Democracy at Impasse: Ideology, Party Politics and the Third Military Intervention", *International Journal of Turkish Studies*, 2/1 (1981), 1- 42, hier 10.

nung zu innen- und außenpolitischen Themen kund.[34] Richtig ist, dass aufgrund der postulierten Identifizierung mit dem Staat das Militär beansprucht, sich über „Tagespolitik" zu erheben und zur Verteidigung des Staates zu intervenieren.

Im Gefolge des Militärputsches von 1960 offenbarten sich etliche Antagonismen im türkischen Militär. Möglicherweise war das türkische Militär nie gespaltener als in den Jahren 1960-1962.[35] Vier Gruppierungen lassen sich unterscheiden: Generalstabschef Cevdet Sunay und andere Generalstabsoffiziere, die in einer „Vereinigung der Streitkräfte" (*Silâhlı Kuvvetler Birliği*) organisiert waren; die Gruppe der „Vierzehn"; der „Verein der pensionierten Offiziere der Revolution" („Emekli İnkılâp Subayları Derneği", abgekürzt EMİNSU) und die Verschwörer des 22. Februar 1962 (und 21.5.1963) um Talat Aydemir.[36] Während eine aus Zivilisten und Militärs bestehende Regierung etabliert wurde, hielt der MBK (herrschte bis November 1961) alle Fäden in der Hand. Mit der gleichsam doppelten Exekutive und der Zerrissenheit im Militär (und im MBK) konnte der Anspruch auf Überparteilichkeit, den Oberst Alparslan Türkeş in seiner Radioansprache am 27.5.1960 erhoben hatte, schwerlich eingelöst werden. Die onkelhafte Figur von General Cemal Gürsel, der nun in Personalunion als Staatspräsident, Ministerpräsident und Verteidigungsminister fungierte, sollte die Differenzen kaschieren. Ausgerechnet also zu einem Zeitpunkt, als das Militär die Macht übernommen hatte, ermangelte es ihm an Einheit und Geschlossenheit, und es offenbarte damit Schwächen, wie sie von türkischen Offizieren häufig zivilen Regierungen unterstellt werden.[37] Darüber hinaus erhob sich die Frage der Einsatzfähigkeit der türkischen Streitkräfte, und das zu einer Zeit, in der sich die Ost-West-Konfrontation (Berlin-Krise) einem Höhepunkt näherte. Der größte Konflikt aber, der damals das Militär entzweite und bis heute nicht vollständig ausgeleuchtet worden ist, betraf die Zwangspensionierung tausender Offiziere.

Cahit Bey und seine ungedruckten Memoiren

Einer dieser Offiziere, von denen sich das Militär im August 1960 trennte, soll im Folgenden porträtiert werden und zwar auf der Grundlage seiner unpublizierten Memoiren. Während meiner Referentenzeit am Orient-Institut der Deutschen Morgenländischen Gesellschaft in Istanbul waren Anfang der neunziger Jahre im

34 Füsun Türkmen, „The European Union and Democratization in Turkey: The Role of the Elites", *Human Rights Quarterly*, 30 (2008), 146-163, hier 155.

35 Im Unterschied zu 1960 waren die übrigen Interventionen des Militärs, der „Coup by memorandum" von 1971 und der Staatsstreich von 1980, jedenfalls soweit wir wissen, nicht von solchen massiven Differenzen und Fraktionierungen geprägt.

36 Cemal Kalyoncu, „Darbe içinde darbe", *Aksiyon, Haftalık Haber Dergisi*, 755 25.5.2009, 1, www.aksiyon.com.tr, Zugriff am 23.6.2009; in englischer Sprache in *Sunday's Zaman* vom 31.5.2009, www.sundayszaman.com (23.06.2009). Den Hinweis auf diesen Artikel verdanke ich William Hale.

37 Birand, *Shirts of Steel*, 68 ff.

Zuge des Aufbaus der Bibliothek neben einer großen Anzahl von Druckwerken auch einige Konvolute angekauft worden, die aus hand- und maschinenschriftlichen Aufzeichnungen bestanden.[38] Darunter befanden sich die Erinnerungen (ca. 330 Seiten in 6 Teilen; Teil 5 war nicht in dem Konvolut vorhanden) eines entlassenen Offiziers an die Jahre 1960-1962, die den Titel tragen: *Die Revolution von 1960. Meine politischen und privaten Erinnerungen nebst Dokumenten, Briefen und Zeitungsausschnitten.*[39] Ein variierender Titel lautet: *Kurze Geschichte der Revolution: Wie wurde die Zweite Republik gegründet und konsolidiert?*[40]

Einige Worte zur Entstehung und Anlage der Memoiren: Soweit ersichtlich haben überwiegend tagebuchartige Notizen, die nachträglich – wobei die zeitliche Distanz zwischen den Tagebucheintragungen und den ausgearbeiteten Memoiren variiert; sie reicht von mehreren Monaten bis einige Tage – zusammengefasst wurden, den Stoff für das Manu- bzw. Typoskript geliefert.[41] Einige Passagen sind aber noch am selben Tag abgefasst. Inhaltlich setzen sich die Memoiren zusammen aus Bemerkungen zu privaten bzw. familiären Angelegenheiten des Autors, Kontakten mit Bekannten und Kollegen, dem Engagement in der neu gegründeten Gerechtigkeitspartei und dem „Verein pensionierter Offiziere der Revolution" sowie Betrachtungen zur politischen Lage in der Türkei. Es gibt etliche Briefe (zumeist aus der Feder des Verfassers), Dokumente und Zeitungsausschnitte, die den Memoiren beiliegen.

Der Autor dieser Memoiren – ich nenne ihn im folgenden Cahit Bey – wurde 1916 in Istanbul geboren.[42] Die Familie stammte väterlicherseits ursprünglich aus Yozgat. Aber schon der Großvater erblickte das Licht der Welt in der Hauptstadt des Osmanischen Reiches. Auch Cahits Vater wurde in Istanbul geboren und absolvierte die Fakultät für Literatur an der Universität (*dârülfünûn*). Er stieg zum Kanzleichef (*mümeyyiz*) in der Finanzverwaltung (*hazine-i maliye kalemi*) auf und starb, als der Sohn vier Jahre alt war. Die Mutter unseres Verfassers wurde 1895 geboren und lebte z.Zt. der Abfassung der Memoiren in Istanbul. Cahit hatte einen älteren Bruder, über den nichts weiter bekannt ist.

Nach Abschluss der Volksschule geht Cahit zum Militär und zwar auf die Seekadettenschule (*Deniz Lisesi*), eine nicht untypische Option für Familien aus der Unter- und Mittelschicht, die nicht über genügend Mittel verfügten, um ihren

---

38 Der Ankauf dieser Konvolute, die gewöhnlich nicht zu den Gegenständen gehören, die Bibliotheken kaufen, ist der Jubilarin und damaligen Direktorin zu verdanken.

39 „1960 İhtilali. Özel ve Siyasi Hatıralarım. Vesika ve Mektuplar, Gazete Küpürlerile". Generell habe ich Cahits Orthographie beibehalten.

40 „İnkilâbın Tarihçesi – İkinci Cumhuriyet nasıl kuruldu ve nasıl yerleşti?"

41 In Teil III, 7 ist von einem *hatıra defteri* (Tagebuch) die Rede. An mindestens einer Stelle der Aufzeichnungen heißt es: „...Morgen werde ich auf...zurückkommen..." (III, 7).

42 Ich habe den Namen des Autors geändert, die Namen seiner Familienangehörigen und anderer Individuen, die nicht Personen der Zeitgeschichte sind, ausgelassen und verschiedene Umstände etwas verschlüsselt, weil angesichts mehrerer Mitteilungen aus dem Privatleben des Autors eine Nennung der Namen nicht angebracht war.

Söhnen den Besuch einer weiterführenden Schule zu ermöglichen. Durch den frühen Tod des Vaters ihres Ernährers beraubt, ist die Familie weitgehend mittellos. 1933 tritt Cahit in die Seekriegsschule (*Deniz Harp Okulu*) ein, die er 1935 im Rang eines Oberfähnrichs (Offiziersanwärter) verlässt. Zwischen 1935 und 1959 ist Cahit in raschem Wechsel in verschiedenen Funktionen tätig, und zwar zu gleichen Teilen auf See (*gemi hizmeti*) und zu Land (*kara hizmeti*), hier ganz überwiegend als Lehrer an der *Deniz Harp Okulu* in Heybeliada.[43] 1941 erhält er sein erstes Kommando über ein Minensuchboot. Mitte der vierziger Jahre besucht er die Marineakademie (*Deniz Harp Akademisi*).[44] 1947/48 nimmt er an Weiterbildungskursen am Amt für Hydrographie der US-Marine in Washington, D.C. teil. 1948-1950 fährt er auf dem Kreuzer *Yavuz*, der ehemaligen *Göben*. In den fünfziger Jahren tut er in verschiedenen Funktionen Dienst auf Schiffen der Marine, meist als Kapitän. Von 1956-1959 unterrichtet er wiederum an der Seekriegsschule. 1959 – im Alter von 43 Jahren – wird Cahit Bey im Rang eines Kapitäns zur See[45] Abteilungsleiter im Hauptquartier der Marine in Ankara.[46] Abgesehen von seinem USA-Aufenthalt wohnt er zum ersten Mal nicht in oder in der Umgebung Istanbuls.[47]

Inzwischen hat unser Autor längst eine Familie gegründet. Nach seiner Heirat im Jahr 1937 kamen 1938 eine Tochter und 1945 ein Sohn zur Welt.[48] Die Familie seiner Frau ist offenbar wohlhabend. Stolz, aber auch Streitobjekt unter den Verwandten ist ein *yalı* in Beylerbey.[49] Seine Frau besitzt ein Haus in Feriköy, auf dessen Mieteinnahmen man angewiesen war, um die relativ teure Mietwohnung in Ankara zu bezahlen. Cahit selbst gehört die Hälfte eines Hauses in Kumkapı, in dem seine Mutter lebt und die er wegen ihrer kärglichen Rente finanziell unterstützt. Das knappe Haushaltsbudget lässt keine großen Sprünge zu; immerhin steht ein Gebrauchtwagen vor der Tür. Die Sommerferien verbringt die Familie

---

43 Cahit hat mehrere Publikationen zur türkischen Militärgeschichte verfasst.

44 Es ist aber unklar, ob er sie tatsächlich abgeschlossen hat (III, 13).

45 Dieser Rang entspricht dem des Obersten (Grundgehalt 100 Lira) bei den Landstreitkräften.

46 Aus einem Lebenslauf geht hervor, dass Cahit um 1960 1,68 Meter groß war und 80 kg wog, also eher untersetzten Typs war. Als Hobbies gibt er Fremdsprachen, Naturwissenschaften (er veröffentlichte einige Artikel) und Wassersportarten an. In politischer Hinsicht ist Cahit ist liberal bis konservativ. Durch seinen USA-Aufenthalt besitzt er eine gewisse internationale Erfahrung. Seinen Kindern ist er ein liebender Vater; er sorgt sich um seine Frau wegen ihrer gesundheitlichen Probleme; er kümmert sich um seine Mutter. An bestimmten Feiertagen und zu besonderen Anlässen geht er in die Moschee (in seinen Aufzeichnungen benutzt er häufig religiöse Formeln wie „Âmin", „Allah bana ihsan etsin, iyi günler göstersin" usw.).

47 Cahit war auf der Flottenbasis Gölcük stationiert; die Seekriegsschule befindet sich in Heybeliada.

48 Ein zweites Kind ist im Alter von drei Monaten gestorben.

49 Teil IV, 29. Es ist unklar, ob es sich tatsächlich um eine „Ufervilla" im engeren Sinn handelt (es gibt in Beylerbey zwei *yalı*s von Rang: das İsmail Paşa Yalısı und das Yanan Hasib Paşa Yalısı; beide kommen wohl nicht als Eigentum der Familie in Frage) oder um ein Haus in Ufernähe.

kostengünstig in einer Anlage der Marine nahe Istanbul – insgesamt eine Situation, mit der man sich arrangieren kann. Man leidet keine Not und hat die Sicherheit einer Dauerstelle mit regelmäßigen Beförderungen. Freilich hielten die Gehälter von Beamten und Offizieren in den fünfziger Jahren nicht mit der Inflation Schritt. Wenn sich Cahit Bey über seine finanzielle Lage beklagt („*çok bozuk olan mali durumumuz*"), hat dies nichts mit materieller Not zu tun, sondern damit, dass man den eigenen Lebensstandard vergleicht (und für zu niedrig befindet) mit dem von Kollegen, die nach der Rückkehr von ihren Auslandsposten in der Lage waren, Wohnungen und Autos zu kaufen, ganz zu schweigen von den *nouveaux riches*, welche die wirtschaftliche Liberalisierung unter Ministerpräsident Menderes hervorgebracht hatte.[50] Die Ehe der Tochter, die in Istanbul verheiratet ist, wird bald geschieden, während der Sohn noch aufs Gymnasium geht. Cahit ist unzufrieden mit seiner Situation in Ankara. Aus Istanbul gebürtig, hängt er an der Stadt, wo Freunde und Verwandte leben. Seine Frau verträgt das Ankaraner Klima nicht und klagt über Rheuma.

Nach kaum einem Jahr in Ankara empfindet Cahit seinen Posten in der Verwaltung als unattraktiv und „unproduktiv".[51] (Teil I, 35). Ein Gesuch um Versetzung nach Istanbul wird abschlägig beschieden. Nun plant er, sich um eine Verwendung im Ausland zu bewerben, z. B. als Militärattaché. Zu diesem Zweck unterzieht er sich der obligatorischen Englischprüfung, deren Bestehen die Familie bescheiden mit einem Bier feiert und Cahit nach vorne schauen lässt: „So Gott will, werden diese bedrückenden Tage eines Tages ein Ende finden und Wohlstand und Behaglichkeit einkehren".[52]

Cahit und der 27. Mai

Cahits Aufzeichnungen beginnen Ende April 1960, als die lange schwelende Auseinandersetzung zwischen der Regierung einerseits und der Opposition innerhalb und außerhalb des Parlaments andererseits ihren Höhepunkt erreichte. Mit der Mehrheit der Fraktion der Demokratischen Partei (*Demokrat Parti*, DP) wurde die Einsetzung eines Untersuchungsausschusses beschlossen, der alle Aktivitäten der oppositionellen Republikanischen Volkspartei (CHP) für drei Monate verbot. Bei anschließenden Protestdemonstrationen wurden zwei Studenten getötet. Cahit erwähnt die Ausrufung des Ausnahmezustands, das Versammlungsverbot und die Rufe nach Menderes' Rücktritt. Er ist kein entschiedener Gegner der DP, hegt aber starke Zweifel an den Fähigkeiten und der „Vernunft" des Ministerpräsidenten. Er hofft auf den Rücktritt von Menderes. Dieser solle sein Amt

50 Die Steigerung der Lebenshaltungskosten bis 1960 betrug das Fünffache des Anstiegs der Offiziersgehälter. Weiher, *Militär und Entwicklung in der Türkei*, 116.

51 I, 35.

52 „İnşallah, bu sıkıntılı günlerim bir gün refah ve rahatlığa inkilab eder" (II, 1).

einem „gemäßigten Demokraten" („*mutedil bir Demokrat arkadaşı*", d. h. einem anderen Mitglied der DP) überlassen; Neuwahlen sollten ausgeschrieben werden, um eine Abkühlung der aufgeheizten innenpolitischen Situation herbeizuführen.[53] Wenn die „machthungrige" DP an der Regierung bleibe, werde die Türkei auf dem Weg zur „zeitgenössischen Zivilisation" Jahre verlieren. Die Hauptsache sei aber, dass kein Blut vergossen werde.[54]

Die Intervention der Streitkräfte am 27. Mai 1960 verlief in der Tat unblutig.[55] Für Cahit Bey bietet dieser Tag eine willkommene Abwechslung von seiner Schreibtischtätigkeit. Das Militär, dessen Einfluss während der Menderes-Jahre zurückgedrängt worden war und das an Prestige verloren hatte, beherrscht die Szene. Eine – salopp formuliert – „Wir sind wieder wer"-Mentalität ergreift die Militärs. Am frühen Morgen hört Cahit die Ansprache Oberst Alparslan Türkeş's im Radio, in der die Intervention der Streitkräfte verkündet wird. Ein bewaffneter, offenbar informierter Offizierskollege erscheint und trägt Cahit auf, in seinem Stadtviertel Küçükesat für Ruhe und Ordnung zu sorgen. Das tut er auch, quasi en passant, als er mit seinem Sohn beim Bäcker, der trotz Ausgangssperre geöffnet hat, Brot holen geht. Nach dem Frühstück begibt sich Cahit zu seiner Dienststelle im Marineoberkommando und findet dort kaum besetzte Büros vor. So macht er sich wieder auf nach Hause. Unterwegs trifft er einen Abgeordneten der CHP, der ihn zu İsmet İnönü mitnimmt, in dessen Haus die Spitzen der Partei versammelt sind, um dem Vorsitzenden ihre Aufwartung zu machen („*İsmet Pasa'ya gidelim, tebrik edip el öpelim*"). Unter den Abgeordneten der Volkspartei ist die Stimmung gelöst, wie nach einem reinigenden Gewitter. Am Nachmittag besucht Cahit seinen Nachbarn, Brigadegeneral İrfan Baştuğ, der als Mitglied des Komitees für Nationale Einheit zum Gouverneur der Provinz Ankara ernannt worden ist. Er hört die Einschätzung von Kollegen, dass der starke Mann des neuen Regimes („*asıl icraat ve yetki sahibi*") Generalmajor Cemal Madanoğlu sei.[56]

53 I, 1-37 (Seiten 1-12 sind in arabischer Schrift).

54 „...muasır medeniyete gene yıllar kaybediyoruz..." (I, 30) „...kan dökülmesin, yegâne temmenimiz budur" (I, 34).

55 In der Literatur hat sich keine eindeutige und einheitliche Definition für die Intervention der Militärs im Jahre 1960 durchgesetzt. Meist wird mit „Intervention" der neutralste Begriff gewählt. Dagegen hat das Wort *darbe* für „Putsch" oder „Staatsstreich" eher eine negative Konnotation. Auch wird das Kürzel „27.Mai" für die Vorgänge im Mai 1960 verwendet. Für viele Augenzeugen und Beteiligte, aber auch für zeitgenössische Beobachter kamen die Ereignisse einer Revolution gleich. Obwohl der Staatsstreich keinen Umsturz der bestehenden politischen und sozialen Ordnung herbeigeführt hat, hat sich speziell in der Türkei der Begriff „Revolution" (*devrim* bzw. *ihtilal*) verbreitet. Von Revolution könnte allenfalls im Sinne von „Revolution von oben" gesprochen werden. Für diesen Komplex sind folgende Monographien einschlägig: Feroz Ahmad, *The Turkish Experiment in Democracy 1950-1975,* London 1977; Kemal Karpat, „Domestic Politics", in: Klaus-Detlev Grothusen (Hg.), *Türkei. Südosteuropa-Handbuch*, Bd. IV. Göttingen 1985, 57-88; Walter F. Weiker, *The Turkish Revolution 1960-1961. Aspects of Military Politics,* 3. Auflage, Washington/D.C. 1967.

56 II, 7-13.

Cahit schreibt, dass diese „unblutige Revolution...die Reife der türkischen Nation erneut unter Beweis gestellt hat“;[57] „die Jugend und die Nation sind begeistert, man kann die fröhliche Stimmung förmlich einatmen...Die Zeitungen und Menschen sind frei, das gesellschaftliche Leben ist von einem mächtigen Druck befreit, man atmet wieder frei“.[58] So erlebt Cahit Bey den 27. Mai als Initiation in führende Kreise der bisherigen Opposition. Er ist stolz auf seine neuen Bekanntschaften und betont den Austausch von Visitenkarten; Kontakte, die in der Zukunft nützlich sein könnten.

Aber seine gute Stimmung erhält schon wenige Tage später einen Dämpfer. Seinem Antrag auf Versetzung ins Ausland, den er – man ist versucht zu sagen, ungeschickterweise – mit der Behandlung des Rheumas seiner Frau begründet hatte, ist nicht stattgegeben worden, weil eine Stelle, die seinem Dienstgrad entspricht, nicht frei ist. Er bezichtigt Admiral Fahri Korutürk,[59] der den Antrag abgelehnt hat, der Unaufrichtigkeit, weil er – damals in seiner Eigenschaft als Kommandant der Marineakademie – Cahit mit den Worten verabschiedet habe: „Es ist nicht so, dass nur Generalstabsoffiziere ein Anrecht auf die Zukunft haben. Auch fleißigen Offizieren jedweder Waffengattung stehen hohe Posten und die Zukunft offen“.[60] Die ungeliebte Tätigkeit in der Schreibstube, keine Weiterbildung, keine Teilnahme an Manövern: all das veranlasst ihn zur Klage über mangelndes Vorwärtskommen. Er fühlt sich ungerecht behandelt und ist enttäuscht. Unter Abwandlung eines Slogans der Studenten gegen das Menderes-Regime schreibt er: *„Olur mu, böyle olur mu – bu kadar haksızlık yapılır mı?“*.[61]

Angesichts dieses Schlags ist die materielle Besserstellung von Offizieren – eine der ersten Maßnahmen des MBK – nur ein schwacher Trost.[62] Gleichzeitig stellt er nämlich einen Antrag auf Mietzuschuss, was darauf hindeutet, dass sein Gehalt noch vergleichsweise niedrig war oder jedenfalls seinen Ansprüchen nicht genügte. Obwohl ihn wie viele andere Bürger das Ausmaß der Missstände unter der DP-Herrschaft – der „pathologische Charakter“ des Ministerpräsidenten (*„Başvekilin manyak karakteri“*), Korruption, Profitgier, Vetternwirtschaft, die Aufstellung einer Parteimiliz (*vatan cephesi*), Unterstützung der religiösen Reaktion (*Said-i Kürdi yo-*

57 „Kansız bu İhtilâl...Türk milletinin olgunluğunu bir daha isbata vesile oldu“: II, 14.

58 „...gençlik ve millet sevinç içinde, heyecanlı havayı adeta teneffüs ediyorsunuz...Gazeteler hür, insanlar hür, cemiyet hayatı muazzam bir baskıdan kalkarak ferahlamış vaziyette“: III, 1.

59 1903-1987, Oberbefehlshaber der Marine 1957-1960, Staatspräsident 1973-1980.

60 „İstikbâl hiç bir zaman yalnız kurmay subayın hakkı olamaz, her sınıf subayı çalıştığı takdirde yüksek mevkilere ve istikballere namzettir“ (III, 13). Cahit hat wahrscheinlich die Marineakademie absolviert. Er deutet aber an, dass durch die „Launenhaftigkeit“ eines Lehrers seine Bewertung nicht ausreichte für eine Verwendung im Generalstab.

61 Dieser Slogan kann nicht adäquat ins Deutsche übersetzt werden. Dem Sinn nach ist gemeint: „Wie ist es möglich, dass einem soviel Unrecht widerfährt?“ (III, 13).

62 Das Dienstalter wurde generell für jeden Offizier um ein Jahr zurückverlegt, was aktuell mehr Gehalt und für die Zukunft eine höhere Pension bedeutete.

bazı),[63] Förderung der Dörfer auf Kosten einer Vernachlässigung der Städte aus Gründen des Stimmenfangs – empört (all das wird erst nach der Revolution in vollem Umfang bekannt; seine Kenntnisse bezieht er in erster Linie aus *Cumhuriyet*, einer, wie er schreibt, „*ciddi gazete*"), neigt Cahit Bey nicht zu einer Pauschalverurteilung der DP. So betrübt es ihn zu hören, dass ein pensionierter Admiral, der als Abgeordneter für die DP im Parlament saß, verhaftet wurde: „Ich hege großen Respekt und Wertschätzung für die höchsten Vertreter meines Berufsstandes".[64] Die Loyalität zum Militär, ein *esprit de corps*, geht ihm über alles.

Cahit betreibt nun wieder die Versetzung nach Istanbul. Im Juni 1960 wendet er sich an ein ihm bekanntes Mitglied des MBK, Korvettenkapitän Münir Köseoğlu,[65] mit der Bitte, seine Versetzung an die Unteroffiziersschule der Marine (*Deniz Astsubay Okulu*), die militärische Dienststelle für Seetransporte (*Deniz Nakliyat Kumandanlığı*) oder das Hydrographische Amt der Marine (*Deniz Hidrografi Dairesi*) zu unterstützen. Angesichts der Tatsache, dass er sich zuvor über die Schreibtischarbeit beklagt hat und dies auch in dem Schreiben an Köseoğlu wiederholt („*pasif vazife*"), verwundert es, dass er nun eine bürokratische Arbeit von sich aus vorzieht. Hat er die Hoffnung auf eine explizit militärische Funktionsstelle bereits aufgegeben, oder entspricht die ausgeübte und in Aussicht gefasste Tätigkeit eben doch seinem Naturell? Wie dem auch sei, die Initiative ist nicht von Erfolg gekrönt. Dennoch sollte Cahit Bey schneller nach Istanbul kommen als ihm lieb sein konnte, und zwar nicht im Zuge seiner Versetzung, sondern seiner Pensionierung.

Die Massenentlassung in den Streitkräften

Im August 1960 fand nämlich eine massive Säuberungsaktion („*muazzam bir tasfiye*", schreibt Cahit) in den Streitkräften statt, der auch Cahit Bey zum Opfer fiel. Mit „Gesetz Nr. 42 vom 2.8.1960 in Verbindung mit Gesetz Nr. 5434 über die Pensionskasse vom 2.8.1960…"[66] wurde über Nacht das Offizierskorps halbiert.[67]

---

63 Gemeint ist der angebliche Missbrauch der Religion zu politischen Zwecken durch die *Nurculuk*-Bewegung des Bediuzzaman Saidi Nursi, die von Zirkeln innerhalb der Demokratischen Partei unterstützt wurde.

64 „Mesleğimin büyüklerine hürmet ve deruni muhabbetim var" (III, 14).

65 Eines von zwei MBK-Mitgliedern aus der Marine, geb. 1923, siehe Weiker, *The Turkish Revolution*, 119.

66 „5434 sayılı T. C. Emekli Sandığı Kanununu değiştiren 2 Ağustos 1960 gün ve 42 sayılı kanun gereğince 20 Ağustos 1960 ve 2 Eylül 1960 tarihinde emekliye sevk edilecek olan subay ve askeri memurlar listesi". Von der Entlassung betroffen waren alle Offiziere, die länger als 25 Jahre gedient hatten. Doch gab es in der Praxis Ausnahmen von dieser Regel dergestalt, dass Offiziere mit höherem Dienstalter weiter dienten, während solche mit niedrigerem Dienstalter ihren Abschied bekamen.

67 Die ausführlichste Beschreibung der Säuberung findet sich bei Ümit Özdağ, *Menderes Döneminde Ordu Siyaset İlişkileri ve 27 Mayıs İhtilali*, Istanbul 1997, 297-312. Siehe auch Abdi İpekçi/Ömer Sami Coşar, *İhtilâlin İçyüzü*, 2 Bde. in 1, Istanbul 1965, 332-336. – Anzeichen für diese Massenpensionierung hatte es bereits seit Wochen gegeben. Ende Juli hatte der

Es handelte sich um 235 (von 240) Generälen (Brigadegeneral, Generalmajor, Generalleutnant, Vier-Sterne-General und die entsprechenden Dienstgrade in der Marine, der Luftwaffe und der Gendarmerie) und um mehr als 5.000 Offiziere.[68] Zwar wurden sogleich neue Ernennungen für Schlüsselfunktionen vorgenommen und die Beförderung von Offizieren vom Oberstleutnant abwärts erleichtert, so dass die Einsatzbereitschaft der türkischen Streitkräfte wohl nicht gefährdet war. Das galt angeblich auch für den internationalen Bereich, denn etliche der entlassenen Offiziere waren in der NATO und anderen internationalen Militärgremien tätig.[69] Andererseits ist es schwer vorstellbar, wie unerfahrene Offiziere solche vakant gewordenen Positionen von heute auf morgen ausfüllen sollten.[70]

Die Notwendigkeit einer Reform der Streitkräfte war bereits seit langem diskutiert worden. Es ist weitgehend unbestritten, dass das Offizierskorps nicht zuletzt

---

NATO-Oberkommandierende General Norstad bei einem Besuch in Ankara die Kommandostrukturen der Streitkräfte kritisiert, so Ahmet Emin Yalman in seinem *Gördüklerim ve Geçirdiklerim,* Bd. IV, Istanbul 1971, 372 f. laut Feroz Ahmad und Bedia Ahmad, *Türkiye'de Çok Partili Politikanın Açıklamalı Kronolojisi 1945-1971,* Ankara 1976, 221 (3.8.1960). Die Kosten für eine solche Operation wurden von Norstad mit 12 Mill. Dollar beziffert. Dieser Hinweis wurde später so verstanden, dass die USA der Hauptfinanzier der Aktion waren. In einer Rede in der Generalstabsakademie am Vorabend der Säuberung sagte Gürsel u. a.: „Leider ist die türkische Armee jahrelang als Werkzeug der Politik missbraucht worden, so dass ihre Struktur krank wurde. Allein durch eine Operation kann ihre Gesundheit wiederhergestellt werden. Diese Operation muss durchgeführt werden, aber in einer außerordentlich gerechten Weise und unter Wahrung von Recht und Gesetz. Die Armee wird eine dynamische Struktur erhalten...", *Cumhuriyet* vom 3.8.1960, zitiert nach Weiker, *The Turkish Revolution*, 129. Noch deutlicher wird Dündar Seyhan (*Gölgedeki Adam*, Istanbul 1966, 101), zitiert nach Özdağ, *Menderes Döneminde,* 298: „Die Führungs- und Personalstruktur der Armee glich einem rachitischen Kind, dessen Körper abgemagert und dessen Kopf riesig war".

68 Unter den Entlassenen waren sechs von sieben Generälen im MBK; allein Gürsel, der angeblich auch pensioniert werden wollte, verblieb in seinem Amt. – Bis heute gibt es keinen Konsens über die Zahlen: Die offizielle Zahl betrug 4195, siehe Yitzhak Oron (Hg.), *Middle East Record 1960.* Vol. 1, Jerusalem o. J., 443 f.; Hale, *Turkish Politics and the Military*, 125, zählt insgesamt 35.000 (vielleicht handelt es sich um einen Druckfehler) Offiziere einschließlich 235 Generäle und Admiräle, die pensioniert worden seien. Ein rezenter Artikel in *Aksiyon* (25.5.2009) hat eine Zahl von 235 Generälen und 7.200 Offizieren. Diese Zahl entspricht einer Pensionierung von 90% der damaligen Generäle, 75% der Obersten, 50% der Oberstleutnante und 30% der Majore. Cahit schreibt von 7000 entlassenen Offizieren (Teil VI, 31). Presseberichten zufolge betrug die Zahl der Pensionierten 30% in der Gruppe der Stabsoffiziere (Majore, Oberstleutnants und Obersten), womit 70% der Obersten und 10-15% der Majore betroffen waren, Oron (Hg.), *Middle East Record,* 1, (1960), 443 f. Unter den Dokumenten, die den Memoiren Cahits beiliegen, ist eine Aufstellung aller 195 Marineoffiziere (sie werden namentlich genannt; Ränge: Oberst, Oberstleutnant, Major), die am 20.8.1960 in den Ruhestand versetzt wurden. Hinsichtlich der Begründung für die Massenentlassung, nämlich eine Verjüngung der Streitkräfte, muss man sich vor Augen halten, dass etliche dieser Offiziere gerade Mitte dreißig waren.

69 Am 3.8.1960 wurden 132 neue Stabsoffiziere ernannt.

70 Eine implizite Kritik an der Säuberungsaktion übt auch Kenan Evren. Er schreibt, dass [entgegen den Gepflogenheiten] nun „...Divisionen von Obersten, Armeekorps von Generalmajoren und Armeen (als Heeresgliederung) von Generalleutnanten geführt werden mussten", *Kenan Evren'in Anıları*, Bd. 1, 126.

durch viele „politische" Ernennungen und Beförderungen während der Menderes-Jahre aufgebläht war und dringend verkleinert werden musste.[71] In der Begründung des Gesetzes war denn auch von einer „Verjüngung des Offizierskorps",[72] „Beseitigung der Inflation der Dienstgrade" und einer „Neuordnung der hierarchischen Pyramide" in den Streitkräften die Rede.[73] Aber die Säuberung ging wohl selbst ihren Urhebern zu weit, weil die Aktion eine Eigendynamik angenommen hatte, die kaum mehr zu kontrollieren war.[74] Auch die Ausführung des Gesetzes geriet zur Farce[75]: jüngere Offiziere mussten ausscheiden, während ihre um wenige Jahre älteren Kollegen weiterhin im Militär blieben. Willkür und Widersprüchlichkeit und nicht Kohärenz und Konsequenz sowie Abwägung des Einzelfalles gaben den Ausschlag für Entlassung oder Weiterbeschäftigung.[76] Eine offene Auflehnung mit Androhung von Waffengewalt gab es nirgends, auch wenn einige sich erbittert wehrten.[77] Die überwiegende Zahl der Entlassenen scheint sich in ihr Schicksal ge-

---

71 Doch gab es etliche Offiziere (nicht nur solche, die entlassen worden waren, vgl. die Ansicht Evrens in Fussnote 70), die diese Behauptung in Abrede stellten.

72 Nach Aussage General Özdileks erforderten „neue Kriegstechniken" jüngere Offiziere, Oron (Hg.), *Middle East Record,* 1 (1960), 443 f.

73 www.anayasa.gov.tr/eskisite/KARARLAR/IPTALITIRAZ/K1972/K1972-01.htm. Gürsel begründete die Säuberung damit, dass die Armee zu viele Offiziere habe. Laut Organisationsschema seien 50 Generalsposten und 1200 Stellen für Obersten vorgesehen gewesen, während die tatsächlichen Zahlen 240 (Generäle) bzw. 2600 (Obersten) betrugen. Er betonte: „Wenn wir die Verjüngung nicht vorgenommen hätten, wären wir bald soweit gewesen, dass jedes Schiff von einem Admiral befehligt worden wäre, jedes Regiment von einem General (normalerweise geführt von einem Oberst, MS) und jedes Bataillon von einem Oberst (üblicherweise mit einem Oberstleutnant an der Spitze, MS)", Weiker, *The Turkish Revolution,* 129, Anm. 19.

74 Im November 1960 reagierte General Gürsel auf die Frage, ob erneut Offiziere entlassen würden, mit einem sarkastischen Lachen und einem Anflug von Selbstkritik: „Ordunun kolunu kanadını kırdık" : „Wir haben die Armee zerschlagen" (*Hür Vatan*, 24.1.1962).

75 Nichts illustriert dies besser als die Pensionierung zweier prominenter Generäle. Gümüşpala war zum Zeitpunkt des Putsches Kommandeur (seit August 1959) der in Erzurum stationierten Dritten Armee, die für den Putsch benötigt wurde, deren Unterstützung aber als unsicher galt. Daher wurde er von den Putschisten zum Generalstabschef ernannt, um bereits im August entlassen zu werden. Noch kurioser war die Entlassung Fahri Özdileks (1898-1989), des nach Cemal Gürsel dienstältesten Generals und MBK-Mitglieds. Er setzte sich quasi selbst auf die Pensionierungsliste, „um mit gutem Beispiel voranzugehen auf dem Wege zu einer verjüngten Armee", Weiker, *The Turkish Revolution,* 129, Anm. 19. Allerdings blieb er als kurzzeitiger Verteidigungsminister und als stellvertretender Ministerpräsident weiter an verantwortlicher Stelle tätig. Noch im Alter von 85 Jahren wurde Özdilek Parlamentsabgeordneter.

76 So zeigte sich z. B. das MBK-Mitglied Orhan Erkanlı, einer der Vierzehn, überrascht, als er von der Entlassung Esengins hörte: „Habt ihr den auch pensioniert? Wie ist denn das passiert?", Esengin 21.

77 Esengin (20) schreibt, dass er von jüngeren Offizieren seiner Division bedrängt wurde, MBK-Mitglieder zu verhaften und strategische Punkte zu besetzen mit dem Ziel, „...anstelle derjenigen, die von den Zielen des 27. Mai abweichen, diesen Zielen loyale und fähige Leute in einem verkleinerten Komitee zusammenzubringen". Esengin wollte „keinen Ärger machen", widersetzte sich aber der Entlassung mit mehreren Eingaben unter Hinweis darauf, dass er sich nichts habe zuschulden kommen lassen, und daher die Entlas-

fügt zu haben.[78] Dazu mag auch beigetragen haben, dass die Entlassenen relativ großzügig entschädigt wurden (Abfindungen, heraufgesetzte Pensionen, günstige Darlehen zum Erwerb von Wohneigentum).[79] Zugleich wurden ihnen Ersatzbeschäftigungen im Staatsdienst in Aussicht gestellt.[80]

Über die Details und Hintergründe der Säuberung wissen wir bis heute nicht vollständig Bescheid. Es herrscht jedoch weitgehend Konsens, dass die Operation in erster Linie das Werk des radikalen Flügels des MBK war, der sogenannten Gruppe der 14, d. h. vierzehn „radikal" gesinnter jüngerer Offiziere, deren prominentester Alpaslan Türkeş war.[81] Die Mitglieder dieser Gruppe[82] waren offenbar der Meinung, dass die meisten dienstälteren Offiziere den von ihnen angestrebten gesellschaftlichen Reformen und einer längerfristigen Herrschaft des Militärs ablehnend gegenüberstanden.[83] Zudem sorgten sie sich um Aufstiegschan-

---

sung ungerechtfertigt sei. Als es ihm nicht gelang, einen Termin bei Verteidigungsminister Özdilek zu bekommen, sandte er folgendes, in rüdem Ton abgefasstes Schreiben: „Sehr verehrter Herr Minister! Ich habe verstanden, dass Sie ein Treffen mit mir nicht wünschen. Ich wünsche Ihnen ein langes Leben, damit wir uns später einmal treffen können, und bitte um Beantwortung meines Gesuchs (sc. auf Rücknahme der Entlassung)...", Esengin 30.

78 Der kommandierende General Nazmi Yönderi resignierte: „Ich habe die Kommandogewalt über mein Korps übergeben, was soll ich tun, es ist wohl so bestimmt" („Kolorduyu teslim etdim, ne yapalım, kader böylemiş"), Esengin 20.

79 Im Oktober 1961 wurden 956 neugebaute Wohnungen unter entlassenen Offizieren ausgelost, wobei jeder der Wohnungseigentümer durchschnittlich 20.000 Lira zu seiner Wohnung beisteuern musste: Oron (Hg.), *Middle East Record,* 2 (1961), 523 f.; keine geringe Summe, wenn man bedenkt, dass ein Oberst wie Cahit Bey eine Abfindung von knapp 34.000 Lira bekam. Ein „goldener Handschlag" waren die materiellen Konditionen der Entlassung wohl kaum.

80 Ein entlassener General wie Esengin empfand es als „Beleidigung", als ihm eine Ersatzbeschäftigung ausgerechnet bei der Dienststelle für „Zivilverteidigung" (*Sivil savunma*) des Tourismusministeriums angeboten wurde (Esengin 35). Im Oktober 1960 hatten 662 pensionierte Offiziere (also gut 15% der Entlassenen auf der Basis der offiziellen Zahl von 4195) eine zivile Anstellung gefunden, davon 256 überwiegend als Lehrer, Oron (Hg.), *Middle East Record,* 1 (1960), 444.

81 Auch die berühmt-berüchtigte Entlassung von 147 Hochschullehrern im Oktober 1960 ging offensichtlich auf das Konto dieser Gruppe.

82 Die Mitglieder dieser Gruppe fielen selbst einer Säuberung zum Opfer, als sie im November 1960 allesamt aus der Armee ausgeschlossen, aber mit Auslandsposten abgefunden wurden. Sie kehrten bald in die Türkei und die Politik zurück. Die Hälfte wurden Abgeordnete in verschiedenen Parteien, wobei Türkeş später eine wichtige Rolle spielen sollte.

83 Das galt gewiss für Cahit Bey („yurdunu seven bir insan olarak bu askeri idarenin bir an evvel vazifesini meşru iktidara devr etmesini diliyorum", IV, 5: „als Patriot wünsche ich mir, dass diese Militärherrschaft so schnell wie möglich von einer rechtmässigen Regierung abgelöst wird"). – Ein Korrespondent der englischen Zeitung *The Times* (5.8.1960, zit. nach Oron (Hg.), *Middle East Record,* 1, 1960, 444) analysierte die Motive für die Säuberungsaktion folgendermaßen: Die Pensionierungen „...have been expected for some time. It was realized that the structure of the Turkish forces had become top-heavy...and that room must be made for younger men. Even so, the wholesale nature of the changes took observers somewhat aback. It is considered reasonable to assume that the new military rulers have their own pressing reasons for wanting to remove from positions of authority some

cen.[84] Andererseits ist klar, dass die stillschweigende Zustimmung der Generäle Sunay, Özdilek, Madanoğlu, Baştuğ und Ulay dem radikalen Flügel die Arbeit wesentlich erleichtert hat.[85]

Cahits Pensionierung und die Folgen

Unser Autor hatte sich ja schon zuvor über ungerechte Behandlung beklagt und zeigte sich nun verbittert. Monatelang macht er sich keine Notizen bzw. führt kein Tagebuch. Erst im Oktober – nach einer Pause von viereinhalb Monaten – greift er wieder zur Feder: "Das ist eine absolut ungerechte Pensionierung...Es ist außerordentlich kränkend und bitter, aus der geliebten Marine auszuscheiden... Die Revolution in Ankara haben wir zusammen gemacht, aber dann hat das Komitee unter der hehren Bezeichnung ‚Verjüngung der Armee' die jüngsten Obersten, Oberstleutnants und Majore hinausgeschmissen... Jetzt hören wir, dass die Komiteemitglieder überall gesagt hätten 'die mit uns übereinstimmen, haben wir in Ruhe gelassen; die nicht mit uns sympathisieren, haben wir hinausgeworfen'".[86] Cahit sieht sich hingegen als Teilnehmer und Teilhaber der Revolution; er kann nicht verstehen, warum er als Befürworter der Intervention entlassen worden ist.

Wenn der Pensionierung etwas Gutes abzugewinnen ist, dann der Abschied vom ungeliebten Ankara. Schon zwei Wochen nach der Entlassung zieht die Familie in das eigene Haus im Istanbuler Stadtteil Feriköy um. Der schnelle Entschluss wurde sicherlich dadurch begünstigt, dass man so Miete sparen konnte und dass das Schuljahr für den Filius gerade begann. Zwar hat Cahit eine Abfindung von fast 34.000 TL bekommen. Auf den ersten Blick erscheint die finanzielle Situation der Familie auch komfortabel. Nach der Berechnung Cahits jedoch, der 10.000 TL auf sein Girokonto, 13.000 TL auf ein Sparkonto seines Sohnes und 1.000 TL seiner Tochter überweist sowie 4.000 TL für Reparaturen an seinem Haus zu bezahlen hat, ist die Summe beträchtlich zusammengeschmolzen. Davon abgesehen reicht die dreimonatliche Pensionszahlung von 2.500 TL nicht aus, denn Cahit kalkuliert, dass eine dreiköpfige Familie 1.500-1.800 TL pro Monat zum Leben braucht.

---

leading officers whose allegiance to the revolution was in doubt...Conversely it is clear that the new men were among those behind the May revolution".

84 Obwohl zu Beginn der fünfziger Jahre eine zahlenmäßige Verringerung der türkischen Armee zumindest eingeleitet worden war, waren Aufstiegschancen für jüngere Offiziere offenbar weiterhin blockiert, Daniel Lerner/Richard D. Robinson, „Swords and Ploughshares: The Turkish Army as a Modernizing Force", *World Politics,* 13/1 (1960), 19-44, hier 32, 41.

85 Esengin 46.

86 „Bu çok haksız bir emeklilik oldu...sevgili bahriyeden ayrılmak çok ağır ve acı geldi...İnkilabı Ankara'da birlikte yaptık, fakat Milli Birlik Komitesi, orduyu gençleştirmek gibi ulvi bir nam altında en genç albay, yarbay ve binbaşıları saf harici etti...Simdi duyuyoruz ki komite üyeleri sağda solda 'işimize gelenleri bıraktık, işimize gelmiyenleri cıkardık' diyorlarmış" (IV, 1).

Immerhin weiß er zu schätzen, dass er keine Miete zahlen muss.[87] Er befürchtet aber, dass die Rücklagen binnen Jahresfrist aufgezehrt sind. Daher ist er bestrebt, eine Arbeit zu suchen, aber diesbezügliche Anfragen bei der staatlichen Schifffahrtsbank (*Denizcilik Bankası*), der Monopolverwaltung (*Tekel Genel Müdürlüğü*) und Kontakte zum MBK bleiben ohne Ergebnis. So beschließt Cahit Bey, sich an der Rechtsfakultät zu immatrikulieren, „um nicht faul zu werden", wie er schreibt.[88] Nun findet er wieder Muße, einige Reflexionen zu den Ereignissen der vergangenen Monate zu Papier zu bringen. In der Innenpolitik gehe nichts voran. Obwohl der MBK in jeder Hinsicht Herr der Lage sei, gebe es in der Bevölkerung Zweifel an seiner Aufrichtigkeit. Mit der Entlassung von 147 Hochschullehrern im Oktober 1960 (unter dem Kürzel „147ler meselesi" in die Geschichte eingegangen) hat der MBK nach dem Urteil Cahits einen weiteren schweren Fehler begangen und sich in eine Sackgasse manövriert.[89] Er bedauert, dass es zum Jahrestag der Republik (am 29.10.1960) weder ein Parlament noch eine gewählte Regierung gebe und fordert ein schnelles Ende der Militärherrschaft. Die Revolution selbst sei zwar von den „jungen Offizieren" gut geplant worden und geordnet abgelaufen, aber in der Folge habe es an Führung gemangelt. Die mehrfache Verschiebung der Verabschiedung einer neuen Verfassung und eines Wahlgesetzes erklärt er mit dem „süßen Reiz der Macht".[90] Cahit stilisiert sich hoch zum Teilnehmer der Revolution, wenn er schreibt: „Nachdem man uns Teilnehmer an der Revolution in Ankara ausgeschaltet hat, halten der MBK und seine Umgebung ihre Macht und Posten für garantiert. Ohnehin...haben diejenigen, die durch eine Revolution an die Macht kommen, nichts übrig für jene, welche die Revolution machen".[91] So habe das MBK junge und fähige Generäle und Obersten entlassen und die Kräfte behalten, die ihm nicht schaden konnten.[92] Gleichwohl sucht er Unterstützung bei seiner Jobsuche auch bei den von ihm insgeheim kritisierten „Radikalen". In einem Schreiben vom 5.11.1960 (gut eine Woche vor der Säuberung der „14") an das Mitglied des MBK, Korvettenkapitän Münir Köseoğlu, verweist er auf seine erwähnte (sicherlich vollkommen unbedeutende) Rolle in der Gewährleistung von

87 „Allahtan kira derdimiz yok": „Gottseidank müssen wir uns wenigstens hinsichtlich der Miete nicht sorgen" (IV, 2).

88 „Yazmak ve konuşmak merakım ve hevesim beni hukuka sürükledi": „Das Studium des Rechts zog mich an, weil ich ein ausgesprochenes Interesse an Schreiben und Reden habe" (IV, 3).

89 Im Unterschied zu den pensionierten Offizieren konnten die „147" bis 1962 in ihre Ämter zurückkehren.

90 „galiba koltuk bir az tatlı geliyor" (IV, 6).

91 „Biz, Ankarada ihtilale katılanlar bile ekarte edildiğine göre, Komite ve etrafındakiler koltuklarını garantiye aliyorlar. Zaten...ihtilalde mevki edinenler ihtilali yapanları sevmezler..." (IV, 7).

92 „...Milli Birlik Komtesi' de genç, ateşli, muktedir general ve albayları işinden uzaklaştırıp kendileri için zararsız olan elemanları bıraktı" (IV, 8).

Sicherheit und Ordnung in seinem Stadtviertel am Revolutionsmorgen.[93] Cahit will sich offenbar die Aura eines Mitstreiters zulegen, dem, wenn er schon entlassen worden ist, nun wenigstens ein angemessener Posten in der zivilen Bürokratie zusteht. Ausserdem lässt er Interesse anklingen an einem Mandat in der Verfassunggebenden Versammlung (*Kurucu Meclis*) bzw. an einer Kandidatur bei den für das kommende Jahr geplanten Parlamentswahlen. Aber er hat erneut Pech: der von ihm als Fürsprecher ausersehene Marinekamerad wird als einer der „14" am 13.11.1960 aus dem MBK ausgeschlossen. Bereits zwei Monate zuvor ist der inzwischen zum Generalmajor beförderte Baştuğ, ein weiterer potentieller Förderer, bei einem Verkehrsunfall ums Leben gekommen.

Untätigkeit, Frustration und private Krisen

Cahit Bey ist deprimiert. Nachdem er monatelang kein Tagebuch geführt hat (die letzten Eintragungen beziehen sich auf den Ausschluss der „14" aus dem Komitee Mitte November 1960; erst Ende März 1961 rafft er sich wieder zu Notizen auf), bezichtigt er sich der Nachlässigkeit.[94] Er vertraut seinem Tagebuch an, dass er zu einem „niedergeschlagenen Pensionär" („*moralı bozuk bir emekli*", IV, 20) geworden sei, der tagtäglich auf die Rückkehr in die Armee warte. Das Studium lenkt ihn nicht ab; vorübergehend unterrichtet er an einem Gymnasium. Nun aber wirft es ihn vollends aus der Bahn: Er verliebt sich in die zwanzigjährige Tochter („*güzel T.*") eines Kommilitonen, ebenfalls zwangspensionierter Offizier und macht ihr sogar einen Heiratsantrag. Ein schwärmerisches Gedicht, in dem er dem Mädchen seine Liebe gesteht („*manasız ve karşılıksız aşk*" – „eine sinnlose und unerwiderte Liebe", wie er klagt, IV, 21), fällt in die Hände ihres Vaters. Der beschimpft Cahit; er wird zum Gespött seiner Familie und der ganzen Nachbarschaft. Cahit schämt sich ob seines Verhaltens und trägt sich, wie er einem Onkel gesteht, mit Selbstmordgedanken. Seine zweite Sorge gilt einem defekten Gebrauchtwagen, den er unter großem Aufwand zum Laufen bringt, der ihm aber ständig Ärger bereitet. Nach zwei glimpflich abgelaufenen, von ihm verschuldeten Unfällen meldet er den Wagen, einen zwölf Jahre alten Ford Taunus, ab. Während der Semesterferien versieht er das Amt eines *muhtar* in seinem Stadtviertel, beendet diese Tätigkeit aber rasch, weil sie ihn zu sehr erschöpft.[95] Streitigkeiten um den Verkauf des *yalı*

---

93 „Gibt es denn keine Beschäftigung für einen tatkräftigen Kameraden wie mich, der am Revolutionstag des 27. Mai auf Befehl meines Nachbarn İrfan Baştuğ Sicherheit und Ordnung im Küçük Esat-Viertel gewährleistet hat?" („27 Mayıs inkılap günü Ankarada komşum Sayın İrfan Baştuğun emri ile Küçük Esat bölgesinin emniyet ve idaresini sağlayan ve bilfiil çalışan bir arkadaşa verilecek iş yok mu?", IV, 11). Tatsächlich hatte er vorher nicht von einem „Befehl" seines Nachbarn, des Brigadegenerals Baştuğ, gesprochen.

94 „Yılbaşından beri sinirlerim bozuldu": „Seit Jahresbeginn bin ich mit den Nerven fertig" (IV, 21).

95 IV, 20-22.

der Familie seiner Frau sorgen zusätzlich für Ärger.[96] Außerdem bekümmert ihn das Scheitern der Ehe seiner Tochter (der Enkel bleibt bei seinem Vater), die nach der Trennung von ihrem Mann zu ihren Eltern zieht. Cahit gesteht sich ein: „Mein Privatleben ist durcheinander und freudlos".[97]

Engagement in der Politik

Doch es geht wieder aufwärts mit Cahit Bey. Anfang Februar 1961 finden im Hause seines ehemaligen Volksschullehrers Tahsin Demiray[98] Vorbereitungen für die Gründung der Gerechtigkeitspartei (*Adalet Partisi*, AP) statt. Bei einer Teeeinladung begegnet er dem zukünftigen Parteivorsitzenden und ehemaligen Generalstabschef Ragıp Gümüşpala, auch er ein Opfer der Säuberung.[99] Cahit schöpft Hoffnung: „Demiray verspricht mir eine Zukunft, ich vertraue ihm".[100] Er beschließt, in die in Gründung begriffene Partei – sie tritt offiziell Mitte Februar an die Öffentlichkeit – einzutreten und erklärt sich bereit, für das Amt des Vorsitzenden im Bezirk Şişli zu kandidieren. Doch Cahit ist auf der Hut. Er verspürt ein Unbehagen, dass zahlreiche ehemalige Mitglieder der verbotenen DP bei der Gründung der AP dabei sind.[101] Wenig später werden einige Personen unter dem Verdacht verhaftet, die verbotene DP wieder aufleben zu lassen. Nachdem Staatspräsident Gürsel eine entsprechende Warnung an die neu gegründeten Parteien ausgesprochen hat (wobei in erster Linie die AP gemeint war), wird Cahit von seiner Frau und seiner Mutter bedrängt, sein Engagement für die AP aufzugeben. Unter allerlei Zweifeln entschließt er sich, die Partei, der er gerade beigetreten war, zu verlassen (13.5.).[102] Diesen Schritt begründet er wenig überzeugend damit, dass er sich einer Leistenbruchoperation unterziehen müsse. Er hält in seinem Notizbuch aber auch fest, dass er von Demiray enttäuscht ist, weil der keinen Kontakt mit ihm hält. Einerseits bereut er

---

96 IV, 29.

97 „Hususi hayatım karışık ve üzüntülü" (VI, 10).

98 Demiray war Anfang der fünfziger Jahre Mitbegründer (zusammen mit Remzi Oğuz Arık, einem Vertreter der Strömung des *Anadoluculuk*) der Bauernpartei. Sie fusionierte im Oktober 1958 mit der Cumhuriyetçi Millet Partisi zur Cumhuriyetçi Köylü Millet Partisi.

99 Weiker, *The Turkish Revolution*, 97, schreibt, dass Gümüşpala die Unterstützung der zwangspensionierten Offiziere hatte, weil sie von ihm eine Wiedereinstellung erhofften. Umgekehrt waren diese Offiziere keine *quantité négliable* und durchaus ein Gewinn für die AP gerade in der Gründungsperiode. Sie verloren aber in dem Maße an Bedeutung, in dem andere Gruppen in der Gerechtigkeitspartei einen Platz fanden.

100 „Demiray bana istikbal vadediyor, ona inanıyorum" (IV, 24).

101 „Weil andauernd DP-Leute in die Partei eintraten, beschloss ich, meine Tätigkeit zu reduzieren...Ich sehe keine Möglichkeit, mit ausgesprochenen Anhängern der DP zusammenzuarbeiten...Mein Parteileben fängt ja gerade erst an. So Gott will, wird es sich zum Guten wenden." („Partiye hep DP liler girdiği için faaliyetimi frene etmeğe karar verdim...Partizan DP lilerle çalışmama imkan göremiyorum...Benim parti hayatım henüz yeni başlıyor. Hayırlı olur inşallah") (IV, 23-26).

102 IV, 44.

seinen Schritt nicht, andererseits spürt er nach seinem Austritt ein Gefühl des „Alleingelassenseins" („...*yalnız kalmış' bu haleti ruhiye*...") und des „ohne Aufgabe seins" („*vazifesizlik*"), nachdem er gerade im Begriff war, eine neue Aufgabe und Heimat zu finden, nämlich in der Gerechtigkeitspartei. Im Parteiprogramm sprechen ihn vor allem die liberale Wirtschaftspolitik und die Bekämpfung der Arbeitslosigkeit an.[103] Indes werden diese Gefühle und Gedanken überlagert von Zweifeln an der Partei. Er räumt der AP für die bevorstehenden Wahlen (Oktober 1961) keine Chancen ein. Vielmehr geht er davon aus, ja er wünscht sich sogar – und diese Meinung verbirgt er auch vor seinen Kollegen im lokalen Parteivorstand nicht – dass die Republikanische Volkspartei (*Cumhuriyet Halk Partisi*, CHP) mit dem alten Schlachtross İnönü an der Spitze gewinnen möge – gewiss keine gute Voraussetzung, um die Wähler von den Vorzügen seiner Partei zu überzeugen.[104]

Wenige Wochen später – inzwischen hatte sich der Wirbel um die AP und ihre Verbindungen zur aufgelösten DP etwas gelegt – tritt Cahit wieder in die Partei ein, ein Schritt, zu dem ihn der Vorsitzende der AP in Şişli, ebenfalls zwangspensionierter Offizier, gedrängt hat. Allerdings beschränkt er die Kontakte zu ehemaligen DP-Mitgliedern auf das Notwendigste. Gegenüber Gümüşpala und dem stellvertretenden Parteivorsitzenden, Tahsin Demiray, bekundet er Interesse an einer Kandidatur für Senat oder Parlament. Doch Cahit hat Konkurrenten, und jetzt rächt es sich, dass er kurzfristig aus der Partei ausgetreten war; er gilt als wankelmütig. Er beklagt sich beim Generalsekretär der Partei, Şinasi Osma, über Opportunisten, insbesondere ehemalige DP-Anhänger, die idealistisch gesonnene Mitglieder wie ihn verdrängten. Sich selbst charakterisiert er als jemanden, der die Interessen des Landes immer über das Interesse der Partei und seiner Person stellt.[105] Er lässt sich als Kandidat für die Parlamentswahl für den Wahlkreis Istanbul aufstellen, bekommt aber in der innerparteilichen Ausscheidung nicht genügend Stimmen. Gewählt wird der Vorsitzende der AP in Şişli, auch er ein Opfer der Säuberung.[106] Cahit Bey ist gekränkt, dass er nicht gewählt worden ist, weil, wie er schreibt, die meisten der Gewählten nicht gebildeter seien als er selbst. Er spricht von Manipulation und legt Einspruch gegen das Ergebnis ein. Diesen Einspruch zieht er aber zurück, als er erfährt, dass ihn die Parteizentrale in Ankara zum Kandidaten für den Senat (das Oberhaus im Parlament) für den Kreis Malatya gekürt hat. Das ver-

---

[103] IV, 46-51.

[104] IV, 66. Cahit sollte sich täuschen: nach der CHP mit 36,7% der abgegebenen Stimmen und 173 Abgeordneten landete die AP mit 34,7% und 158 Abgeordneten auf dem zweiten Platz. Obwohl nur an zweiter Stelle hinter der CHP liegend, errang die AP bedingt durch das Mehrheitswahlsystem fast doppelt so viele Senatorensitze wie die CHP, siehe Ahmad/Ahmad, *Türkiye'de*, 239 (15.10.1961).

[105] IV, 73-79.

[106] Interessant ist die Auffächerung der Berufe der 53 Kandidaten für die AP im Wahlbezirk Istanbul: Immerhin stellen zwangspensionierte Offiziere knapp ein Viertel, ein weiteres Viertel sind Anwälte, ein Achtel Kaufleute, der Rest Architekten, Ingenieure, Journalisten und Gewerkschafter.

leiht ihm Auftrieb. So gesehen ist es kein Zufall, dass er am nächsten Tag den Anlasser seines monatelang stillgelegten Autos reparieren lässt; die Devise lautet: „Durchstarten"![107] Allerdings macht er sich keine großen Hoffnungen, weil er weiß, dass Malatya eine Hochburg der CHP ist. Daher geht er quasi auf Nummer Sicher, indem er auf dem Wege nach Malatya in Ankara Station macht und beim Erziehungsministerium einen Antrag auf Beschäftigung als Lehrer abgibt. Tatsächlich scheitert Cahit mit seiner Kandidatur. Über die Einzelheiten dieser Episode sind wir nicht unterrichtet, weil der betreffende Teil (V) in den Memoiren fehlt.[108]

Auf der Suche nach Arbeit

Nach den Wahlen am 15.10.1961, aus denen eine Koalition von AP und CHP hervorgeht, intensiviert Cahit Bey wieder die Stellensuche.[109] Auf seine Bewerbung beim US Navy Hydrographic Office in Washington, D.C. bekommt er eine Absage. In einem Brief an Gümüşpala, der nicht ins Kabinett geht, erinnert Cahit daran, dass ihm eine Verwendung als „Generaldirektor" oder „Staatssekretär" in einem Ministerium versprochen worden sei. Er schreibt an mehrere Minister und den Generalsekretär der AP und bittet um Unterstützung bei seinen Bemühungen, einen Posten als Generaldirektor in einem Staatsunternehmen, als Leiter des Istanbuler Rundfunkhauses oder der Hafenbehörde zu bekommen.[110] Er ist enttäuscht, dass die Position des Direktors der Istanbuler Hafenbehörde (*Liman İşletmesi*) an einen anderen Bewerber (ebenfalls ein zwangspensionierter Oberst) geht. Bei der Bekundung seines Interesses für die Position verhält sich Cahit vielleicht nicht ganz korrekt, als er das Gerücht streut, dass der gegenwärtige Stelleninhaber unfähig sei. Aber er ist aufrichtig genug einzuräumen, dass der erfolgreiche Mitbewerber gut qualifiziert sei. Während er anfangs in seinen Selbstbeschreibungen das Wort „Idealist" gebrauchte, so beruft er sich nun auch auf seine Verdienste als Parteimitglied der ersten Stunde und beklagt sich ganz offen darüber, dass man noch keine Beschäftigung für ihn gefunden hat.[111] Er hat aber Zweifel, ob er den Anforderungen dieser Stellen gewachsen ist, zumal er dort nur etwa 100 Lira mehr verdienen würde als seine Pension beträgt.[112] Sein Einsatz für die Partei, der er die

107 Nach der gescheiterten Senatskandidatur und nachdem er – unverschuldet – beinahe ein Kind angefahren hat, verkauft er das Auto (VI, 14).

108 IV, 81-100.

109 „Çalışmak istiyorum": „Ich will arbeiten" (VI, 27).

110 „Ich verlangte das Amt eines Generaldirektors, worauf ich ein Anrecht habe" („Hakkım olan bir Umum Müdürlük istedim", VI, 19).

111 „...benim gibi en eski bir partiliye karşı bu kayıdsızlık acaba neden ileri geliyor?": „Wo rührt wohl die Gleichgültigkeit her gegenüber einem Parteimitglied der ersten Stunde wie mir?" (in einem Brief an den General und Staatsminister Necmi Öktem, VI, 81).

112 „Fakat bu gibi görevleri nihayet emekli maaşından 100 Lira fark ettiği ve çok yorucu olduğu için arzu etmiyorum": „Aber ich habe keine Lust auf solche Ämter, weil der Unterschied zur Pension letzten Endes nur 100 Lira beträgt und weil sie sehr anstrengend sind"

meiste Zeit widmet – sein Studium betreibt er offenbar nicht ernsthaft – zahlt sich also nicht aus.[113] Für zusätzliche Verunsicherung Cahits sorgt die politische Großwetterlage, d. h. die Zuspitzung der Berlin-Krise und die Kernwaffenversuche der UdSSR.

Cahits Mitarbeit in EMİNSU

Parallel zu seiner Parteiarbeit – und beide Tätigkeiten sind kaum voneinander zu trennen[114] – engagiert er sich in dem „Verein der pensionierten Offiziere der Revolution" (*Emekli İnkılâp Subayları*, abgekürzt EMİNSU).[115] Die raison d'être von EMİNSU war die Rücknahme der Entlassungen und die Reintegration der Offiziere in die Streitkräfte. Ferner trat der am 6.9.1960 gegründete Verein laut Statuten für die Rechte seiner Mitglieder ein, bemühte sich um „den Schutz der Revolution und Prinzipien Atatürks" und engagierte sich in der Abwehr „extremistischer Strömungen". Zum ersten Vorsitzenden wurde der Veterinär im Rang eines Generalmajors, Sabri Baki Ersoy, gewählt.[116]Andere Aktivisten in EMİNSU sind die beiden Brigadegeneräle Selim und Orhan Türkkan, die Söhne des berühmten Fahri Pascha, des Verteidigers von Medina im Ersten Weltkrieg, welche die Istanbuler Zweigstelle von EMİNSU organisieren und deren Zeitschrift *Hedef* herausgeben.[117]

Anfang April 1961 wurde eine Delegation des EMİNSU von Staats- und Ministerpräsident Gürsel empfangen. Während EMİNSU erklärte, man sei bereit, Staat und Armee zu dienen (d. h. im Klartext, man strebe die Rückkehr in die Armee an), stellte ein Regierungssprecher klar, dass eine Wiedereinstellung nicht infrage käme. Mitte April hielt EMİNSU seine erste Vollversammlung ab. Im August gab die Zweigstelle des Vereins in Ankara der Hoffnung Ausdruck, dass nach den Wahlen eine neue Regierung die Ex-Offiziere wieder in die Armee aufnehmen werde.[118]

Nach der Wahl vom Oktober 1961, die zu einer Koalition von CHP und AP führte, verstärkt EMİNSU seine Bemühungen um eine Rückkehr der Pensionäre in

(VI, 25). Wenn es zutrifft, dass ein Generaldirektor 100 Lira mehr verdiente als die Pension Cahits betrug, ist seine stete Klage über die zu geringe Pension relativ zu sehen.

113 „Maddi ve manevi varlığımı partime ve seçim mücadeleme hasr ederek çok zor durumda kaldım": „Indem ich ideell und finanziell mich meiner Partei und meinem Wahlkampf widmete, geriet ich in eine äußerst schwierige Lage" (VI, 26).

114 Wie bereits erwähnt, engagierten sich etliche entlassene Offiziere in der AP (zumal die Partei selbst von einem entlassenen General geführt wurde) wohl auch deshalb, weil sie von der Partei Unterstützung für ihre Bemühungen um eine Rückkehr in die Armee erwarteten.

115 Im Untertitel: „EMİNSU Yardımlaşma Derneği": „EMİNSU, Verein für gegenseitige Hilfe".

116 *TA*, s.v. Eminsu. Die Zahl der Mitglieder betrug 4200, ibid. Laut Oron (Hg.), *Middle East Record*, 2 (1961) wurde der Verband erst Anfang 1961 gegründet.

117 Die Publikation der Zeitschrift wurde ermöglicht durch eine Spende der *Yapı ve Kredi Bankası* (VI, 41, 66). Es ist aber unklar, ob je eine Nummer tatsächlich erschienen ist.

118 Woraufhin der Vereinigung in Ankara per Gerichtsbeschluss für eine Woche alle Aktivitäten untersagt wurden, Oron (Hg.), *Middle East Record*, 2 (1961), 523 f.

die Armee. Dabei macht man auch vor Schuldzuweisungen an die Adresse General Gürsels nicht Halt. Er möge, so die Aufforderung, Gewissenserforschung betreiben und darüber nachdenken, ob die Pensionierung gerecht abgelaufen sei, wie von ihm behauptet. EMİNSU droht mit „Widerstand“. Im einzelnen kritisiert EMİNSU, dass es keine Kriterien für die Säuberung gegeben habe. Er behauptet, dass einer der angeführten Gründe für die Zwangspensionierung, nämlich eine personelle Überbesetzung, fragwürdig sei, weil die türkische Armee ihr Kontingent bei der NATO aus Mangel an geeigneten Offizieren nicht habe ausschöpfen können. EMİNSU kann nachweisen, dass etliche junge, diensttaugliche Offiziere (mitunter erst Mitte dreißig) pensioniert wurden, während eine ganze Reihe von älteren, z. T. kranken bzw. arbeitsunfähigen Kameraden weiter Dienst taten, so dass eines der zentralen Argumente für die Zwangspensionierung, nämlich eine Verjüngung der Armee, nicht zutreffe. Weder dienstliche Beurteilungen noch Qualifikationen hätten eine Rolle gespielt. Die Säuberung sei daher politisch motiviert und gehe auf das Konto des radikalen Flügels des MBK, der die Macht nicht an die Zivilisten zurückgeben und eine Militärdiktatur errichten wollte.[119] Ob tatsächlich die alleinige Verantwortung den Radikalen zugeschoben werden kann, ist allerdings fraglich. Es mag sein, dass die Säuberungsaktion von den Radikalen geplant war, aber ganz ohne Mitwirkung der übrigen Mitglieder des Komitees einschließlich Staatspräsident Gürsel und Verteidigungsminister Fahri Özdilek, dessen Unterschrift die Entlassungen trugen, hätte sie nicht ablaufen können. Nach ihrem Ausschluss vom Komitee (MBK) konnte EMİNSU aber allein die „14 Radikalen“ offen attackieren, während die übrigen Komitee-Mitglieder, die ja die Aktion mindestens geduldet hatten, aufgrund ihrer Funktionen in der Regierung höchstens hinter vorgehaltener Hand kritisiert wurden. Lediglich die ehemaligen MBK-Mitglieder, die nach den Wahlen von 1961 zu Senatoren auf Lebenszeit ernannt worden waren, wurden als Mitverantwortliche für die Massenentlassung angeprangert und als Haupthindernis für die Rückkehr bezeichnet.[120] Insgesamt gab es einfach zu viele Gruppen, die kein Interesse an einer Rückkehr der Frühpensionäre in die Armee hatten, weil dann die Frage der Legitimität und der Verantwortung für die Säuberungsaktion hätte gestellt werden können. Indes war Regierungschef İnönü auf die Zusammenarbeit mit den Senatoren angewiesen. Daher war die Bereitschaft seiner Volkspartei gering, sich mit dem Säuberungskomplex zu befassen. İnönü ließ keinen Zweifel daran, dass eine Rückkehr der Pensionäre nicht zur Debatte stand.[121] Lediglich Tei-

---

[119] Aus einer Erklärung Orhan Türkkans vom 6.1.1962 und der Presse vom darauffolgenden Tag (VI, 85-87).

[120] „...bizi yeniden hizmete girmeğe mani olanlar maalesef bu subay arkadaşlarımız“ (VI, 119).

[121] İnönü wird mit den Worten zitiert: „Bu bir ihtilal tasarrufudur. Eminsuların orduya dönmesi imkansızdir. Bu devre bunu yapamayız“ (VI, 73) und „Bu yarayı bu devrede deşmiyelim“ (*Hür Vatan* 24.1.1962; VI, 80): „Das ist eine Anordnung der Revolution. Die Rückkehr der pensionierten Offiziere ist ausgeschlossen. In diesem Stadium können wir das

le der AP – und zu ihnen gehörte Cahit Bey – traten offen für eine Rückkehr ein. Auch die neue Führung der Streitkräfte stand den Bestrebungen des EMİNSU ablehnend gegenüber. Zwar waren noch längst nicht alle Posten, die durch die Säuberung frei geworden waren, wieder besetzt, aber eine Rückkehr hätte Unruhe in die Truppe tragen und womöglich ihrer Einsatzbereitschaft schaden können;[122] schliesslich befand man sich mitten im Kalten Krieg, und die Kuba-Krise stand vor der Tür. Allerdings betonte EMİNSU, dass die große Masse der in der Armee verbliebenen Offiziere in einer Rückkehr ihrer entlassenen Kollegen eine „Manifestation der Gerechtigkeit" sähe. Dass die Aktivitäten von EMİNSU als heikel angesehen wurden, erhellt aus seinem vorübergehenden Verbot im September 1961.[123]

Spätestens mit dem sogenannten Çankaya-Protokoll vom 24.10.1961 (also 10 Tage nach den Wahlen) war den Ex-Offizieren der politische Weg für eine Rückkehr in die Armee verbaut. Darin verständigten sich nämlich Parteiführer und hohe Militärs darauf, dass es keine Amnestie geben werde für die in Yassıada verurteilten DP-Mitglieder und dass die entlassenen Offiziere nicht wieder ins das Militär aufgenommen werden dürften.[124] Auch auf gerichtlichem Wege war den Bemühungen der Pensionäre kein Erfolg beschieden. Die Musterklage eines Offiziers gegen die Zwangspensionierung (d. h. Gesetz Nr. 42 vom 2.8.1960), der sich 280 Kameraden angeschlossen hatten, wurde – allerdings nur mit geringer Mehrheit – von den Richtern des Oberverwaltungsgerichts (*Danıştay*) abgelehnt.[125] Eine Eingabe von 4500 Offizieren[126] an den Petitionsausschuss des Parlaments blieb ohne Ergebnis.[127] Nachdem das Parlament die Rückkehr der Offi-

---

nicht machen" und „Lasst uns zum gegenwärtigen Zeitpunkt die Wunde nicht wieder aufreißen".

122 İnönü schloss eine solche Möglichkeit nicht aus: „Onların orduya dönmesinden doğacak huzursuzluğun derecesi belli olmaz" (*Hür Vatan* 24.1.1962; VI, 80): „Das Ausmaß der Unruhe, das aus einer Rückkehr (sc. der entlassenen Offiziere) resultiert, ist nicht klar" (ebd.).

123 Cemal Kalyoncu: „Darbe içinde darbe", *Aksiyon Haftalık Haber Dergisi,* 755 (25 Mayıs 2009).

124 Hale, *Turkish Politics and the Military*, 146-148. „27 Mayıs Darbesi", Vikipedi: http://tr.wikipedia.org (10.01.2010).

125 *Cumhuriyet* 20.1.1962. In einer Pressemitteilung von EMİNSU (*Cumhuriyet* 28.1.1962) zum Verwaltungsgerichtsbeschluss wurde insbesondere dem Verteidigungsministerium die Verantwortung für die Säuberung zugeschoben, während eine offene Kritik des Gerichtsbeschlusses unterblieb.

126 Das sind, je nach den kursierenden Zahlen (sie reichen von ca. 5000 bis gut 7000), 65% bis 90% der entlassenen Offiziere. Wenn die Eingabe tatsächlich von 4500 Offizieren unterstützt wurde, ist die offizielle Zahl von 4195 pensionierten Offizieren falsch.

127 Eine Mustereingabe war von EMİNSU vorformuliert (Teil VI, 78 A). Cahits Petition lautet in Auszügen (Teil VI, 78 B): „Am 20.8.1960 wurde ich nach einjähriger Tätigkeit als Oberst und obwohl ich erst 44 Jahre alt war, aufgrund der Bestimmungen des Gesetzes Nr. 42 in den Ruhestand versetzt. Dieses Verfahren beruhte auf den Sonderbestimmungen des Ministeriums für Nationale Verteidigung und auf einem schriftlichen Antrag, den ich einzureichen hatte...Ich war durch eine ungerechte und antidemokratische Verfügung aus dem Soldatenleben ausgeschieden. Das Ministerium für Nationale Verteidigung hat erklärt, dass dieses Verfahren, das sich auf kein Rechtsprinzip stützen kann, auf die Verjüngung der Ar-

ziere auch aus Haushaltsgründen ablehnte, waren alle Möglichkeiten ausgeschöpft. Gleichwohl ging EMİNSU noch einmal in die Offensive. Auf einer Pressekonferenz stellte der Erste Vorsitzende des EMİNSU, İhsan Dura, ein Weissbuch vor, in dem die Argumente für die Causa angeführt wurden.[128] Am 18.2.1962 veranstaltete er einen Kongress in Ankara, an dem ca. 1000 Ex-Offiziere teilnahmen. Dort wurden in einer emotional aufgeladenen Atmosphäre schwere Geschütze aufgefahren: Die Radikalen im MBK, insbesondere Türkeş, hätten die Prinzipien Atatürks verraten. Säuberungen großen Stils seien eine typische „Technik des Totalitarismus". Der im Felde unbesiegten türkischen Armee sei ihre schwerste Niederlage ausgerechnet von den eigenen Waffenkameraden zugefügt worden. Schließlich skandierte man: „*Ya öleceğiz, ya döneceğiz*" („Entweder Tod oder Rückkehr", d. h. in die Armee).[129]

Nur wenige Tage nach dem Kongress, am 22.2.1962, fand ein erfolgloser Putschversuch einer kleinen Gruppe von Offizieren unter Führung des Obersten Talat Aydemir statt. Wohl um jeglichen Verdacht zu zerstreuen, dass EMİNSU daran beteiligt gewesen sein könnte, versicherte kurz darauf der Verband in einer Presseerklärung der Regierung seine Loyalität und Unterstützung.[130] Dass dieser

mee abzielte. Ich habe aber inzwischen festgestellt, dass viele Kameraden in der Armee weiterdienen, die in Bezug auf Lebens- und Dienstalter älter sind. Für das Vorgehen ist kein einziges sachliches Kriterium angewandt worden. In einem Rechtsstaat muss eine solch ungerechte und willkürliche Verfügung, die Kriterien wie Alter, Kaderstärke, dienstliche Beurteilung und Gesundheitszustand nicht berücksichtigt, korrigiert werden. Ich gehöre der Marine seit 27 Jahren an…und bin nun 46 Jahre alt. Die Tatsache, dass ich arbeitslos zu Hause herumsitze, kann nicht im öffentlichen Interesse sein. Deshalb erwarte ich die Rückkehr in die Streitkräfte durch eine gerechte Verfügung. Folglich erhebe ich Einspruch gegen meine ungerechte und ungesetzliche Versetzung in den Ruhestand, die sich zudem auf keinerlei Kriterien stützen kann. Ich bitte um Außerkraftsetzung der Verfügung durch die Türkische Grosse Nationalversammlung und die Restitution aller meiner Ansprüche ab dem 20.8.1960…".

128 *Yuvaya dönüş davası* (lag mir nicht vor). *Cumhuriyet* 4.2.1962.

129 Die Presse berichtet von Offizieren, die während ihrer Reden ob der als Unrecht empfundenen Entlassung in Tränen ausbrachen. Als Orhan Türkkan schilderte, wie Verteidigungsminister General Muzaffer Alankuş (6.1.1961-28.6.1961), den man wohl auch als Gegner einer Rücknahme der Entlassungen ausgemacht hatte und dem man Unaufrichtigkeit unterstellte, ihn wegen seiner Verdienste um die Revolution vom 27. Mai geküsst habe, wurden Rufe „Wisch dir die Backen ab" laut. Türkkan nahm die Pointe auf, zog sein Taschentuch heraus und wischte sein Gesicht ab, *Cumhuriyet* 19.2.1962.

130 Bereits im Dezember 1961 gab es nach Aydemir, *Hatıraları*, 87-89, „Vorbereitungen von EMİNSU-Leuten für eine Revolution" (d. h. einen Putsch, MS), die dann aber unter Führung von General Madanoğlu im Keime erstickt worden seien. Ob diese Mitteilung für bare Münze genommen werden kann, ist unklar. Jedenfalls zitiert Aydemir ein Mitglied des EMİNSU, General Mehmet Ali Aytaç, mit den Worten: „Unsere Organisation muss endlich aus der Passivität herauskommen. Wir müssen aktiv werden, sonst kommen wir zu spät. Entweder wir kehren in die Armee zurück oder wir sterben. Die Konstituierende Versammlung [das Parlament, MS] wird uns das Recht zur Rückkehr verweigern, wir müssen es uns mit Gewalt nehmen. Ich habe 24 Jahre im Generalstab gedient; im MBK gibt es Offiziere, die nicht ein derartiges Ansehen genießen. Wir müssen zur Tat schreiten und uns unser Recht erstreiten".

Verdacht nicht gänzlich aus der Luft gegriffen war, scheint die Anklage gegen einige Offiziere zu belegen (sie wurden aber freigesprochen), die führende EMİNSU-Mitglieder waren wie z. B. die pensionierten Generäle Orhan und Selim Türkkan.[131] Im März 1962 wurde das sogenannte „Maßnahmengesetz“ verabschiedet, wodurch Kritik an der Revolution vom 27. Mai praktisch unter Strafe gestellt wurde.[132] Das Gesetz zielte nicht zuletzt auf die Vereitelung von Aktivitäten des EMİNSU und ehemaliger DP-Mitglieder.[133] Der im Vergleich zu vorangegangenen Stellungnahmen konziliantere Ton eines Briefes der führenden Istanbuler EMİNSU-Aktivisten an den AP-Vorsitzenden Gümüşpala erklärt sich vielleicht aus der Sanktionsmöglichkeit dieses Gesetzes. Es hat den Anschein, dass EMİNSU auf dem Rückzug ist: während früher eine bedingungslose Rückkehr gefordert wurde (im Gegenzug waren die Ex-Offiziere bereit, Abfindungen und andere Vergünstigungen zurückzuzahlen), geht es hier eher um eine Verbesserung der materiellen Lage der Offiziere.[134] Danach – und mit wachsender zeitlicher Distanz zu der Säuberung – wurde es ruhiger um EMİNSU. Doch hören wir später periodisch wie z. B. 1969 von dem Verein, als er den 20. August zur Erinnerung an den Tag, als das Gesetz über die Pensionierung in Kraft trat, zum „Tag der Trauer“ („*matem günü*“) erklärte.[135] Noch im Jahre 1972 waren Klagen gegen Teile des Gesetzes vor dem Verfassungsgericht anhängig.[136] Erst ein anderer Putsch, nämlich jener von 1980, als eine Vielzahl von Parteien und Vereinen, die während der „Zweiten Republik“ (1960-1980) gegründet worden waren, geschlossen wurde, zog einen Schlussstrich unter die EMİNSU-Aktivitäten.

Cahit reiste aus Krankheitsgründen nicht zum EMİNSU-Kongress nach Ankara. Vielleicht kam ihm das zupass: er war ein eher vorsichtiger und bedächtiger Mensch, der sich nicht zu sehr exponieren wollte. Auch hat es den Anschein, dass

---

131 Aydemir, *Hatıraları*, 322 f.; Esengin 20 f., berichtet, dass Selim Türkkan am 21.5.1963 als „Zivilist“ am neuerlichen Putschversuch Aydemirs teilgenommen habe und verhaftet wurde.

132 „Tedbirler Kanunu (Anayasa nizamını, Milli Güvenlik ve Huzuru Bozan Fiiller Hakkındaki Kanun)“, 5.3.1962.

133 „Zan ediyorum ki 7 Martta yürürlüğe giren Tedbirler Kanunu da Eminsuların her hangi bir fiili hareketini önlemek üzere müstaceliyetle çıkarılmıştır“ (VI, 133): „ Ich glaube, dass das Maßnahmengesetz, das am 7. März in Kraft trat, vordringlich verabschiedet wurde, um eine Aktion der Eminsu-Leute im Keime zu ersticken“. – In diesen Kontext lässt sich wohl auch einordnen, dass die Erlaubnis zur Publikation der EMİNSU-Zeitschrift *Hedef* vom Istanbuler Polizeipräsidium (*Emniyet Müdürlüğü*) hinausgezögert wurde, und es ist fraglich, ob die Zeitschrift je veröffentlicht wurde.

134 Und zwar schlug EMİNSU vor, unter staatlicher und privater Beteiligung eine nationale Bierindustrie (*bira sanayii*) zu gründen, an der die pensionierten Offiziere mit Kapitaleinlagen und Anstellungen beteiligt werden sollten (VI, 147-148). – Gleichwohl veröffentlichte EMİNSU am 25.5.1962 aus Anlass des zweiten Jahrestages der Revolution vom 27. Mai eine Erklärung, in der den Senatoren auf Lebenszeit und ehemaligen MBK-Mitgliedern (17 an der Zahl) u. a. vorgeworfen wurde, eine Situation verursacht zu haben, welche die „Einheit der Armee“ gefährde und zur „Entstehung von politischen Strömungen“ im Militär führe, *Yeni Sabah*, 25.5.1962.

135 *TA*, s.v. Eminsu.

136 www.anayasa.gov.tr/eskisite/KARARLAR/IPTALITIRAZ/K1972/K1972-01.htm (06.03.2009).

ihm die Aktivitäten und Reden des EMİNSU zu riskant geworden waren, weil er befürchtete, dass einige Mitglieder es nicht dabei bewenden lassen würden, „unbesonnene Artikel" („*ateşli makaleler*") zu schreiben, sondern auch zur Tat schreiten könnten.[137] Dass diese Annahme nicht gänzlich unbegründet war, zeigt ja die oben erwähnte Verwicklung Selim Türkkans in das Aydemir-Komplott. Darüber hinaus hatte Cahit wohl die Aussichtslosigkeit des Unterfangens *Yuvaya dönüş davası* („Das Problem der Rückkehr in den Schoß der Armee") erkannt.[138] Es sind vielleicht drei Umstände, die ihn bewogen haben könnten, diesen Abschnitt seines Lebens als abgeschlossen zu betrachten und damit die Memoiren zu beenden: Zum einen hat er eine Lehrerstelle angenommen, für die er nicht antichambrieren musste wie bei seinen voraufgegangenen Stellenbewerbungen, sondern die ihm angeboten wurde. Nun unterrichtet er 23 Stunden pro Woche Mathematik und Handelskunde (*ticaret*) an der Mittelschule in Emirgan, was ein Zubrot zu seiner „unzureichenden" Pension brachte.[139] Zum anderen erfüllt es ihn mit Genugtuung, dass er in den Vorstand der „Türkischen Gesellschaft für Astronautik" gewählt wurde. Dadurch wurde sein aufgrund der Arbeitslosigkeit angeschlagenes Selbstbewusstsein wieder etwas aufgerichtet (zumal er immer noch Absagen auf Stellenbewerbungen bekommt). Zum dritten fand erneut eine – wenn auch im Vergleich zum 27. Mai viel unbedeutendere – politische Wende statt durch das Scheitern der Koalition von AP und CHP unter İnönü, als die AP-Minister sich aus der Regierung zurückzogen wegen der ungelösten Amnestiefrage für im Gefängnis einsitzende Mitglieder der Demokratischen Partei. Möglicherweise sah Cahit diese beiden politischen Ereignisse als zeitliche Klammer für seine Memoiren. Er versucht einen feierlichen Schlusspunkt zu setzen, der sich allerdings an dieser Stelle nicht ganz organisch in die Memoiren einfügt. Er nimmt den Jahrestag der Eroberung Istanbuls am 29.5.1962 zum Anlass, die Präsenz seiner Familie in Istanbul seit drei Generationen mit einem weltgeschichtlichen Ereignis zu verbinden. Aber in die Freude über den historischen Tag mischt sich ein Wermutstropfen, weil zu seinem Verdruss die Feiern zum 27. Mai jene zum 29. Mai in den Schatten stellen. Denn der 27. Mai, dessen politische Notwendigkeit und Bedeutung er eigentlich nicht bezweifelt, ist für ihn der Anfang vom Ende seiner beruflichen Laufbahn.[140]

Schluss

Die hier erörterten Memoiren werfen eine ganze Reihe von Fragen auf. Der Umstand, dass sie Anfang der 1990er Jahre auf den Markt kamen, deutet vielleicht darauf hin, dass unser Autor damals gestorben war, und sein Haushalt aufgelöst

---

137 VI, 72 f.

138 So lautet der Titel eines von EMİNSU herausgegebenen Weißbuchs, das mir nicht vorliegt.

139 VI, 139.

140 VI, 153 f.

wurde. Hatte die Familie kein Interesse an seinen Notizen? Und wenn sie sie gelesen hätte, wäre ihr dann angesichts des privaten Charakters etlicher Passagen nicht daran gelegen gewesen, sie nicht in fremde Hände fallen zu lassen? Was beabsichtigte Cahit mit der Abfassung der Memoiren? Er war keine Person der Zeitgeschichte und konnte nicht darauf hoffen, mit seinen Erinnerungen ein größeres Publikum zu gewinnen. Er mochte aber durchaus die Absicht haben, Sympathie für die pensionierten Offiziere zu wecken und ihr Anliegen als einen Kampf für Gerechtigkeit zu schildern. Aufbereitung und Abfassung seiner Notizen legen nahe, dass er eine Publikation nicht ausschloss. Dann aber erstaunt, dass er kaum versucht, sich in möglichst vorteilhaftem Licht darzustellen. Im Gegenteil, er hat keine Hemmungen, sein Innenleben bloßzulegen: welcher türkische Offizier würde öffentlich (auch wenn er solche Passagen sicher ausgelassen hätte) eingestehen, dass er sich wegen einer schwärmerischen, unerwiderten Liebe und der Schmach, dass diese publik wurde, mit Selbstmordgedanken trüge oder Todesangst empfinde vor einer unkomplizierten Operation, der er sich unterziehen muss? Warum beginnt Cahit gerade am Vorabend der Militärrevolution mit seinen Memoiren? Offenbar, weil diese ein einschneidendes Ereignis darstellt, das seinem Leben eine Wendung geben sollte.

Ich fasse zusammen: Die Memoiren Cahit Beys lassen uns teilhaben an einer biographischen Zäsur. Wir erfahren, wie ein Offizier im Alter von 44 Jahren mit den Folgen seiner Zwangspensionierung zurechtzukommen versucht. Wir wussten aus der einschlägigen Literatur, dass die Pensionäre großzügig abgefunden und ihnen lukrative Posten in Bürokratie und Industrie verschafft wurden. Das mochte für viele zutreffen; Cahit und seine Mitstreiter im Istanbuler EMİNSU jedenfalls hatten noch fast zwei Jahre nach der Pensionierung solche Posten nicht gefunden. Vielleicht strebten sie solche auch nicht ernsthaft an. Diese Offiziere waren mit Leib und Seele Soldaten, z. T. bereits in der zweiten und dritten Generation. Selbst die Aussicht, neben der Pension noch ein Gehalt zu beziehen, schien einigen nicht verlockend. Wer kann nicht die Wut der Offiziere nachvollziehen, die von einem auf den anderen Tag nicht nur ihren Brotberuf verloren, sondern Ansehen und Einfluss; die, je nach Dienstgrad, Hunderte bis Tausende von Untergebenen befehligten und sich nun degradiert fühlen mussten.[141] Daneben werden wir Zeuge von Alltagsnöten, von finanziellen und familiären Problemen. Wir hören von Strategien der Neuorientierung, von Anpassungsversuchen und dem Bestreben, der Vereinzelung zu entkommen und in einer größe-

---

[141] Birand, *Shirts of Steel*,189-193 berichtet über die Veränderungen im Leben eines auf regulärem Wege pensionierten Generals, der den Verlust seiner Privilegien beklagt: „The soldier who all his life has had little contact with civilian society pays the price for his exclusion at the time of his retirement. The Western soldier is more adaptable. He regards soldiering as a profession whereas the Turks see it as ‚a way of life‘, which, if honour and acclaim and the uniform are removed, inevitably ends in a state of shock. Turkey trains its officers to be above and outside society; it constantly exalts him to the skies, then one day it suddenly abandons him to a lonely life in a completely unfamiliar environment“ (192).

ren Gruppe Rückhalt zu finden, sei es der Gerechtigkeitspartei oder dem „Verein pensionierter Offiziere“. Dieser Umstand macht die Memoiren Cahits über die individuellen biographischen Aspekte hinaus zu einer Quelle, welche speziell hinsichtlich der Rolle des Militärs in der türkischen Politik zu Beginn der sechziger Jahre des 20. Jahrhunderts unser Interesse beanspruchen kann.

Nachbemerkung

Was aus Cahit geworden ist, weiss ich nicht. Seine Aufzeichnungen haben mich von Istanbul über Bamberg nach Nikosia begleitet. Im März 2001 habe ich beim Bamberger Orientalistentag einen Vortrag darüber gehalten. Danach hielten mich einerseits vordringlichere Aufgaben von einer Beschäftigung mit der Materie ab, andererseits hatte ich Skrupel, mich in teils sehr persönliche Notizen zu vertiefen, die wohl nicht für fremde Augen bestimmt waren. Cahit Bey war ja keine Persönlichkeit des öffentlichen Lebens. Schließlich gewann der Gedanke die Oberhand, dass durch eine Veränderung von Namen und Lebensumständen sowie durch das Zurückhalten ausgesprochen vertraulicher Mitteilungen die notwendige Diskretion gewahrt würde. Außerdem kam ich zu dem Schluss, dass die Informationen Cahits frisches Material zur Situation der pensionierten Offiziere sowie ihrem Engagement in der Gerechtigkeitspartei und EMİNSU boten. Die Einladung zur Mitarbeit an dieser Festschrift war dann der unmittelbare Anlass, auf Cahits Aufzeichnungen zurückzukommen. Bei dem einen oder anderen Istanbul-Aufenthalt in den letzten Jahren habe ich mich gefragt, ob ich die Familie aufsuchen (vorausgesetzt, ich hätte die Adresse ausfindig machen können) und mich nach dem Schicksal des Autors erkundigen sollte, aber mit wachsendem zeitlichen Abstand zum Ankauf der Memoiren habe ich dies verworfen. Ich hätte mich als Eindringling gefühlt bei dem Gedanken, dass Cahits Kinder gewusst hätten, dass ich seine Aufzeichnungen gelesen hatte (wenn sie sie denn gelesen hatten und ihnen der Inhalt bekannt war). Heute bedaure ich, nicht mehr über diesen Menschen erfahren zu haben, dem ich im Verlauf der Lektüre nähergekommen bin und für den ich eine gewisse Sympathie nicht verhehlen kann. Den Antiquar und Freund Sami Önal (1938-2008), selbst ehemaliger Offizier, der ihn vermutlich gekannt hat, habe ich versäumt, nach Cahit zu fragen.

Die Enkelinnen der letzten Osmanen. Die osmanische Vergangenheit in Erinnerungstexten von drei türkischen Autorinnen

Christoph Herzog, Bamberg

Das Genre der Erinnerungsliteratur bildet einen wichtigen Teil der Erinnerungskultur. Nach einigen einleitenden Überlegungen möchte mein Beitrag die Rekonstruktion ihrer eigenen osmanischen Wurzeln in ihren Erinnerungsschriften durch drei Istanbuler Autorinnen – Muhibbe Darga, Melek Günersu und Fethiye Çetin – aus den Jahren 2002-2007 vorstellen und sie im Zusammenhang mit der dominanten türkischen Erinnerungskultur an das Osmanische Reich diskutieren.[1] Mein Interesse ist einerseits deskriptiv. Ich halte diese Erinnerungsschriften, obwohl es sich weder um literarische Meisterwerke der Autobiographie noch um Memoiren politisch maßgeblicher Persönlichkeiten, sondern eher um persönliche Zeugnisse handelt, aus sich selbst heraus und besonders im Kontext der Erinnerungskultur der Republik Türkei für interessant und beachtenswert. Mein Interesse ist andererseits aber auch programmatisch auf das literarische Genre der Erinnerungsliteratur als solches gerichtet. Drittens glaube ich, dass sich die These, in der Türkei bahne sich seit ungefähr den vergangenen anderthalb Jahrzehnten sichtbar ein deutlicher kultureller Wandel an, auch in der Produktion der jüngeren Erinnerungsliteratur nachverfolgen lässt. Das Osmanische Reich befindet sich mittlerweile an der zeitlichen Grenze jener 80 bis 100 Jahre, die das kommunikative kollektive Gedächtnis, in dem sich individuelle und kollektive Erinnerungen zu einem Amalgam formen, zu fassen und bearbeiten vermag.[2] Aber gerade in dieser Erinnerungsliteratur an der Grenze des kommunikativen Gedächtnisses lässt sich nun die Beobachtung machen, dass es im individuellen Gedächtnis dem kollektiven Gedächtnis widerständige Erinnerungen gibt, die sich vielleicht im Rahmen eines Gegendiskurses artikulieren können, vielleicht aber auch in einer subalternen Situation zum Schweigen, zur Verdrängung und zum letztlichen Vergessen verurteilt sein mögen.

---

1 Dieser Beitrag ist eine umgearbeitete Version meiner Antrittsvorlesung an der Otto-Friedrich-Universität Bamberg aus dem Jahr 2009. Die Anregung hierfür verdankte sich der Lektüre eines instruktiven Artikels der Jubilarin Erika Glassen: „Die Töchter der letzten Osmanen. Zur Sozialisation und Identitätsfindung türkischer Frauen nach Autobiographien", in: Sabine Prätor/Christoph K. Neumann (Hg.), *Frauen, Bilder und Gelehrte. Studien zu Gesellschaft und Künsten im Osmanischen Reich. Festschrift Hans Georg Majer 1*, Istanbul 2002, 347-386.

2 Jan Assmann, *Das kulturelle Gedächtnis. Schrift, Erinnerung und politische Identität in frühen Hochkulturen*, München 1999.

Keine Erinnerungskultur in einem Nationalstaat ist denkbar ohne diesen Staat, denn er versucht das kollektive Gedächtnis in seinem Sinne zu prägen. Bis zu welchem Grad er dies versucht und inwieweit ihm dies gelingt, hängt natürlich von verschiedenen Faktoren ab. Ihm stehen aber jedenfalls hierfür eine Reihe von Instrumentarien und Institutionen zur Verfügung, deren Einsatz ebenfalls sehr variabel sein kann, etwa die Legislative, die Justiz und nicht zuletzt die Aufsicht über die staatlichen Bildungseinrichtungen.

Die Rolle des Staates bei der Gestaltung der kollektiven Erinnerungslandschaft ist dabei bi-direktional. Er greift nicht nur prägend in die vorhandene Erinnerung ein, sondern sie wird auch durch die Erinnerungslandschaft mit beeinflusst. Da der Staat, selbst wenn er dies anstreben sollte, nun aber die Kontrolle über die kollektive Erinnerung nicht ganz erringen kann, bleibt dieser Prozess dynamisch, das heißt zum Beispiel: das kollektive Gedächtnis verändert sich im Lauf der Zeit. Zudem sind die Basiskonzepte, welche der Geschichtsinterpretation zugrunde liegen – vielleicht notwendigerweise – uneindeutig. Nehmen wir beispielsweise den zentralen Geschichtsbaustein des türkischen Nationalismus. Bei Schulbuchanalysen hat sich herausgestellt, dass dieser Nationalismus zwischen drei nicht recht zu vereinbarenden Grundkonzepten oszilliert. Auf der einen Seite steht das Konzept des häufig als Patriotismus definierten demokratischen Staatsbürgernationalismus, auf der anderen Seite das eines ethnischen Nationalismus, der sich wiederum sowohl kulturell als auch rassisch äußern kann.[3] Diese Unschärfe in wichtigen ideologischen Konzepten rührt unter anderem natürlich daher, dass es auch in der Türkei Definitionskämpfe um solche grundlegenden Konzepte gibt und zwar auch innerhalb des Staatsapparates, der selbstverständlich kein homogener Block ist. Wenn der Staat aber keine völlig eindeutigen ideologischen Konzepte vorgeben kann, so kann er doch immerhin regulierend wirken und den Rahmen abstecken, den der öffentliche Geschichtsdiskurs auf keinen Fall verlassen darf. Das trägt wiederum dazu bei, dass Geschichte zu einer Tabulandschaft werden kann, in der es bestimmte sensitive Areale gibt, die nicht oder nicht ohne weiteres betreten werden können.

Nach einer frühen jakobinischen Phase der Republik, in der versucht wurde, eine türkische Identität ohne Rückgriff auf den Islam zu schaffen, gewann zunehmend die Vision die Oberhand, welche den Islam (und eigentlich sogar nur den sunnitischen Islam) als ein essentielles Merkmal des Türkentums betrachtete. Im gleichen Zusammenhang wurde die revolutionäre ideologische Abgrenzung der frühen Republik vom Osmanischen Reich zunehmend relativiert. In diesem Prozess nahm das Osmanische Reich in der kollektiven Erinnerung eine dezidiert türkisch-muslimische Identität an. Die offizielle Rehabilitation des Osmanischen Reiches seit den 1970er und noch verstärkt seit den 1980er Jahren verlief nicht wider-

---

[3] Tanıl Bora, "Ders Kitaplarında Milliyetçilik", in: Betül Çotuksöken/Ayşe Erzan/Orhan Silier (Hg.), *Ders Kitaplarında İnsan Hakları Tarama Sonuçları*. Istanbul 2003, 65-89, hier 71.

standslos; die osmanische Vergangenheit wurde vielmehr Gegenstand eines massiven Kulturkampfes, auf dem die kollektive Erinnerung zum politischen Schlachtfeld zwischen Islamisten und Kemalisten wurde.

Zum Beispiel waren die offiziellen Feiern aus Anlass der 700 Jahre seit der Gründung des Osmanischen Reiches im Jahr 1999 Anlass für heftige öffentliche Kritik durch etliche Kommentatoren. So interpretierte der Wirtschaftswissenschaftler und dezidiert kemalistische Intellektuelle Prof. Toktamış Ateş diese Feiern zur Gründung des Osmanischen Reiches als Versuch, das Ansehen der Republik indirekt zu schmälern, ohne sie direkt zu kritisieren. Der Schauspieler und Fernsehmoderator Cem Özer verursachte 1999 einen Skandal, als er in einer Sendung forderte, die Türkei müsse sich vollständig von den ohnehin nicht erinnerungswürdigen Osmanen lossagen, um in Europa Akzeptanz zu finden. Ein Vertreter der Partei der Nationalistischen Bewegung (MHP) kündigte daraufhin in der Sendung an, Özer „im Namen der Nation" (*millet adına*) verklagen zu wollen.[4]

Auf der anderen Seite erschien die Zeitschrift *Eğitim* mit einem Titelblatt, das verkündete: „Wer seine Vergangenheit zurückweist, ist ein Bastard!" (*Geçmişini reddeden, haramzâdedir!*). Das Titelbild zeigt übrigens eines der osmanischen Schiffe, die bei der Belagerung von Konstantinopel durch Sultan Mehmed II. (1451-1481) über Land in die Meerenge des Goldenen Horns gezogen wurden.[5]

Ein Trend, der sich seit 1999 besonders deutlich herauskristallisierte, war, das Osmanische Reich als einen Ort der Toleranz zwischen Judentum, Christentum und Islam aufzufassen. Manchmal mutierte die osmanische Gesellschaft dabei auf doch etwas anachronistische Weise zum Inbegriff der pluralistischen Gesellschaft.[6] Insgesamt muss man aber festhalten, dass 1999 nicht nur Kulturkämpfe und gegenwartspolitikbezogene Reinterpretationen stattfanden, sondern dass auf zahlreichen Veranstaltungen und in zahlreichen Publikationen (etwa Sondernummern von Zeitschriften)[7] von Fachleuten auf hohem Niveau über das Osmanische Reich reflektiert und geschrieben wurde. All das blieb nicht ohne Folgen. Heute ist die grundsätzliche und dogmatische Ablehnung des Osmanischen Reiches eine verschwindende Minderheitsposition. Seine Idealisierung ist sicherlich erheblich weiter verbreitet. Vor allem aber gibt es ein wachsendes offenes, und das heißt nicht unmittelbar politikgeleitetes Interesse an der osmanischen Vergangenheit als solcher. Dieser Trend wachsenden, nicht primär politischen oder edukativen Interesses ist an einer Literaturgattung untersucht worden, die in der Türkei in den letzten

4 Celal Başlangıç, "Osmanlı'yı Nasıl Bildirdiniz", *Radikal*, 27 Mart 1999: http://www.radikal.com.tr/1999/03/27/yasam/01osm.html (18.7.2009).

5 *Eğitim. Aylık Eğitim, Bilim ve Kültür Dergisi*, 2,12 (Eylül 1999); das Titelblatt findet sich abgedruckt in *Tarih ve Toplum*, 33,198 (Haziran 2000), 66.

6 Vgl. etwa verschiedene Beiträge in Mustafa Armağan (Hg.), *Osmanlı'da Hoşgörü. Birlikte Yaşama Sanatı*. Istanbul 2000, insbesondere die Einleitung von Kemal Karpat.

7 Zahlreiche Zeitschriften brachten thematische Schwerpunktnummern zum Osmanischen Reich heraus, so z. B. die Zeitschrift *Toplum ve Bilim* unter dem Titel *Osmanlı: Muktedirler ve Mâdunlar*.

Jahren verstärkt von sich reden gemacht hat: dem historischen Roman. Die Literaturwissenschaftlerinnen Bahriye Çeri und Priska Furrer stellten beide fest, dass der historische Roman ungefähr mit den 1990er Jahren einen dramatischen Wandel durchgemacht und einen bedeutenden Aufschwung erfahren hat.[8] Aus der Zeit vorher gibt es nur vereinzelt historische Romane aus den Zirkeln des türkischen literarischen Establishments mit künstlerischem Anspruch. Was es zahlreich gab, waren einfach gestrickte Romane von Serienschreibern. Bahriye Çeri zufolge war der typische historische Roman dieses Typs, soweit er sich mit dem Osmanischen Reich in seiner Aufstiegs- und Blütephase bis zu Sultan Süleyman Kanuni (1520-1566) befasste, der kriegerische Heldenroman. Seine Heroen waren die Sultane, allen voran der Eroberer von Byzanz, Mehmed II., Kriegshelden aus dem Volk oder – interessanterweise – osmanische Piraten.[9] Dagegen wurden in jenen Romanen, welche die „Niedergangsphase" des Osmanischen Reiches beschrieben, die Osmanen quasi aus europäischer Sicht distanziert betrachtet. Der Niedergang des Osmanischen Reiches wurde an das persönliche Versagen der Elite gebunden, die in diesem Fall nicht als „türkisch", sondern als „osmanisch" wahrgenommen wurde. Will man sie funktional betrachten, sind diese Romane didaktisch und unterstützen den Prozess des nation-building. Nach 1990 wurde der historische Roman in der Türkei plötzlich eine bedeutende, mit den Mitteln postmoderner Erzähltechniken operierende literarische Kunstgattung mit profilierten Autoren wie Nedim Gürsel oder Orhan Pamuk. Auf der anderen Seite lebt der didaktische historische Roman vor allem in der islamistischen und ultranationalistischen Parallelöffentlichkeit auch nach den 1990er Jahren weiter fort.[10]

Für die Wahrnehmung der spätosmanischen Zeit und die kollektive Erinnerung an sie spielten die spätosmanischen zeitkritischen Romane von Ahmed Midhat und seinen Nachfolgern eine vielleicht nicht unerhebliche Rolle. Der türkische Soziologe und Historiker Şerif Mardin hat als einen der prägendsten Charaktertypen in dieser Art Romanliteratur den Bihruz-Bey-Typ ausgemacht, von ihm so benannt nach dem Antihelden aus Recaizade Mahmud Ekrems Roman *Araba Sevdası* (1898).[11] Bihruz Bey ist eine Art osmanischer Oblomov, ein oberflächlich und übermäßig verwestlichter, degenerierter und sozial schädlicher Dandy der Oberschicht. Dieser literarische Bihruz-Bey-Typ hat die kollektive Erinnerung an das späte Osmanische Reich sicherlich ganz wesentlich mit beeinflusst.

Ungefähr zur gleichen Zeit wie die spätosmanischen Romane setzte auch eine osmanische Memoirenliteratur ein, die sich dann in die Republik fortsetzte. Nun

---

8 Bahriye Çeri, "Cumhuriyet Romanında Osmanlı Tarihinin Kurgulanışı", *Tarih ve Toplum*, 33,198 (Haziran 2000), 19-26; Priska Furrer, *Sehnsucht nach Sinn. Literarische Semantisierung von Geschichte im zeitgenössischen türkischen Roman*, Wiesbaden 2005.

9 Çeri, "Cumhuriyet Romanında", 22.

10 Z. B. Mehmed Niyazi, *Yemen, ah Yemen*, Istanbul 2004.

11 Şerif Mardin, "Super Westernization in Urban Life in the Ottoman Empire in the Last Quarter of the Nineteenth Century", in: Peter Benedict/Erol Tümerkin/Fatma Mansur (Hg.), *Turkey. Geographic and Social Perspectives*, Leiden u. a. 1974, 404-446, hier 404.

gibt es im Osmanischen auch vor dem 19. Jahrhundert durchaus das, was die neuere Forschung oft Ego-Dokumente nennt,[12] aber natürlich spielte auch hier in späterer Zeit die Rezeption des westlichen Genres eine extrem wichtige Rolle. Der türkische Literaturkritiker Nurullah Ataç (1898-1957) schrieb in einem Artikel über Erinnerungsliteratur (*hatırat kitapları*) in der Zeitschrift *Yedigün* im Jahr 1934:

> „Ich bin böse auf diejenigen, die ihre Memoiren schreiben. Ich sage selbstverständlich nichts gegen jene, die an bedeutenden Ereignissen teilhatten, sei es als Handelnde oder einfach als Zeugen. [...] Was mich erzürnt sind diejenigen, die uns damit zu beschäftigen suchen, dass sie uns bloß das erzählen, was ihnen selbst zugestoßen ist. Und nein, ich habe die großen Autobiographen wie Augustin, Rousseau und Gide nicht außer Acht gelassen; aber diese gaben uns zuvörderst ihre literarischen Werke und erzählten uns nur in zweiter Linie ihre Lebensgeschichten. Außerdem hat jedes Prinzip seine Ausnahmen, und so können wir sagen, dass jedes ihrer Werke eine solche Ausnahme bildet."[13]

Dieses Zitat lässt sich als die republikanische Reformulierung eines alten osmanischen sozialen Tabus lesen, nämlich familiäre und allzu private Dinge zu verschriftlichen. In der Tat kann man beobachten, dass in vielen spätosmanischen und noch in frührepublikanischen Memoiren, die meist von Männern geschrieben sind, familiäre Begebenheiten in dem Maße ausgespart sind, dass noch nicht einmal der Name der Ehefrau erwähnt ist.

Es lässt sich aber auch eine weitere wichtige These an das obige Zitat knüpfen: Dass nämlich die Genre-Unterscheidung zwischen Memoiren und Autobiographie in der türkischen Literatur nicht sinnvoll zu treffen ist, jedenfalls nicht vor den jüngsten ein, zwei Dekaden. Es ist meines Erachtens vorzuziehen, der türkischen Begrifflichkeit von „Erinnerungsliteratur" (*Hatırat*) zu folgen und darunter ein literarisches Feld zu verstehen, welches strikt politische Berichte ebenso umfassen kann wie psychologische Selbstreflexionen. Es ist die von Ataç in oben angeführtem Zitat verdammte Erinnerung persönlichen Erlebens und individueller Bedeutung, die in den Erinnerungstexten von Muhibbe Darga, Melek Günersu und Fethiye Çetin eine zentrale Rolle spielt und gerade nicht die mit den Leitakteuren der politischen Ereignisgeschichte verknüpften Anekdoten und auch nicht die ideologischen Versatzstücke historisch-politischer Interpretation, welche Erinnerungen als Randtexte häufig einrahmen.

In sehr vielen Erinnerungstexten findet sich eine Form der Nostalgie wieder, die man im Sinn Svetlana Boyms als „a sentiment of loss and displacement"[14] be-

---

12 Michael Ursinus, „Osmanische Autobiographien vor dem XIX. Jahrhundert: ‚the most interesting books never written'?", in: Walter Berschin/Wolfgang Schamoni (Hg.), *Biographie – „So der Westen wie der Osten"? Zwölf Studien*, Heidelberg 2003, 93-111.

13 Zitiert in Olcay Akyıldız/ Halim Kara/Börte Sagaster (Hg.), *Autobiographical Themes in Turkish Literature: Theoretical and Comparative Perspectives*, Würzburg 2007, 9.

14 Svetlana Boym, *The Future of Nostalgia*, New York 2001, xiii. Gegenüber dieser von Boym als „reflexive Nostalgie" bezeichneten Form ist der von ihr unterschiedene zweite Typus von „restaurativer Nostalgie" eher das, was den edukativen Geschichtsromanen oder der monumentalen osmanisierenden Moscheearchitektur der *Kocatepe Camii* in Ankara zugrundeliegt.

zeichnen könnte. Es sieht so aus, als beginne diese Art von Nostalgie in der türkischen Memoirenliteratur in der zweiten Hälfte der 1940er Jahre. Es gibt zwei gute Gründe, die diesen Zeitpunkt erklären helfen: zum einen die politische Situation: Nachdem Atatürk 1938 gestorben und die Türkei den Zweiten Weltkrieg als neutrales Land überstanden hatte, begann sich die friedliche Auflösung der Einparteienherrschaft und eine zumindest partielle Neuausrichtung der Kulturpolitik anzukündigen; zum anderen die Tatsache, dass die Generation, welche das Osmanische Reich noch vor seiner letzten instabilen Phase nach 1908 als Erwachsene bewusst miterlebt hatte, jetzt das Alter ihres letzten Lebensabschnitts erreicht hatte. Diese Spanne von vierzig Jahren wird von Jan Assmann als Einschnitt und Krise der kollektiven Erinnerung bezeichnet, in dem biographische Erinnerung, soll sie nicht verloren gehen, in kollektive Erinnerung transformiert werden muss.[15] So wird etwa auf dem Titelblatt eines 1948 erschienenen Erinnerungsbuches von Semih Mümtaz eigens die Zeitzeugenschaft des Autors betont: „Die Männer von damals. Die Paläste von damals. Die Stadtpalais und Strandvillen von damals. Die Abendgesellschaften von damals [...]“ und so weiter, bis am Schluss der Inhaltsangabe hervorgehoben wird, dass dies alles einer Welt angehöre, „die der Verfasser selbst erlebt und gesehen hat”.[16]

Das „Selbst-Gesehen-Haben“ gehört für die osmanische Epoche nun allerdings definitiv der Vergangenheit an, sie kann nicht mehr persönlich, sondern nur noch medial vermittelt erinnert werden. Die hier behandelten Erinnerungstexte spielen sich deshalb, soweit sie diese Zeit betreffen, in einem Rahmen ab, der bereits selbst diese mediale Erinnerung thematisiert: die Erinnerung an verstorbene Verwandte und im persönlichen Besitz verbliebene Dokumente, Photographien und andere Erinnerungsstücke. Das osmanische Erbe befindet sich nun am äußersten Rand, aber noch nicht jenseits des Generationen-Gedächtnisses.

Muhibbe Darga

Mein erstes Beispiel betrifft die Erinnerungen der auch international bekannten Hethitologin Muhibbe Darga (geb. 1921). Der Teil davon, der mich hier interessiert, betrifft ihren Großvater Mehmed Emin (gest. 1925), der dreißig Jahre lang einer der Kammerherren Abdülhamids II. (1876-1909) war. Bei diesen Erinnerungen handelt es sich nicht um ein Buch, sondern um zwei getrennte Veröffentlichungen. Die eine, 2002 im Verlag der İş Bank erschienen, ist der Abdruck eines umfangreichen Interviews durch die Journalistin Emine Çaykara.[17] Dieses Format

---

15 Assmann, *Das kulturelle Gedächtnis*, 228 und 51.

16 Semih Mümtaz, *Tarihimizde Hayal Olmuş Hakikatlar*, Istanbul 1948. Auch der Titel des Buches ist aufschlussreich.

17 Muhibbe Darga/Emine Çaykara, *Arkeoloji'nin Delikanlısı. Muhibbe Darga Kitabı*, Istanbul 2002.

ist in der Türkei in den letzten Jahren in Mode gekommen.[18] In dem Interview geht Muhibbe Darga auch sehr ausführlich auf die Lebensgeschichte ihres Großvaters Mehmed Emin ein. Die zweite Veröffentlichung ist die im Jahr 2007 durch Muhibbe Darga veröffentlichte Transkription des berühmten Reiseberichts ihres Großvaters nach Zentralasien.[19] Dieser Reisebericht erschien ursprünglich 1878[20] und war der erste gedruckte Reisebericht eines Osmanen nach Zentralasien. Neben der Transkription des Reiseberichts[21] enthält das Buch wichtige biographische Informationen über seinen Autor Mehmed Emin. Auch über den Verbleib des Fortsetzungsbandes des Reiseberichts klärt Muhibbe Dargas Buch auf. Dessen Manuskript verbrannte demnach 1919 im Feuer von Kuruçeşme.[22]

Die Verlusterfahrung der osmanischen Vergangenheit manifestiert sich für Muhibbe Darga in zwei sehr einfachen Sachverhalten. Erstens: Sie teilt das Schicksal derjenigen, die nach der Alphabets-Reform im Jahr 1928 eingeschult wurden, indem sie die osmanisch-arabische Schrift nicht lesen kann. Da der Reisebericht aber in dieser Schrift gedruckt ist, musste sie sich auf einen akademischen Kollegen verlassen, der ihn transkribiert und ihr zur Veröffentlichung überlassen hat. Zweitens: Die biographische Information über ihren Großvater in dem Band stammt natürlich aus zweiter Hand, denn als ihr Großvater 1925 starb, war sie gerade vier Jahre alt. Muhibbe Darga hatte ihre Tante (die Tochter von Mehmed Emin aus dritter Ehe) in den 1970er Jahren um biographische Information über ihren Großvater gebeten, weil ihr eigener Vater (Sohn von Mehmed Emin aus zweiter Ehe) früh verstorben war, und sie fühlte, dass sie zu wenig über ihren Großvater wusste. Ihre Tante, Hayriye Kerimzade, verfasste als Antwort auf die Frage einen langen Brief und dieser Brief, datiert mit 21. Dezember 1972, findet sich in dem besagten Band von 2007 abgedruckt.[23] Ergänzt wird diese Information durch den Abdruck des Akteneintrags (*sicil kaydı*) über Mehmed Emin aus der republikanischen Abteilung des *Başbakanlık Arşivi*.[24]

Nach diesen Nachrichten wurde Mehmed Emin (den Beinamen Emin erhielt er als Kammerherr des Sultans Abdülhamid II.) im Jahr 1271 H. (beg. 24. Sep-

---

18 Es gibt allein im selben Verlag mittlerweile über dreißig solcher Interviewbände, so mit den beiden Historikern Halil İnalcık und İlber Ortaylı, mit dem Politologen Sina Akşin oder mit der Schriftstellerin Adalet Ağaoğlu.

19 A. Muhibbe Darga (Hg.), *İstanbul'dan Asya-yı Vusta'ya Seyahat. Seyyah Mehmed Emin Efendi'nin Seyahatnamesi*. Istanbul 2007. Vgl. (die nun teilweise überholten) Ausführungen in Christoph Herzog/Raoul Motika: "Orientalism 'alla turca': Late 19th / Early 20th Century Ottoman Voyages into the Muslim 'Outback'", *Die Welt des Islams*, 40,2 (2000), 139-195.

20 Mehmed Emin, *İstanbul'dan Asya-yı Vusta'ya Seyahat*, Istanbul 1295.

21 Die „sadeleştirilmiş" Übertragung des Buchs ins heutige Türkeitürkische durch Rıza Akdemir, erschienen in zwei Auflagen im Verlag des Kulturministeriums (T. C. Kültür Bakanlığı Yayınları), enthält zahlreiche, darunter einige sinnentstellende Fehler; Mehmet Emin Efendi, *İstanbul'dan Orta Asya'ya Seyahat*, Ankara 1986 und 2000.

22 Darga (Hg.), *İstanbul'dan Asya-yı Vusta'ya Seyahat*, viii.

23 Darga (Hg.), *İstanbul'dan Asya-yı Vusta'ya Seyahat*, xiv-xxxv.

24 Darga (Hg.), *İstanbul'dan Asya-yı Vusta'ya Seyahat*, xxxvi-xxxix.

tember 1854) in der Stadt Şəki (damals Nuxa) im heutigen Aserbaidschan geboren. Die damals zum Zarenreich gehörende Stadt mit etwa 18.000 Einwohnern[25] war Sitz eines kleinen Khanats gewesen und bekannt für ihre Seidenraupenzucht. Sein Vater wurde in der Akte als der Daghestaner Kaufmann (*tüccar*) Darugazade Hacı Abdührrahim geführt. Im Brief seiner Tochter Hayriye ist auch der Name seiner Mutter erwähnt, Dostu Hanım. Der Großvater mütterlicherseits war ein bedeutender Kaufmann namens Hacı İbrahim, welcher in Kooperation mit einem aus Avignon stammenden Geschäftspartner namens Jean Jacques einen Seidenraupen-Handel zwischen Indien, Mailand und Marseille aufgezogen hatte. Ein Cousin väterlicherseits, Selim Efendi, leitete die Niederlassung der Firma in Marseille. Mehmed Emin scheint in seinen jungen Jahren nicht viel nach seinen Wünschen gefragt worden zu sein. Nach seiner Primärerziehung schickte ihn sein Vater im Alter von neun Jahren zur Ausbildung an ein Jesuiten-Gymnasium in Marseille. Er wohnte in einer Pension gegenüber der Schule bei einer Dame namens Madame Andrée.

Die kurze Darstellung dieser Zeit im Brief der Tochter deutet dabei eine seelische Grausamkeit an, deren Erklärung sie schuldig bleibt und die auch der Kontext nicht zu beleuchten vermag:

> „[...] meine Großmutter [also die Mutter Mehmed Emins (C. H.)] fragte ihren Gatten immer wieder, wohin der Junge gebracht worden sei und wann er wieder komme. Die Antwort, die sie erhielt, lautete: ‚Er kommt wieder, wenn die Sonne untergeht'. Die Mutter schaute in die untergehende Sonne, derweil die Jahre vergingen; bis die Lungenschwindsucht sie in die Ewigkeit entführte."[26]

Der Junge blieb sechs Jahre ohne Nachricht von Zuhause; auch sein Verwandter Selim Efendi starb während eines Aufenthalts in Mailand und wurde dort begraben. Schließlich, als seine Geschäfte in Schwierigkeiten sind, taucht der bereits totgeglaubte Vater offenbar überraschend in Marseille auf und führt seinen Sohn von dort nach Istanbul, wo er ihn bei einem befreundeten Religionsgelehrten im Stadtteil Sultanahmet unterbringt.[27] Bald wird er als Interner auf die *Mekteb-i Sultaniyye* geschickt. Mehmed Emin kann kaum osmanisch und die Unterrichtssprache an dieser Schule ist französisch. Nach zwei Jahren verlässt er die Schule ohne Abschluss, „weil ihm eine Ungerechtigkeit widerfahren war", wie der Brief kryptisch formuliert. Dennoch genügt diese Qualifikation offenbar, um an der *Darülfünun* das Studium der Rechte aufzunehmen. Nach zwei Jahren des Studiums erkrankte Mehmed Emin allerdings psychisch. „Der Grund hierfür", so schreibt seine Tochter in ihrem Brief, „war, dass er nach den langen Jahren in Frankreich sich nicht auf

25 *Pierer's Universal-Lexikon*, Stw. „Nucha", Bd 12, Altenburg 1861, 151: http://www.zeno.org/Pierer-1857/A/Nucha (11.05.2009).

26 Darga (Hg.), *İstanbul'dan Asya-yı Vusta'ya Seyahat*, xv.

27 Über die Gründe für dieses seltsam anmutende Verhalten des Vaters von Mehmed Emin gibt der Brief keine Erklärungen. Auch Muhibbe Darga weiß hierzu nichts zu berichten, siehe Darga/Çaykara, *Arkeoloji'nin Delikanlısı*, 44-45.

das Leben in Istanbul einzustellen vermochte sowie der Tod seiner geliebten Mutter". Die Ärzte raten zu einem Ortswechsel. Mehmed Emin geht nach Hause, nach Şəki in Daghestan. Aber sein Elternhaus ist nicht mehr das seiner Erinnerung; die Geschwister sind groß geworden, der Vater hat erneut geheiratet. An Stelle seiner Mutter findet er also eine andere Frau und ein kleines Halbschwesterchen. Das ihm fremd gewordene Zuhause seiner Kindheit scheint seiner Krankheit keine Erleichterung gebracht zu haben. Er wird zu russischen Ärzten in Şəki gebracht, findet einen, dem er vertraut, und dieser empfiehlt ihm eine lange Reise. Sein Vater selbst ist nicht in Şəki anwesend, sondern in Indien, und Mehmed Emin macht sich auf, ihn zu suchen. Dies ist, nach der Schilderung seiner Tochter, die Geschichte des Aufbruchs von Mehmed Emin zu seiner berühmter Reise, deren ersten Teil er später in Ahmed Midhat's *Tercüman-i Hakikat* serialisieren sollte; eine private Reise also, als Katharsis von einer psychischen Krise angelegt, ohne politischen Hintergrund. Mehmed Emin kehrte nach Abschluss dieser Reise nach Istanbul zurück, um sein Studium der Rechte wieder aufzunehmen. Er gewann das Wohlwollen von Ahmed Midhat; nachts arbeitete er in dessen Verlagshaus und Druckerei, tagsüber studierte er. Auch Ahmed Vefik Paşa scheint ihm wohlgesonnen, und zu Namık Kemal hat er ein freundschaftliches Verhältnis.[28] Er schreibt in Ahmed Midhat Efendis Zeitung. Nach dem Vorbild von Ahmed Midhat und Namık Kemal möchte Mehmed Emin zu dieser Zeit ein osmanischer Intellektueller, ein Journalist und Schriftsteller werden. Das schließt praktische Kenntnisse ein; nicht umsonst ist Benjamin Franklin einer der bewunderten westlichen Intellektuellen im späten Osmanischen Reich. Mehmed Emin schreibt nicht nur seinen Reisebericht, sondern auch über die Seidenraupenzucht, also das Geschäft seiner Heimatstadt und seines Vaters, auch über Rinderzucht. Seine Sprachkenntnisse sind stupend. Dass er Französisch wie eine Muttersprache beherrscht, verwundert nach seiner Zeit an einem französischen Gymnasium nicht, aber er kann auch Arabisch und Persisch, Englisch, Deutsch und Italienisch. Er verfasst eine persische Grammatik und im Lauf seines Lebens auch eine ganze Reihe anderer Werke, die teils unveröffentlicht oder unvollendet bleiben.[29] Mehmed Emin bewahrte sich seine intellektuelle Neugier Zeit seines Lebens. Auch dichtet er und malt. Aber seine Traumkarriere als osmanischer Intellektueller auf den Spuren Ahmed Midhats sollte sich nicht erfüllen. Der Sultan bestellte ihn zu einer Audienz. Angeblich wird er durch die Veröffentlichung des Reiseberichts in Ahmed Midhats Zeitung auf den jungen Autor aufmerksam. Dieser blickt der Audienz mit gemischten Gefühlen entgegen, doch der Sultan ist ihm wohlgesonnen; er erhält eine Anstellung als Kurator in der herrscherlichen Bibliothek. Der Preis hierfür: er muss sein Studium aufgeben. „Wann immer er von dieser Zeit erzählte", schreibt seine Tochter Hayriye

28 Vgl. Muhibbe Darga/Ali Alparslan, "Namık Kemal'ın Bilinmiyen bir Mektubu", *Belleten,* 33,129 (Ocak 1969), 35-42.

29 Eine Liste seiner gedruckten Schriften in Darga/Alparslan: "Namık Kemal'ın Bilinmeyen Bir Mektubu", 35, Fußnote 3.

Kerimzade, „war sein Gesicht traurig, es war deutlich, dass er sein Studium nicht hatte aufgeben wollen",[30] aber der Wunsch des Sultans ist Befehl, Mehmed Emin tritt im Jahr 1879 seine erste Stelle als osmanischer Beamter an.

Jedoch hat das Narrativ der Tochter hier einen kleinen Haken: Die letzte der 23 Fortsetzungen des Reiseberichts findet sich in *Tercüman-i Hakikat* Nr. 163 vom 14. Muharrem 1296 (8. Januar 1879). Ab 7. Haziran 1294 (19. Juni 1878) bis zum 1. Mart 1295 (13. März 1879) verzeichnet ihn der abgedruckte Eintrag in sein *sicill* bereits als Mitglied der Istanbuler Kommission für die Ansiedlung der Flüchtlinge aus dem Krieg mit Russland (*İskan-i Muhacirin Şubesi*) mit 200 *Kuruş* Gehalt. Anschließend war er demnach im Bildungsministerium in der Abteilung für den Druck und die Übersetzung von Schriften, also in der Zensur, tätig, bevor er am 19. Şubat 1295 (2. März 1880) mit 200 *Kuruş* kaiserlicher Bibliothekar wurde. Es ist nicht ausgeschlossen, dass er die beiden ersteren Anstellungen mit seinem Studium vereinbaren konnte oder es jedenfalls versuchte, so dass der von Hayriye Kerimzade so nachdrücklich geschilderte Bruch in seiner Biographie, den die Anstellung bei Hofe bedeutete, erhalten bliebe. Aber die überzeugende Geradlinigkeit der biographischen Sinnstiftung seiner Tochter leidet doch. Rechnet man nach, ergeben sich eine Reihe weiterer Fragen. Der Brief gibt Mehmed Emins Alter bei seiner Verschickung nach Marseille mit neun Jahren an und rechnet seine Zeit dort mit sechs Jahren. Er wäre dann etwa fünfzehn Jahre alt gewesen und, 1854/55 geboren, um das Jahr 1870 nach Istanbul gekommen. Seine Reise trat er allerdings erst im April 1877 an. Die erwähnten zwei Jahre Schulzeit und weiteren zwei Jahre Studium bis dahin decken die Zeit allerdings nicht ab; es bleibt eine chronologische Lücke. Das ist nun nicht weiter tragisch, denn es mag gut und gerne sein, dass er ein paar Jahre später, also in etwas höherem Alter nach Marseille gekommen ist. Aber der Zweifel an der vollständigen Zuverlässigkeit des Berichts seiner Tochter bringt auch ein gewisses Fragezeichen am vollständig privaten Charakter von Mehmed Emins Reise mit sich. Die biographischen Angaben, die er in seinem Reisebericht verstreut, werfen weitere Fragen auf. Der Bericht seiner Tochter weiß nichts von seinem ursprünglichen Plan, eine militärische Laufbahn einzuschlagen, die sich wegen seiner physischen Schwäche zerschlagen habe. Auch seine sonstige Reisetätigkeit, von der er in seinem Reisebericht und Ahmed Midhat in seinem Vorwort spricht,[31] ist dort nicht dokumentiert. Die Chronologie scheint dagegen dahin zu deuten, dass er recht unmittelbar nach der Rückkehr von seiner Reise eine offizielle Anstellung im Staatsdienst fand. Die genauen Umstände und Hintergründe von Mehmed Emins Zentralasienreise scheinen mir somit immer noch nicht hinreichend sicher geklärt zu sein.

Dagegen ist der weitere Verlauf seines Lebens von nun an klar dokumentiert. Am 25 Ağustos 1298 (6. September 1882) wurde er zunächst mit 1.300 *Kuruş* Ge-

30 Darga (Hg.), *İstanbul'dan Asya-yı Vusta'ya Seyahat*, xvii.

31 Mehmed Emin, *İstanbul'dan Asya-yı Vusta'ya Seyahat*, 167-169.

halt zu einem der Kammerherrn des Sultans gemacht. Er sollte sich in der unmittelbaren Nähe des Sultans bis zur Absetzung Abdülhamids II. im Jahr 1909 behaupten. Dem Sultan verdankt er auch seinen *lakab* Emin, der, wenn diese Nachricht stimmt, eigentlich erst aus der Zeit nach seiner Ernennung in den Palast datiert.[32] Dank seiner beeindruckenden Bildung und tadellosen Französischkenntnisse diente er dem Sultan insbesondere bei der Betreuung hoher ausländischer Staatsgäste. Im Intrigenspiel der Entourage des Sultans hielt er sich dagegen zurück.[33] In dieser Position sammelt er im Lauf der Jahre zahlreiche Orden und Auszeichnungen, nicht nur osmanische. So verlieh ihm Kaiser Wilhelm II. 1890 den Kronenorden II. Klasse und 1998 den I. Klasse. Neben weiteren Auszeichnungen trug er auch zwei italienische, einen russischen, einen schwedischen, einen französischen und einen belgischen Orden. Als Mitglied des Palastes war Mehmed Emin nunmehr selbst in der Lage, Protektion zu bieten. Er rief seinen jüngeren Bruder Hasan nach Istanbul, wo dieser einen Platz in der Militärakademie erhielt und nach deren Absolvierung später zum Offizier im Rang eines Paschas aufsteigen sollte. Eine arrangierte Hochzeit Mehmed Emins mit der Tochter eines Palastbeamten scheiterte dagegen. Mehmed Emin setzte gegen seinen erzürnten Vater eine Liebesheirat mit einer verwaisten jungen Bosnierin, Meryem Münire, durch. Die Ehe sollte kinderlos bleiben und unglücklich verlaufen. Am Ende stand die Einweisung der Frau in eine Nervenheilanstalt und wohl die Scheidung. Zwei Jahre später heiratete Mehmed Emin eine Christin aus Rhodos, die zum Islam konvertierte. 1899 wurde sein Sohn Ahmet Sait [Darga] geboren, aber seine Mutter starb bald darauf an Tuberkulose. Die Großmutter väterlicherseits der berühmten Hethitologin ist also christliche Konvertitin, vielleicht griechischer Herkunft. Das mag nun wie eine triviale Feststellung erscheinen, aber im türkischen Diskurs liefert ein solches Bekenntnis Angriffsflächen für diejenigen, welche die Zugehörigkeit zur türkischen Nation auf eine sehr enge Weise auslegen. Eine vom Christentum konvertierte Großmutter kann eine Belastung darstellen wie wir noch sehen werden.

Die Briefschreiberin Hayriye entstammte Mehmed Emins dritter Ehe mit Zihniye Hanım, die 1904 geschlossen wurde. Aber auch diese Ehefrau verstarb nach zwei Jahren. In einer seltsamen Wiederholung seiner eigenen Kindheit schickte Mehmed Emin seinen einzigen Sohn Ahmed in die Fremde nach Frankreich. Im Palast, so Hayriye Kerimzade, habe er mitgeteilt, auch der Sohn sei verstorben, ihn in Wahrheit aber habe er ihn mit einem engen Vertrauten nach Frankreich geschickt. Bis zum Alter von neun Jahren lebte er dort in Bayonne, wo er die Grundschule besuchte. Er kam nur hin und wieder nach Istanbul, wo Mehmed Emin sich

---

32 Womit sich seine Benennung als Mehmed Ali durch Ahmed Midhat in seinem Vorwort zu Mehmed Emins Reisebericht erklärt, da sein ursprünglicher Name Mehmed Ali war; vgl. Darga/Çaykara: *Arkeoloji'nin Delikanlısı*, 44.

33 Vgl. die Charakterisierungen bei Ali Ergenekon (Hg.), *Tahsin Paşa'nın Yıldız Hatıraları. Sultan Abdülhamid*, 4. Auflage, Istanbul 1996, 47, 415, und Bernhard Stern, *Abdul Hamid II. Seine Familie und sein Hofstaat. Nach eigenen Ermittlungen,* Budapest 1901, 129.

selbst gegenüber seinen eigenen Verwandten aus Daghestan bemühte, die wahre Identität des Sohnes zu verschleiern. Erst nach seiner Entlassung als Kammerherr im April 1909 holte er ihn nach Istanbul zurück. Warum ließ der Großvater Mehmed Emin seinen Sohn ein ähnliches Schicksal des Aufwachsens in Frankreich erfahren, wie er selbst es erlitten hatte? Muhibbe Darga zufolge, weil er wusste, wie im Palast Kinder großgezogen wurden und dies für seinen Sohn unter allen Umständen verhindern wollte. Aber das Angebot des Sultans für seinen Sohn war quasi ein Befehl, so dass ihm nichts anderes übrig blieb, als durch eine List dieser Gnade zu entkommen. Im Jahr 1920, nach dem Ende des Krieges, trat Mehmed Emin ein weiteres und letztes Staatsamt an, den mit 10.000 *Kuruş* bezahlten Posten des Direktors der *Hazine-i Hassa* Sultan Vahideddins (1918-1922). Nicht zufällig bemüht sich der Brief seiner Tochter deshalb an dieser Stelle, seine Sympathie für die Nationalisten in Ankara im türkischen Unabhängigkeitskrieg eigens hervorzuheben. Aber der alte Kammerherr überlebte das Osmanische Reich nur um zwei Jahre. Von einer Wiener Krankenpflegerin betreut starb Mehmed Emin nach zweimonatiger Krankheit am 25. September 1925 in seinem Haus in Acıbadem. In diesem *köşk* mit 22 Zimmern, in dem ihre Mutter bis zu ihrem Tod im Jahr 1993 wohnte, spielten sich die meisten Kindheitserinnerungen Muhibbe Dargas ab.[34]

Melek Günersu

Auch die nächsten Erinnerungen drehen sich um einen Erinnerungsverlust und dessen Rekonstruktion. Dieser Verlust ist jedoch schwerer, eigentlich traumatischer Natur. Die Autorin Melek Günersu (geb. Kocamemili) stammt mütterlicherseits aus einer alten prominenten osmanischen Familie. Sie ist die Enkelin von Yusuf Kamil Suphi, dem Sohn von Abdüllatif Suphi Paşa. In dessen *konak* wächst die unmittelbar am Ende des Osmanischen Reiches geborene Melek bei ihrer Großmutter auf. Ihr in einem kleinen Verlag 2004 erschienenes Buch trägt den Titel: *Nevbahar: Liebe und Geschichte im Konak des Abdüllatif Suphi Paşa.*[35] Nevbahar ist der Name ihrer Mutter. Ihre Erinnerung an diese Mutter ist ebenso so vage wie die Erinnerung der vorigen Autorin Muhibbe Darga an ihren Großvater, denn die Mutter ist jung verstorben, als die Autorin noch ein kleines Kind war. Ihr ist das Buch gewidmet. Die Kindheitserinnerungen der Autorin spielen sich im *konak* ihrer Großeltern ab, wo sie aufwächst. Aber das Leitthema bildet die Suche der Autorin nach ihrem Vater, über den in der Familie niemals gesprochen wurde. Es dauert Jahre, bis sie erfährt, dass er ein Ingenieur und ein russischer Offizier war, der unter dem weißrussischen General Pjotr Nikolajewitsch Wrangel auf der Krim kämpfte

34 Darga/Çaykara: *Arkeoloji'nin Delikanlısı*, 76-77.

35 Melek Günersu, *Abdüllatif Suphi Paşa Konağında Aşk ve Tarih. Nevbahar,* Istanbul 2004. Daneben bieten die Ausführungen eines weiteren Familiensprosses, Fazıl Bülent Kocamemi, *Bir Türk Ailesinin 450 Yıllık Öyküsü,* Istanbul 2004, noch einen weiteren Blick auf diese Familie.

und später nach Istanbul kam. Die junge Frau mit den großen Augen, die ihre Mutter ist, verliebt sich in den jungen Offizier, der als Gast eines ihrer Brüder ins Haus kommt. Er konvertiert zum Islam, nimmt den Namen Refik an, und die beiden heiraten. Noch bis zwanzig Jahre vorher hätte ein junger gutausgebildeter Konvertit, der in eine prominente osmanische Familie einheiratet, höchstwahrscheinlich gute – wenn vielleicht auch nicht mehr wie weitere dreißig Jahre vorher – glänzende Karriereaussichten in der osmanischen Bürokratie, zumindest aber an den staatlichen osmanischen Hochschulen gehabt. Aber die Zeiten haben sich geändert. Es liegt in diesem Fall wohl nicht daran, dass der soziale Automatismus des *intisab*, der Protektion, für die alten osmanischen Familien nun nicht mehr funktioniert, weil es eine neue Elite mit neuen Seilschaften in Ankara gibt. Der Familie Abdüllatif Suphi Paşas geht es in der frühen Republik nicht gerade generell schlecht; zu ihren Verwandten gehörte z. B. der Erziehungsminister Hamdullah Suphi Tanrıöver.[36] Die Autorin behandelt diesen Punkt sehr ausweichend. Es ist aber sehr wahrscheinlich, dass die Familie auf die Heiratsabsichten in gleicher Weise negativ reagierte wie später auf die Heiratsabsichten der Autorin selbst. Als die nun um die zwanzig Jahre alte Melek in den 1940er Jahren einen nicht mittellosen, aber unvermögenden jungen Marinekadetten heiraten will, bedarf es ihrerseits eines Suizid-Versuchs, bevor einer ihrer Onkel die Einwilligung der Familie erteilt. Aber er macht unmissverständlich deutlich, dass diese Heirat gegen den Willen der Familie erfolgt und dass die Autorin keine Hilfe von dieser Seite zu erwarten habe.[37] In ähnlicher Weise, so kann man vermuten, mussten wohl auch ihre Mutter und ihr Vater, der ehemalige russische Offizier mit dem eigentlichen Namen Ivan Kukuşkin, ohne die Unterstützung der Familie auskommen. Weil er zudem befürchten musste, wegen des Freundschaftsvertrags der werdenden Republik Türkei mit den Bolschewisten nach Russland ausgeliefert zu werden, emigrierte er mit seiner jungen Frau nach Serbien, um dort als Ingenieur Geld zu verdienen. Die Tochter, die Autorin des Buches, wird dort geboren. Aber ihre Mutter, die junge Istanbulerin aus reichem Haus, hält dem rauhen Klima der Fremde in Belgrad nicht stand. Sie erkrankt an Schwindsucht und wird von ihrem Mann nach Istanbul zurückgebracht, wo sie im Sanatorium auf der Insel Heybeliada stirbt. Die kleine Tochter verbleibt bei den Großeltern, und die Familie bricht den Kontakt zu ihrem Vater in Serbien ab, da sie befürchtet, er würde das Kind zu sich nehmen wollen. Es dauert Jahre, bis Melek Günersu die französisch geschriebenen Briefe ihres Vaters an ihre Mutter mit Mühen entziffern kann und eine Ahnung von der tragischen Liebesgeschichte bekommt, die sich da abgespielt hat, und weitere Jahre, bis sie – inzwischen selbst verheiratet und Mutter – schließlich ihren in Wien lebenden Vater ausfindig macht. Zusammen mit ihrem Mann Hanefi fährt sie nach Wien, um ihn zu treffen. An das dramatische Wiedersehen schließt sich eine lange,

36 Günersu, *Nevbahar*, 87.
37 Günersu, *Nevbahar*, 59.

wenngleich nicht immer ganz spannungsfreie Freundschaft zwischen der Tochter und ihrem Vater in Wien an, die bis zu dessen Tod dort im Jahr 1985 dauert.

Die sehr persönlichen Erinnerungen der Autorin berichten nur am Rande von ihrer Lebenszeit als Frau in der Republik Türkei seit den 1940er Jahren, vielmehr erzählen sie im Kern die Geschichte der Restitution ihres persönlichen Erinnerungsverlustes an ihre Eltern. Der *konak*, in dem sich ihre Eltern das erste Mal begegneten und in dem sie mit ihren Großeltern und zahlreichen anderen Verwandten aufgewachsen ist, spielt eine besondere Rolle in ihren Erinnerungen.[38] Im letzten Kapitel beschreibt sie, wie sie dieses Haus, welches heute (oder jedenfalls im Jahr 2003) als Medizinmuseum der Universität Istanbul genutzt wird, noch einmal besucht und dort die Räume ihrer Kindheit abschreitet. Es ist dieses Haus, in dem ihre Identität – und das heißt letztlich ihre osmanische Identität – wurzelt. Diese eklektisch konstruierte oder rekonstruierte osmanische Identität kommt auch darin zum Ausdruck, dass sie in archaisierender Weise an bestimmten Stellen ihrer Erinnerungen Gedichte in die Erzählprosa einflicht, ohne dass ihre Sprache selbst osmanisierend wäre. Ihre Erinnerungen schließen mit den Worten:

> „Als ich mich von dem *konak* trennte und die abschüssige Strasse [an welchem es liegt (C. H.)] hinaufzusteigen begann, da war es, als seien die Stimmen der Kinder zu hören, die im Garten um die Wette nach Kastanien suchten. Eines dieser Kinder war ich, Melek, die Tochter von Nevbahar."[39]

Die Bevorzugung der matrilinearen Identität, die hier zum Ausdruck kommt, ist natürlich ein Ausdruck ihrer Biographie, denn sie ist in der republikanischen Türkei aufgewachsen, nicht an der Seite ihres Vaters in Russland, Jugoslawien oder in Wien. Der Verlust ihres Vaters wird nicht als Verlust einer anderen möglicherweise reicheren oder interessanteren Identität aufgefasst. Nicht nur die väterliche Abwesenheit, sondern auch der soziale Unterschied hebt die Vorgaben der patriarchalischen und patrilinearen osmanischen wie türkischen Gesellschaft quasi auf. Schließlich wird der unstandesgemäßen Liebesheirat ihrer Mutter mit ihrem tragischen Ende die eigene ebenfalls unstandesgemäße, aber glückliche Liebesheirat entgegengesetzt.

Es gibt noch ein sehr interessantes Detail dieser Erinnerungen, das hier Erwähnung finden soll: Als Melek Günersu ihren Vater wiederfindet, stellt sich die Sprachenfrage. Tatsächlich haben sie und ihr Vater keine gemeinsame Sprache, in der sie kommunizieren können. Das Französische beherrscht sie wohl nur passiv. Am Anfang leistet ein türkischer Bekannter in Wien Übersetzerdienste. Aber dann stellt sich heraus, dass ihr Mann Hanefi das Serbokroatische beherrscht und nun als Übersetzer fungieren kann. Er spricht diese Sprache, weil er aus einer

---

[38] Über die Zentralität des „türkischen Hauses" als Symbol der Identitätskonstruktion vgl. Carel Bertram, *Imagining the Turkish House. Collective Visions of Home*, Austin 2008.

[39] Bertram, *Imagining*, 136.

muslimischen Familie kommt, die aus dem Gebiet des früheren Jugoslawien nach Istanbul geflohen ist. Nur wird diese Geschichte, eines von mehreren hunderttausend muslimischen Flüchtlingsschicksalen aus dieser Region zwischen 1878 und 1921, in dem Buch leider nicht erzählt.

Fethiye Çetin

Mein drittes und letztes Beispiel ist ein kleines Buch, das in der Türkei den Bruch eines politischen und historiographischen Tabus ausgelöst und derartiges Aufsehen erregt hat, dass es auch international breit rezipiert und bisher in sieben Sprachen übersetzt worden ist.[40] Es handelt sich um das 2004 erschienene Buch mit dem Titel *Meine Großmutter* (*Anneannem*) von Fethiye Çetin,[41] von dem innerhalb eines Jahres in der Türkei vier Auflagen mit insgesamt 9.000 Exemplaren verkauft wurden.[42]

Die Autorin ist in den 1950er Jahren in der ostanatolischen Provinz geboren, siedelte nach Istanbul über, wo sie Jura studierte und als Anwältin arbeitete. Darüber hinaus war sie politisch und als Menschenrechtlerin aktiv. Die Erinnerungen beginnen mit der Beerdigung ihrer im Februar 2000 verstorbenen Großmutter. Das Buch besteht in einer Verflechtung von persönlichen Erinnerungen im Zusammenhang mit ihrer Großmutter Seher und der Wiedergabe dessen, was ihre Großmutter ihr nach längerem Zögern aus ihrer traumatischen Kindheit erzählt. Ihre Großmutter bittet sie nämlich eines Tages, ihre Verwandten ausfindig zu machen, die in den USA lebten. Die Enkelin ist erstaunt, denn sie weiß nichts von solchen Verwandten in den USA. Es stellt sich in den folgenden Gesprächen heraus, dass ihre Großmutter nicht türkischer, sondern armenischer Abstammung ist. Im Jahr 1905 in einem armenischen Dorf bei Elazığ namens Havav, das heute den türkischen Namen Ekinözü trägt, geboren, war sie, als die ethnischen Säuberungen von 1915 auch über dieses Dorf hereinbrachen, ungefähr zehn Jahre alt. Gendarmen kommen ins Dorf, trennen Männer und Frauen, die Männer werden getötet, die Frauen auf einen der berüchtigten Todesmärsche geschickt. Von ihrer Familie überleben nur einer ihrer beiden jüngeren Brüder, ihre Mutter und eine Tante. Sie und ihr überlebender Bruder werden unterwegs von ihrer Mutter getrennt und kommen als Pflegekinder in muslimische Familien. Der Vater überlebt, weil er nicht im Dorf, sondern bereits Jahre zuvor nach Amerika ausgewandert war. Ihm gelingt es nach dem Krieg, ihren überlebenden Bruder und ihre Mutter ausfindig zu machen und über Syrien in die USA zu bringen, aber sie selbst ist zu diesem Zeitpunkt bereits unter ihrer neuen türkisch-muslimischen Identität ver-

40 Ayşe Gül Altınay/Fethiye Çetin, *Torunlar*, Istanbul 2009, 19.

41 Fethiye Çetin, *Anneannem. Anı*, Istanbul 2004.

42 Altınay/Çetin, *Torunlar*, 224.

heiratet und hat Kinder. Vorübergehend gelingt es ihrer Familie in den USA, auch mit ihr Kontakt aufzunehmen, doch wird dieser von ihrer türkischen Familie bald unterbunden. Sie wird weder ihre Mutter, noch ihren Vater und ihren Bruder jemals wiedersehen.

Das Buch hat, wie gesagt, ein enormes Echo und eine ganze Reihe von Folgepublikationen ausgelöst.[43] Denn es handelt sich im Fall von Heranuş Gadaryan, wie der armenische Name der Großmutter von Fethiye Çetin ursprünglich lautete, nicht um einen Einzelfall, sondern um einen von zehntausenden oder vielleicht sogar von mehr als hunderttausend armenischen Frauen und Kindern, die auf den Todesmärschen von 1915 als Ehefrauen oder Pflegekinder in muslimische Familien kamen. Diese individuellen Erinnerungen waren im öffentlichen Diskurs tabuisiert und daher im kollektiven Gedächtnis nicht existent, aber sie führten im kollektiven Bewusstsein eine Art Schattendasein. *Kiliç artığı*, d. h. „Schwertreste", oder „was das Schwert übrig gelassen hat", wurden diese Menschen im Volksmund genannt, wenn ihre Herkunft ruchbar wurde.[44] Auch die staatlichen Akten vergaßen ihre Herkunft nicht. Fethiye Çetin berichtet, dass einer der Söhne ihrer Großmutter, also ein Onkel der Autorin, trotz hervorragender Noten nicht an der türkischen Militärakademie angenommen wurde, weil in den Akten seiner Mutter der Vermerk *mühtedi*, d. h. „zum Islam konvertiert" stand. Die konvertierte Großmutter, die zur frommen Muslimin geworden war, die fünfmal am Tag betete, kränkte diese Zurückweisung ihres Sohnes sehr.[45] Ein Wunsch von Fethiye Çetins Großmutter ging vor ihrem Tod aber noch in Erfüllung, nämlich *toruntaht*, also Ur-Ur-Großmutter zu werden, womit sie gemäß einem Volksglauben eine besondere religiöse Gnade verband.

Fethiye Çetins Buch endet übrigens nicht mit dem Tod der Großmutter. Es erzählt auch noch die Geschichte, wie sich die Enkelin und Autorin mit den Nachkommen ihrer Verwandten in den USA trifft, amerikanische Armenier, mit denen Sie sich mit Hilfe eines Übersetzers verständigen muss, weil sie keine gemeinsame Sprache mehr sprechen. Das Titelbild ihres Buches zeigt das Grabmal ihrer einst osmanischen Urgroßeltern auf einem Friedhof in New Jersey.

Die Tabuisierung der armenischen Herkunft im öffentlichen Diskurs gilt seit dem Erscheinen des Buchs von Fethiye Çetin nicht mehr; es wird in der türkischen Öffentlichkeit nun darüber diskutiert. Im Jahr 2005 veröffentlichte der Arzt İrfan Palalı in der Form eines Romans das Bekenntnis zu seiner eigenen armenischen Großmutter.[46] 2009 erschien ein gemeinsam von Ayşe Gül Altınay und Fethiye Çetin herausgegebenes Buch, welches die bis auf zwei Ausnahmen anonymisierten Interviews mit 25 Enkeln oder Enkelinnen solchermaßen islamisier-

[43] Vgl. hierzu Altınay/Çetin, *Torunlar*, 224-226.
[44] Çetin, *Anneannem*, 79.
[45] Çetin, *Anneannem*, 64.
[46] İrfan Palalı, *Tehçir Çocukları. Nenem Bir Ermeniymiş*, Istanbul 2005.

ter bzw. türkisierter armenischer Großeltern enthält. Obwohl sie nach ihren Angaben hunderte von Betroffenen interviewten, erklärte sich trotz Anonymisierung nur ein kleiner Teil bereit, ihre Geschichte veröffentlichen zu lassen.[47]

Schluss

In ihrem Buch *Nostalgia for the Modern* zeigt die Sozialanthropologin Esra Özyürek, dass zu Beginn des 21. Jahrhunderts auch die Republik Türkei selbst Gegenstand eines Nostalgie-Diskurses geworden ist. Die Erinnerungen der drei Frauen, von denen hier die Rede war, spielen natürlich überwiegend in der Zeit der Republik, die sich im Bereich ihres eigenen biographischen Gedächtnisses befindet. Ich habe mich hier aber für den äußersten Rand des Generationen-Gedächtnisses interessiert, für das, was sich schon jenseits ihrer persönlichen Erinnerung befindet, sozusagen unmittelbar vor der sogenannten *floating gap*, also dessen, was in skriptoralen Kulturen nicht mehr Teil des Generationen-Gedächtnisses, sondern Bestandteil der Schul- und Geschichtsbücher sowie der historischen Romane ist.

Auf den ersten Blick repräsentieren diese Erinnerungen lediglich den enormen Anstieg an öffentlichem Interesse für die türkische Geschichte und die wachsende Freiheit, auch persönliche Erinnerungen in den öffentlichen Raum zu stellen. Auf den zweiten Blick fallen vor allem Unterschiede zwischen diesen drei Erinnerungen auf. Zwei der Autorinnen stammen aus *konak*-Familien, aber mit sehr unterschiedlich langer Tradition. Die dritte Autorin schließlich kam aus der ostanatolischen Provinz nach Istanbul. Die Verfasserinnen repräsentieren zwei unterschiedliche Generationen (die der 1920er und die der 1950er) und verbrachten ihr Leben in unterschiedlichen Istanbuler Milieus. Was ihnen tatsächlich gemeinsam ist, ist die Tatsache, dass sie hinsichtlich ihrer familiären Wurzeln die heterogenen und hybriden Elemente der jüngeren türkischen Geschichte repräsentieren, die sich der Egalisierung durch die türkisch-islamische Synthese in eine anatolischen Einheitsgesellschaft sperren. Es handelt sich um verlorene Identitäten, die inkompatibel mit der restaurativen Nostalgie Svetlana Boyms sind, weil sie nicht innerhalb des Nationalstaats verortet werden können und weil sie nicht restaurierbar sind. Mehmed Emins Vorfahren in Daghestan mögen sunnitische Oghuzen gewesen sein, wie Muhibbe Darga versichert,[48] aber die Geschichte ihres Großvaters ist ebenso die Geschichte einer Entwurzelung wie die Geschichte von Ivan Kukuşkin, des russischen Vaters von Melek Günersu oder die tragische Geschichte von Fethiye Çetins armenischer Großmutter Heranuş Gadaryan. Die ungeschriebenen – und vielleicht für immer verlorenen – Geschichten der aus Rhodos stammenden zweiten Frau von Mehmed Emin (der Großmutter Muhibbe Dargas) oder der jugoslawisch-muslimischen Flüchtlingsfamilie von Hanefi

47 Altınay/Çetin, *Torunlar*, 11.
48 Darga/Çaykara, *Arkeoloji'nin Delikanlısı*, 88.

Günersu unterstreichen das noch. Es sind transnationale Identitäten, die in einem beginnenden postnationalen Zeitalter überhaupt erst erinnerbar werden.[49] Am alleräußersten Rand des Generationen-Gedächtnisses befindet sich noch immer widerständige Erinnerung. Die Artikulation dieser Erinnerung kann zur Formung des kollektiven Gedächtnisses in der Zukunft beitragen und gleichzeitig zur Dekonstruktion einer zu eng angelegten Nationalideologie. Man kann das auch anders formulieren: Auf eine dialektische Art und Weise bedeutet die Inkorporation des Osmanischen Reiches in die kollektive Erinnerung des Nationalstaates der republikanischen Türkei in der Tat auch, dass sich die Türkei ein Stück weit osmanisiert.

[49] Vgl. hierzu Fatma Müge Göçek, "Reading Genocide. Turkish Historiography on the Armenians. Deportations and Massacres 1915", in: Israel Gershoni, Amy Singer, Y. Hakan Erdem (Hg.), *Middle East Historiographies: Narrating the Twentieth Century*, Seattle u. a. 2006, 101-127, hier 110.

Ich-Erzählungen der besonderen Art. Wenn bekannte islamische Aktivisten ihre Lebenserinnerungen niederschreiben

Roswitha Badry, Freiburg

Die mit der vorliegenden Festschrift geehrte Jubilarin hat sich in ihrer Lehre und Forschung unter anderem mit den autobiographischen Zeugnissen türkischer und persischer Aktivistinnen feministischer Provenienz beschäftigt. Mein Beitrag widmet sich nun sozusagen der Gegenfolie jener Ich-Erzählungen: denen bekannter arabisch-islamischer Aktivisten fundamentalistischer Couleur, die aus ihrer konservativen, patriarchalen Haltung zur „Frauenfrage" nie einen Hehl gemacht haben. Im Zuge des Booms in der Memoirenliteratur im 20. Jh. mögen auch diese Streiter für den ‚wahren Islam' sich dazu bemüßigt oder gedrängt gefühlt haben, ihre Lebenserinnerungen einer größeren Öffentlichkeit mitzuteilen. Zwar bietet die Lektüre dieser Ich-Erzählungen in der Regel nicht gerade einen literarisch-ästhetischen Genuss, dennoch scheint mir die besondere Mischung aus traditionellen *tarǧama*-Elementen[1] (u. a. wenig Informationen zum Privatleben, Fokus auf Ausbildung und beruflicher Karriere) und modernen Aspekten (z. B. die „erste Erinnerung", der „rebellische Charakter" des jungen Helden, sozialpolitische Inhalte) eine Untersuchung wert. Überdies stellt sich die Frage, wie der spezifische Diskurs in solchen Ich-Erzählungen einzuordnen, zu bewerten und unter Umständen zu dekodieren ist. Den ausgewählten Selbstzeugnissen ist gemeinsam, dass sie am Ende einer recht beeindruckenden Karriere verfasst wurden. Es ist deswegen kaum zu erwarten, dass die Autoren, allesamt Ägypter, ein Interesse daran haben, durch eine Darlegung ihres inneren Ichs oder einen Einblick in ihre multiple Identität[2] Zweifel an ihrer Persönlichkeit und religiösen Überzeugung aufkommen zu lassen. Vielmehr geht es ihnen um Image-Wahrung, um die Rechtfertigung ihrer Entscheidungen oder Verhaltensweisen in schwierigen Lebenssituationen. Zugleich soll der Eindruck vermittelt werden, als sei ihr Werdegang von Anfang an vorgezeichnet gewesen. Die Schilderungen ähneln deshalb auch mehr Memoiren

1 Damit ist die klassische islamische Gelehrtenbiographie gemeint. Zum Begriff siehe Tetz Rooke, "*In My Childhood*". *A Study of Arabic Autobiography*, Stockholm 1997, 92-97, und Dwight Fletcher Reynolds (Hg.), *Interpreting the Self: Autobiography in the Arabic Literary Tradition*, Berkeley u. a. 2001, 251.

2 Vgl. dagegen postmoderne arabische Selbstzeugnisse nach Ansicht von Tetz Rooke, "From Self-made Man to Man-made Self: A Story about Changing Identities", in *Remembering for Tomorrow*, 19-24, bes. 23 f. Online-Ressource: http://www.uclm.es/escueladetraductores/pdf/bookIngles.pdf (14.05.2009).

als Autobiographien im strengen Sinne.[3] Zudem sind sie als Teil der persönlichen *Daʿwa* (islamischen Mission wie Vision) oder als religiös-politisches Testament des Protagonisten zu verstehen und damit als spezifisch islamische Form der Engagement-Literatur einzustufen. Die Werke richten sich aus demselben Grund in erster Linie an die ‚Adepten', für welche das Leben des verehrten ‚Šayḫ' Modellcharakter hat.

Eine Detailanalyse, wie ich sie im Falle von Muḥammad al-Ġazālīs unvollständiger „Qiṣṣat ḥayāt" (Lebensgeschichte)[4] vorgenommen habe, ist in diesem Rahmen leider nicht möglich. Stattdessen sollen ein Blick in Inhalt, Gewichtung und Akzentsetzung der Texte sowie ein konkretes Beispiel genügen, um die Unterschiede und Übereinstimmungen bei diesem Subgenre arabischer Autobiographien anzudeuten. Die Überlegungen basieren auf der Auswertung folgender Primärquellen:

1. ʿUmar at-Tilimsānīs *Ḏikrayāt lā muḏakkirāt* (Kairo: Dār al-Iʿtiṣām 1985),
2. Muḥammad al-Bahīs[5] *Ḥayātī fī riḥāb al-Azhar: ṭālib..wa-ustāḏ..wa-wazīr* (Kairo: Maktabat Wahba 1983),
3. ʿAbd al-Ḥalīm Maḥmūds *al-Ḥamdu li-llāh hāḏihi ḥayātī* (Kairo: Dār al-Maʿārif 1985, 3. Auflage),
4. ʿAbd al-Ḥamīd Kišks *Qiṣṣat ayyāmī: muḏakkirāt aš-šayḫ Kišk* (Kairo: al-Muḫtār al-Islāmī 1986),
5. Muḥammad Mutawallī aš-Šaʿrāwīs *Ḥayātī: min Daqādūs ilā l-wizāra* (Hg./„Aus der Feder von" Muḥammad Ṣafwat al-Amīn, Alexandria: Qaitbay 1992) sowie der Bericht von Muḥammad Zāyid über seinen Schwiegervater mit dem Titel *ar-Rāwī huwa š-Šaʿrāwī: Muḏakkirāt Imām ad-Duʿāt* (Kairo: Dār aš-Šurūq 1998, 2. Auflage).

---

[3] Obgleich sich die Abgrenzung zwischen den Gattungen angesichts der häufig fließenden Übergänge bei näherem Hinsehen als problematisch herausstellt und eher heuristischen Wert hat. Zur theoretischen Debatte (Diskussion über P. Lejeunes Thesen u. a.) siehe z. B. Martina Wagner-Egelhaaf, *Autobiographie*, Stuttgart/Weimar 2000, v. a. 5 ff., oder, speziell zur Arabistik, Susanne Enderwitz, *Unsere Situation schuf unsere Erinnerungen: Palästinensische Autobiographien zwischen 1967 und 2000*, Wiesbaden 2002, v. a. 23 ff.

[4] Die „Lebensgeschichte" beginnt im Jahre 1920 mit der ersten Kindheitserinnerung und endet abrupt mit dem Camp David-Abkommen von 1978. Im arabischen Original erschien sie in *Islāmiyyat al-Maʿrifa* II, 7 (01/1997), 155-230. Der Titel meiner Detailstudie lautet: „A Shaykh Remembers his Early Days: The Autobiographical Notes of Muḥammad al-Ghazālī (1917-1996)" und wird in den *Proceedings of the 23rd Congress of L'Union Européenne des Arabisants et Islamisants in Sassari/Sardinia* erscheinen.

[5] In der Schreibweise seines Namens folge ich u. a. Kate Zebiri, *Maḥmūd Shaltūt and Islamic Modernism*, Oxford 1993, und Malika Zeghal, *Gardiens de l'Islam. Les oulémas d'Al Azhar dans l'Égypte contemporaine*, Paris 1996. Vgl. Rainer Brunner, *Annäherung und Distanz. Schia, Azhar und die islamische Ökumene im 20. Jahrhundert*, Berlin 1996, und Wolf-Dieter Lemke, *Maḥmūd Šaltūt (1893-1963) und die Reform der Azhar. Untersuchungen zu Erneuerungsbestrebungen im ägyptisch-islamischen Erziehungssystem*, Frankfurt a. M. u. a. 1980, die den Namen mit „al-Bahayy" bzw. „al-Bahai" wiedergeben.

Besonders bei den beiden letztgenannten Islam-Aktivisten erhebt sich die Frage, ob es sich um eine authentische Auto-Biographie oder tatsächlich um eine Biographie handelt, die in der 1. Person erzählt wird. Bei Kišk ergab sich die Notwendigkeit eines Co-Autors zweifellos aus seiner Blindheit. Bei Šaʿrāwī dagegen ist es nicht ausgeschlossen, dass er das Rohmaterial seinem entfernten Verwandten al-Amīn übergeben hat, um daraus eine attraktive Ich-Erzählung zu formen. Auch Zāyids Version[6] ist in der 1. Person gehalten, aber kürzer als Amīns; gleichwohl stimmen beide Schilderungen mit Blick auf Inhalt, Stil und Sprache überein. Zieht man andere Schriften Šaʿrāwīs zum Vergleich heran, so spricht einiges für die Authentizität der Ich-Erzählung. Ähnliches gilt für die Teil-Memoiren Ġazālīs, die wie das Selbstzeugnis al-Bahīs posthum herausgegeben wurden. Zweifel lassen sich freilich nicht ganz ausräumen, aber das gilt gleichermaßen für eventuelle Eingriffe von Verlegern bzw. Lektoren in die Textgestaltung.

Der Jurist und Anwalt ʿUmar at-Tilimsānī (1904-1986), seit 1933 Mitglied der ägyptischen Muslimbruderschaft (MB), führte die Organisation von 1972 bis 1986 an, d. h. in einer Phase der Kooperation oder gar Kooptation, so einige Kenner der Szene, mit dem ägyptischen Staat.[7] Er war der erste *muršid al-ʿāmm*, der einer Familie begüterter Landbesitzer entstammte.[8] Im Gegensatz zu unseren anderen Erzählern, die aus kleinbürgerlichen oder ärmlichen Verhältnissen kamen, waren Tilimsānīs Jugendjahre unbeschwert und sorgenfrei; er konnte sein Leben in vollen Zügen genießen, zumindest bis zu dem Zeitpunkt, als er der MB beitrat. Er ist zudem der einzige, der nie an der Azhar oder ihr angegliederten Instituten studiert hat. Stattdessen erhielt der spätere *muršid* seine Ausbildung vornehmlich an Privatschulen und an der Law School in Kairo, „einer der prestigereichsten Hochschulen in der Vergangenheit", wie er nicht ohne Stolz vermerkt (29). Obwohl er mehrere Male verhaftet und inhaftiert wurde, beteuert Tilimsānī, dass er „trotz harter Zeiten" es nie bereut habe, sich der MB angeschlossen zu haben (38). Seine „Erinnerungen, nicht Memoiren" sind in erster Linie als Quelle für die Geschichte der ägyptischen MB zu nutzen; etwa 19 % der „Erinnerungen" vermitteln aber interessante Einblicke in seine Persönlichkeit. Eines seiner Hauptanliegen scheint es zu sein, sich als gemäßigten Fundamentalisten zu präsentieren, der Gewalt strikt ablehnt, die Pluralität der Meinungen respektiert und mit Argumenten, nicht mit

---

6 Sie wurde anscheinend aus Anlass des Todes des von vielen verehrten Šayḫs marktgerecht veröffentlicht.

7 Zur jüngeren Geschichte der ‚Mutterbewegung des islamischen Fundamentalismus' siehe Hesham Al-Awadi, *In Pursuit of Legitimacy: The Muslim Brothers and Mubarak, 1982-2000*, London/New York 2004, u. a. 38-41, 55 ff.

8 Relativ ausführlich beschreibt Tilimsānī das wohlhabende, aber auch religiös geprägte Ambiente, in dem er aufwuchs; alles in allem gedenkt er seiner Kindheit und Jugend als sehr glückliche Lebensphase (8-16).

Zwang überzeugen will.[9] Der Autor wählt seine Worte mit Bedacht, vermeidet Polemik, zitiert selten den Koran oder andere islamische Quellen, außerdem geht er auf seine Jahre in Haft nur am Rande ein. Diese vorsichtige Diktion ist nicht zuletzt seiner Schulung als Jurist geschuldet; es ist anzunehmen, dass er sich dessen bewusst war, mit einer weniger konzilianten Darstellung seiner Erinnerungen unter Umständen nicht nur sein eigenes Überleben, sondern auch das seiner Organisation zu gefährden. Dennoch ist es bezeichnend, dass er ebenso in seinen Reminiszenzen an Kindheit und Jugend stets darum bemüht ist, sich in der Mitte zu positionieren. Wie Maḥmūd, Šaʿrāwī oder Ġazālī beschreibt er sich selbst als mittelmäßig begabt (14, 20, 23, 29) und zeigt seine Schwachstellen auf. Der *muršid* geht noch einen Schritt weiter und gesteht ein, dass er bis zu einem gewissen Grad in seiner Jugend ‚westlich' ausgerichtet gewesen sei: Er habe Standardtänze wie Foxtrott und Charleston gelernt, habe gerne Ballsäle, Kinos und Theater aufgesucht, sich am Boxen versucht, Schach und ein Musikinstrument (*ʿūd*) spielen gelernt, ein Interesse an schönen Autos, gepflegter Kleidung gehabt usf. Obwohl er im Anschluss an die Aufzählung seiner Freizeitaktivitäten und Vorlieben betont, dass er aber nie so weit wie andere verwestlichte junge Leute mit Blick auf Mädchen/Frauen oder Alkohol gegangen sei (17), widerspricht er doch jenen ultrakonservativen religiösen Gelehrten, die Musik, Film oder Theater schlichtweg als *ḥarām* verurteilen und für einen frommen Muslim als unziemlich betrachten (13). Gleichfalls gibt Tilimsānī zu, dass er als Student der säkularen, nationalistischen Wafd-Partei angehörte (24).[10]

Im Gegensatz zum vorsichtigen Tilimsānī nimmt Muḥammad al-Bahī (1905-82) in seinen Memoiren kein Blatt vor den Mund, wenn es um die Missstände in der ägyptischen Gesellschaft geht. Der Titel seines Selbstzeugnisses, „Mein Leben im Umkreis der Azhar: Student – Professor – Minister" suggeriert dem Leser, dass die Erfahrungen rund um die Theologische Hochschule in Kairo sein Leben nachhaltig geprägt haben. Über seine familiäre Herkunft teilt uns der Autor zwar nichts mit; mehrere Anspielungen im Text (v. a. zur Höhe seines Einkommens, z. B. 46, 84, 127) deuten jedoch auf einen kleinbürgerlichen Hintergrund. Geboren in der Provinz al-Buḥayra (wie viele namhafte Azharīs), durchlief er die typische Karriere eines Azhar-Gelehrten seiner Zeit: Koranschule, Grund- und Sekundarschule an Azhar-Instituten, danach Studium an der Hochschule. Seine herausragenden Leistungen, seine Lern- und Wissbegierde sowie sein Ehrgeiz ermöglichten dem jungen Bahī eine steile akademische Karriere. Nach seinem Magister-Examen erhielt er

9 Vgl. 13: Aus den religiösen Werken, die er in seiner Jugend studierte, habe er "gelernt, nie jemanden wegen seiner Gedanken anzugreifen"; 285: „Wir sind alle Menschen und machen Fehler …".

10 Es sei daran erinnert, dass die ägyptische MB erstmals unter Tilimsānī, weil weiterhin verboten, Parteienbündnisse (1984 mit der Neo-Wafd) einging, um ins Parlament einzuziehen. Dazu Al-Awadi, *In Pursuit*, 79 ff.

ein Stipendium für Deutschland, wo er zwischen 1932 und 1939 an der Universität Hamburg Philosophie und Psychologie studierte und dafür, ohne jegliche Vorkenntnisse, die Sprachen Deutsch, Englisch, Latein und Altgriechisch erlernen musste.[11] Nach seiner Promotion 1936 blieb er bis zum Ausbruch des Zweiten Weltkriegs in Deutschland, weil ihn sein Mentor Šayḫ Muṣṭafā al-Marāġī[12] („Ich verdanke ihm sehr viel", 45) zur Habilitation ermutigt hatte. Nach Ägypten zurückgekehrt, erhielt er sofort eine gut dotierte Professur für Philosophie und Psychologie an der Theologischen Fakultät (*kulliyyat uṣūl ad-dīn*) der Azhar und hatte verschiedene Verwaltungsposten inne, bevor er schließlich zum Minister für Fromme Stiftungen (*awqāf*) und Azhar-Angelegenheiten ernannt wurde (Sept. 1962). Bereits im März 1964 sah er sich zum Rücktritt gezwungen. Nachdem er noch etwa ein Jahr lang an der Cairo University gelehrt hatte, ging er in Pension und konzentrierte sich seither auf seine Publikationen. Im Mittelpunkt seiner Erinnerungen stehen seine Ausbildung und berufliche Karriere. Sie können entweder als Apologie oder als eine Art Abrechnung mit der Azhar und dem politischen Regime gelesen werden. Als offensichtlich notorischer Kritiker beschuldigt Bahī fast jeden des Opportunismus, der Heuchelei, Korruption, des Nepotismus, Materialismus und der Inkompetenz, unterschlägt jedoch seinen eigenen Opportunismus, ohne den sein Aufstieg in den 1950er/60er Jahren undenkbar gewesen wäre. Obgleich seine Probleme mit dem Geheimdienst in der Nasser-Ära im Vergleich zu denen von Tilimsānī oder Kišk harmlos waren, berichtet der Professor ziemlich detailliert über seine diesbezüglichen Erfahrungen und die Strategien des Regimes, oppositionelle Stimmen zu isolieren oder zum Schweigen zu bringen. Angesichts seines relativ komfortablen Lebens – er war nie im Gefängnis, konnte reisen und veröffentlichen, hatte Gastprofessuren in Nordafrika und am ‚arabischen' Golf inne – klingt seine Bemerkung, „Ich habe an meinem Leben in Ägypten nach meiner Rückkehr aus Deutschland nie Freude gehabt" (142), doch maßlos übertrieben. Oder fühlte sich Bahī etwa in der Rückschau auf sein Leben frustriert, missverstanden, ungerecht behandelt und in seiner Eitelkeit gekränkt? Es hat zumindest den Anschein. Eine Episode, die in seinen Memoiren sehr ausführlich behandelt wird, ist sein Konflikt als Minister mit dem Rektor der Azhar Maḥmūd Šaltūt (88-121). Bei diesem Zerwürfnis ging es vor allem um die genaue Kompetenzverteilung zwischen dem neu geschaffenen Ministerium und dem Šayḫ al-Azhar.[13] In seinen Pro-

---

11 In seinen Memoiren schildert er, wie er sich auf seiner Reise nach Europa und in Deutschland zunächst mit Händen und Füßen verständigen musste und wie er trotz des Schwierigkeitsgrades der o. erw. Sprachen auch diese Hürden mit Bravour meisterte (38-40).

12 Zu Marāġī, einem Schüler von M. ʿAbduh und Šayḫ al-Azhar von 1928-29 und von 1935 bis zu seinem Tod im Jahre 1945, siehe z. B. A. Chris Eccel, *Egypt, Islam and Social Change: Al-Azhar in Conflict and Accomodation*, Berlin 1984, 278 f.

13 Näheres dazu in Zebiri, *Shaltūt*, 29 f. und 38, Anm. 114, 116, und Brunner, *Annäherung*, 268 f. Vgl. auch bei Brunner die Angaben zu Bahīs Engagement in der *Taqrīb*-Bewegung, das ihm in seinen Memoiren keine Zeile wert ist – abgesehen von einem beiläufigen Hinweis auf seine Artikel in der Zeitschrift *ar-Risāla*, allerdings im Kontext eines Polizeiverhörs (50).

testschreiben an den Premierminister und Nasser beschwerte sich Šaltūt über Bahīs Amtsanmaßung, dessen willkürliche Anordnungen und Äußerungen gegenüber der Presse, in denen jener Azhar-Šayḫs implizit der Korruption und Ineffizienz geziehen und damit die gesamte Institution in Misskredit gebracht habe.[14] Wie dem auch sei, es bleibt die Frage, ob Bahī seine Memoiren nur aus persönlichen Gründen verfasst hat oder ob er zugleich, im Interesse der „islamistischen Sache“, die verbreitete Ignoranz und Dekadenz der Gesellschaft aufdecken wollte. Zumindest zwei Passagen am Ende seiner Memoiren sprechen für die zweite Deutung.[15]

Während sich Tilimsānī und Bahī mit ihren Ich-Erzählungen eher an ein gut informiertes und gebildetes Publikum wenden, richten sich die folgenden drei Autoren eher an einen muslimischen Leserkreis, der sich von den oberflächlichen, aber populären Islam-Deutungen, zu deren Verbreitung jene Prediger in vergangenen Jahrzehnten beigetragen haben, hat beeindrucken und leiten lassen.[16] Dass sich unter ihnen ein ehemaliger Šayḫ al-Azhar findet, mag auf den ersten Blick erstaunen. Doch gehören die Glanzzeiten der „Strahlenden“ schon lange der Vergangenheit an.

Die Rede ist von ʿAbd al-Ḥalīm Maḥmūd (1910-78), der von 1973 bis zu seinem Tod der Azhar vorstand. Geboren in einem Dorf ca. 50 km nordöstlich von Kairo, studierte er nach seinem Azhar-Abschluss in den Jahren 1932 bis 1940 in Paris, zunächst auf eigene Kosten, dann als Mitglied der offiziellen Studentenmission der Azhar auf Staatskosten. Seine Dissertation über den islamischen Sufismus[17] (zu al-Ḥāriṯ al-Muḥāsibī) – ein Thema, dem er auch später mehrere Schriften widmete – wurde von L. Massignon betreut (125). Den Aufenthalt in Frankreich erfuhr der junge Šayḫ als große emotionale Herausforderung. Einige äußere Aspekte der europäischen Zivilisation empfand er als durchaus nachahmenswert; Materialismus und Relativismus in religiösen und moralischen Belangen stießen dagegen auf seine entschiedene Ablehnung. Maḥmūds Memoiren, „Lob sei Gott – dies ist mein Leben“, sind am schwersten einzuordnen. Wie bereits der Titel andeutet, zielt seine „Lebensgeschichte“ vorrangig darauf ab, Gott für seine Gnade und Rechtleitung zu

---

14 Zebiri, *Shaltūt*, 29.

15 133 zu Sayyid Quṭbs *Maʿālim fī ṭ-ṭarīq*: „Ich wünschte, ich hätte dieses Buch geschrieben“; 144 (ganz im Sinne der Anhänger Quṭbs: Die ägyptische Gesellschaft befinde sich in der *ǧāhiliyya*).

16 Einen islamwissenschaftlich gebildeten Leser kann der Ruhm der drei „Pseudo-Gelehrten“ nur verwundern. Siehe z. B. zu Šaʿrāwī den Aufsatz von Hava Lazarus-Yafeh, "Muhammad Mutawalli al-Shaʿrawi – A Portrait of a Contemporary ʿAlim in Egypt", in: Gabriel R. Warburg/Uri M. Kupferschmidt (Hg.), *Islam, Nationalism, and Radicalism in Egypt and the Sudan*, New York 1983, 281-297.

17 Eine besonders interessante Passage in Maḥmūds Memoiren (*al-Ḥamdu*, 161-166) behandelt seine eher zufällige Kontaktaufnahme mit „Šayḫ ʿAbd al-Waḥid Yaḥyā“ alias René Guénon (1886-1951), einem Franzosen, der sich nach längerer religiöser Suche einer Bruderschaft angeschlossen hatte und seit 1930 in Kairo lebte.

danken. Die *Ḥamdala* findet sich denn auch ebenso häufig[18] im Text wie Zitate aus Koran und Sunna oder Exzerpte aus seinen eigenen Schriften – eine Art von „Recycling", die in solchen Kreisen kein Einzelfall ist. Alles in allem kommt das Werk deshalb einer Predigt oder einem Dankgebet näher als einer Lebenserinnerung.[19] Die Übernahme von Merkmalen der klassischen islamischen Gelehrten-Biographie (bes. eingehende Beschäftigung mit seinen bedeutenden Lehrern an der Azhar, 90-102) unterstreichen seine äußerst konservativen Vorstellungen vom ‚wahren Islam' und der ‚richtigen Lebensweise'. Biographische Daten[20] und Augenzeugenberichte finden sich demgegenüber selten. Selbst Kišk weiß mehr von seinem Leben zu berichten. Maḥmūds Rückblick auf Kindheit und Jugend (seine berufliche Karriere behandelt er nicht) dient ihm hauptsächlich als Vorwand, um die Rückkehr zu tradierten Normen ‚der Scharia' anzumahnen und die Erinnerung an ‚gute alte Zeiten' wach zu halten.[21]

Der blinde Prediger und Bestseller-Autor ʿAbd al-Ḥamīd Kišk (1933-96), ebenfalls in der Provinz Buḥayra in einem Dorf nahe Alexandria geboren, wuchs in extrem ärmlichen Verhältnissen auf. Infolge eines Versehens des Dorfbarbiers erblindete das dritte von insgesamt sechs Kindern eines kleinen Krämers im Alter von sechs Jahren auf dem einen Auge, in der Pubertät konnte er dann auch auf dem anderen nichts mehr sehen. Der Vater setzte alles daran, seinem Sohn das ‚Gefängnis der Blindheit' zu ersparen, aber selbst eine für die Familie kostspielige Operation in Kairo, für welche die älteste Schwester sogar ihren Schmuck versetzte, führte zu keinem Ergebnis (7, 9-12). Armut und Blindheit bestimmten folglich die ersten Lebensphasen Kišks und nehmen deshalb einen prominenten Platz im ersten Teil seiner Memoiren ein (7-57): Um seine Studien zu finanzieren und seine Familie zu unterstützen, musste er schon in jungen Jahren kleine Jobs (darunter in der Moschee) annehmen; zudem war er während seiner Ausbildung stets auf Andere angewiesen, die ihm vorlasen oder zur Hand gingen. Mit Verbitterung denkt er an die Personen zurück, die sich als verantwortungslose Gesellen entpuppten: ein Onkel, der nach dem vorzeitigen Tod seines Vaters (Dez. 1952) zwar ‚gute Ratschläge', aber keine finanzielle Unterstützung anzubieten hatte (13 f.), oder Personen, die schnell der Hilfe eines blinden Studenten überdrüssig waren und ihn regelrecht im Regen stehen ließen (17 f., 36 ff.). Gleichfalls erinnert sich Kišk aber an die zuverlässigen Personen (neben seinem älteren Bruder wenige gute Freunde), die es ihm schließlich ermöglichten, seine Ausbildung zu beenden. Als Aufsteiger

---

18 Um nur ein Beispiel zu nennen: „Keiner bestand die Prüfung – ausgenommen eine Person, und das war ich. Gepriesen sei Gott!" (88).

19 So auch Rooke, *Childhood*, 93-96.

20 Auch alle anderen Memoiren sparen an genauen Datenangaben. Außerdem ist keine der Erzählungen streng chronologisch aufgebaut; häufige Rückblenden und Einschübe mit frommen Ermahnungen stören den Lesefluss.

21 Im Unterschied zu Ġazālī oder Šaʿrāwī, die zwar auch die Tradition der Koranschulen hochhalten, die früheren Methoden (Züchtigung der Schüler, furchteinflößende Atmosphäre) aber kritisieren, ist Maḥmūd (38 f.) nur vollen Lobes.

aus kleinen Verhältnissen listet Kišk minutiös seine Erfolge in- und außerhalb der Schule auf: den Gewinn eines Koranwettbewerbs, seine frühe Tätigkeit als Vorbeter/Prediger, seine sehr guten Noten. Nach Abschluss der Sekundarschule an einem Azhar-Institut – als „Nummer eins" bei allen Prüfungen, ein Tag des Triumphes – schrieb er sich an der Theologischen Fakultät der Hochschule ein. Nach dem Diplom im Jahre 1962 folgte er seiner Berufung, armen Menschen den Islam nahezubringen, obwohl er immer davon geträumt hatte, einmal an der Azhar zu lehren. In den 1970er Jahren erreichte Kišks Ruf als Prediger seinen Höhepunkt.[22] Wegen seiner offenen Kritik am politischen System saß Kišk dreimal hinter Gittern: das erste Mal 1965, dann von 1966 bis 1968 und erneut 1981-82. Diese Gefängnismemoiren machen etwa zwei Drittel seiner Lebenserinnerungen aus (85-211, 249-264) und bilden somit den Schwerpunkt. Wie der Muslimschwester Zaynab al-Ġazālī in ihren „Tage aus meinem Leben"[23] geht es Kišk dabei vorrangig um zweierlei: Zum einen möchte er zeigen, dass es allein sein starker und unerschütterlicher Glauben war, der ihm das Überleben der Demütigung, Erniedrigung und Folter ermöglichte; zum anderen will er das ägyptische Regime demaskieren – seine Brutalität, Ungerechtigkeit und fehlende Legitimität. Dabei rekurriert er ebenso oft wie Maḥmūd auf Koran, Ḥadīṯ und das Beispiel der „frommen Altvorderen" und nutzt Auszüge seiner eigenen Predigten und Rechtsgutachten als Füllsel.

Ein noch erfolgreicherer Prediger, Medien-Mufti und Bestseller-Autor als Kišk war Muḥammad Mutawallī aš-Šaʿrāwī, geboren 1911 in einem Dorf im Nildelta namens Daqādūs (nahe Damiette), das einst wegen seines heftigen Widerstandes gegen das britische Protektorat zu Berühmtheit gelangt war. 1941 absolvierte Šaʿrāwī seine Ausbildung an der Fakultät für Arabische Sprache, 1948 erwarb er eine spezielle Lehrbefähigung von der Azhar. Danach war er zunächst in Ägypten, von 1950-60 in Mekka, später in Algerien und in den 1970er Jahren erneut in Saudi-Arabien als Arabisch-Lehrer und *dāʿī* tätig. Der erste Aufenthalt im saudisch-wahhābitischen Königreich sollte für seine spätere Karriere und Islam-Sicht prägend sein. Nachdem Šaʿrāwī bereits in den 1960ern mehrere Posten im Ministerium für *Awqāf* innegehabt hatte, wurde er 1976 zum Minister berufen, musste aber bereits kurze Zeit später zurücktreten, weil er Sadats Besuch in Israel kritisiert hatte.[24] Ähnlich wie Ġazālī feierte der Šayḫ seine größten Erfolge in den

---

22 Den großen Erfolg verdankte er insbesondere seinen auf Kassetten aufgenommenen Predigten, die nicht allein in Ägypten damals ein Verkaufsschlager waren. Dieser Aspekt seiner Karriere kommt in seinen Memoiren jedoch nicht zur Sprache. Zur Bedeutung der Kassetten, u. a. denen Kišks, siehe Emmanuel Sivan, "Eavesdropping on Radical Islam", *Middle East Quarterly* II,1 (03/1995), 13-24. – Vgl. dagegen Šaʿrāwī nach Zāyid (32), der die Bedeutung des „Hörens der Stimme des Šayḫ" hervorhebt.

23 Zaynab al-Ghazālī (1917-2005, nicht verwandt mit Muḥammad al-Ġazālī!): *Ayyām min Ḥayātī*, Beirut/Kairo 1986. Dazu u. a. Miriam Cooke, "Zaynab al-Ghazālī: Saint or Subversive?", *Die Welt des Islams* 34 (1994), 1-20.

24 Vgl. seine Bemerkungen in den Memoiren (Hg. Amīn, 188 ff.) dazu: „Traue niemals Juden ...". Vgl. ebenso pauschale negative Notizen Bahīs zu „Juden", aber positive zu Hitler (*Ḥayātī*, 42, 44); oder Maḥmūd (*al- Ḥamdu*, 175 f.) zum „Juden Durkheim" oder zum

1970er/80er Jahren: Neben Veröffentlichungen und Medienauftritten widmete er sich karitativen Tätigkeiten; als Ratgeber und ‚Hausgelehrter' galt er einer Anzahl „reuiger Künstlerinnen", die sich von Bildschirm, Leinwand und Bühne zurückgezogen hatten, um das Leben einer ‚aufrechten Muslimin' zu führen.[25] Seine Bewunderer sahen in ihm schließlich so etwas wie einen ‚Heiligen', und es wundert deswegen nicht, dass „Millionen" seinen Tod (1998) betrauerten.[26] Die Lebenserinnerungen von Šaᶜrawī weisen die größten Parallelen zu Ġazālīs auf. Nur diese beiden sprechen von der „ersten Erinnerung" und verwenden das Traummotiv.[27] Šaᶜrāwī konzentriert sich jedoch stärker auf Kindheit und Jugend, bei Ġazālī stehen die Jahre des politischen Engagements im Vordergrund der Erzählung. Beide stellen den Übergang vom unbeschwerten Kindsein zur religiösen Ausbildung zum Šayḫ als schwierig dar: Anfangs waren sie noch verspielt und ‚rebellisch' und zu Streichen aufgelegt (15, 21 ff.). Beide treten als Zeitzeugen der sozialpolitischen Situation in Ägypten auf (u. a. Auswirkungen der Weltwirtschaftskrise in den 1930er Jahren). Ähnlich wie Tilimsānī ist Šaᶜrāwī bemüht, sich als eine Person zu präsentieren, die den kleinen Freuden des Alltags nicht abgeneigt ist.[28] Eine Besonderheit von Šaᶜrāwīs Memoiren stellt abgesehen von der wiederholt einfließenden ägyptischen Umgangssprache das häufige Zitieren von Gedichten dar – sowohl von Versen seines Lieblingsdichters Aḥmad Šawqī als auch seiner eigenen.

Sicherlich gehören alle ausgewählten Autoren dem islamistischen, neosalafitischen Lager an. Manche mögen es nicht erwähnen, aber alle hatten zumindest zeitweilig Kontakt zur MB, entweder als Mitglieder oder Sympathisanten der Bewegung. In ihren politischen Äußerungen sind zwar nicht alle so explizit wie Kišk, der Gott pries, als er im Gefängnis von der Ermordung Sadats erfuhr.[29] Von Tilimsānī einmal abgesehen, kommt die Intoleranz bei den anderen vier Autoren ganz deutlich zum Vorschein, wenn sie sich stereotyp und essentialistisch über re-

„*manhaǧ yahūdī*". Tilimsānī (*Ḏikrayāt*) hält zwar auch Quṭbs *Maᶜālim* für ein bedeutendes Werk, das nur Bannās nachstehe (277), gesteht ein, dass er zeitweise deutschfreundlich, da antibritisch war (28), aber er attackiert nicht „Juden" generell, sondern Israel und den Zionismus, aber eben auch „den Westen", die allesamt „den Islam zerstören wollen" (50 f.).

25 Dazu Bärbel Reuter, *Gelebte Religion: Religiöse Praxis junger Islamistinnen in Kairo*, Würzburg 1999, 70 ff.

26 Siehe Khalid Dawoud, "Mourned by millions", *Al-Ahram Weekly On-line*, No. 383 (25/06-01/07/98): http://weekly.ahram.org.eg/1998/383/eg4.htm (06.04.2009).

27 Traum des Vaters von der Geburt des zukünftigen Sohnes, der ein großer Gelehrter werden würde (Hg. Amīn, 8), bei Ġazālī sogar Grund für die Namensgebung (*Qiṣṣat*, 157). Während die erste Erinnerung Ġazālīs schon seine spätere politische Ausrichtung vorwegzunehmen scheint (Parade britischer Truppen 1920, Ġazālī, *Qiṣṣat*, 155), ist es bei Šaᶜrāwī der fromme Ausspruch seines Vaters (Hg. Amīn, 12: *Basmala* und „Alles kommt von Gott").

28 Er liebte u. a. die köstlichen Speisen im Ramadan, tanzte und dichtete gerne.

29 Kišk, *Qiṣṣat*, 261. Nach seiner Entlassung aus dem Gefängnis 1982 wurde ihm das Predigen untersagt (ebd., 264).

ligiöse Minderheiten oder ‚konspirative Pläne der Juden, Orientalisten oder des Westens' auslassen.[30]

Besonders aufschlussreich sind aber die Bemerkungen aller Autoren, wenn es um das Geschlechterverhältnis geht. Ihre konservative Einstellung und Männerzentriertheit lässt sich an zwei Aspekten aufzeigen:

1. Was den familiären Hintergrund angeht, so unterstreichen solcherart Autobiographien gewöhnlich das religiöse Milieu, in dem das Kind aufwuchs. Besonders der Vater, bei Tilimsānī auch der Großvater, wird als Vorbild und Rollenmodell in Szene gesetzt. Als einziges Familienmitglied wird der Erzeuger näher beschrieben und seine Bedeutung für den Werdegang des Sohnes herausgestellt. Der Vater, der all seine Hoffnungen auf den Protagonisten setzte, scheute keinerlei Mühen, um die Ausbildung des Jungen voranzutreiben. Selbst wenn es zuweilen Schläge gab – in der Retrospektive wird die Autorität des Patriarchen ins Positive gewendet und entschuldigt: Der Vater war zwar streng, aber er liebte seinen Sohn, auch wenn er es ihm nie gesagt hat.[31] Die Mutter wird dagegen entweder ignoriert oder als passiv, als bloße Zuschauerin und Übermittlerin der Entscheidungen des Vaters porträtiert. Die Existenz von Schwestern wird manchmal vermerkt, aber auch sie bleiben gesichtslos.
2. Wie in den klassischen Gelehrtenbiographien bleibt das Privatleben fast völlig unsichtbar. Die Namen der Ehefrauen werden grundsätzlich verheimlicht, Kinder selten erwähnt. Bahī spricht z. B. lang und breit über seinen bekannten Schwiegervater, nicht aber über seine Frau (49). Als ein Jahr nach der Hochzeit das erste (?) Kind zur Welt kam, wurde anscheinend nur er „von Gott mit einer Tochter namens Nadja gesegnet" (50). Kišk merkt in einem Nebensatz an, dass seine Hochzeit im Winter 1965, nur wenige Monate vor seiner zweiten Inhaftierung, stattfand (83). Als er im März 1968 auf freien Fuß gesetzt wurde und nach Hause zurückkehrte, waren alle, seine Mutter, Geschwister und andere Verwandte, überrascht und zu Tränen gerührt, und voller Stolz erinnert er sich an die zahlreichen Glückwünsche, die er zu seiner Entlassung erhielt (211-214). Dabei vergisst er, seine junge Frau zu erwähnen, die immerhin zwei Jahre auf ihn gewartet hatte. Vielleicht deswegen, weil sie ihm noch keinen Sohn geboren hatte? Erst im Zusammenhang mit seiner Verhaftung 1981 erfahren die Leser dann (249), dass er sieben Kinder hatte. Warum? Weil seine Kinder in Angst und Schrecken versetzt wurden, als die Polizei an die Tür klopfte, um ihn abzuholen. Sorgen und Ängste der Mutter werden erneut übergangen. Als einziges Kind namentlich erwähnt wird das Nesthäkchen, ein Junge natürlich, und

---

30 Vgl. Angaben in Anm. 24 und Bahī (*Ḥayātī*, 127-130) über seine Erfahrungen an der McGill-Universität in Toronto und den dort von ihm aufgedeckten „Verschwörungen".

31 So Tilimsānī, *Ḏikrayāt*, 16.

zwar weil er seinem Vater auf dem Weg zur Moschee so intelligente Fragen stellte (248). Maḥmūd und Šaʿrāwī wurden sehr jung und überstürzt verheiratet, Maḥmūd mit 13 Jahren[32], Šaʿrāwī im Alter von 15 oder 16.[33] Am Ende ihres Lebens bewerten beide ihre Ehe als glücklich und als Beweis dafür, dass die frühe Eheschließung, die in der Vergangenheit üblich war, viel besser war als die nun verbreitete späte Heirat, welche eine Gefahr für Anstand und Tugend der Jugend darstelle. Die Ehe sollte nur mit Zustimmung der Eltern geschlossen werden,[34] empfehlen beide einmütig. Šaʿrāwī vermerkt darüber hinaus, er habe seine Kinder geliebt und immer gerne mit ihnen wie mit den Enkelkindern gespielt[35]; aber dass er dies erwähnt, dient vor allem dem Nachweis, dass er stets dem ‚schönen Vorbild' des Propheten Muḥammad folgte, der gemäß einem populären Ḥadīṯ mit seinen Enkelkindern zu spielen pflegte. Wieder einmal ist es Tilimsānī, der eine abweichende Version präsentiert. Auch die Ehe des Muslimbruders war vom Vater arrangiert, weil dieser anscheinend befürchtete, sein Sohn könne ‚Unzucht' begehen, sollte er mit der Ehe noch länger warten. Als junger Rebell wollte sich Tilimsānī anfangs wehren und seine Braut selbst wählen. Aber schon bald willigte er ein und beteuert im Nachhinein: „Wie gut, dass ich diese Frau geheiratet habe. Ich habe sie geliebt und nie einen Blick auf eine andere Frau geworfen" (19). Er fährt fort, dass er immer noch weinen müsse, wenn er an sie denke, obwohl sie bereits 1979, nach sieben Jahren Krankheit gestorben sei. Tilimsānī beschreibt seine Frau als die ideale (muslimische) Ehefrau: Sie war geduldig und gehorsam, fragte ihn nie nach seinem Tun. Sie wartete auf ihn, als er 17 Jahre im Gefängnis saß, machte nie Probleme – weder mit ihm noch seiner Familie. Und all dies, obgleich er extrem eifersüchtig war. Ein solches Liebesbekenntnis fällt in seiner Offenheit und Länge aus dem Rahmen. Doch auch Tilimsānī nutzt diesen Kontext zur Ermahnung an junge Leute: Sie sollten nicht aus Liebe heiraten, Respekt und Freundschaft seien wichtiger. Die Erlaubnis der Eltern sei notwenig, denn sie verfügten über größere Lebenserfahrung und wüssten besser Bescheid. Aber, so mag man einwenden, erlaubt das auch Zwangsehen? Etwas später fügt der *muršid* hinzu, er möge weder „moderne Frauen" noch das „moderne Geschwätz von der Geschlechtergleichheit". Geschlechtergleichheit impliziert für Tilimsānī, dass die Frauen ihre „Weiblichkeit und Würde" verlieren. Diese

32 Maḥmūd, *al-Ḥamdu*, 76 ff.

33 Šaʿrāwī (Hg. Amīn), 69 ff.

34 Ein Hinweis auf die so genannten ‚geheimen Ehen', darunter die in Ägypten seit längerer Zeit verbreitete *ʿurfī*-Ehe. Vgl. dazu z. B. Aufsätze von Mona Hanafi El Siofi und Roswitha Badry, in: Roswitha Badry/Maia Rohrer/Karin Steiner (Hg.), *Liebe, Sexualität, Ehe und Partnerschaft – Paradigmen im Wandel. Beiträge zur orientalistischen* Gender-*Forschung*, Freiburg 2009, 231-245 bzw. 205-229 (mit weiteren Literaturverweisen).

35 Šaʿrāwī (Hg. Amīn), 71, 120. Er erwähnt immerhin das Geschlecht der fünf Kinder und ihre Namen.

> Meinung, so schließt er beschwichtigend an, habe nichts mit fehlendem Respekt gegenüber Frauen zu tun, aber seine fromme Ehefrau bleibe nun einmal für ihn das Ideal und das empfohlene Rollenmodell.[36]

Einmal mehr erweisen sich also moderat wirkende Fundamentalisten als alles andere denn gemäßigt. Auch wenn die Ich-Erzählungen der islamischen Aktivisten formal eine (unterschiedlich proportionierte) hybride Mischung aus Tradition und Modernität darstellen, so ergibt sich doch bei genauer Betrachtung ein anderes Bild. Ihr Geschlechterdiskurs, der wie derjenige der traditionellen Gelehrten komplementär und biologistisch ist, eignet sich meines Erachtens als Gradmesser für ihre tatsächliche Haltung in anderen zentralen Fragen. Demzufolge wären ihre Bemühungen, sich in der Mitte zu positionieren, als Strategie zu entlarven.

---

36 Tilimsānī, *Ḏikrayāt*, 21.

Mustafa İnan und das Suffix *-inti*

Jens Peter Laut, Göttingen

Profesör Erdal İnönü, Mustafa İnan'ı Kurucu Meclis çalışmaları sırasında bir öğle yemeğinde tanımış. ... Birden sordu: „Sizce ‚yaşantı' kelimesi doğru mudur?" Sorusuna gene kendisi karşılık verdi: „Değildir. Çünkü yaşantı müspet bir kavramdır. Halbuki ‚ntı' son eki, küçültme anlamı taşır, olumsuz kelimeleri türetmekte kullanılır: bulantı, çöküntü, sıkıntı, kuruntu, üzüntü, kırıntı, serpinti gibi." [Professor Erdal İnönü[1] lernte Mustafa İnan (Anfang der 1960er Jahre) bei einem Mittagessen während der Vorarbeiten für die konstituierende Versammlung (für das „Institut für wissenschaftliche und technische Forschung der Türkei"[2]) kennen ... Plötzlich fragte (Mustafa İnan ihn): „Was meinen Sie, ist das Wort *yaşantı* ‚Leben, Lebensweise' korrekt?" Er beantwortete seine Frage gleich selbst: „Nein, denn *yaşantı* ist ein positiver Begriff. Dagegen ist die Endung *-ntı* eine Verkleinerungsform, und man verwendet sie zur Ableitung von Wörtern mit negativer Bedeutung: wie zum Beispiel *bulantı* ‚Brechreiz', *çöküntü* ‚Trümmer', *sıkıntı* ‚Bedrängnis', *üzüntü* ‚Besorgnis', *kırıntı* ‚Bruchstück' und *serpinti* ‚Spritzer'"].[3]

Bevor ich versuche zu erläutern, ob es möglich ist, diese Behauptung des Ingenieurs und Mathematikers Professor Mustafa İnan (1911-1967) zu verifizieren oder zu falsifizieren, geht zunächst ein herzliches Dankeschön an meine liebe Freundin und Kollegin Erika Glassen, durch deren Engagement und Beharrlichkeit Mustafa İnan einem deutschsprachigen Publikum überhaupt erstmals bekannt gemacht worden ist: Sie hat immer wieder betont, dass es sich bei Mustafa Bey um den vielleicht einzigen positiven Helden in der modernen türkischen Literatur handelt, und dass bereits diese Tatsache eine Aufnahme des 1975 erschienenen Romans *Bir Bilim Adamının Romanı* von Oğuz Atay (1934-1977) in unser gemeinsames Projekt „Türkische Bibliothek"[4] rechtfertigen würde. Die deutsche Übersetzung von Monika Carbe ist unter dem Titel „Der Mathematiker" unlängst (August 2009) erschienen und stellt zusammen mit dieser Festschrift eine treffliche Würdigung des Wir-

---

1 Erdal İnönü (1926-2007), türkischer Physiker und Politiker, 1995 Außenminister der Türkei.

2 *Türkiye Bilimsel ve Teknik Araştırma Kurumu* (TÜBİTAK); vgl. Klaus Kreiser, *Kleines Türkei-Lexikon. Wissenswertes über Land und Leute*, München 1992, 145-146.

3 Oğuz Atay, *Bir Bilim Adamının Romanı*, 20.-23. Auflage, İstanbul 2004 (1. Auflage 1975), 231; in deutscher Übersetzung: Oğuz Atay, *Der Mathematiker*, übersetzt von Monika Carbe, Zürich 2009, 282. Meine übersetzten Zitate des Romans folgen, leicht modifiziert, Monika Carbe.

4 Gefördert von der Robert Bosch Stiftung, Stuttgart, verlegerisch betreut und realisiert vom Zürcher Unionsverlag, siehe: www.tuerkische-bibliothek.de. Ich darf mich an dieser Stelle bei Frau Dr. Bettina Berns von der Robert Bosch Stiftung und bei Lucien Leitess und Alice Grünfelder vom Unionsverlag für die gute Zusammenarbeit bedanken.

kens von Erika *Hanım* dar. Für weitere Informationen zu Mustafa İnan und zu seinem Schüler Oğuz Atay sei auf das Nachwort von Gürsel Aytaç zur deutschen Übersetzung verwiesen: Ich habe zu Ehren von Erika Glassen in diesem Artikel andere Katzen zu bürsten …

Worum geht es? Im obigen Zitat wird die Behauptung aufgestellt, dass das Suffix *-(X)ntX*[5] eine „Verkleinerungsform" sei und den Worten, deren Bestandteil es ist, eine bestimmte, in diesem Fall „negative" (tü. *olumsuz*) Bedeutung verleihe. Nun ist das Allround-Genie Mustafa İnan, dessen Notizen und Bemerkungen zu den verschiedensten Themen uns in Teilen im oben genannten biographischen Werk von Oğuz Atay überliefert sind, zwar ein sprachwissenschaftlicher Laie[6], aber spätestens seit den Tagen des Ural-Altaisten Heinrich Winkler (1848-1930) geistern Ideen auch durch die Fachwelt, dass es u. a. eine Art phonem- bzw. morphembasierte Suffixsemantik des sog. altaischen Sprachtypus gebe: Die formale Struktur von Suffixen soll demnach auf dahinter stehende Inhalte verweisen, und so wäre etwa ein Suffix *X* für den Bereich „Zustand", oder ein Suffix *Y* für den Bereich „Vorgang" verantwortlich. Mit den Worten meines und Erikas Freiburger Ex-Kollegen Hans-Martin Gauger würden Suffixe also „durchsichtige", durchschaubare Wörter produzieren.[7] Die Idee einer Art von „Suffixsemantik", die nicht zuletzt auf tatsächlichen oder scheinbaren „Regelmäßigkeiten" des postulierten altaischen Sprachtypus beruht, und auf deren grundsätzlichen Sinn oder Unsinn hier nicht näher eingegangen werden soll, ist natürlich auch für die Beschäftigung mit dem Türkischen nicht ohne Wirkung geblieben. Ja, es scheint, als ob es im Laufe der

---

5 X entspricht den Phonemen i/ı/ü/u.

6 Der sich aber sehr für linguistische Fragen interessiert hat, wie die folgenden Textstellen zeigen mögen (Atay, *Bir Bilim Adamının Romanı*, 149-150/dt. 178-180): Sollte sich ein Ingenieur, ein Wissenschaftler etwa nicht für das interessieren, was in seiner Umgebung passierte? So z. B. auch die Frage, woher die Wörter kamen. „Was sind denn Ihrer Meinung nach die gemeinsamen Besonderheiten der Wortgruppen? Was meinen Sie, wie Wörter abgeleitet werden? Wie Sie wissen, sind die Wurzeln der Wörter im Türkischen einsilbig. In welchem Sinn wird wohl jede Silbe der vielsilbigen Wörter angewandt? Ob die Silben, die einander ähnlich sind, wohl eine gemeinsame Bedeutung wiedergeben?" Tekin Özbek hörte aufmerksam zu. Plötzlich fragte ihn der Professor: „Tekin, was meinst du, hat die Silbe *yum-yom* eine solche Bedeutung?" Mustafa Hoca beantwortete die Frage gleich selbst: „Meine Lieben, ich bin der Meinung, *yum-yom* bedeutet ‚etwas Rundes': wie *yum-ruk* ‚Faust', *yum-urta* ‚Ei', *yum-uk* ‚geballt', *yum-mak* ‚ballen', *yum-ru* ‚Beule' und *yum-ak* ‚Knäuel'." Er erwartete von ihnen, dass auch sie solche Silben fanden und über weitere Beispiele nachdachten … Der Professor zog ein kleines Heft aus der Schublade seines Schreibtisches: „In dieser Kladde habe ich im Türkischen nebeneinander [als festes Syntagma] gebrauchte Wörter aufgeschrieben [korr. Atay, *Der Mathematiker*, 180!], wie zum Beispiel *bet beniz* ‚Gesichtsfarbe', *akıl fikir*, zweimal der Gedanke, d. h. ‚ganz Aufmerksamkeit'. Oder: *abuk sabuk* ‚ohne Sinn und Verstand', *yalan yanlış*, zweimal falsch, d. h. ‚grundverkehrt', oder: *apar topar* ‚Hals über Kopf', *açık seçik* ‚klar und deutlich'. Wenn Ihnen dazu auch noch Wörter einfallen, dann sagen Sie sie nur, ich schreibe sie auf." Auch [Mustafa İnans Frau] Jale Hanım erzählt, dass ihr Mann sich sogar nachts im Bett damit beschäftigte, solche Wörter abzuleiten: „Er fragte mich auch, und wenn ich ein Wort fand, das ihm nicht eingefallen war, rief er ‚Bravo!' und erschreckte mich." So entspannte sich Mustafa İnan.

7 Vgl. Hans-Martin Gauger, *Durchsichtige Wörter. Zur Theorie der Wortbildung*, Heidelberg 1971.

Jahrzehnte eine Art opake, d. h. kaum oder nicht mehr nachvollziehbare Tradierung der Idee von „motivierten Suffixen" gegeben hätte, die als ein Teil der Wissenschaftsgeschichte oder auf einer wissenschaftlichen Diskursebene durchaus interessant sein können. Es soll hier im Übrigen keineswegs bestritten werden, dass es mehr oder weniger festgelegte Funktionen von Suffixen gibt oder geben kann: Für das Alttürkische ist dies ja eingehend von Marcel Erdal in seiner Studie *Old Turkic Word Formation* (1991) untersucht worden. Uns interessiert nun vor allem das, was das Suffix –inti[8] betrifft: Werfen wir also einen kurzen Blick auf die ehrwürdigen alten Zeugen dieses Suffixes, bevor wir seine modernen Repräsentanten besichtigen. Grundsätzlich sei zu allen Arbeiten zum Alttürkischen bemerkt - und ich sage das als Bearbeiter tausender von Zeilen altuigurischer Texte –, dass tote Sprachen den Nachteil (oder Vorteil) haben, dass ihre Sprecher nicht mehr leben: Somit können keine muttersprachlichen Verifizierungen oder Falsifizierungen unserer heutigen Analysen erfolgen. Wie dem auch sei: Erdal zeigt die Komplexität der semantischen Funktionen von Suffixen im Alttürkischen auf, und dies unter z. T. ganz neuen Aspekten, etwa unter Berücksichtigung der Rolle transitiver und intransitiver Verben. Was unser Suffix –inti betrifft, äußert sich Erdal jedoch nicht konkret zu bestimmten Funktionen dieses nicht sehr häufigen Suffixes[9]. Die Beispiele, die er gibt, sowie die recht häufigen Belege aus dem *Dīwān Luġāt at-Turk* des Maḥmūd al Kāšġarī aus dem 11. Jh. (DLT)[10], lassen jedoch deutlich erkennen, dass in der Mehrzahl der Fälle eine negative Konnotation vorliegt bzw. es sich häufig um Bezeichnungen für wie auch immer geartete Überreste handelt. Eines der ganz wenigen altuigurischen Beispiele ist *yerinti* „ekelhaft, widerwärtig"[11], während ein anderes bei Erdal zitiertes Lexem sich als *vox nihili* entpuppt hat: Das von der Bedeutung her sehr schön passende *uruntı* „Konflikt"[12] aus der berühmten alttürkischen *Xuanzang-Biographie* muss im Licht neuerer Forschungen als *orontın* „vom Platz" gelesen und übersetzt werden.[13] Doch werfen wir nun einen Blick auf die im DLT angeführten Beispiele. Hinweise auf korrespondierende Formen im modernen Türkisch, die in meiner türkeitürkischen Wortliste unten zu finden sind, sind mit einem Pfeil (→) gekennzeichnet, unklare Belege sind mit * markiert:

---

8 Ich bleibe hier und im Folgenden bei dieser vereinfachten Form.

9 Marcel Erdal, *Old Turkic Word Formation. A Functional Approach to the Lexicon*, 1-2, Wiesbaden 1991, 339-340 (im Folgenden abgekürzt zitiert als OTWF).

10 DLT = Maḥmūd al Kāšγarī*: Compendium of the Turkic Dialects* (*Dīwān Luγāt at-Turk*), edited and translated by Robert Dankoff/James Kelly. Part 1, Cambridge 1982.

11 Belegt in: Friedrich Wilhelm Karl Müller, *Uigurica III. Uigurische Avadāna-Bruchstücke (I-VIII)*, Berlin 1922, 75, Z. 8 unten.

12 OTWF, 339; so auch Sir Gerard Clauson, *An Etymological Dictionary of Pre-Thirteenth-Century Turkish*, Oxford 1972 (im Folgenden zitiert als Clauson), 237a.

13 Siehe Klaus Röhrborn, *Die alttürkische Xuanzang-Biographie VII*, hg., übersetzt und kommentiert von Klaus Röhrborn, Wiesbaden 1991, 179, Z. 2120.

akındı „fließendes (Wasser), Fluss" < *ak-* (DLT, 160, Clauson, 88b) → *akıntı*
äkindi „ausgesäte (Saat)" < *äk(in)-* (DLT, 160, Clauson, 111b) → *ekinti*
ävdindi „Nachlese" < *ävdi(n)-* (DLT, 164, Clauson, 7b)
**bogundı* „Harnblase (von Tieren)" < ? (DLT, 338, Clauson, 316b) → *boğuntu* (?)
itindi „was gestoßen/gedrückt wird" < *it(in)-* (DLT, 160, Clauson, 63a)
kazındı „ausgehobene und aufgehäufte Erde" < *kaz(ın)-* (DLT, 338, Clauson, 685a) → *kazıntı*
kädindi „ein oft getragenes Kleidungsstück" < *käd-* (DLT, 338, Clauson, 705a) → *giyinti*
kırındı „abgeschälte/-gekratzte Schale/Haut etc." < *kır(ın)-* (DLT, 338, Clauson, 662a) → *kırıntı*
kömündi „irgendetwas Begrabenes" < *köm-* (DLT 338, Clauson, 723a)
**kučgundı* „Zwiebel" < ? (DLT 366, Clauson, 591b)
ögündi „(von anderen) gelobt, gerühmt" < *ög(ün)-* (DLT, 160, Clauson, 111b) → *övüntü*
saçındı „Aus-, Umhergestreutes" < *saç(ın)-* (DLT, 338, Clauson, 798a) → *saçıntı*
salındı „etwas Weggeworfenes; durch die Strömung ans Ufer geschwemmtes Feuerholz; (das herunterhängende) männliche Glied" < *sal(ın)-* (DLT, 38, Clauson, 828a) → *salıntı*
sarkındı „(Wasser-)Tropfen" < *sark-* (DLT, 366, Clauson, 849b) → *sarkıntı*
süpründi „Müll, Abfall" < *süpür-* (DLT, 366, Clauson, 792b) → *süprüntü*
süründi „ausgestoßen, Outcast" < *sür(ün)-* (DLT, 338, Clauson, 854b)
süzündi „oft gefiltertes, gereinigtes Wasser" < *süz(ün)-* (DLT, 338, Clauson, 864b-865a) → *süzüntü*
tamındı „(Wasser-)Tropfen" < *tam(ın)-* (DLT, 338, Clauson, 508a)
tatındı „Reste/Rückstände (der Milch im Euter)" < *tat(ın)-* (DLT, 338, Clauson 458b)
tıdındı „etwas Unerreichbares" < *tıd(ın)-* (DLT, 338, Clauson, 458b)
üdründi „(aus)gewählt" < *üdür-* (DLT, 164, Clauson, 70); vgl. osm. *öründü* (Redhouse[14], 247b)[15]

Wie man sieht, handelt es sich bei der Mehrzahl dieser Belege aus dem DLT um „Überreste", „kleine Bestandteile" o. Ä., es gibt jedoch auch durchaus Konnotationen anderer Art (vgl. *ögündi, tıdındı, üdründi*), so dass es bereits in alter Zeit schwierig erscheint, dem Suffix *-inti* eine festgelegte Bedeutung zu verleihen.

Doch kommen wir nun zum Türkeitürkischen. Um (eventuell) entscheiden zu können, ob Mustafa İnan mit seiner Analyse des Suffixes *-inti* recht hatte oder nicht, ist es nötig, die mit diesem Suffix gebildeten Lexeme im modernen Stan-

---

14 Sir James W. Redhouse, *A Turkish and English Lexicon*, Constantinople 1890, im Folgenden als Redhouse zitiert.

15 „A thing selected; a selection; a choice. *öründüler*: The choice ones of a nation or community".

dard-Türkisch einmal genauer zu betrachten, unabhängig davon, ob Mustafa Bey von allen Kenntnis hatte, ja, haben konnte. Ausgenommen habe ich weitestgehend Bildungen in den türkischen Dialekten und in sondersprachlichen Varietäten, z. B. im Argot: Hier sind sehr aufwendige Untersuchungen notwendig, die den Rahmen meiner Intentionen für diesen Aufsatz sprengen würden.[16] Auch soll hier folgendes Problem, auf das bereits mein Freund und Kollege Wolfgang-Ekkehard Scharlipp hingewiesen hat, nicht entschieden werden: „Bezüglich der Notierung dieses Suffixes [*-(X)ntX*] herrscht in allen Grammatiken und Lehrbüchern größte Uneinigkeit. Während -t° und -nt° [= *-tX* und *-(X)ntX*] teilweise getrennt aufgeführt werden ..., anerkennen wiederum andere Werke nur eine Form der beiden ..., während sie an anderer Stelle wiederum als Allomorphe desselben Morphems unter einem Paragraphen notiert werden ..."[17] Sicher ist, dass es sich bei *–inti* um ein deverbales Suffix handelt[18], das verschiedene Nominalklassen (nomen acti, nomen subjecti, nomen actionis etc.) bilden kann; die wenigen irregulären Bildungen, die auf eine denominale oder unklare Derivation hindeuten, sind in meiner türkeitürkischen Wortliste mit * gekennzeichnet *(*askıntı, *bağıntı *baygıntı, *buruntu, *eğinti, *gezenti, *irinti, *mıymıntı, *orantı, *selinti, *şırfıntı, *üzenti*).

Die Wörterbücher bzw. Quellen, die ich benutzt habe, sind:

Quelle 1: RWtS = Hans-Peter Vietze/Ludwig Zenker/Ingrid Warnke, *Rückläufiges Wörterbuch der türkischen Sprache*, Leipzig 1975 (Basiert auf der 5. Auflage des *Türkçe Sözlük*, Ankara 1969).
In diesem Wörterbuch sind 107 Lexeme mit dem Suffix *–inti* enthalten.

Quelle 2: TSTD = Belgin Tezcan Aksu/Abdurrahman Tariktaroğlu/Efrasiyap Gemalmaz, *Türkçe Sözlük'ün ters dizimi. Türkçe* (*STT* = Standart Türkiye Türkçesi) *Sözlük ögelerinin sondan başa alfabetik dizimi,* Ankara 2004 (Basiert auf der 9. Auflage des *Türkçe Sözlük*, Ankara 1998).
In diesem Wörterbuch sind 152 Lexeme [= 46 Wörter mehr als RWtS] mit dem Suffix *–inti* enthalten, d. h. insgesamt sind es [mit *oluntu*, nur in RWtS] 153 Wörter. Hinzu kommen 2 Lexeme, die nur in YSKK[19] enthalten sind: *düzenti* und *yüklenti*. Im Geographie-Wörterbuch İzbırak[20] werden zusätzlich die Lexeme *göçüntü* und *sürüntü* geboten. Nur TS[21] bietet das Lexem *sulantı*, und ganz neuen

16 So müsste das gesamte *Derleme Sözlüğü* (12 Bde., Ankara 1963-1982) durchgearbeitet werden. Eine lohnende Aufgabe wäre auch die Untersuchung der Lexeme auf *-XrtX*, z.B. *kütürtü* „Knirschen, Knarren".

17 Wolfgang-Ekkehard Scharlipp, *Untersuchungen zur Morphologie und Substitution türkeitürkischer Neologismen*, Hamburg 1978, 120.

18 Nicht immer ist jedoch klar, ob das verbum simplex oder ein Reflexiv/Passiv zugrunde liegt (vgl. z. B. *buluntu*).

19 YSKK = Türk Dil Kurumu (Hg.), *Yabancı Sözlere Karşılıklar Kılavuzu*, Ankara 2008.

20 Reşat İzbırak, *Coğrafya Terimleri Sözlüğü*, İstanbul 1992 (im Folgenden als İzbırak).

21 TS = Türk Dil Kurumu (Hg.), *Türkçe Sözlük*, 10. Auflage, Ankara 2005.

Datums ist die Bildung *verinti* [vgl. sub vocibus]: Insgesamt haben wir es also mit einem Bestand von 159 Lexemen zu tun. Dies ist eine, gemessen an der eher geringen Produktivität des Suffixes in früheren Zeiten (siehe oben die Belege aus dem DLT)[22], sehr hohe Anzahl, die sicherlich auf das Bemühen der Sprachreformer zurückgeht, unproduktive Suffixe zur Schaffung von Neologismen neu zu beleben.[23]

Quelle 3: Redhouse = Sir James W. Redhouse, *A Turkish and English Lexicon*, Constantinople 1890.

Quelle 4: Meninski = Franciscus à Mesgnien Meninski, *Thesaurus Linguarum Orientalium Turcicae-Arabicae-Persicae. Lexicon Turcico-Arabico-Persicum,* mit einer Einleitung und einem türkischen Wortindex von Stanisław Stachowski sowie einem Vorwort von Mehmet Ölmez, Bd. 1-6 İstanbul 2000 (Reprint, erste Auflage Wien 1780).

Hinzugezogen wurden auch:

St. = Karl Steuerwald, *Türkisch-Deutsches Wörterbuch. Türkçe-Almanca Sözlük,* 2. erweiterte und verbesserte Auflage, Wiesbaden 1988.

TS = Türk Dil Kurumu (Hg.), *Türkçe Sözlük,* 10. Auflage, Ankara 2005.

YKK 1 = Türk Dil Kurumu (Hg.), *Yabancı Kelimelere Karşılıklar 1,* Ankara 1995.

---

22 Auch im Osmanischen des 17. Jahrhunderts ist das Suffix sehr selten; vgl. Ewa Siemieniec-Gołaś, *The Formation of Substantives in XVIIth Century Ottoman-Turkish*, Kraków 1997, 84. Von den fünf angeführten Lexemen hat die Bildung *b(ı)rağındı* (*bırakıntı*) „Übriggebliebenes, Abfall" (siehe auch Franciscus à Mesgnien Meninski, *Thesaurus Linguarum Orientalium Turcicae-Arabicae-Persicae. Lexicon Turcico-Arabico-Persicum.* Mit einer Einleitung und einem türkischen Wortindex von Stanisław Stachowski sowie einem Vorwort von Mehmet Ölmez, Bd. 1-6, İstanbul 2000 [Reprint, erste Auflage Wien 1780], Sp. 5929; im Folgenden zitiert als Meninski) nicht überlebt und ist offensichtlich durch htg. *döküntü* ersetzt worden.

23 Vgl. hierzu Klaus Röhrborn, „Prinzipien und Methoden der Sprachplanung in der kemalistischen Türkei", *ZDMG* 137 (1987), 332-356. – Zu den teils chaotischen Ereignissen innerhalb der türkischen Schrift- und Sprachreform äußert sich Oğuz Atay u. a. wie folgt (Atay, *Bir Bilim Adamının Romanı*, 74-75/dt. 86-88): „In den Dreißigerjahren wurde das Land schwer erschüttert. … Alles änderte sich, Tag für Tag. Zuerst änderten sich die Buchstaben, und eine ganz neue Schrift tauchte auf. Natürlich war die alte Schrift auch nicht von heute auf morgen von der Bildfläche verschwunden. Das Alte und das Neue lebten in allem nebeneinander her, und einander widersprechende Auffassungen versuchten sich gegenseitig zu vernichten. … Dann änderten sich die Wörter. Jeden Tag kamen Hunderte von neuen Wörtern auf, und Hunderte von Wörtern, die erst am Tag zuvor aufgetaucht waren, wurden wieder aus dem Gedächtnis getilgt. Gleichzeitig wurden die alten [osmanischen] Wörter verwundet und gingen verloren. Beide Seiten erlitten schwere Verluste. Pausenlos trieb man neue Wörter an die Front. … Auch Mustafa İnan machte sich seine eigenen Gedanken. Musste man wirklich an so vielen Fronten gleichzeitig kämpfen? Stand der Feind tatsächlich an so vielen Fronten? Oder hatte man gar Freunden den Krieg erklärt, die man für Feinde hielt? Seit den Tanzimat-Reformen wurde in diesem Land ein Krieg geführt, der nicht wirklich durchschaubar war." Erstaunlich bleibt, dass die Sprachreform in der modernen türkischen Literatur so wenig zum Thema gemacht wird, während andere kulturelle und soziale Umwälzungen der Kemalisten durchaus zur Sprache kommen.

YKK 2 = Türk Dil Kurumu (Hg.), *Yabancı Kelimelere Karşılıklar* 2, Ankara 1998.
YSKK = Türk Dil Kurumu (Hg.), *Yabancı Sözlere Karşılıklar Kılavuzu*, Ankara 2008.
İzbırak = Reşat İzbırak, *Coğrafya Terimleri Sözlüğü*, İstanbul 1992.

Weitere in der Wortliste zitierte Literatur:

Aktunç = Hulki Aktunç, *Türkçenin Büyük Argo Sözlüğü (Tanıklarıyla)*. İstanbul 1998.
Laut, „Uigurismen" = Jens Peter Laut, „Die Uigurismen im *Tarama Dergisi* (1934)", in: Jens Peter Laut/Mehmet Ölmez (Hg.), *Bahşı Ögdisi*. Festschrift für Klaus Röhrborn, Freiburg/İstanbul 1998, 163-230.[24]
Laut, „Lexik" = Jens Peter Laut, „Zur sexuellen Lexik des Türkeitürkischen", *Studia Etymologica Cracoviensia* 10 (2005), 69-122.[25]
Nişanyan = Sevan Nişanyan, *Sözlerin Soyağacı. Çağdaş Türkçenin Etimolojik Sözlüğü*, dritte Auflage, İstanbul 2007.
Tietze 1 =Andreas Tietze, *Tarihi ve Etimolojik Türkiye Türkçesi Lugatı. Sprachgeschichtliches und etymologisches Wörterbuch des Türkei-Türkischen*, 1. *A-E*. İstanbul/Wien 2002.
Tietze 2 = Andreas Tietze, *Tarihi ve Etimolojik Türkiye Türkçesi Lugatı. Sprachgeschichtliches und etymologisches Wörterbuch des Türkei-Türkischen*. 2. *F-J*. Wien 2009.
Zenker = Julius Theodor Zenker, *Türkisch-Arabisch-Persisches Handwörterbuch*. I-II. Reprint Hildesheim 2009 [[1]Leipzig 1866].

Hinweise zur Benutzung der türkeitürkischen Wortliste:

Lexeme, die nur in RWtS oder TS enthalten sind, bleiben steil [= 2 Lexeme],
Lexeme, die in RWtS und in TSTD[26] enthalten sind, werden *kursiviert* [= 106 Lexeme],
Lexeme, die nur in TSTD enthalten sind, werden **gefettet** [= 46 Lexeme]
Lexeme, die nur in YSKK enthalten sind, werden **gefettet** und *kursiviert* [= 2 Lexeme]
Lexeme, die nur in İzbırak enthalten sind, werden unterstrichen [= 2 Lexeme][27]
Das erst in jüngster Zeit gebildete Lexem *verinti* ist doppelt unterstrichen.
Die türkeitürkischen Übersetzungen in [ ] stammen aus TS.

---

24 Publikation im Internet: http://www.freidok.uni-freiburg.de/volltexte/655.

25 Publikation im Internet: http://www.freidok.uni-freiburg.de/volltexte/1903.

26 Ebenfalls im Jahr 2004 erschienen ist: Yel Kubiyak, *Rückläufiges Wörterbuch des Türkischen*. Band 1: a-j. Band 2: k-z, Frankfurt a. M. 2004. Aus dieser Publikation (mit der Widmung: „Türkisch – die verkannte Sprache") geht nicht hervor, auf welcher Grundlage sie beruht, und auch die sehr knappe Einleitung zeigt deutlich, dass es sich um das Werk eines Hobby-Wissenschaftlers handelt. Jedenfalls sind keine über meine oben genannten Quellen hinausgehenden *-inti*-Bildungen enthalten.

27 Ich habe dieses Lexikon mit herangezogen, weil etliche der *-inti*-Bildungen eine geologische Bedeutung haben („Geröll, Strömung, Rinne" etc.). Es wäre eine lohnende Aufgabe, auch weitere terminologische Wörterbücher des Türkeitürkischen nach spezifizierten *-inti*-Bildungen durchzusehen.

Die Transkriptionen aus Redhouse sind weitgehend türkeitürkischen Normen angeglichen (k statt q etc.), die Zitationen aus Meninski sind behutsam modifiziert (Komma statt /) und gekürzt.

Derivate der –inti-Bildungen *(+li/+lik* etc.) werden nicht berücksichtigt.

Lexeme auf *–(X)ntX* im Standard-Türkischen[28]:

ağlantı „Schluchzen“ [*hafif hafif ağlama*] (Redhouse: ø) < *ağlamak* „weinen“

akıntı „Fließen, Strömung; eitriger Ausfluß“ (Redhouse, 168a, s.v. *akındı*, vulg. *akındı*: „1. A current of running water; a torrent. 2. Anything that runs together or has gathered by a motion like that of flowing water, as sands, leaves, dust, etc.")[29] < *akmak* „fließen“

alıntı „Zitat, Entlehnung, Lehnwort (*aus* einer anderen Sprache)“ [ant. → *verinti*]; (Redhouse: ø) < *almak* „nehmen“

arantı „gesuchte Lösung“ [*aranılan çözüm*] (Redhouse: ø) < *aramak* „suchen“

asıntı „Verschiebung, Aufschub, Verzögerung“ (Redhouse: ø) < *asmak* „(Arbeit) liegenlassen“

***askıntı** „Schmarotzer; Person, die um die Gunst anderer buhlt bzw. das andere Geschlecht (sexuell) belästigt“; „etwas noch nicht Entschiedenes“ [Tietze 1] (Redhouse: ø) < *askı* „woran man etwas aufhängen kann“

aşıntı „abgewetzte (ausgewaschene, ausgehöhlte) Stelle“ (Redhouse: ø) < *aşınmak* „sich abnützen“

aşırıntı „Gestohlenes“ (Redhouse: ø) < *aşırmak* „stehlen“

avuntu „was Trost oder Ablenkung gibt; Trostpflaster“ (Redhouse: ø) < *avunmak* „Trost finden“

ayrıntı „Einzelheit, -teil, Detail“ (Redhouse: ø) < *ayırmak* „trennen, auseinanderhalten“ oder < *ayrı* „getrennt, geschieden“

**bağıntı* „Verhältnis (math./phil.); Bedingtheit, Korrelation; Relativität (philosoph.)“ (Redhouse: ø) < *bağ* „Verbundenheit, Verwandtschaft“ (Tietze 1, 260)

bağlantı „Bindung, Verknüpfung; Verpflichtung (~ frz. *engagement*); (Geschäfts-)Abschluß“ (Redhouse: ø) < *bağlamak* „binden“

bakıntı „Versorgung der Grundbedürfnisse“ [*temel gereksinimleri karşılama*] (Redhouse: ø) < *bakınmak* „auf sich achten“

---

28 Ich danke cand. phil. Cuma Kazancı und Dr. Jens Wilkens (beide Göttingen) für Hinweise und Anregungen. Meinen Studentinnen Barbara Müller (Freiburg) und Rahel Hutgens (Göttingen) danke ich für Ihre Mitarbeit am *Redhouse* und am *Meninski*.

29 Meninski, Sp. 343: „Fluxus maris aut fluvij. Fluß des Wassers. La corrente, Le courant de l'eau“.

*baygıntı „Bewußtlosigkeit; Erschöpfung“ (~ *baygınlık*); „Unfähigkeit des Seidenspinners, sich zu verpuppen“ (Redhouse: ø) < *baygın* „bewußtlos“

beklenti „Angelegenheit/Sache, auf deren Verwirklichung gewartet wird, Erwartung“ (Redhouse: ø) < *beklenmek* „erwartet werden“

bezenti „Garnitur“[30] (Redhouse: ø) < *bezemek* „schmücken, ausstatten“ oder < *bezen* „Schmuck, Zierat“ (?)

bık(k)ıntı „Überdruß, Widerwille“ (Redhouse: ø) < *bıkmak* „einer Sache oder Person überdrüssig werden“ oder < *bıkkın* „überdrüssig, gelangweilt“ (?)

birikinti „Anhäufung, Aufschüttung, Akkumulation; Ersparnis(se)“ (~ *birikim*) (Redhouse: ø) < *birikmek* „sich ansammeln, sich anhäufen“

boğuntu „Erstickungsanfall; Betrug“ (Redhouse: ø) < *boğmak* „erwürgen, erdrosseln“

bozuntu „Trümmer, Schrott, Überreste; Panik, Fassungslosigkeit; Zerrbild“ (Redhouse: ø) < *bozmak* „kaputtmachen, bloßstellen, schaden“

bölüntü „Einzelteil, Bruchstück; Fraktion[31]; Unterbrechung“ (→ *kesinti*) (Redhouse, 410a: „Anything divided off“) < *bölmek* „teilen“

bulantı „Brechreiz, Übelkeit“ (Redhouse, 408b: „1. A stirring up of dregs in a fluid. 2. A rising of clouds, overspreading the sky. 3. A feeling of nausea. 4. A disturbance of the public quiet”) < *bulanmak* „Brechreiz empfinden“

buluntu „Fund (z. B. archäologischer); Findelkind“ (Redhouse, 410a: „Anything found“) < *bulmak* < finden bzw. < *bulunmak* „gefunden werden“[32]

*buruntu „starkes Bauchweh, Kolik“ (Redhouse, 396a: „A griping of the bowels; colic“) < *buru* „Kolik, Geburtswehen“

buyruntu „etwas, das man auf Befehl machen soll“[33] (Redhouse: ø) < *buyurmak* „befehlen“

büküntü „Krümmung, Falte; Knick, Biegung; Bauchweh, Kolik“ (Redhouse, 407a: „A bend, fold, or twist“) < *bükmek* „krümmen, biegen“ bzw. < *bükünmek* „sich (vor Schmerzen) winden“

coşuntu „erregtes Benehmen“ [*coşku, heyecanlı davranış*] (Redhouse: ø) < *coşmak* „erregt werden, aufgeregt werden“

---

30 Nicht in TS 1998/2005, nur in YKK 2 = Türk Dil Kurumu (Hg.), *Yabancı Kelimelere Karşılıklar* 2, Ankara 1998.

31 YSKK gibt für „Fraktion“ zudem *bölüngü* an.

32 Vgl. Andreas Tietze, *Tarihi ve Etimolojik Türkiye Türkçesi Lugatı. Sprachgeschichtliches und etymologisches Wörterbuch des Türkei-Türkischen*, 1. *A-E*. İstanbul/Wien 2002, 394b.

33 In TSTD angegeben, aber nicht in TS 1998/2005; entspricht offensichtlich *buyrultu*.

çakıntı „Blitz, Aufblitzen[34]; etwas Unvorhergesehenes (Fund, Gedanke [‚Geistesblitz'], Wort); Zechgelage" (Redhouse: ø) < *çakmak* „(auf-) blitzen; bemerken, hinter etwas kommen; zechen"

çalıntı „Gestohlenes" [z.B. *çalıntı otomobil*] (Redhouse: ø) < *çalmak* „stehlen" bzw. *çalınmak* „gestohlen werden"

çalkantı „heftiger Stoß/Seegang; Aufgewühltsein; starker Durchfall; Gerücht" (Redhouse, 708b: „1. A violent shaking and agitation. 2. A violent nausea or purging. 3. A violent disturbance of the heart or mind. 4. What is thrown off as refuse by means of a violent shaking; as, the refuse of a sieve") < *çalkanmak* „bewegt werden, unruhig werden, Wellen schlagen; Übelkeit erleiden; in aller Munde sein (Gerücht)"

çarpıntı „Stoß; Schlagen (des Herzens), Pulsieren (des Blutes); starke Erregung" (Redhouse, 702b: „A palpitation") < *çarpmak* „stoßen, schlagen; heftig klopfen (Herz u.ä.)"

çekinti „Unentschlossenheit, Zweifel, Zögern" (Redhouse: ø) < *çekinmek* „sich genieren, zögern"

çevrinti „ständige Achsendrehung; (Wasser-)Strudel" (Redhouse, 741a, s.v. *çevirinti/çevirindi*: „1. Circular motion, rotation, a whirl. 2. Any thing turned and whirled about; as, a dish of stirred food; a whirlwind, etc. 3. Refuse sifted out of winnowed corn") < *çevirmek* „in rotierende Bewegung versetzen"

çıkıntı „Wölbung, Vorsprung [ant. → *girinti*], Buckel, Fortsatz; Vorgebirge; Fußnote; (wertloser) Rückstand, (Über-)Rest"; (Redhouse, 746a, s.v. *çıkıntı/çıkındı*: „1. Any thing that has issued, projected or risen from something; a projection. 2. Opium of inferior quality [in the commerce of Smyrna])[35] < *çıkmak* „herauskommen, hinausragen; sich ablösen (Teil eines Ganzen)"

çırpıntı „Zuckung; heftige Bewegung; Plätschern (der Wellen)" (Redhouse, 716b: „The rubbish cast on shore by the waves") < *çırpınmak* „zappeln, erregt sein; bewegt sein (Meer)"

çilenti „leichter Regen" (Redhouse: ø) < *çilemek* „leicht regnen"

çisenti „leichter Regen" (so TS[36] und Tietze 1; St.: *çisinti*; so auch Redhouse, 721a: „The slightest drizzling rain") < *çisemek/çisimek* „leicht regnen"[37]

---

[34] YKK 1 (= Türk Dil Kurumu [Hg.], *Yabancı Kelimelere Karşılıklar 1*, Ankara 1995): Auch Ersatz für *flâş* „Blitzlicht".

[35] In der Bedeutung „Droge" (*bir içimlik esrar parçası*) auch im ttü. Argot (daneben: „Nase; Zigarette; kleiner Penis"); vgl. Hulki Aktunç, *Türkçenin Büyük Argo Sözlüğü (Tanıklarıyla)*, İstanbul 1998, 78b; Jens Peter Laut, „Zur sexuellen Lexik des Türkeitürkischen", *Studia Etymologica Cracoviensia* 10 (2005), 69-122, hier 103.

[36] TS, 40a: „Toza benzer biçimde ince ince yağan şey".

çisinti → *çisenti*

çizinti „Schramme, Kratzer“ (Redhouse: ø) < *çizmek* „leicht ritzen oder schrammen“

çöküntü „Trümmer; Alterserscheinung; Depression“[38]; „Zusammenbruch, Einsturz (geologisch)“[39] (Redhouse, 739a: „1. Fallen materials. 2. Sediment, deposit“) < *çökmek* „einstürzen, zusammenbrechen; körperlich verfallen; befallen (Depression u.ä.)“

çözüntü „Auseinanderfallen (z. B. einer Partei), Auflösen“ [*çözülme, dağılma durumu*] (Redhouse, 736a: „1. Ravellings. 2. Broken fragments of ice floating on a river“) < *çözmek* „losmachen, lösen“

dağıntı „wahllos Durcheinandergebrachtes“ [*karışık, gelişigüzel atılmış öteberi*] (Redhouse: ø) < *dağınmak* (~ *dağılmak*) „in Unordnung geraten“

dayantı „Haltbarkeit; Ausdauer“ [TS]; „Stütze, Strebe“ [St.] (Redhouse: ø) < *dayanmak* „aushalten; haltbar sein; sich stützen auf“

değinti „Berührung; Beziehung; Bezug“ (Redhouse: ø) < *değ(in)mek* „berühren“

derinti „Sammelsurium, Mischmasch; Plunder; Pack, Bande; Versammlung, Menschenmenge“ (Redhouse: ø) < *dermek* „zusammenraffen, sammeln, anhäufen“

didinti „ständiges Bemühen/Kämpfen“ (Redhouse: ø) < *didinmek* „sich sehr anstrengen; sich in seine Bestandteile auflösen“

dolantı „Ort, an dem spazierengegangen wird“ [TS]; „Intrige“ [St.] (Redhouse: ø) < *dolanmak* „herumgehen, umherschlendern; eingewickelt werden“

döküntü „Übriggebliebenes: Abfall, Splitter, Späne, Schutt; versprengte Soldaten; heruntergekommene Person; Hautausschlag; Eruption“ (Redhouse, 925b: „1. Any fluid or loose material poured or thrown out. 2. A rocky spot in the sea, etc.")[40] < *dökünmek* „verschüttet werden, vergossen werden“

düşüntü „Spekulation“ (YKK 1); „Phantasie“ (Redhouse: ø) < *düşünmek* „sich Gedanken machen, nachgrübeln“

düzenti „Inszenierung, Regie (Theater)“ (nur YSKK) (Redhouse: ø) < *düzmek* „anordnen, arrangieren“

edinti „was erworben oder gewonnen worden ist“ (Redhouse: ø) < *edinmek* „gewinnen, erwerben“

---

37 Redhouse, 720b: *çismek* „to drizzle very slightly“.

38 YSKK: *moral çöküntüsü* „Demoralisierung, Entmutigung“. YSKK gibt andererseits für psychische Depression *bunalım* an, während *çöküntü* „wirtschaftliche Depression, Flaute“ bezeichnen soll. Das deutsche „Graben (geol.)“ soll durch *çöküntü hendeği* ersetzt werden.

39 İzbırak, 76a. Vgl. ebd., 76a-77a, die zahlreichen Komposita mit *çöküntü*.

40 Meninski, Sp. 2183: „Effusivum, effusum quid, et reliquiae. Tropffwein, ausgegossener Wein“.

**eğinti* „Feilspäne" (Redhouse: ø) (~ *eğenti* < *eğe* „Feile")[41]

eğlenti „Vergnügen (mit Musik und Alkohol)"; „angenehmes Beisammensein" (Redhouse: ø) < *eğlenmek* „sich vergnügen"

ekinti „etwas Bestelltes (Land)" (*ekilen şey*); „das Nicht-Halten eines Versprechens"[42] (Redhouse: ø) < *ekmek* „säen, bestellen, anbauen"

eklenti „An-, Beifügung; Suffix"; „(E-mail-)Attachment"[43] (Redhouse: ø) < *eklemek* „zusammensetzen"

elenti „ausgesiebtes Getreide"; „Frieren, Zittern" [St.] (Redhouse: ø) < *elemek-* „aussieben"

esinti „leichte Brise"[44] (~ *esin*) (Redhouse: ø) < *esmek* „wehen, blasen"

ezinti „Hungergefühl; Gefühl der Bedrängnis" (Redhouse, 82a, s.v. *ezindi*, vulg. *ezinti*: „An unpleasant, sinking, fainting sensation about the stomach and heart") < *ezmek* „zerdrücken, niederwerfen"; vgl. auch *ezilmek* „Hunger verspüren"

**gezenti* „Bummler, Herumreisender, jemand, der sich gerne herumtreibt" (Redhouse, 1545a, s.v. *gezindi*, vulg. *gezinti*: „1. A corridor, a place where there is much walking. 2. An idle stroller") < *gezmek* „spazierengehen, bummeln, sich herumtreiben" (?)

gezinti „Spaziergang, Wanderung; Flur, Korridor" (Redhouse: 1545a, s.v. *gezindi*, vulg. *gezinti*: „1. A corridor, a place where there is much walking. 2. An idle stroller") < *gezmek* „spazierengehen, bummeln, einen Ausflug machen"

gezinti tozuntu „Spaziergänge, Ausflüge, Fahrten. Reisen" (St.)

girinti „Einbuchtung, Vertiefung" [ant. → *çıkıntı*] (Redhouse, 1611b, s.v. *girindi*, vulg. *girinti*: „1. a recess, a re-entering angle. 2. an interlineation in a writing.") < *girmek* „hineingehen; hineinpassen". Zu den Bedeutungen in anatol. Dialekten vgl. Tietze 2, 158: „(aileye karışmış) yabancı; el; içgüveyi; boğaz tokluğuna çalışan (kimse)"

giyinti → *kuşantı*

göçüntü „Erdrutsch, Bergsturz" (Redhouse: ø) < *göçmek* „sich senken, einstürzen"

görüntü „Phantasiebild, Täuschung, Erscheinung"; „(optisches) Bild"; „Profil" (YKK 1)[45]; „Spektrum" (İzbırak) (Redhouse: ø) < *görünmek* „sichtbar werden"; „den Eindruck erwecken"

---

41 Vgl. Tietze 1, 695a, s.v. *eğindü/eğinti*. Meninski, Sp. 361: „Feilspän/Sägspän ...".

42 So im Argot; vgl. Aktunç, *Türkçenin Büyük Argo Sözlüğü*, 100b.

43 Für sonst übliches *ek* gebraucht in Margarete I. Ersen-Rasch, *Türkisch. Lehrbuch für Anfänger und Fortgeschrittene*, 2. überarbeitete Auflage, Wiesbaden 2008, 203: *Birbirimize e-mail yazarak eklenti olarak fotoğraflarımızı da göndermiştik.*

44 In der Bedeutung „Nachhall" o. Ä. in einer Internet-Werbung für Günay Karaağaç, *Türkçe Verintiler Sözlüğü*, Ankara 2008: *Yabancı dillerde Türkçenin esintileri.*

45 Bisher: *Yan(dan) görünüş, yanay.*

ıkıntı „das Atemanhalten; Keuchen; verzweifelte Kraftanstrengung" (Redhouse, 300b: „A slight gasping kind of moaning; a deep sighing or sobbing") < *ıkınmak* „den Atem anhalten; sich sehr abmühen"

ışıntı „Leuchten, Glanz" (~ *ışıltı*); „Scheinwerfer" (Redhouse: ø) < *ışımak* „Licht ausstrahlen"

iğrenti „Ekel, Widerwille" (Redhouse: ø) < *iğrenmek* „Abscheu/Ekel empfinden"

ilinti „Verhältnis, Beziehung, Zugehörigkeit" (Redhouse: ø) < *ilinmek* „zusammenhängen mit"

imrenti „Begehren, Wunsch" (~ *imrenme*) (Redhouse: ø) < *imrenmek* „begehren, wünschen"

***irinti** „große Teile, die in einem Sieb übrigbleiben; große Strohteile, die die Tiere ungerne fressen" (Redhouse: ø) < *iri* „groß" (?)

irkinti „Pfütze, Wasserlache" (Redhouse, 294a: „A stagnant mass") < *irkmek* „sich ansammeln; vgl. auch *irkilmek* „eine Lache bilden"

işlenti „Verarbeitungsmethode" [*işleme yöntemi*] (Redhouse: ø) < *işlemek* „verarbeiten"

ivinti „reißende Strömung; Schnelligkeit, Eile, Hetze" (Redhouse: ø) < *ivmek* „sich beeilen"

kaçıntı „Ausfließen, Rinnsal" (Redhouse: ø) < *kaçmak* „entweichen"

kakıntı „jemand, der unbeliebt ist" [*sözü dinlenmeyen, rezil, itilip kakılan kimse*] (Redhouse: ø) < *kakımak* „tadeln, kritisieren"

kalıntı „Rest, Überbleibsel, Spur; Trümmer, Ruinen, Relikt" (Redhouse: ø) < *kalmak* „(übrig) bleiben"

kapantı „Verschluß" (phonet.) (Redhouse: ø) < *kapanmak* „ver-/geschlossen werden"

karıntı „Wirbel, Strudel (im Wasser)" (Redhouse: ø)[46] < *karmak* „in Unruhe versetzen"

kasıntı (I) „(Stoff)-Einschlag" (Redhouse,1417a, s.v. *kasındı*, vulg. *kasıntı*: „1. A stretching, tightness; tension. 2. A tightening any part of a dress by taking it in. 3. The pleat or seam by which a dress is made to fit tight; the part of a dress so taken in") < *kasmak* „kürzer machen (z.B. Ärmel)"

kasıntı (II) „Arroganz, Hochmut; Wichtigtuer, Muskelprotz" (Redhouse: ø) < *kasınmak* „sich aufblasen, sich wichtig tun"

kaşıntı „Jucken, Juckreiz" (Redhouse: ø) < *kaşınmak* „jucken"

katıntı „Mischung"; „Schmarotzer" [St.] (Redhouse: ø) < *katmak* „hinzufügen"

46 Meninski, Sp. 3666: „Turbo, typhon. Windwirbel. Turbine".

kayıntı „kleine, heruntergeschlungene Mahlzeit“ (Redhouse: ø) < *kaymak* „gleiten, rutschen“

kazıntı „Ab-, Herausgekratztes; radierte Stelle (auf Papier); Rasur“ (Redhouse, 1414b, s.v. *kazındı*, vulg. *kazıntı*: „1. Scrapings, any accumulation of matter scraped off. 2. An erasure in a document”) < *kazımak* „wegkratzen, radieren“

kesinti „Unterbrechung, zeitweiliges Aufhören oder Versagen; Kürzung“ (Redhouse, 1550a, s.v. *kesindi*, vulg. *kesinti*: „1. A cutting, clipping; cuttings. 2. A shooting pain, spasm. 3. A ridiculously assuming aping of greatness”)[47] < *kesmek* „schneiden; unterbrechen“

kırıntı „Bruchstück, Splitter, Krümel; Trümmer“ (Redhouse, 1506a: „A fragment, fragments“)[48] < *kırmak* „kaputtmachen, zertrümmern“

kırkıntı „Abfälle, Reste, Splitter“ [~ *kırpıntı*] (Redhouse, 1447a, s.v. *kırkındı*: “A clipping; clippings”)[49] < *kırkmak* (~ *kırpmak*) „zuschneiden, stutzen”

kırpıntı „Abfälle, Reste, Splitter“ [~ *kırkıntı*] (Redhouse, 1445a, s.v. *kırpındı*, vulg. *kırpıntı*: „A clipping; clippings“) < *kırpmak* (~ *kırkmak*) „zuschneiden, stutzen“

kısıntı „Einschränkung“ (Redhouse: ø) < *kısınmak* „sich einschränken“

kıvrantı „Ruhelosigkeit, Unbehagen“ (*kararsızlık*, *sıkıntı*) (Redhouse: ø) < *kıvranmak* „ein sorgenvolles Dasein führen“

kıvrıntı „Windung, Kurve, Krümmung“ (Redhouse: ø) < *kıvırmak* „abbiegen, sich wenden (nach)“

kıyıntı „Unpäßlichkeit, Schwäche; wertloser Abfall (z. B. Späne)“ (Redhouse, 1510b, s.v. *kıyındı*, vulg. *kıyıntı* „1. Anything cut or chopped up fine. 2. People cut down or trodden under foot wholesale; victims; a victim. 3. A grinding sensation in the stomach. 4. A general languor and aching in the limbs“) < *kıyınmak* „körperlich schwach sein“ bzw. < *kıymak* „zerhacken, zerkleinern“

kopuntu „Abgerissenes (Stück Stoff, Knopf etc.)“; „Diaspora“[50] (Redhouse: ø) < *kopmak* „reißen, abbrechen; sich trennen“

koşuntu „Gefolge; Helfershelfer, Komplize (pej.)“ (Redhouse, 1489a, s.v. *koşundu*: „Any person or thing put to or joined in with another; followers, rabble“) < *koşmak* „beigesellen“

---

[47] Meninski, Sp. 3955: „Praesegmen, subseciva, quod decidit ex re secta aut scissa. Schnitzeln“.

[48] Meninski, Sp. 3678: „Fragmentum, a, micae, item accessio, accidentalis proventus, lucellum. Abgebrochen stuck, Brosem, Zufall, absonderliches einkommen”; 3679: „Fragmentum“; 3956: „cavillatio, aut sarcasmus, et jocus in derisionem alicujus. Srichred, Gespött, Schimpff, Schertz“.

[49] Meninski, Sp. 3674: „Tonsura, quod detonsum est, tomentum. Scherwoll”.

[50] In dieser Bedeutung nur in YKK 2.

kovuntu „fortgejagte, entlassene Person“ (Redhouse: ø) < *kovmak* „fortjagen, entlassen“

koyuntu „Schmerz, Gram, Kummer“[51]; „Platz, an den man seinen (Spazier-) Stock stellen kann [TS] (Redhouse: ø) < *koymak* „stellen, setzen, legen“

kuruntu „Illusion, leere Hoffnung; überflüssige Sorge, unbegründeter Argwohn“ (Redhouse: ø) < *kurmak* „sich in Phantasievorstellungen ergehen“

kusuntu „Erbrochenes“ (~ *kusmuk*) (Redhouse, 1489b, s.v. *kusundu*: „Vomited matter“) < *kusmak* „sich erbrechen“

kuşantı „Kleidung(sstücke)“ (nach St. in der Wendung *giyinti kuşantı*)[52] (Redhouse, 1488a, s.v. *kuşandı*: „Dress, clothes, apparel; especially, women's clothes“) < *kuşanmak* „umbinden, umgürten“

***mıymıntı** „schwerfällig, träge; jämmerlich“ (< ?; hierher? Reduplikation? ~ *mızmız*). (Redhouse: ø)[53] → *uyuntu*

okşantı „Streicheln“ (~ *okşama*) (Redhouse: ø) < *okşamak* „streicheln, liebkosen“

okuntu „(schriftliche) Einladung“ (Redhouse: ø) < *okumak* „einladen“

oluntu „Vorfall, Ereignis; Episode“ (Redhouse: ø) < *olmak* „geschehen, stattfinden“

**orantı* „(math.) Proportion, Relation, Verhältnisgleichung, Dreisatz“ (Redhouse: ø) < *oramak* „reiflich überlegen, abwägen“ (?)[54]

oyalantı „was zum Zeitvertreib, zur Ablenkung gemacht wird; Hobby, Freizeitbeschäftigung“ (Redhouse: ø) < *oyalanmak* „sich ablenken, sich die Zeit vertreiben“

oyuntu „Ausschnitt, Aushöhlung“ (Redhouse, 276a: „1. An excavation. 2. The material scooped out“) < *oymak* „aushöhlen“

ödenti „Mitgliedsbeitrag“ (Redhouse: ø) < *ödemek* „bezahlen“

övüntü „Eigenlob, (unberechtigter) Stolz auf sich selbst“ (Redhouse: ø) < *övünmek* „sich selbst rühmen“

özenti „Bestreben, in einem Zustand, den man mag, zu sein; Bestreben, eine Sache, die man mag, nachzuahmen“ [TS]; „Streben nach gesuchter literarischer Ausdrucksweise“; (als Quasi-Adjektiv): „angeb-

---

51 Diese Bedeutung scheint ausschließlich dialektal zu sein.

52 TS, 1269: *kuşantı* = Giyecek, kuşanılacak şey.

53 Vgl. Jens Peter Laut, „Die Uigurismen im Tarama Dergisi (1934)“, in: Jens Peter Laut/Mehmet Ölmez (Hg.), *Bahşı Ögdisi.* Festschrift für Klaus Röhrborn, Freiburg/İstanbul 1998, 163-230, hier 205; Sevan Nişanyan, *Sözlerin Soyağacı. Çağdaş Türkçenin Etimolojik Sözlüğü,* dritte Auflage, İstanbul 2007, 322 (im Folgenden Nişanyan).

54 Nach Nişanyan, 322, < *oran*, mit der Bemerkung: „Ada eklenen *-tı* işlevi meçhuldür“.

lich, nachgemacht, Pseudo-, unecht“[55] (Redhouse: ø) < *özenmek* „nachahmen, imitieren“

özlenti „Sehnsucht“ (~ *özlem, hasret*) (Redhouse: ø) < *özlemek* „sich sehnen nach“

rastlantı „(zufälliges) Zusammentreffen; Zufall“ (Redhouse: ø) < *rastla(n)mak* „zufällig treffen“

saçıntı „Aus-, Umhergestreutes, Abfälle, Feinsplitt“ (Redhouse, 1152b, s.v. *saçındı*: „Any thing thrown and scattered about“) < *saçmak* „verstreuen“

sakıntı „Vorsicht(smaßnahme), Behutsamkeit, Bedächtigkeit“ (Redhouse: ø) < *sakınmak* „sich hüten, vorsichtig sein“

saklantı „Versteck“ [St.]; „das Versteckte“ [TS] (Redhouse, 1159b, s.v. *saklandı*: „A nook, a corner, a hiding-place“) < *saklanmak* „sich verstecken “

salıntı „wiegender Gang“ [~ *salınış*]; „Schaukeln eines Schiffes“ (Redhouse, 1161b, s.v. *salındı*: „A swell at sea“) < *salınmak* „mit wiegendem Gang gehen“

sallantı „Geschaukeltwerden; (Kopf-)Schütteln; Vernachlässigung“ (Redhouse: ø) < *salla(n)mak* „schaukeln; den Kopf schütteln“

saplantı „fixe Idee, Zwangsvorstellung, Fixierung, ein Sichverrennen“ (Redhouse: ø) < *saplanmak* „sich in eine Idee verrennen“

sarkıntı „Auf-, Zudringlichkeit, Avancen, Belästigung; Raub“; „etwas Herunterhängendes“ (Redhouse, 1154b, s.v. *sarkındı*: „Robbery, spoliation; violence, oppression“) < *sarkınmak* „aufdringlich sein, belästigen; herunterhängen“; vgl. → *sulantı*

sarsıntı „Erschütterung, Vibration, Erdbeben; Trauma (psychol.)“ (Redhouse: ø) < *sarsmak* „erschüttern, jemanden sehr mitnehmen“

savruntu „aufgewirbelte und herunterfallende Kleinteile“ [*savrulurken dökülen kırıntı*] (Redhouse: ø) < *savurmak* „aufwirbeln, aufwühlen“

**selinti* „kleinerer, durch Regen hervorgerufener Sturzbach“; „Überreste, die ein Wildwasser hinterläßt“ [*sel sularının bıraktığı çer çöp*]; „Rieselwasser, Regenspülung“ (İzbırak) (Redhouse, 1074b, s.v. *selindi*: „1. A small torrent or ist bed and sweepings. 2. A torrent of rain“) < *sel* „wildströmendes Wasser“

serpinti „Spritzer, Sprühregen; unbedeutende Überreste“ (Redhouse, 1050a, s.v. *serpindi*: „1. Any thing slightly sprinkled or scattered about. 2. A slight rain, sleet, or snow. 3. Random shots that fall at a distance. 4. The unexpected ill effects of a remote cause“) < *serpmek* „bespritzen, besprengen; nieseln“

---

[55] Vgl. den Beispielsatz in TS, 1556b: „Taklit ve özenti devri en çok bizde sürmüştür“.

sığıntı „wer bei einer Familie Unterkunft und Beköstigung findet, ohne Familienmitglied zu sein; unnützer Esser, Schmarotzer" (Redhouse: ø) < *sığınmak* „Schutz suchen, sich eng anschließen an"

sıkıntı „unbehagliches Gefühl; Langeweile; Bedrängnis, Not, Problem; ausgepreßter Obstsaft"[56] (Redhouse, 1202a, s.v. *sıkındı*: „1. Anything expressed as juice, oil, etc. 2. A temporary bodily inconvenience or pressing want. 3. Embarrassment or suffering")[57] < *sıkmak* „Unbehagen/Langeweile verursachen; drücken, auspressen"

sıyrıntı „Essensrest, Küchenabfälle; Hautabschürfung; langer, abgerissener Streifen" (Redhouse, 1199a, s.v. *sırındı, sıyırındı*: „1. Any thing scraped or peeled off, as a skin or pellicle; scrapings. 2. A painfull passage of alvine matter along the intestine, sometimes accompanied with abrasion of the mucous membrane and hemorrhage") < *sıyırmak* „abschürfen, abtrennen, abreißen; leer essen"

sızıntı „durchsickernde Flüssigkeit, Rinnsal; Gerücht, Gerede; Stelle, an der etwas durchsickert, Leck; Infiltration; Enthüllung, Verbreitung[58]" (Redhouse, 1199b, s.v. *sızındı*: „1. Oozings, tricklings. 2. Oozings of secrets, of information") < *sızmak* „durchsickern (Flüssigkeit); bekanntwerden, durchsickern (Geheimnis etc.)"

silinti „Streichung, Tilgung, Beseitigung" (Redhouse, 1074b, s.v. *silindi*: „Wipings, any thing wiped up, off, or away") *silmek* „abwischen, beseitigen"

silkinti „erschrockenes Auffahren; Abwerfen der Blüten; was beim (Aus-, Ab-)Schütteln herunterfällt; Erschütterung" (Redhouse, 1073b, s.v. *silkindi*: „1. A shake. 2. Anything shaken off") < *silkmek* „abschütteln, abwerfen; erschüttern"

soyuntu „(entfernte) Schale (von Obst etc.)" (Redhouse, 1196b: „1. Anything stripped off; as, peel, bark, shell, skin, clothing, etc. 2. Anything taken by spoliation") < *soymak* „abschälen; entkleiden"

söğüntü → *sövüntü*

söküntü „Gerümpel; aufgeplatzte Naht; starkes Strömen; Zusammenrottung" (Redhouse, 1093b, s.v. *sökyündü*: „Old materials from a thing taken to pieces, broken up, or pulled down") < *sökmek* „herausreißen; (Naht) auftrennen; sich Bahn brechen durch"

sövüntü „Fluch, Fluchen, Verwünschen, Verwünschung" (~ *sövgü, sövüş*) (Redhouse: ø) < *sövmek* „verfluchen, verwünschen"

---

56 In YKK 1 auch für „Syndrom".

57 Meninski, Sp. 2635: „Succus qui exprimitur, & c."; 2974: „Succus, qui exprimitur. Safft, Brühe".

58 In letzteren Bedeutungen auch Name einer Zeitschrift der *Nurculuk*-Bewegung.

söylenti	„Gerücht, unverbürgte Nachricht" (Redhouse: ø) < *söylemek* „sagen, behaupten"
sulantı	„Zudringlichkeit, Anmache, Aufdringlichkeit (in sexueller Absicht), Avancen" (Redhouse: ø) < *sulanmak* „in plumper Weise den Hof machen, unverschämt sein"[59]; vgl. → *sarkıntı*
süprüntü	„Müll, Abfall; schlechter Mensch; Weibsstück, Hure[60]" (Redhouse, 1087a, s.v. *süpüründü*: „1. Sweepings. 2. Rubbish. 3. Rabble") < *süpürmek* „kehren, fegen"
sürüntü	„Geröll (in fließenden Gewässern)" (Redhouse: ø) < *sürmek* „vor sich her treiben"
süzüntü	„im Sieb verbliebener Bodensatz; Filtrat; Ablagerung" (Redhouse: ø) < *süzmek* „durchsieben, filtrieren"
**şırfıntı*	„ordinäres Frauenzimmer, Hure" (< ?, hierher?)[61] (Redhouse: ø)
takıntı	„(überflüssiges) Beiwerk; Anhängsel; noch abzulegende Prüfung/zu zahlende Schuld" (Redhouse: ø) < *takmak* „befestigen, anbringen; tragen (Schmuck etc.); Schulden hinterlassen"
tarantı	„ausgekämmte Haare; Abfall beim Harken etc." (Redhouse: ø) < *taramak* „kämmen; harken"
taşıntı	„angeschwemmte(s) Geröll/Erde" (Redhouse: ø) < *taşımak* „befördern, transportieren"
tiksinti	„Ekel, Abscheu" (Redhouse: ø) < *tiksinmek* „sich ekeln vor"
toplantı	„Zusammenkunft, Versammlung, Tagung" (Redhouse: ø) < *toplanmak* „zusammenkommen, sich versammeln"
tozuntu	„aufgewirbelter Staub; etwas Staubfeines; Sprühregen" (Redhouse, 609a: „1. Any thing blown about like dust. 2. A cloud of dust blown about; motes in the air rendered visible by the sun-light in a room. 3. Very fine drizzling rain, as a sprinkle") < *tozmak* „zu Staub/Pulver werden" → auch *gezinti tozuntu*
ufantı	„kleineres Teilchen (eines größeren Ganzen)" (Redhouse, 259a: „Debris; broken fragments") < *ufanmak* „(von selbst) in kleinere Teile zerfallen, zerbröckeln"

59 In TS, 1817, wird als Beleg ein Zitat von Memduh Şevket Esendal gebracht, das aus dem Roman *Ayaşlı ile kiracıları* stammt, der unlängst (August 2009) in der Türkischen Bibliothek in deutscher Übersetzung von Carl Koss unter dem Titel *Die Mieter des Herrn A.* erschienen ist: ... sulantı bana düşer ... „es fällt doch mir (als Mann) zu, (einer Frau) den Hof zu machen" (Memduh Şevket Esendal, *Ayaşlı ile Kiracıları*, 11. Auflage, Ankara 2004 (erste Auflage 1934), 65; in deutscher Übersetzung: Memduh Şevket Esendal, *Die Mieter des Herrn A.*, Zürich 2009, 69. Vgl. auch Aktunç, *Türkçenin Büyük Argo Sözlüğü*, 264.

60 In dieser Bedeutung bei Laut, „Lexik", 110, nachzutragen.

61 In dieser Bedeutung bei Laut, „Lexik", 110, nachzutragen. Nach Nişanyan, 457, im Osmanischen (19. Jh.) belegt; er weist dem Lexem eine eventuelle Herkunft aus dem italienischen *servante* [sic] „Diener(in)" zu.

ulantı „Anfügung, Ansatz, Anhang, Verlängerungsstück; Anschlußstelle" (Redhouse: ø) < *ulamak* „anfügen, ansetzen, anhängen"

usantı „Überdruß" (Redhouse: ø) < *usanmak* „einer Sache überdrüssig werden"

uyuntu „bewegungsunfähig; faul, schwerfällig" (Redhouse, 276a: „1. A follower or a mass of followers. 2. A man half asleep, or, without energy as though half asleep") < *uyumak* „schlafen; träge, nachlässig sein" → *mıymıntı*

uzantı „Verlängerung; Ausläufer; Gliederungen (geol.)" (Redhouse: ø) < *uzanmak* „sich erstrecken, sich ausdehnen"

ürküntü „(plötzliches) Erschrecken, Zusammenfahren" (Redhouse, 246a: „A sudden fright; a panic") < *ürkmek* „sich erschrecken, zusammenfahren"

üşüntü „scharenweises Strömen; Ansammlung"; [als Quasi-Adjektiv:] „sehr viele"[62] (Redhouse, 254b: „A crowd of men or beasts, a mob") < *üşmek* „in Scharen laufen, angelaufen kommen"[63]

***üzenti** „Mangel an innerer Freude" (*manevi hazdan yoksunluk*) (Redhouse: ø) < ?

üzüntü „(innere) Unruhe, Sorge, Kummer" (Redhouse: ø) < *üzmek* „bekümmern, verdrießen"

verinti „Entlehnung, Lehnwort (in eine andere Sprache)"[64] [ant. → *alıntı*]; (Redhouse: ø) < *vermek* „geben"

vuruntu „Klopfen (eines Motors)" (Redhouse: ø) < *vurmak* „schlagen; klopfen, pochen (Herz u.ä.)"

yakıntı (I) „Überbleibsel von Verbranntem" (Redhouse: ø) (< *yakmak* „verbrennen")

yakıntı (II) „Beschwerde" (Redhouse: ø) (< *yakınmak* „sich beschweren")

yapıntı „Fiktion, Annahme, Unterstellung" (Redhouse: ø) < *yapmak* „machen" (?) oder *yapınmak* „etwas zum eigenen Nutzen tun" (?)

yarıntı „(durch Wasser hervorgerufene) Spalte, Furche; Rinne" (Redhouse: ø) < *yarmak* „aufspalten"

yaşantı „Leben(sweise); persönliche (Lebens)erfahrung, Erlebnis; Lebenszeichen; Moment des Lebens, Lebensabschnitt [*yaşanılan bir an, hayatın bir bölümü*]" (Redhouse: ø) < *yaşamak* „leben; erleben, durchmachen"

---

62 Vgl. das Sprichwort *üşüntü köpek mandayı paralar* „viele Hunde zerreißen (sogar) einen Büffel" (vgl. St., 1199).

63 Nach Auskunft von Cuma Kazancı (Göttingen) ist auch ein (im Lexikon nicht belegtes) Derivat von *üşümek* „frieren" denkbar: *üşüntü* „das Frieren, vor Kälte Erschauern".

64 Bisher meines Wissens nur belegt im 2008 erschienenen *Türkçe Verintiler Sözlüğü* von Günay Karaağaç, einem Wörterbuch der aus dem Türkischen – tatsächlich oder angeblich – in alle möglichen Sprachen entlehnten Wörter.

yayıntı „sich ausbreitende/verbreitende Dinge“; „Gerücht“ (Redhouse: ø) <*yaymak* „ausbreiten; ausstreuen (Gerücht)“

yığıntı „Haufen, Ansammlung“ (Redhouse, 2223a, s.v. *yıgındı*: „1. Things piled up in a heap. 2. A heap“) <*yığınmak* „sich ansammeln, sich anhäufen“

yıkıntı „Abbruch, Trümmer(haufen), Reste, Ruinen“ (Redhouse, 2223b, s.v. *yıkındı*, vulg. *yıkıntı*: „Materials or debris from a demolished building“)[65] <*yıkmak* „niedereißen, zu Fall bringen“

yiyinti „Eßbares, Eßwaren, Speisen, Proviant“[66]; „Dinge, die man durch Bestechung erhält“[67] (Redhouse, 2222b, s.v. *yeyindi*: „Anything eatable or eaten“) <*yemek* „essen“

yoluntu „abrasierte, abgeschnittene, ausgerupfte Haare“[68] (Redhouse, 2219b, s.v. *yoluntu/yülündü*[69]: „1. Hair shaved or cut off. 2. Pluckings“) <*yolmak* „(Haare) ausreißen“

yüklenti „Zwangsarbeit, Ausbeutung; Plackerei, Arbeit, zu der man keine Lust hat und die man weiterdelegiert“[70] (Redhouse: ø) <*yüklemek* „beladen, belasten, aufhalsen“

Immer noch sind wir bei Mustafa İnans Analyse des Suffixes *-inti*: Was findet man dazu nun in der einschlägigen Literatur zum Thema „Suffigierung im Türkischen“? In den gängigen – türkischen und nichttürkischen – Lehrbüchern, Wörterbüchern und Grammatiken, derer man sich gerne bedient, stößt man nicht selten auf ein erstaunliches Phänomen: Ein- und demselben Suffix werden oft die gleichen, aber unter Umständen auch ganz verschiedene, wenn nicht gegensätzliche Funktionen zugewiesen. Lehrbuch A kann z. B. einem bestimmten Suffix die Funktion X verleihen, während Grammatik B von einer Funktion Y ausgeht.[71] Wie sieht es nun im Falle unseres *-inti* aus? Werfen wir einen Blick auf eine kleine Auswahl von Werken zum Türkeitürkischen:

---

[65] Vgl. Julius Theodor Zenker, *Türkisch-Arabisch-Persisches Handwörterbuch*, I-II. Reprint, Hildesheim 2009 (erste Auflage Leipzig 1866), 964a: „Bauschutt“.

[66] Warum nicht „Essensreste“? → *sıyrıntı*

[67] Mündliche Auskunft von Cuma Kazancı (Göttingen).

[68] Nur in St.

[69] *yülündü* ist nur in Redhouse belegt, <*yülümek* „rasieren“.

[70] Nur in YSKK, dort Ersetzung für *angarya* (< griech.).

[71] Was die bisherige Forschungsgeschichte zum Thema betrifft, so sind m. W. bislang kaum größere Untersuchungen angestellt worden, die sich mit der Idee einer mehr oder weniger geheimnisvollen Bedeutung der türkeitürkischen Suffixe beschäftigen: Ausnahmen sind der Aufsatz von Marcel Erdal zum Suffix *-iş* (1998) und die Studie von Klaus Röhrborn zu den Neologismen im Türkeitürkischen (siehe Marcel Erdal, „On the Verbal Noun in –(y)Iş“, in: *Doğan Aksan Armağanı*, Ankara 1998, 53-68, und Klaus Röhrborn, *Interlinguale Angleichung der Lexik. Aspekte der Europäisierung der türkeitürkischen Wortschatzes*, Göttingen 2003). – Die Zuschreibung von mehr oder weniger unveränderlichen semantischen Werten von Suffixen erinnert bisweilen ein wenig an Theoreme der hier nicht zu diskutierenden berühmt-berüchtigten Sonnensprachtheorie, für die alle Phoneme in höchstem Maße mo-

Ersen-Rasch (1984):	Vorgang oder das Ergebnis eines Vorgangs (*gezinti* „Spaziergang"; *akıntı* „Strömung"; *üzüntü* „Kummer")[72]
Ersen-Rasch (2001):	Bezeichnung einer oder mehrerer Teilmengen (*yaşantı* „Lebensabschnitt", *beklenti* „Erwartung[shaltung]")[73]
Gencan:	Verkleinerung, Verharmlosung, Unwichtiges (*döküntü* „Splitter, Trümmer", *sızıntı* „Rinnsal"); Unangenehmes (*bulantı* „Brechreiz"; *sıkıntı* „unbehagliches Gefühl", *saplantı* „Irrweg"); Diverses (*akıntı* „Strömung"; *gezinti* „Spaziergang")[74]
Lewis (1978):	Handlung oder Ergebnis einer Handlung (*buruntu* „Kolik")[75]
Lewis (1999):	Häufig unangenehme Konnotation: *boğuntu* „Erstickungsanfall", *çalkantı* „heftiger Stoß, heftiges Erbrechen", *çarpıntı* „Stoß, Schlag", *tiksinti* „Ekel, Abscheu"[76]
Scharlipp:	„Nichtvollständigkeit, Mangel, Bruchstückhaftigkeit" (*kuruntu* „Illusion, Wahn")[77]
Kissling:	Abstrakta (*gezinti* „Spaziergang"); passivisches Ergebnis (*kazıntı* „Zusammengekratztes"); aktives Ergebnis (*çıkıntı* „was hervorragt, Ausbuchtung")[78]
Deny:	Aspekte von Unruhe, Bewegung (*çalkantı* „heftiger Stoß/ Seegang"); Anhäufung (*birikinti* „Aufschüttung"), Unwohlsein (psychisch und physisch) (*kıyıntı* „Unpäßlichkeit,

tiviert gelten. Die Sonnensprachtheorie (1936-1938) hat ihren gebührenden Platz in der türkischen Geistesgeschichte, ist aber als linguistische Theorie zu Recht vergessen (vgl. Jens Peter Laut, *Das Türkische als Ursprache? Sprachwissenschaftliche Theorien in der Zeit des erwachenden türkischen Nationalismus*, Wiesbaden 2000). „Zu Recht vergessen" heißt jedoch nicht, dass es nicht Nachwirkungen gäbe: Vor allem in der Türkei, aber auch hierzulande. So ist im Jahre 1996 eine Bielefelder Dissertation veröffentlicht worden, die, wie es Klaus Röhrborn formuliert hat, „aus dem Labor des Dr. Kvergić" zu stammen scheint: Hermann Feodor Kvergić war einer der Wegbereiter der Sonnensprachtheorie (vgl. Laut, *Das Türkische als Ursprache?*). Ich hatte zunächst auch geplant, diese Doktorarbeit von Nebahat Kürzel-Themann (*Der Operatorcharakter der Suffixkonsonanten im Türkischen. Untersuchungssprachen: Türkisch – Deutsch*, Lage 1996) mit einzubeziehen, bin jedoch an ihrem Anspruch gescheitert, dass es mit ihrem System möglich sei „den gesamten Bereich der Wortbildung der türkischen Sprache pragmatisch und systematisch zu verstehen und zu erlernen" (Umschlagtext).

72 Margarete I. Ersen-Rasch, *Türkisch für Sie. Grammatik*, dritte Auflage, München 1984, 241, 309 ff.

73 Margarete I. Ersen-Rasch, *Türkische Grammatik für Anfänger und Fortgeschrittene*, Ismaning 2001, 267 ff.

74 Tahir Nejat Gencan, *Dilbilgisi*, vierte Auflage, Ankara 1979, 213 ff.

75 Geoffrey L. Lewis, *Turkish Grammar*, Oxford 1978, 167 ff., 220 ff.

76 Geoffrey L. Lewis, *The Turkish Language Reform. A Catastrophic Success*, Oxford 1999, 98-99, 123.

77 Scharlipp, *Untersuchungen*, 102 ff.

78 Hans Joachim Kissling, *Osmanisch-türkische Grammatik*, Wiesbaden 1960, 230 ff.

	Schwäche"), Überbleibsel aller Art (*kırıntı* „Bruchstück, Splitter, Krümel; Trümmer")[79]
Tietze:	Nomen actionis (*akıntı* „Strömung", *çalkantı* „Seegang, Wellenbewegung"); nomen resultativum (*eğinti* „Feilspäne" < *eğe* „Feile")
Wendt:	Dient zur Bildung von Substantiven von passiven oder reflexiven Verbstämmen (*söylenti* „Gerücht")[80]

Eine Betrachtung meiner oben gegebenen Wortliste macht rasch deutlich, dass die Definitionen von Jean Deny und Tahir Nejat Gencan die prägnantesten sind, auch wenn sie bei weitem nicht alle Nuancierungen der *-inti*-Bildungen beschreiben. Woran könnte das liegen? Denys berühmte Grammatik ist 1921 veröffentlicht worden, und wenn, hat er nur die allerersten Vorzeichen sprachreformerischer Aktivitäten erleben können. Alle anderen Autoren, und so auch Gencan, sind jedoch Zeugen bzw. Erben dieser umwälzenden Ereignisse in der türkischen Sprachgeschichte, die – cum grano salis – 1928 einsetzen und bis heute fortdauern.[81] Umso unverständlicher ist es, dass so gut wie alle – ausgenommen Wolfgang-Ekkehard Scharlipp – die Umwälzungen der Sprachreform nicht in ihre Untersuchungen einzubeziehen scheinen. Es ist hier nicht der Platz für eine Darstellung der mehr oder weniger geordneten bzw. chaotischen Bildung von Neologismen seit den 30er Jahren[82], aber ein Blick auf die obige Wortliste zeigt deutlich, dass ein ganz erheblicher Bestandteil der *-inti*-Lexeme erst im Verlauf der Sprachreform entstanden sein kann: Dies gilt insbesondere für diejenigen Lexeme, die im *Redhouse* von 1890 nicht enthalten sind bzw. erst in jüngster Zeit in die Ersetzungslisten der *Türk Dil Kurumu* aufgenommen worden sind (vgl. oben YKK, YSKK). Ein Blick auf die fast 160 Lexeme auf -inti zeigt in aller Deutlichkeit, wie vorsichtig man bei der Analyse von „modernen Derivaten" sein muss: Zwar kann man konstatieren, dass ca. 2/3 dieses Wortmaterials die z. B. von Jean Deny genannten Wortfelder umfasst („Unruhe, Bewegung, Anhäufung, Unwohlsein [psychisch und physisch], Überbleibsel aller Art"), doch bleibt ein nicht

---

79 Jean Deny, *Grammaire de la langue turque (dialecte osmanli)*, Paris 1921, 550 ff.; siehe auch Nachträge zu *-inti*, 1123 ff.

80 Heinz F. Wendt, *Langenscheidts Taschenwörterbuch der türkischen und deutschen Sprache. Türkisch-Deutsch*, dritte Auflage, Berlin u. a. 1997, 565-571 („Wortbildungssuffixe"). Dieses Kapitel ist größtenteils identisch mit Heinz F. Wendt, *Langenscheidts Praktisches Lehrbuch Türkisch*, vierte Auflage, Berlin u. a. 1977, 362-367.

81 Vgl. Laut, *Das Türkische als Ursprache?* sowie Jens Peter Laut, „Europäismen ade? Zur aktuellen ‚Türkisierung' westlicher Lehnwörter im Türkeitürkischen", *Materialia Turcica* 23 (2002), 93-109 (publiziert im Internet unter http://freidok.ub.uni-freiburg.de/volltexte/1831) und Jens Peter Laut, „Chronologie wichtiger Ereignisse im Verlauf der türkischen Sprachreform. Von den Anfängen bis 1983", *Materialia Turcica* 24 (2003), 69-102 (publiziert im Internet unter http://freidok.ub.uni-freiburg.de/volltexte/1833) und die dort zitierte Literatur.

82 Vgl. vor allem Klaus Röhrborn, *Interlinguale Angleichung*, und Lewis, *Turkish Language Reform*, 98 f., 123.

unbedeutender Rest, bei dem jegliche systematische Zuweisung versagt. Man vergleiche etwa *ödenti* „Mitgliedsbeitrag" und *salıntı* „wiegender Gang". Nicht selten entsteht der Eindruck, als sei ein Suffix, in diesem Fall *-inti*, dann gewählt worden, wenn eine andere Bildung bereits „besetzt" war, im Fall von *ödenti* z.B. *ödeme* „Bezahlung, Schadenersatz, Tilgung". Wenn das tatsächlich der Fall sein sollte, stellt sich natürlich mehr und mehr die Frage, ob man zumindest bei vielen Neologismen noch von „durchsichtigen" Wörtern sprechen kann. Oder, um es mit den Worten von Klaus Röhrborn zu sagen: „Nichts ist so schlüpfrig wie die Wortbildungs-Bedeutung von [türkischen] Neologismen".[83]

Doch was bleibt nun zu *yaşantı* zu sagen, also zu demjenigen Wort, das Mustafa İnan so überzeugt als „falsch" bezeichnet hat? Zwei berufene Autoren äußern sich konkret, aber widersprüchlich zu diesem Lexem; beginnen wir mit Geoffrey Lewis, der die Sprachreform unschlagbar als *catastrophic success* bezeichnet hat: „*Yaşantı* was intended to mean ‚way of life', a sense already conveyed unambiguously by *yaşayış*, or ‚experience of life, what one lives through'. It is far from being universally popular, because a number of words in *-nti* express unpleasant ideas … Those who do not like *yaşantı* say that to them it conveys not 'experience of life' but 'hayat bozması' (an apology for a life)".[84] Der türkische Sprachwissenschaftler Doğan Aksan hingegen sagt folgendes zu Ursprung und Bedeutung von *yaşantı*: „**Yaşantı** sözcüğünü ilk kez, asistanlığı sırasında İstanbul Edebiyat Fakültesi'nde bir Alman profesörünün derslerini çeviren Macit Gökberk, Almanca **Erlebnis**'i karşılamak üzere kullanmıştır" [Das Wort *yaşantı* hat erstmals Macit Gökberk verwendet, als er während seiner Zeit als Assistent an der Istanbuler Fakultät für Literatur die Vorlesungen eines deutschen Professors übersetzte und zwar als Äquivalent für das deutsche Wort *Erlebnis*].[85] Wenn diese Angabe zutrifft, hat also der späterhin berühmte türkische Philosoph Macit Gökberk (1908-1993) im Jahr 1932 das Wort *yaşantı* geprägt, als er Vorlesungsmanuskripte des deutschen Physikers und Philosophen Prof. Hans Reichenbach (1891-1953) ins Türkische übersetzte.[86] Mustafa İnan thematisiert das Wort im Gespräch mit Erdal İnönü Anfang der 60er Jahre (siehe oben)[87], doch im (lexikali-

[83] Röhrborn, *Interlinguale Angleichung*, 11.

[84] Lewis, *Turkish Language Reform*, 123.

[85] Doğan Aksan, *Türkçenin Bağımsızlık Savaşımı (Son 75 Yılda Türkiye Türkçesi)*, Ankara 2007, 121.

[86] Diese Tätigkeit Gökbergs ist bekannt; vgl. z. B. Niyazi Berkes, *Unutulan Yıllar*, İstanbul 1997, 105: „Felsefe bölümünün asıl yıldızı Hans Reichenbach'tı. Macit Gökberg ile Nusret Hızır derslerini başarı ile çeviriyorlardı [Der eigentliche Star des Fachbereichs Philosophie war Hans Reichenbach. Macit Gökberk und Nusret Hızır übersetzten erfolgreich seine Vorlesungen]"; vgl. auch den Eintrag „Macit Gökberk" bei Vikipedi (http://tr.wikipedia.org/wiki).

[87] „Unmittelbar nach dem 27. Mai 1960 gründete Sami Küçük vom Komitee der Nationalen Einheit einen Ausschuss als Vorstufe zur Gründung einer wissenschaftlichen Forschungsvereinigung. Erdal İnönü, Cahit Arf, Hikmet Binark, Bahattin Baysal und Atıf Şengün begannen sofort mit den Arbeiten. Hikmet Binark berichtet: ‚Gleich nach den Wahlen von

sierten) Standard-Türkischen ist unser Lexem erst im Jahr 1966 belegt, nämlich in der vierten Auflage des *Türkçe Sözlük*, mit der Bedeutungsangabe *yaşama tarzı veya belirtisi* „Lebensweise oder Lebenszeichen". In der aktuellsten, zehnten Auflage des *Türkçe Sözlük* (2005, 2143) wird *yaşantı* als „Lebenserfahrung; Moment/Teil des Lebens; Lebensweise; Leben (allgemein, als Ganzes [Beispiel: Dorfleben])"[88] definiert, und es ist nicht ohne weiteres deutlich, in welcher Art von Konkurrenz *yaşantı* mit *hayat, ömür, yaşam, yaşama* oder *yaşayış* steht.[89] Hinzu kommt, dass es auch in der Bedeutung „Erlebnis", die ihm ja angeblich von Macit Gökberk verliehen worden ist, weiterlebt[90]: Im *Almanca-Türkçe Sözlük* der *Türk Dil Kurumu* von 1993 wird *yaşantı* anscheinend ausschließlich diese Bedeutung beigelegt, während „Leben" und dessen Derivate („Lebensart, Lebenserwartung, Lebenszeichen" etc.) den ebengenannten Konkurrenten von *yaşantı* zugewiesen werden. Auch in den Online-Wörterbüchern[91], die auf der Homepage der *Türk Dil Kurumu* einzusehen sind, wird *yaşantı* als Äquivalent zu „Erlebnis", „experience" etc. angegeben.[92] Nun geben Wörterbücher nicht in jedem Fall den real existierenden Sprachgebrauch wieder, und die Mehrzahl der von mir befragten Muttersprachler verwendet *yaşantı* am liebsten in der Bedeutung „Lebensab-

---

1961 wurde das Gesetz der Wissenschaftlich-Technischen Forschungsgemeinschaft der Türkei (TÜBİTAK) veröffentlicht. Und ich wurde als Vertreter der Universität Mitglied des Wissenschaftsrats. Als weitere Repräsentanten der Universitäten fungierten Cahit Arf, Erdal İnönü, Atıf Şengün und Macit Çağatay. Später nahmen wir auch Mustafa İnan in den Rat auf. Und bis zu seinem Tod blieb Mustafa Bey Mitglied des Wissenschaftsrats'" (Atay, *Bir Bilim Adamının Romanı*, 228/dt. 277-278).

88 1. Yaşanılanlardan, görülenlerden, duyulanlardan, edinilenlerden sonra kişide kalan şey, hayat tecrübesi. 2. Yaşanılan bir an, hayatın bir bölümü. 3. Hayat tarzı, içinde yaşanılan şartların tümü, hayat: *Köy yaşantısı*.

89 Nach Auskunft von Cuma Kazancı (Göttingen) ist folgende Verteilung der semantischen Ebenen denkbar: *hayat* „Leben, das man aktiv lebt, Leben allgemein" (*Hayat zaten zor* ...) mit der türkischen Entsprechung *yaşam*. *Ömür* „Lebensdauer, bisher gelebtes Leben" (*Ömrümde böyle bir şey görmedim*), *yaşayış* „Art und Weise des Lebens, Lebensart", *yaşama* „das aktive Leben" (*Roman, Rio'da insan olarak yaşamanın ne kadar zor olduğunu da anlatıyor*). Vgl. auch Röhrborn, *Interlinguale Angleichung*, 245, der darauf hinweist, dass *yaşam*, ursprünglich als Substitut für *hayat* konzipiert, sich eher zum Konkurrenten entwickelt hat.

90 Die Wörterbücher differenzieren das deutsche „Erlebnis" nicht, und nach muttersprachlicher Auskunft wäre *yaşantı* ein Erlebnis, das sich auf einen längeren Zeitrahmen bezieht und bei dem der Werdegang des Erlebnisses eingeschlossen ist. Das kurzfristige Erlebnis hingegen ist mit ttü. *olay* besetzt.

91 http://tdkterim.gov.tr. Hier werden die Einträge zu *yaşantı* aus Wörterbüchern zur Pädagogik (*eğitim*), Philosophie (*felsefe*) und Psychologie (*ruhbilim*) geboten. Der Eintrag vom *Felsefe Terimleri Sözlüğü* (Bedia Akarsu, *Felsefe Terimleri Sözlüğü*, Ankara 1975) sei hier zitiert: „*yaşantı* : İng. *experience*. 1. Kişiliği zenginleştirdiği kabul edilen, bir anlamı olan bütün yaşanmış deneyler. 2. Kendileri aracılığıyle ben'in bir şeyin bilincine vardığı bütün ruhsal olaylar. 3. Bir kezlik olan, bir daha yinelenemeyen ruh olayları. Felsefede: 1. (Geniş anlamında) a. Doğrudan doğruya olan bilinç içeriği, b. Bilinç olayı, bilinç edimi (Husserl'in yönelmişlik yaşantısı – ‚intentionales Erlebnis'), c. Bir şeye yönelmiş duygu. 2. Soyut düşünce ve kurama karşı, ben'in dünya ile doğrudan doğruya karşılaşması; gerçeklikle dolaysız bağlantı kurması."

92 Im Online-Wörterbuch *myDictionary*: www.mydictionary.de (18.11.2010) findet sich zudem der Eintrag *hayatını değiştiren yaşantı* „Schlüsselerlebnis".

schnitt, Teil des Lebens, Lebensphase (mit den dazugehörigen Erlebnissen)".[93] Mit dieser Verwendung passt unser Lexem gut in die semantische Ebene „Teil eines Ganzen, Rest" etc., die ja einer Vielzahl von *-inti*-Bildungen zueigen ist. Auch unter diesem Aspekt kann Mustafa İnans Ansicht weder verifiziert noch falsifiziert werden: Nicht nur lässt uns der – nicht zuletzt durch die recht willkürliche Verteilung von Suffixen innerhalb der Sprachreform entstandene – „semantische Wirrwarr" von *-inti* im Stich[94]: Ob ein „Lebensabschnitt" als negativ oder positiv empfunden wird, ist und bleibt eine subjektive Wahrnehmung, die auf persönlicher Lebenserfahrung beruht. Ich hoffe jedenfalls, dass Erika unseren gemeinsamen Lebensabschnitt (*yaşantı*) mit der „Türkischen Bibliothek" als positiv empfindet und wünsche ihr und ihrem Mann für alle ihre weiteren *yaşantılar* von Herzen alles Gute!

93 Unser Lexem kann auch in ironischer Absicht verwendet werden, z. B. beim Anblick von munteren *Sohbet*-Runden, von denen Erika aus ihrer Istanbuler Zeit gerne erzählt: *yaşantınız güzel* „Ihr laßt's Euch ja gutgehen ...".

94 Vgl. auch Scharlipp, *Untersuchungen*, 124-125: „[*yaşantı*] ist einer der umstrittensten Neologismen; des Suffixes wegen, das Unvollständigkeit impliziert, schlägt Vâla Nûrettin die Bed[eutung] ‚Überleben' vor ...".

Geschichte und Literatur

Babur als Literaturkritiker

Claus Schönig, Berlin

Einleitung

Zu den vielen Interessen des Verfassers des Babur-name, Zahiruddin Muhammad Babur,[1] gehört auch das an Literatur, besonders an zeitgenössischer Literatur. Wie üblich nimmt er auch hier kein Blatt vor den Mund und äußert sich in oft unverblümter Weise. Zwar ist er in den meisten Fällen um Objektivität und ein begründetes Urteils bemüht, jedoch ist dies in Fällen, in denen seines Erachtens seitens der Kritisierten gewisse Grundregeln verletzt wurden, nicht wirklich sichergestellt; dies gilt besonders im Fall seines (im wahrsten Wortsinn) Todfeindes, des Usbekenführers Muhammad Šaybani. Der vorliegende Artikel versucht, die wichtigsten literaturkritischen (und literaturhistorischen) Bemerkungen Baburs zusammenzufassen. Die Frage nach seinem eigenen Schaffen, nach der in Baburs Umgebung gelesenen Literatur oder welche Literatur er zu den verschiedensten Anlässen in seinen Memoiren außerhalb seiner literaturkritischen Bemerkungen zitiert, müssen hier unbehandelt bleiben.

Das Material

Das Material, das wir betrachten wollen, ist sehr heterogen. Es umfasst Dichterbiographien in der Passage über Sultan Husayn Mirza von Herat (1469-1506), Bemerkungen über dichterische Betätigung verschiedener Länge in anderen Biographien, Erwähnungen von Literaten in Milieubeschreibungen sowie Bezugnahme auf Literatur durch Zitate in verschiedenen Textsorten (historische Erzählung, Milieubeschreibung, Personenbeschreibung, Biographie, eingestreute Episode). Das Material

1 Da die Eigenheiten der arabischen Schrift im Rahmen dieses Aufsatzes meist keine Rolle spielen, wird in vielen Fällen (auch bei Zitaten in Tschagataisch) eine vereinfachte Transkription, die turkologischen Bedürfnissen genügt, gewählt. Nur dort, wo entsprechende Genauigkeit gefordert ist, wird genau transkribiert. Dies gilt auch etwa für Bezeichnungen arabisch-persischer Dichtformen. Für den des Tschagataischen nicht mächtigen Leser werden Hinweise auf die deutsche Übersetzung von Stammler gegeben (Zahiruddin Muhammad Babur, *Die Erinnerungen des ersten Großmoguls von Indien. Das Babur-nama*, ins Deutsche übertragen mit einem Vorwort von Wolfgang Stammler, Zürich 1988), die viele ihrer Mängel der ihr als Vorlage dienenden oft mangelhaften Übersetzung von Jean-Louis Bacqué-Grammont (*Le livre de Babur,* Paris 1980) verdankt; die betreffenden Stellen in der (ebenfalls mitunter zweifelhafte Übersetzungen und Transkriptionen aufweisenden) Edition von Wheeler M. Thackston (*Zahiruddin Muhammad Babur Mirza*, *Baburnama,* Parts I-III, Turkish Transkription, Persian Edition and English Translation, Harvard 1993) sind über die auf den Haidarabad-Kodex bezogenen Seitenangaben leicht zu finden, falls nicht ohnehin angegeben.

reicht von ausführlichen Bemerkungen zum Werk einzelner Autoren sowohl auf der formalen (im Zusammenhang mit einer Selbstrezension)[2] als auch auf inhaltlicher Ebene (angereichert mit biographischen Informationen und illustrierenden Episoden) hin zur lapidaren Erwähnung meist dichterischer Aktivität bzw. Gegenwart oder Abstammung eines Dichters. Manche der Darstellungen werden mit Zitaten der gerade besprochenen Person illustriert. Als Verfasser verschiedener Arten von Literatur erscheinen: islamische Rechtsgelehrte, Šayxulislam, Mullas, sonstige Würdenträger, (anonyme) Astronomen, professionelle Dichter und gebildete Hobby-Dichter wie Emire, Prinzen, Sultane und Chane sowie Babur selbst.[3]

Das Bild, das uns Babur von Literatur vermittelt, gibt auch einen Einblick in die damaligen gesellschaftliche(n) Rolle(n) von Literatur. Hierher gehört, dass das Dichten (auf Persisch und Tschagataisch), zumindest wenn man aus den „zivilisierten" Gegenden von Mawarannahr und Chorassan (beide timuridisch) kam, eine durchaus verbreitete „Kulturübung" war. Die Tatsache, dass sie dichteten, wird bei Sultanen, Prinzen und Emiren, im selben Kontext behandelt wie ihre kriegerischen Leistungen, bei Geistlichen, Wissenschaftlern und anderen im selben Kontext wie die Erfüllung ihrer jeweiligen beruflichen Aufgaben. Dies ist natürlich zunächst nur Baburs Sichtweise – doch genau dies stützt ja die Relevanz seiner Bemerkungen: er erweist sich auch auf vielen anderen Gebieten als wacher und in vielen Fällen um Objektivität bemühter Beobachter und kritischer Geist und (schließlich als *pâdišâh*) hat aufgrund seiner Biographie die von ihm vertretenen literaturkritischen Position durch eigene Initiative oder Einfluss auf seine Umgebung befördert – wie auch dieser Aufsatz zeigt (neben vielen anderen Werken über tschagataische Literatur, die sich natürlich auch und mitunter vor allem der im Babur-name enthaltenen Informationen bedienen).

Was erfahren wir nun über den Umgang mit Literatur zu Baburs Zeiten? Babur und seine Entourage waren zweisprachig (persisch-tschagataisch), und so dichtete und rezitierte (sang) man auch auf beiden Sprachen, was anlässlich eines weinseligen Ausflugs eindrucksvoll dokumentiert wird (249b/dt. 638[4]). Offenbar war unter den Dichtungsbegeisterten zu Baburs Zeiten das Verfassen von Chronogrammen eine Mode, d. h. von Schriftzügen, bei denen der aufaddierte Zahlenwert der arabischen Buchstaben das Datum eines Ereignisses angibt. Zum Tod

---

2 Im Zusammenhang mit der Erwähnung eines eigenen Gedichts, das er in seiner Jugend verfasste, als er noch über nur geringe Kenntnis der Dichtregeln verfügte, erfahren wir, dass „aus Gründen der Zweckmäßigkeit die türkischen Worte [besser: Buchstaben] ‚ta' und ‚da' ebenso wie ‚ghayn', ‚qaf' und ‚kaf' miteinander austauschbar sind." (280; 907). In Anm. 188 weist Stammler darauf hin, dass es sich bei den Bezeichnungen um arabische Buchstaben handelt.

3 Zu Baburs literarischem Schaffen siehe etwa János Eckmann, „Die tschaghataische Literatur", *Philologiae Turcicae Fundamenta* II, 304-402, hier 370 ff., oder Ija Vasil'evna Stebleva, *Semantika gazeli Babura,* Moskva 1982.

4 Alle deutschen Übersetzungen sind aus Stammler, *Das Babur-nama.*

Ulugh Begs und seines vatermörderischen Sohnes Abdullatif Mirza werden drei auf die historischen Ereignisse bezugnehmende persische Gedichte ohne Autorenangabe zitiert;[5] das dritte dieser Gedichte enthält in der letzten Zeile das Chronogramm von Abdullatif Mirzas Tod (und hier spielt die genaue arabische Transkription wirklich eine Rolle) *Bâbâ Ḥusayn kušt* ‚Baba Husayn erschlug ihn' (50b/dt. 182) = Jahr 853 der Hidschra.[6] Weiterhin fand Šayx Zayn nach dem Sieg über den Rajputenführer Rana Sangha (Rana Sangram Singh) das Chronogramm *fatḥ-i pâdišâh-i islâm* (‚Sieg des Herrschers des Islam' (325a/dt. 787 f.), ebenso und unabhängig von ihm auch Mir Gesu; dieser Zufall wiederholt sich beim Chronogramm anlässlich der Eroberung von Dipalpur, wo beide die Worte *vasaṭ-i šahr-i rabî^cu'l-avval* (‚Mitte des Monats Rabiʾulavval') fanden. Auch die Geburt von Baburs Sohn Humayun wird mit Chronogrammen gewürdigt. So fand der Dichter Mavlana Sayyidi das Chronogramm *Sulṭân Humayûn Xân*, eine anderer, weniger bekannter und namentlich nicht genannter Dichter fand *Šâh-i fîrûzqadr* (‚durch Gewalt siegreicher König') (215b/dt. 537).

Auch an satirischer Umdichtung überlieferter Literatur erfreute man sich. Anlässlich der Beschreibung des Vergnügungsviertels Gulkana (dt.: Gülgine) von Samarkand zitiert Babur eine auf dieses Viertel in Persisch verfasste Parodie eines Hafiz-Verses: „Oh, glückliche Zeiten, wo sorglos / wir weilten in Gülgine / Manch einen Tag im Kreise ruchlosen Gesindels" (128b/dt. 346, 910).[7] Wie er eingesteht, hat er auch selbst scherzhaft-satirische Verse verfasst, bis ihm beim Abfassen des *Mubîn*[8] der Gedanke kam, dass es dumm sei, eine Sprache, die über so viele schöne Worte verfügt, für „hässliche" Sätze zu gebrauchen. Als Babur dann einmal seine Vorsätze vergisst und wieder ein Scherzgedicht verfasst, wird er prompt krank, gelobt endgültige Besserung und fasst seine Reue in Gedichtform (253a/dt. 647 f.).

Babur als Berichter dürrer Fakten

Mit etlichen seiner Angaben erweist sich Babur eher als Literaturhistoriker denn als Literaturkritiker. Im Folgenden wird kurz ein Überblick über diese irgendwie

---

5 Überhaupt liebt Babur das Kommentieren von Situation mit Hilfe von Gedichten, etwa auch der Schwierigkeiten, die ihm der Verzicht auf Wein bereitet, siehe: *may tarkini qïlġalï parîšān dur men / bilmān qïlur išimni u ḥayrān dur men / el barča pašîmān bolur u tawba qïlur / men tawba qïlïp men u pašîmān dur men.* ‚Seit ich dem Wein entsagte, bin ich verwirrt / ich weiß nicht, was ich tue, und ich bin durcheinander / alle Leute bereuen und bekehren sich / ich habe mich bekehrt und bereue.' (360b).

6 Siehe auch Stammler, *Das Babur-nama*, 926, Anm. 147.

7 Thackston, *Baburnama* II, 265, gibt *ay xwaš ān vaqt ki bepāusar ayyāmî čand / sākin-i Gulkana būdīm ba badnāmî čand* und übersetzt (264): „How happy that time when, unbridled and unconstraint, we spent a few days in Gulkana with persons of ill repute."

8 Eine Abhandlung Baburs in Mesnevi-Form über das islamisches Gesetz nach hanefitischer Deutung, siehe Eckmann, „Die tschaghataische Literatur", 372; Eckmann gibt *Mubayyin* bzw. *Mubayyan* (letzteres nach Köprülü), Stammler, *Das Babur-nama*, (960, Anm. 391) hat „*Mubîn* oder *Mubayyan*", Thackston, *Baburnama* III, 541, hat *Mubîn*.

literaturhistorisch interessanten aber eher knappen Bemerkungen aus Milieubeschreibungen und Emirsbiographien zum Thema Literatur gegeben.

So erwähnt er in der großen Milieubeschreibung von Ferghana bei der Teilbeschreibung von Marghinan, dass der Autor der *Hidâya* aus dem zu Marghinan gehörigen Dorf Rišdan kommt (3b/dt. 87);[9] sein Werk über islamisches Recht stehe bei den Angehörigen der hanefitischen Rechtsschule in hohem Ansehen, was in der Beschreibung Samarkands im Zusammenhang mit der Erwähnung anderer islamischer Gelehrter erwähnt wird (45a/dt. 172). Ebenfalls in der Ferghana-Passage wird der Dichter *Asîruddîn Axsîkatî* erwähnt, der aus Axsi kommt, das früher Axsikat geheißen habe (4b/dt. 89).

In der Samarkand-Beschreibung wird *Šayx Abû Manṣûr*[10] erwähnt. Er stammte ursprünglich aus dem Samarkander Viertel *Mâturîd*, deswegen heißt die von ihm begründete Schule *Mâturîdiyya*, im Gegensatz zur *Ašʿariyya* (45a/dt. 172).[11] Hier erscheint auch *Xvâǰa Ismâʾîl*, der Verfasser des *Saḥîḥ-i Buxârî*, der aus Transoxanien stammte (45a/dt. 172).[12]

Von einem gewissen *Darvîš Beg* erfahren wir aus den Emirsbiographien in der Personenbeschreibung Sultan Ahmad Mirzas, dass er sich auf Musik verstand, mehrere Instrumente spielte und Neigungen zur Poesie hatte (21a-b/dt. 123). Von einem Emir Sultan Husayn Mirzas, *Mîrzâ Aḥmad ʿAlî Fârsî Barlas*, weiß Babur zu berichten, dass er ein talentierter Mann und in der Dichtkunst bewandert war, aber selbst nicht dichtete (172a/dt. 440) Ein anderer Emir Sultan Husayn Mirzas, *Ḥasan ʿAlî J̌alayir*, dichtete meisterliche Kasiden unter dem Namen *Tufaylî*. Er stieß zu Babur, als dieser Samarkand eroberte, und widmete ihm in den fünf, sechs Jahren seines Dienstes manch schöne Kaside. Als Mensch war er allerdings skrupellos, verschwendungssüchtig, ein Liebhaber schöner Knaben, der Würfel und der Brettspiele (174b-175a/dt. 445 f.). Ein Dichter Sultan Husayn Mirzas, *ʿAbdullâh Masnavîgûy*, der unter dem Namen *Hâtifî* schrieb, stammte aus Jam, war ein Schwestersohn J̌amis und dichtete (wie sein Beiname ausdrückt) Mesnevis. In Anlehnung an das *Haft Paykar* des *Nîẓâmî* schrieb er ein *Haft Manẓar*, sein *Temür-nâme* lehnt sich an das Alexanderbuch *Nîẓâmî*s an. Sein angeblich bekanntestes Mesnevi, *Laylâ-u Maǰnûn*, sei jedoch überschätzt (180b/dt. 458).[13] Ein weiterer Dichter Sultan Husayn Mirzas, *Mîr Ḥusayn Muʿamâʾî*, hat (wie sein Beiname sagt) sein ganzes Leben der Kunst des Rätselstellens gewidmet, die er einzigartig beherrschte. Babur bescheinigt ihm ein bescheidenes, anspruchsloses Wesen ohne jede Spur von Bosheit (180b/dt. 458) Ein weiterer Dichter Sultan Husayn Mirzas, *Mullâ Muḥammad Badaxšî*, stammte aus Iškemiš, das gar nicht in Badaxšan liegt. Er trat noch in Samarkand in Baburs Dienste und war im Umgang angenehm. Seine Werke sollen nicht

---

9 So wird er auch als *al-Marghînânî* in *EI²* VI (557 f.) verzeichnet.

10 Siehe *EI²* VI (846 ff.) unter *al-Mâturîdî*.

11 Siehe dazu etwa *EI²* I (694 f.).

12 Siehe etwa *EI²* I (1296 f.).

13 Siehe Jan Rypka, *Iranische Literaturgeschichte*, Leipzig 1959, 276.

die Qualität der Werke anderer Dichter Sultan Husayn Mirzas erreicht haben. Er schrieb eine Abhandlung über Rätsel, aber seine eigenen Rätsel waren nicht sehr gelungen. (181a/dt. 458) Ein weiterer Dichter Sultan Husayn Mirzas, *Yûsuf Badî'î*, scheint Babur nur dem Namen nach bekannt gewesen zu sein, denn er drückt sich indirektperspektivisch so aus, dass dessen Kasiden nicht schlecht gewesen seien (*qaṣîdanï yaman aytmas ekändur*, 181a/dt. 459). Ein weiterer Dichter Sultan Husayn Mirzas, *Âhî*, der „später" (*songralar*) im Dienst von Ibn-i Husayn Mirza stand, verfasste schöne Ghasele und hat auch einen Divan hinterlassen. (181a/dt. 459) Ein weiterer Dichter Sultan Husayn Mirzas, *Šâh Ḥusayn Kâmî*, wird von Babur als „nicht schlecht" (*yaman emäs*) bewertet. Babur scheint sein Werk nicht wirklich genau zu kennen, denn er erwähnt seine Ghasele, während er sich nicht sicher ist, ob auch ein Divan vorliegt (181a/dt. 459) Ein weiterer Dichter Sultan Husayn Mirzas, *Ahlî*, war ein Mann aus dem Volk, der einen Divan verfasste; seine Verse beurteilt Babur ebenfalls als nicht schlecht (181b/dt. 460).[14] Ein Ringkämpfer Sultan Husayn Mirzas, *Muḥammad Bû Saʿîd*, war sehr angenehm im Umgang und hatte alle möglichen Begabungen. Er schrieb ebenfalls Verse und komponierte; Babur erwähnt besonders einen guten (*yaxšï*) Gesang auf *čârgâh*-Art (182b/dt. 462 f.).

Ein Dichter Sultan Husayn Mirzas, *Mavlânâ ʿAbdurraḥmân J̌âmî*, galt als ein Ausbund an Wissen um heilige und weltliche Dinge[15]. Er war der größte der Hofdichter; nach ihm kamen Šayxim Suhayli und Hasan Ali Tufayli J̌alayir. Erstaunlicherweise wird er nicht weiter kommentiert, was wohl damit zusammenhängt, dass sein Werk ohnehin als bekannt gilt (179a-b/dt. 455).[16]

Auch manche Rechtsgelehrte und ihre Werke werden näher beleuchtet. Ein Šayxulislam Sultan Husayn Mirzas, *Mullâ ʿAbdulġafûr Lâr Mavlânâ*, war ein Schüler J̌amis und ein hochgebildeter, bescheidener und anspruchsloser Mann. Er hatte in Gegenwart seines Lehrers den größten Teil von dessen Dichtungen vorgetragen und eine Art Kommentar zu *Nafaḥâtu'l-Uns* („Hauche der Vertrautheit")[17] verfasst, d. h. zu einer 1478 entstandenen Sammlung von 582 Heiligenviten (178b/dt. 453 f.; siehe auch 942, Anm. 284). Ein anderer Šayxulislam Sultan Husayn Mirzas, *Qâżî Ixtiyâr*, ist der Verfasser einer hervorragenden persisch geschriebenen Abhandlung über Rechtsprechung. Außerdem stellte er eine Sammlung von Koranversen ähnlicher Bedeutung zusammen, um ihren Sinn zu beleuchten (179a/dt. 454).

Auch naturwissenschaftliche Literatur wird erwähnt. Anlässlich der Erwähnung der *körägän*-Tafeln[18] macht Babur einen kleinen Exkurs sozusagen in die astronomisch-astrologische Fachliteratur. Diese astronomischen Tafeln wurden auf

14 Siehe Rypka, *Iranische Literaturgeschichte*, 276.

15 Stammler, *Das Babur-nama*, 451.

16 Siehe Rypka, *Iranische Literaturgeschichte*, 276 ff.

17 Siehe Rypka, *Iranische Literaturgeschichte*, 278.

18 Dabei ist *körägän* mongolisch, bedeutet ‚Schwiegersohn' und ist ein Titel Timurs des Lahmen.

Anweisung von Ulugh Beg zusammengestellt und sind zu Baburs Zeiten noch immer „auf der (ganzen) Welt" (*ʿâlamda*) in Gebrauch; angeblich benützt man selten andere Tafeln. Davor benutzte man die ilchanischen Tafeln, die *Xvâǰa Naṣîr Tûsî*[19] auf Geheiß des Ilchans (besser: *El-xan*) Hülägü in Maragha angefertigt hatte. Vorher gab es die maʾmunischen Tafeln, die vom Kalifen *al-Maʾmûn* in Auftrag gegeben wurden (46b-47a/dt. 175 f.).

Babur wird konkreter

In manchen Fällen bequemt sich Babur, den jeweils vorgestellten Autor mit einer Probe seines Werks vorzustellen. Dies geschieht vor allem dann, wenn er dem jeweiligen Autor zumindest ein gewisses Talent zuerkennt oder sein Werk sonst wie bemerkenswert findet.

Von einem der Emire Omar Šayx Mirzas (Baburs Vater), *Ḥasan Yaʿqûb Beg*, wird ein persisches Distichon zitiert, das so wiedergegeben werden kann: „Come back, O phoenix , for without the parrot of your down / the raven is about to carry away my bones" (13b).[20] Einer der Emire Sultan Ahmad Mirzas, *Aḥmad Ḥâǰǰî Beg*, der unter dem Namen *Vafâʾî* verfasste einen Divan und war ein Förderer von Navaʾi, als dieser vom Timuridenherrscher Abu Said nach Samarkand verbannt war. Nach Babur waren seine Gedichte gar nicht schlecht, und so zitiert er die im Original persischen Zeilen: „I'm drunk, *muhtasib*. Leave me alone today. / Chastise me on a day you find me sober" (21a).[21] Ein Sohn Sultan Mahmud Mirzas, *Baysonġor Mîrzâ*,[22] liebte den Wein, war großherzig, gerecht und außerdem in Kalligraphie und Malerei begabt. Auch er dichtete schöne Verse, die aber nicht für einen Divan ausreichen; er wird mit folgenden (im Original persischen) Zeilen zitiert: „Like a shadow I stumble and fall from weakness. / If I don't lean against a wall I fall down" (68b). Angeblich waren seine Gedichte in fast allen Häusern von Samarkand zu finden.[23]

Einer der vierzehn Söhne Sultan Husayn Mirzas, *Šâh Ġarîb Mîrzâ*, dichtete unter dem Namen *Ġurbatî* auf Persisch und Türkisch, so etwa die persischen Zeilen: „I spied a beauty in the lane and became mad for her. / What is her name? Where

---

19 Siehe etwa *EI²* X, 746 ff.

20 Übersetzung nach Thackston, *Baburnama* I, 26; siehe auch die weniger gelungene Übersetzung nach Bacqué-Grammont bei Stammler, *Das Babur-nama*, 107.

21 Übersetzung nach Thackston, *Baburnama* I, 41; siehe auch Stammler, *Das Babur-nama*, 121. Zu diesem dichtenden Emir siehe auch Eckmann, „Die tschaghataische Literatur", 330; nach ebenda, 725, hat er 1484 das Werk *Raunaq al-islâm* (‚Pracht des Islams') verfasst, das nach Abulghazi Bahadur Xan (1603-1663) unter den Türkmenen sehr verbreitet war.

22 Oft als *Baysunġur Mîrzâ* wiedergegeben; nicht zu verwechseln mit einem seiner dichtenden timuridischen Ahnen, siehe Eckmann, „Die tschaghataische Literatur", 319 f. und 326.

23 Übersetzung nach Thackston, *Baburnama* I, 141; siehe auch Stammler, *Das Babur-nama*, 219 f.

does she live? I do not know her house." (166a).[24] Er war lahm und missgestaltet, aber von gutem Wesen; sein Vater machte ihn zum Statthalter von Herat; er verschied kinderlos noch vor seinem Vater. Ein weiterer Sohn Sultan Husayn Mirzas, *Muḥammad Ḥusayn Mîrzâ*, soll als Dichter einiges Talent gehabt haben, so dass er die persischen Zeilen zitiert: „Covered with dust, whom are you hunting down? / Drenched in sweat, into whose warm heart have you penetrated?" (166b).[25] Er soll gemeinsam mit dem Safaviden Šah Isma'il im Irak eingekerkert worden sein, wobei er zum dessen Schüler und damit zum (schiitischen) „Ketzer" wurde, der in Astarabad starb. Vielleicht fällt deshalb Baburs Urteil derart aus, dass von ihm, obwohl der Tapferkeit gerühmt, keine Tat existiert, die der Aufzeichnung wert wäre. Für den ältesten Sohn Sultan Husayn Mirzas, *Badîʿuzzamân Mîrzâ*,[26] hat ein gewisser *Mullâ Muḥammad Tâlib Muʿamâ'î* (‚der Rätselmacher') folgende persische Zeilen über die Zitadelle von Kabul gedichtet: „Drink wine in Kabul citadel, send round the cup again and again, / for there is both mountain and water, both city and countryside" (129a).[27] Ein Emir Sultan Husayn Mirzas, *Šayxïm Beg*, wurde von der Bevölkerung *Šayxïm Suhaylî* genannt, weil er unter dem Namen *Suhaylî* dichtete. Er soll phantastische, schreckenerregende Verse gedichtet haben und hinterließ einen Divan und mehrere Mesnevis. Folgender (persischer) Vers wird zitiert: „On the night of grief the whirlpool of my cries swept the celestial spheres away. / The dragon of my torrential tears carried off the inhabited quarter of the world" (174a). Es wird erwähnt, dass der Dichter J̌ami darauf gesagt habe: „Macht Ihr Verse oder wollt Ihr die Leute erschrecken?" (174a).[28]

Babur wird kritisch

An manchen Stellen bezieht Babur im Guten wie im Schlechten Position zur Produktion verschiedener Autoren. Ohne Ansehen der Person äußert er seine Kritik, die oft auch argumentativ untermauert wird. So war *Sulṭân Ḥusayn Mîrzâ*, der Timuridenherrscher von Herat, war laut Babur dichterisch durchaus begabt. Er dich-

---

24 Übersetzung nach Thackston, *Baburnama* II, 343; siehe auch Stammler, *Das Babur-nama*, 427, der den Dichternamen fälschlich als „Gharîbî" angibt.

25 Übersetzung nach Thackston, *Baburnama* II, 345; siehe auch Stammler, *Das Babur-nama*, 428 f.

26 Während *Šâh varîb Mîrzâ* und *Muḥammad Ḥusayn Mîrzâ* im Babur-name als Dichter erwähnt werden, gibt Babur keinen Hinweis auf die dichterische Betätigung des ältesten Sohnes von Sultan Husayn Mirzas, *Badîʿuzzamân Mîrzâ*, der auch in den Biographien der Kinder von Sultan Husayn Mirza nur knapp erwähnt wird, vielleicht, weil er im weiteren Verlauf der historischen Erzählung oft erscheint. Während diese beiden Söhne Sultan Husayn Mirzas bei Eckmann, „Die tschagataische Literatur" (etwa 360f.) erwähnt sind, fehlt dort *Muḥammad Ḥusayn Mîrzâ*.

27 Übersetzung nach Thackston, *Baburnama* II, 265; siehe auch Stammler, *Das Babur-nama*, 347.

28 Übersetzungen nach Thackston, *Baburnama* II, 361) bzw. Stammler, *Das Babur-nama*, 444.

tete unter dem Namen *Ḥusaynî* eine Gedichtsammlung, die nicht schlecht sei, wenn auch durchweg im gleichen Versmaß gehalten (164b).[29] Ein Emir Sultan Husayn Mirzas, *Xvâǰa ᶜAbdullâh Murvârîd*, war zuerst *ṣadr*.[30] Er spielte hervorragend Hackbrett (*qânûn*) und hatte eine eigene Methode, die Saiten zu zupfen. Weiter war er Kalligraph, ein guter Briefeschreiber und Dichter, der den Namen *Bayânî* benutzte; seine dichterischen Fähigkeiten reichten allerdings nicht an seine übrigen Begabungen. Er liebte sündhafte Genüsse, in deren Folge er erkrankte; offenbar an Armen und Beinen gelähmt siechte er mehrere Jahre dahin (175a). Einer der Dichter Sultan Husayn Mirzas war *Âṣafî*, der sich so nannte, weil er Sohn eines Wesirs war.[31] Babur, der ihn in Chorassan kennenlernte, bescheinigt seinen Gedichten (fast nur Ghasele) „Farbe und Gefühl" (*rang-u mufîd*), doch sie vermittelten keine „Leidenschaft und Begeisterung" (*ᶜišq-u ḥâl*). Weiterhin vermutet Babur, Asafi habe sich mit der Bemerkung, er wolle keinen Divan zusammenstellen, unzutreffend der Bescheidenheit rühmen wollen, denn dies erledigten sein jüngerer Bruder und nahe Verwandte (179b). Ein weiterer Dichter Sultan Husayn Mirzas, *Sayfî* aus Buchara, war auch Mulla; um dies zu unterstreichen, habe er mitunter die Liste der Bücher präsentiert, die er gelesen hatte. Er verfasste zwei Divane, von denen einer vom Nutzen des Handwerks handelt. Dazu kommen zahlreiche Gleichnisse (*masal*), aber kein Mesnevi; der programmatische Verzicht des Dichters wird in einem persischen *qiṭᶜa* begründet, das Babur zitiert: „Although *mathnawi* is the stock in trade of poets, / I consider the *ghazal* obligatory upon myself. / If there are five lines that are pleasing / they are better than the two *Khamsas*".[32] Sayfis persisch geschriebenes Werk über die Dichtkunst findet nicht die Gnade Baburs, da die wichtigen Dinge darin zu knapp oder gar nicht, die unwichtigen aber in aller Breite behandle. Er war ein großer Trinker, der betrunken sehr unangenehm werden konnte; er besaß auch Kraft in seinen Fäusten (180b). Ein Šayxulislam Sultan Husayn Mirzas, *Mîr ᶜAṭâʾullâh* aus Mašhad, verfasste auf Persisch eine Abhandlung über Reimkunst. Nach Babur besteht ein wesentlicher Fehler darin, dass die Beispiele sämtlich eigenen Gedichten entnommen sind und die Erklärungen jedes Mal mit den Worten beginnen „Wie man in den folgenden Versen Ihres ergebenen Dieners beobachten kann ...".[33] Die Arbeit ist aber durchaus verdienstvoll und gelungen, was auch seine Gegner anerkennen. Eine weitere Abhandlung *Badayiᶜ al-sanayiᶜ* (‚Wunder der (Dicht-)Kunst') erhält sogar das Prädikat sehr gut (*xaylî yaxšî*) (179a).

29 Siehe auch Eckmann, „Die tschaghataische Literatur", 326 ff.

30 Zu diesem Titel siehe *EI²* VIII, 746 ff.; speziell für die Timuridenzeit siehe *EI²* VIII, 750.

31 Nach *Âṣaf*, in der islamischen Tradition der vorbildliche Wesir Sulaymans (Salomons); siehe auch Rypka, *Iranische Literaturgeschichte*, 276.

32 Übersetzungen nach Thackston, *Baburnama* II, 375, bzw. Stammler, *Das Babur-nama*, 457 f.

33 Übersetzung nach Stammler, *Das Babur-nama*, 454.

Babur geht ins Detail

Zwei großen Dichtern seiner Zeit, die auch gleichzeitig erbitterte Konkurrenten, ja Feinde waren, widmet Babur eingehende Darstellungen: *Mîr ʿAlî Šîr Navâʾî* und *Bannâʾî*; hier weiß Babur auch einige Episoden zu berichten, siehe unten. Dabei wird auch der große Navaʾi mit recht massiver Kritik bedacht. Bannaʾi, der auch scharf kritisiert wird (er ist zum Erz- und Erbfeind Šaybani übergegangen), wird aber durchaus auch mit positiven Zügen gezeigt.

Die Biographie von *Mîr ʿAlî Šîr Navâʾî* erscheint nicht in der Abteilung „Dichter", sondern innerhalb des Abschnittes über die Emire Sultan Husayn Mirzas (170b-171b).[34] Navaʾi, der neben privatem Vermögen auch eine administrativ-politische Karriere hatte und sich auch anderweitig hervortat, war ein Freund Sultan Husayn Mirzas. Babur widmet ihm eine recht ausführliche Biographie[35] und rezensiert dessen Werk. Er erwähnt sechs Mesnevis, von denen fünf als „Antwort" zur Chamse (des Nîẓâmî; *xamsa ǰavâbïda*) gedacht waren; sein Mesnevi *Lisânuʾl-ṭayr* sei im selben Metrum wie das *Mantiquʾl-ṭayr* (des namentlich nicht genannten *ʿAṭṭâr*) gehalten; genannt werden auch die Ghasel-Sammlungen: *Ġarâyibuʾl-ṣiġar* (‚Wunderdinge der Kindheit'), *Navâdiruʾl-šabâb* (‚Wunder der Jugend'), *Badîʿuʾl-vasaṭ* (‚Erstaunlichkeiten des Mannesalters') und *Favâyiduʾl-kibar* (‚Vorteile des Alters'). Die Vierzeiler Navaʾis beurteilt Babur positiv. Navaʾi hat aber auch ziemlich schlechte und schwache Werke geschrieben, so seine Briefsammlung, die Babur als eine Imitation der Sammlung von J̌ami bezeichnet. Vernichtende Kritik erfährt Navaʾis *Mîzânuʾl-awzân* über die Prosodie, die sehr fehlerhaft ist (171a: *bisyâr madxûl dur*); so seien vier von vierundzwanzig Versmaßen falsch dargestellt. Im persischen Divan, den Navaʾi unter dem Namen *Fânî* gedichtet hat, sind nach Babur einige Verse nicht schlecht, die meisten sind aber platt und wertlos (171a: *sust va firûd*). Navaʾi hat auch einige gute musikalische Kompositionen aufzuweisen. Babur selbst hat Navaʾi nie persönlich getroffen, aber nach der zweiten Eroberung Samarkands (1500) Briefe mit ihm gewechselt, als Babur ihm ein Gedicht in *Türkî* schickte; die turbulente politische Entwicklung jedoch verhinderte die Fortführung der Korrespondenz.

Bannâʾî stammte aus Herat und gehörte zunächst zur Dichterschar Sultan Husayn Mirzas (179b-180b).[36] Laut Babur haben seine Ghasele Farbe und Begeisterung (*rang-u ḥâl*). Weiterhin hat er einen Divan verfasst und auch Mesnevis. Mit einem Mesnevi zum Thema „Früchte" (im *mutaqârib*-Versmaß) habe Bannaʾi sich keine Mühe gegeben. (455 f; 911) Als Šaybani die Stadt Herat eroberte, überließ er

---

34 Siehe Eckmann, „Die tschaghataische Literatur", 329 ff., und Stammler, *Das Babur-nama*, 437.

35 Siehe dazu Claus Schönig, „Das Bild Navaʾis im Babur-name", in: Barbara Kellner-Heinkele/Sigrid Kleinmichel (Hg.), *Mīr ʿAlīšīr Nawāʾī*, Würzburg 2003, 37-45.

36 Siehe Rypka, *Iranische Literaturgeschichte*, 274. Bei Eckmann, „Die tschaghataische Literatur", 366, wird er nur marginal erwähnt. Siehe auch Stammler, *Das Babur-nama*, 455 f.

alle Dichter und Künstler der Willkür Bannaʾis. Zur Illustration dessen, was dann folgte, zitiert Babur folgende (im Original persische) Zeilen aus Chorassan zu diesem Thema: „Except for Abdullah the donkey's prick no poet today has seen the face of gold. / Bannaʾi craves gold from poets: perhaps he will get the donkey's prick" (206b).[37] Wieder einmal zeigt Babur, wie sehr er die Kunst versteht, andere für sich reden zu lassen, wenn Unziemliches gesagt werden soll.

Der Beziehung zwischen den Dichtern Bannaʾi und Navaʾi hat Babur einigen Raum gewidmet (179b-180b). Bannaʾi wurde wegen seiner Rivalität mit dem einflussreichen Navaʾi in Herat schlecht behandelt. Schließlich zog er nach Aserbaidschan und Irak zu Yaʾqub Beg (Herrscher der Aq Qoyunlu, 1478-1490). Nach dessen Tod kehrte er nach Herat zurück, noch immer der alte Spötter. Die Konkurrenz zwischen beiden Dichtern ist Thema vieler Episoden, wie etwa die folgende: Navaʾi streckt in einer Versammlung einmal seine Füße aus und berührt damit Bannaiʾs Hinterteil. Navaʾi bemerkte: „Man kann in Herat nicht einmal die Beine ausstrecken, ohne an den Hintern eines Dichters zu stoßen". Bannaʾi antwortete: „Und wenn Ihr Eure Füße wieder einzieht, werden sie auch an den Hintern eines Dichters stoßen".[38] Der verärgerte Navaʾi ließ ihn nach Samarkand schicken. Nun waren auch manche modischer Neuerungen nach Navaʾi als „à la Ališer" (180a: *naz-i ʿAlišîri at qoydïlar*) benannt, so die Art, wie er ein Tuch gegen Ohrenschmerzen wickelte: diese wurde unter den Frauen von Herat zur Mode. Als Bannaʾi nach Samarkand ziehen musste, bestellte er sich beim Sattler einen neuartigen Packsattel, der dann ebenfalls als „à la Ališer" bekannt wurde (180a-b). In einem Brief an seinen Vertrauten Xvaǰa Kalan vom 9. Februar 1529 fügt Babur eine eigene Episode bei: als Bannaʾi in Navaʾis Gegenwart eine geistreiche Bemerkung machte, sagte Navaʾi, dass er ihm dafür sogleich sein Gewand schenken wolle, nur die Knöpfe würden ihn daran hindern. Bannaʾi antwortete, er solle die Knöpfe nicht beschuldigen, es seien doch die Knopflöcher (siehe 360b). Babur beschäftigt sich dann in seiner afghanischen Phase damit, aus den vier Divanen Navaʾis eine Sammlung von Ghaselen, geordnet nach dem Versmaß, zusammenzustellen (248b). Babur und Bannaʾi begegneten sich, als Bannaʾi nach der usbekischen Eroberung Samarkands in Muhammad Šaybanis Diensten war. Als Babur Samarkand zum dritten

37 Stammler, *Das Babur-nama*, 516, gibt: „Außer Abdullah, der dumm ist wie das Glied eines Esels, / Gibt's heute keinen Poeten, der die Farbe des Goldes noch kennt. / Bannaʾi allein aber brennt vor Begier nach dem Gold des Poeten. / Umsonst! Was ihm daraus wird, ist so dumm wie des Esels Glied." Stammler (950, Anm. 336) bemerkt nach Annette Susannah Beveridge (*The Babur-name in English (Memoirs of Bâbur)*, translated from the original Turki text of Zahiruʾd-din Muhammed Babur Pādshāh Ghāzī. London 1922), es handele sich hier um eine Anspielung auf eine persische Redensart: *kîr-i xâr gereft*, ‚ergreift des Esels Glied' für fruchtlose Bemühungen.

38 180a: ... *bir kün šaṭranǰ maǰlisïda ʿAlîšîr Beg ayaqïnï uzatur. Bannâʾîning kötigä tegär. ʿAlîšîr Beg muṭâyaba bilä der kim ʿaǰab balâîst: dar Harî agar pây darâz mîkunî, ba kûn-i šâʿir mîrasad. Bannâʾî der kim agar ǰamʿ mîkunî ham ba kūn-i šâʿir mîrasad.*

Mal eroberte, war Banna'i dort und machte Babur seine Aufwartung. Qasim Beg, ein Gefolgsmann Baburs, schickte ihn aus Mißtrauen nach Šahr-i Sabz, aber Babur erlaubte Banna'is Rückkehr. Er dichtete dann fortwährend Ghasele und Kasiden und widmete Babur ein Musikstück. Interessant ist die Art der Kommunikation zwischen Babur und Banna'i: Der Dichter beklagt seine Notlage in einem persischen *rubâʿî*, Babur antwortet mit einem tschagataischen *rubâʿî*, was zu einer dankbar-erfreuten Antwort Banna'is in Form eines tschagataischen *rubâʿî*, in dem er den Reim des ersten Halbverses von Babur verwendet; schließlich dichte noch ein gewisser Xvaja Abulbaraka Firaqi einen weiteren tschagataischen *rubâʿî*, der dann Banna'i als Antwort zugeht (87a-b/dt. 256 f.)

Babur wird böse

In manchen Fällen kann Babur nicht umhin, vernichtende Urteile zu fällen. Wenn er einfach mindere bis schlechte Qualität attestiert, unterbleiben oft nähere Hinweise und vor allem auch Zitate. Nur wenn der betreffende Autor inhaltlich gewisse Grenzen des guten Geschmacks überschreitet, äußerst sich Babur konkreter, auch mit Hinweisen auf den inkriminierten Inhalt; oft ist dabei der Ärger und die Aufregung Baburs über das jeweilige „Machwerk“ spürbar.

Über die dichterische Produktion Sultan Mahmud Mirzas, eines Onkels väterlicherseits, äußert sich Babur deutlich: er besaß dichterisches Talent und hatte einen Divan verfasst, doch waren seine Verse sehr schwach und abgeschmackt (*sust-u bîmaza*), und so kommt Babur zu dem Schluss: *andaq šiʿr aytqandïn aytmaġan yaxšïraq*.[39] Dieser Onkel ist Babur überhaupt zuwider, er beschreibt ihn zwar als fähigen Verwalter, aber auch als einen ständig Wein trinkenden abgefeimten Päderasten, vor dem bartlose Jünglinge niemals sicher sein konnten (26a).

Einer der *ṣudûr* (Plural von *ṣadr*, siehe Fn. 23) Sultan Husayn Mirzas, *Mîr Sarbirahna*, ein Mann von gefälligem Wesen und Redebegabung, dessen Urteil von Künstlern und Dichtern in Chorassan geachtet war. Er selbst aber verschwendete seine Lebenszeit damit, sich an einem Werk „in der Art von Amir Hamzas Kasiden“ zu versuchen, das überlang und versponnen sei und jeder Vernunft und Natur zuwiderliefe.[40]

Ein anderer *ṣadr* Sultan Husayn Mirzas, *Kamâluddîn Husayn Gâzargâhî*, war ein Pseudo-Sufi, der sich in der Umgebung Nava'is aufhielt und in diesem Kreis derjenige mit der vornehmsten Abkunft war. Diese Abkunft ist laut Babur auch der ein-

---

39 Hier gebe ich Stammlers Übersetzung, *Das Babur-nama*, 132: ‚... so ist es besser, darüber zu schweigen, als auch nur einen von ihnen hier vorzutragen.') den Vorzug vor der Thackstons, *Baburnama* I, 51: ‚He composed so much that it probably would have been better if he had composed less.'

40 177b: *Amîr Ḥamza qaṣîdasïnïng muqâbalasïda ʿumrî dâyiʿ qïlïp uzun uzaq yalġan qiṣṣa baġlaptur. Bu amr muxâlif-i tabʿ-u ʿaql dur*. Siehe auch Stammler, *Das Babur-nama*, 448 f.

zige Grund für seine Karriere, da er darüber hinaus keine Verdienste aufweisen konnte. Entsprechend fällt dann auch die Rezension seines dichterischen Werks *Majlisu'l ʿuššâq* (‚Versammlung der Liebenden') aus, die er im Namen Sultan Husayn Mirzas schrieb. Schon dies erbost Babur und er merkt weiter an: „Nicht minder einfältig war es, im Vorwort zu schreiben: ‚Dies ist Sultan Husayn Mirzas eigenhändig geschriebenes und verfasstes Werk', wie es töricht war, wenn er im weiteren Fortgang des Buches den einzelnen Gedichten und Oden die Bemerkung voranstellte ‚Geschrieben vom Verfasser des Werks', obgleich diese Gedichte von ihm selbst verfasst waren." Inhaltlich ist sein Werk „eine schwache, verleumderische Schrift voll abgeschmackter Lügen bis hin zu Stellen, die an Ketzerei denken lassen". Denn er kleidete Propheten und Heilige „in das allegorische Gewand der Liebe und gab jedem eine Geliebte zur Seite."[41]

Ein Dichter Sultan Husayn Mirzas, *Muḥammad Ṣaliḥ*, war laut Babur ein eher bösartiger und herzloser Mensch. Möglicherweise ist Baburs Wahrnehmung hier von der Tatsache beeinflusst, dass Muhammad Salih sich nach der Eroberung Herats durch Šaybani am Hof von diesem Erb- und Erzfeind Baburs aufhielt (der Salih zu allem Überfluss auch noch große Gunst zuteil werden ließ). Der Dichter, der auch auf Tschagataisch gedichtet hat, hat Šaybani ein Mesnevi im *ramal*-Versmaß gewidmet, das allerdings sehr schwach und minderer Qualität (*sust-u firûd*) sei, so dass man den Glauben an Muhammad Salihs Talent verlieren könne. Dieses Talent, das Babur ihm immerhin bescheinigt, hat zu sehr schönen, anmutigen Ghaselen geführt, die (wie dann doch eingeschränkt wird) allerdings weniger gefügt als schön seien (*hamvârlïqï čâšnîsïča yoqtur*). Muhammad Salih wird auch eines Zitats aus erwähntem Mesnevi gewürdigt, wohl auch deshalb, weil die Zeilen Bezug auf ein wichtiges Ereignis im Leben Baburs nehmen, den Verlust Ferghanas an Sultan Ahmad Tanbal (‚der Dicke'): *boldï tanbalġa vaṭan Farġana / qïldï Farġananï tanbalxâna*.[42]

Ein weiterer Dichter Sultan Husayn Mirzas, *Hilâlî*, verfügte über ein gewaltiges Gedächtnis. Er verfasste gute Ghasele, einen Divan und ein Mesnevi im *xafif*-Versmaß mit dem Titel „Der König und der Derwisch" (*Šâh-u darvîš*). Dieser Divan ist für Babur ein erheblicher Stein des Anstoßes. Sein Kommentar fällt entspre-

41 Stammler, *Das Babur-nama*, 449; 176a-b: *Bisyar sust va aksarï yalġan ve bîmaza yalġan bîadabâna ḥarflar bitiptur. Andaq kim baʿzïdïn tavahumm-i kufr dur, nečük kim xaylî ambiyânï* (Eulogie) *va avliyânï ʿâšiqlïqqa mansûb qïlïp har qasïġa mašûq-u maḥbûbî paydâ qïlïptur. Yana bu ʿajab majâzî gûlâna amrî dur kim dîbâčada Sulṭân Husayn Mîrzâ „özümning tahrîr-u tasnîfi dur" dep bitiptur. Kitâb arasïda keltürülgän Kamâluddîn Husaynnïng ašʿâr-u ġazaliyyâtïnïng bašïda tamâm „li-muḥarririhi" bitiptur.*

42 „A fat man (*tambal*) settled in Fergana: / He turned Fergana into Tanbalkhana [„fat man's house"]" (Thackston, *Baburnama* II, 377). „Ein dicker Mann, Tambal, hat sich Ferghanas bemächtigt; / er hat Ferghana gemacht zu seines, des Dicken, Land" (Stammler, *Das Babur-nama*, 459). *Tanbalxâna* war die Bezeichnung Ferghanas wegen des Reichtums dieser Gegend, siehe dazu auch Stammler, *Das Babur-nama*, 942, Anm. 288.

chend aus: „Obgleich einige seiner Distichen gut sind, ermangeln sie doch eines sicheren Gefüges und einer kräftigen Gestaltung. Wenn die alten Dichter von der Liebe und den Liebenden sprachen, stellten sie den Liebhaber stets als einen Mann und die Geliebte stets mit den Zügen einer Frau dar. Hilalî [sic!] aber verlieh dem Liebhaber die Züge eines Derwischs und der Geliebten die eines Königs. Die Verse, wo er den König reden und handeln lässt, zeigen diesen als einen schamlosen Gespielen. Es ist eine Ungehörigkeit sonder gleichen, dass Hilalî [sic!] allein um seines poetischen Entwurfes willen einen jungen Mann als Sinnbild der Unsittlichkeit und Schamlosigkeit darstellt und dass er dies auch noch in der Gestalt eines jungen Königs tut.“.[43] Hier spricht auch der mit beleidigte Standeskollege.

Auch Baburs Erzfeind, der Usbekenführer *Muḥammad Šaybânî*, griff zur Feder. Dies merkt der aufgebrachte Babur anlässlich des Berichts über die Eroberung Herats durch Šaybani an. Zum einen verstieg Šaybani sich laut Babur dazu, Gelehrten Vorlesungen über den Koran zu halten und wollte die Schriften von Mulla Sultan Ali aus Mašhad verbessern. Nicht genug damit: „Von Zeit zu Zeit schrieb er einige geschmacklose und langweilige Verse, die er von der Kanzel herab verlesen und auf dem Markt anschlagen ließ und für die er von der Bevölkerung bereitwillig Geschenke annahm.“[44] Doch was kann man von jemandem erwarten, der sich „in allem, was er tat, töricht, dumm, schamlos und wie ein Ungläubiger benahm“,[45] wie Babur meint?[46] Stammler weist zurecht darauf hin, dass Babur, im Gegensatz zu anderen Gegnern, Muhammad Šaybani durchgehend ungerecht beurteilt und verzerrt darstellt (950 f., Anm. 338).

Damit sind wir am Ende dieses kleinen Exkurses zu einem der vielen Aspekte des Babur-name angelangt. Vieles musste offen gelassen werden (besonders auch, was die Lesungen der Handschrift und ihre Übersetzung angeht), ich hoffe aber, dem

---

43 Stammler, *Das Babur-nama*, 459 f. Im Original: *Agarči baᶜzï baytlarï ṭawrî vâqiᶜ boluptur, valî bu masnavînïng ma᾽mûnï va ustaxwânbandlïqï bisyâr kavâk-u xarâb tur. Šuᶜarâ-yi mâtaqaddam ᶜišq-u ᶜâšiqlïq üčün masnavîlar kim aytïpturlar ᶜâšiqlïqnï ergä va maᶜšûqluqnï xatunġa nisbat qïlïpturlar. Hilâlî darvîšnï ᶜâšiq qïlïptur va šâhnï maᶜšûq. Abyâtî kim šâhnïng afᶜâl-u aqvâlïda deptur ḥâṣil kim šâhnï ǰalaᶜî-u fâḥiša qïlïptur. Öz masnavîsïnïng maṣlaḥatïġa bir yigitîni va yana šâh yigitîni bisyâr beṣûrat tur kim ǰalablar-u fâḥišalar dek taᶜrîf qïlġay.* ‚In the *mathnawis* poets of former times wrote on love, they give the attributes of the lover to a man and those of the beloved to a woman. Hilali has made a dervish the lover and a king the beloved. The lines in which the acts and speech of the king are reported make the king into a shameless strumpet. It is really an affront that, in the interests of his poem, he should describe a young man – and a king at that – as a shameless woman or prostitute.‘ (181b; Übersetzung nach Thackston, *Baburnama* II, 378).

44 *Yana har nečä kündä bir bîmaza bayt kim aytur edi minbarda oqutup čârsûda asturup šahr elidin ṣila alur edi.* ‚Moreover, every few days he would compose some insipid poetry and have it recited from the pulpit and hung in the marketplace to receive accolades from the populace.‘ (206b; Übersetzung nach Thackston, *Baburnama* II, 435).

45 *Valî mundaq gûlâna-u ablahâna-u ustâxâna-u kâfirâna aqvâl-u afᶜâl andïn bisyâr ṣâdir bolur edi.* ‚..., but he nonetheless did and said so many such stupid, imbecilic, audacious and heathenish things.‘ (206b; Übersetzung nach Thackston, *Baburnama* II, 435).

46 Deutsche Zitate nach Stammler, *Das Babur-nama*, 516 f.

Leser einen Eindruck davon vermittelt zu haben, welchen Schatz – sowohl was den Inhalt als auch den Unterhaltungswert angeht – dieses großartige Stück Weltliteratur darstellt. Und nebenbei erfahren wir, dass man schon im sechzehnten Jahrhundert beim Reden über Literatur auch in Mittelasien und angrenzenden Gebieten mitunter die *contenance* verloren hat ...

Osmanen und Post-Osmanen in Ägypten

Maurus Reinkowski, Freiburg

In einem in unterschiedlichste Sprachen übersetzten Essay äußert sich Gamal ʿAbdel Nasser, Anführer des panarabischen Nationalismus und seit 1954 ägyptischer Staatspräsident, zur Geschichte Ägyptens. Mit dem 13. Jahrhundert hätten, der Zerstörung der islamischen Welt durch die Mongolen und der Machtergreifung der mamlukischen Militärsklaven in Ägypten geschuldet, dunkle Zeiten begonnen. Der ‚eiserne Vorhang' eines ‚tyrannischen Feudalismus' habe sich über das Land gesenkt. Wenn auch die napoleonische Expedition nach Ägypten im Jahr 1798 diese Mauer der Isolation nieder gerissen habe, so habe Ägypten erst mit der Revolution von 1952 zu sich selbst finden können. Der britische Imperialismus des späten 19. und frühen 20. Jahrhunderts dürfe nicht gänzlich getrennt gesehen werden vom mamlukisch-osmanischen semikolonialen Feudalismus:

> „Ich versuchte einmal eine Redensart zu verstehen, die ich als Kind oft auszurufen pflegte, wenn ich Flugzeuge am Himmel fliegen sah: ‚O, Allmächtiger Gott! Möge ein Unheil die Engländer treffen!' Ich fand später, dass wir den Ausdruck von unseren Vorvätern in den Tagen der Mameluken geerbt hatten. Er wurde damals nicht auf die Engländer angewandt, sondern ist nur von uns oder von dem unveränderten und verborgenen Erbe in uns umgewandelt worden. Wir änderten nämlich nur den Namen des Bedrückers. Unsere Vorväter pflegten noch zu sagen: ‚O Allmächtiger Gott! Sende die Osmanen ins Verderben.'"[1]

In der ägyptischen Geschichtsschreibung und kollektiven Erinnerung herrschte in der Zeit Nassers die Deutung vor, dass es der national-revolutionären ägyptischen Bewegung mit dem Putsch der ‚Freien Offiziere' und dem Sturz König Faruqs I. gelungen sei, sich aus den Klauen einer feudalen und imperialen Vergangenheit zu lösen, zu der Mamluken, Osmanen und Briten ungeschieden gehören. Bis in die zweite Hälfte des 20. Jahrhunderts wirkt in Ägypten das Trauma der imperialen westlichen Politik fort, wurde aber in die Teleologie einer nationalen Erlösungsgeschichte umgedeutet.

Osmanisches und nicht-osmanisches Ägypten im 19. Jahrhundert

Wenn auch das 19. Jahrhundert mit der europäischen Expansion in Ägypten neue Bedingungen und neue Spielregeln kennt, so sind doch viele Akteure schon längst da:

---

1 Gamal Abdel Nasser, *Die Philosophie der Revolution*. o. O. [circa 1960], siehe l. Informationsamt, 38.

Schon seit Jahrhunderten kamen Europäer nach Ägypten, um Handel zu treiben. Die Möglichkeit, durch den Handel mit Ägypten viel Geld zu verdienen, hatte Venedig und andere italienische Seerepubliken über Jahrhunderte nach Ägypten gezogen. Wenn es um den Handel ging, hatte das Geschäft Vorrang vor der Religion.[2]

Kein anderes Land im Nahen Osten ist so eng verbunden mit dem Begriff des ‚Fellachen', der Ackerbau betreibenden Landbevölkerung, wie Ägypten. Der Fellache steht für den ewigen Kreislauf des landwirtschaftlichen Jahres und seiner Wiederkehr des Säens, Bewässerns und Erntens, fernab von den kurzen Konjunkturen der politischen Geschichte. In den historischen Darstellungen Ägyptens gehören die Fellachen gleichsam zur ‚unbewegten Geschichte' des Menschen in seinen Beziehungen zur umgebenden Natur, „eine träge dahinfließende Geschichte, die nur langsame Wandlungen kennt."[3]

Die Mamluken werden, nach ihrer Niederlage von 1517 gegen Sultan Selim I., als lokale Elite nicht ausgelöscht und in das osmanische Herrschaftssystem eingegliedert. Die Mamluken verstanden sich nicht als Teil der ägyptischen Bevölkerung, sondern als eine ethnisch, sozial und sprachlich abgesetzte Elite. Das Herrschaftssystem Ägyptens ist vom 16. bis zum beginnenden 19. Jahrhundert durch die Dualität zweier von außerhalb kommender Eliten, der Mamluken und der Osmanen, gekennzeichnet. Diese ethnische und linguistische Polarität bleibt bis ins späte 19. Jahrhundert Kennzeichen der Herrschaft von Mehmed ʿAli und seiner Nachfolger: Die hohen Stellungen in der Bürokratie und im Heer sind reserviert für die mamlukisch-osmanische Elite, während die unteren Ränge sehr wohl von arabischsprachigen Ägyptern ausgefüllt werden können, allerdings ohne Aussichten auf einen Aufstieg in die obersten Ränge.[4]

Auch Anhänger des arabischen Nationalismus werden sich der Meinung anschließen, dass die osmanische ‚Fremdherrschaft' viel früher als 1914 endet, dem Jahr, in dem die Briten die osmanische Suzeränität über Ägypten offiziell aufkündigen, das Land zu einem britischen Protektorat erklären und dessen nominellen Herrscher vom ‚Khediven' zum ‚Sultan' befördern, um auf diese Weise die endgültige Loslösung vom Osmanischen Reich zu bekräftigen. Irgendwo zwischen der Landung Napoleons in Ägypten und dem Beginn des Ersten Weltkriegs muss sich die osmanische Herrschaft über Ägypten verflüchtigt haben.

---

2 Palmira Brummett, *Ottoman Seapower and Levantine Diplomacy in the Age of Discovery,* New York 1994, 1, 143 f., 173 und passim. Zu Beispielen eines gemeinsam geteilten venezianisch-ägyptischen Handelsinteresses in den Zeiten der Kreuzzüge siehe Steven Runciman, *Geschichte der Kreuzzüge,* München 1995, 889, 1135 f., 1226.

3 Fernand Braudel, *Das Mittelmeer und die mediterrane Welt in der Epoche Philipps II,* Frankfurt 2001, Bd. 1, 20.

4 Khaled Fahmy, „The Era of Muhammad ʿAli Pasha"", in: Martin W. Daly (Hg.), *The Cambridge History of Egypt,* vol. 2, *Modern Egypt, from 1517 to the End of the Twentieth Century,* Cambridge 1998, 139-179, hier 155.

Wo endet also die Geschichte Ägyptens unter den imperialen Osmanen? Wo beginnt die Geschichte Ägyptens unter den imperialistischen Großmächten Europas? Es war lange üblich, die moderne Geschichte Ägyptens mit der Landung Napoleons I. 1798 beginnen zu lassen. Die napoleonische Expedition nach Ägypten bedeutete einen tiefen Einschnitt in die Geschichte Ägyptens, ja sie wurde sogar lange – und sicherlich einseitig – als der Beginn der Moderne im gesamten Nahen Osten gedeutet. Heute betont man eher interne Kontinuitätsstränge; als Wegmarke in der Veränderung des Verhältnisses zu Europa ist die napoleonische Intervention noch immer von großer Bedeutung.[5] Zu offensichtlich ist auch, dass mit der napoleonischen Expedition die Verbindungen Ägyptens zum Osmanischen Reich noch längst nicht gekappt sind. Suchen wir also weiter nach Anhaltspunkten.

Napoleons Expedition findet 1801 ein recht klägliches Ende: Die französischen Truppen werden von vereinten osmanisch-britischen Streitkräften vertrieben. Aus den Turbulenzen, die Napoleon nach dem Scheitern seiner Expedition hinterlässt, geht der neue Herrscher Ägyptens, Mehmed ʿAli, hervor. Er kommt im Jahre 1801 als Offizier in einem albanischen Kontingent in Ägypten an, mit dem die Osmanen – mit Unterstützung der Briten – wieder ihre Herrschaft in Ägypten herstellen wollen.

In den folgenden Wirren und Machtkämpfen setzt sich Mehmed ʿAli als Herrscher Ägyptens durch. Von der osmanischen Regierung wird er im Jahr 1805 als osmanischer Gouverneur anerkannt. Innerhalb zweier Dekaden steigt er von einem in osmanischen Augen, etwa bei der Bekämpfung der wahhabitischen Saudis in den Jahren 1811-1818, durchaus hilfreichen innerosmanischen Lokalpotentaten zu einem lebensbedrohlichen Konkurrenten auf. In der ersten Hälfte der 1840er Jahre verliert Ägypten jedoch wieder den Status einer ‚Großmacht' im östlichen Mittelmeerraum und das Projekt einer autoritären Modernisierung Ägyptens stagniert.

Trotz der Zerschlagung seiner Großmachtpläne konnte Mehmed ʿAli die Erblichkeit des osmanischen Gouverneursamtes in Ägypten für seine Familie sichern und damit – bei Wahrung der osmanischen Suzeränität – der faktischen Unabhängigkeit Ägyptens eine erste völkerrechtliche Anerkennung sichern.

Unter den Nachfolgern Mehmed ʿAlis, ʿAbbas (1848-1854), Saʿid (1854-1863) und Ismaʿil (1863-1879), wird Ägypten, zur Zeit der Hochblüte des europäischen Finanzimperialismus, zum ‚Klondike on the Nile'.[6] Nach Staatsbankrott und einer innerägyptischen Krise, dem sogenannten ʿUrabi-Aufstand, interveniert 1882

---

5 Alexander Schölch, „Der arabische Osten im neunzehnten Jahrhundert (1800-1914)", in: Heinz Halm (Hg., begründet von Ulrich Haarmann, Hg.), *Geschichte der arabischen Welt*, 5. Auflage, München 2004, 365-431, hier 365.

6 David S. Landes, *Bankers and Pashas: International Finance and Economic Imperialism in Egypt*, New York u. a. 1969.

Großbritannien. Aus der ursprünglich vermutlich nur als Zwischenspiel geplanten Besatzung erwächst eine mehrere Jahrzehnte währende britische Militärpräsenz in Äypten. Es war aber nicht allein der Zufall, der waltete: Die Vereinnahmung Ägyptens lag auf der von Politikern wie Disraeli bereits in den 1860er Jahren erklärten Linie einer offensiven imperialistischen Politik.

In einem Ferman des osmanischen Sultans vom 1. Juni 1841 wird Mehmed ʿAli als Gouverneur Ägyptens auf Lebenszeit ernannt und zugleich seine männlichen Nachkommen mit dem erblichen Recht auf seine Nachfolge ausgestattet. Von der Historiographie wird diese Entwicklung, verglichen mit dem Expansionsstreben und der wirtschaftlichen Selbstbehauptungspolitik der 1830er Jahre, oft als Scheitern betrachtet, aber doch ist es als ein Erfolg Mehmed ʿAlis anzusehen, sich und seiner Familie einen vererbbaren Herrschaftstitel über Ägypten gesichert zu haben.[7] Die von ihm begründete Dynastie wird bis zum Jahr 1953 Bestand haben – und ist damit die am weitesten in das 20. Jahrhundert hineinragende Dynastie osmanischer Prägung.

Ismaʿil (reg. 1863-1879) setzt die Bemühungen um eine größere Unabhängigkeit von der Pforte fort. Er erreicht, dass zwei imperiale Edikte von 1866 und 1867 erlassen werden, die Ägypten einen größeren rechtlichen Handlungsspielraum geben: 1866 erkauft sich Ismaʿil „durch großzügige Austeilung von Bestechungsgeldern und eine entsprechende Erhöhung des jährlichen Tributs das so lange umkämpfte Recht direkter Erbfolge."[8] Ein Jahr später erlangt er das Recht zur Führung des Phantasietitels eines ‚Khediven'.[9] 1873 erhält Ismaʿil dank einer Verdoppelung des Tributs auf 675.000 Pfund und einer zusätzlichen einmaligen Zahlung in allen politisch relevanten Fragen völlige Selbständigkeit.

Die beiden Fermane von 1866 und 1867 gaben dem Khediven das Recht, selbständig Titel zu verleihen und die ägyptische Armee zu vergrößern. Die Regelung der Thronnachfolge wurde in der Weise abgeändert, dass nun nicht mehr das Prinzip der Seniorität galt, sondern der Primogenitur, so dass Streitigkeiten innerhalb der Dynastie ausgeschlossen werden konnten und die Dynastie sich als Ganzes stabilisierte. Ismaʿil erhielt zudem das Recht, Anleihen selbsttätig aufzunehmen und Verträge mit anderen Staaten zu schließen. Das Ergebnis war: „If Ismaʿil was still an Ottoman viceroy and Egypt a subject province, he and his country were independent in everything but name."[10]

---

7 Fahmy, „Muhammad ʿAli", 176.

8 Wolfgang Mommsen, *Imperialismus in Ägypten. Der Aufstieg der ägyptischen nationalen Bewegung 1805-1956*, München/Wien 1961, 26.

9 Ein Phantasietitel, der wohl am besten als ‚Vizekönig' zu übersetzen ist. – Der Einfachheit halber wird in diesem Beitrag die gesamte Dynastie-Linie von Mehmed ʿAli bis Fuʾad II. als Khediven-Dynastie bezeichnet, auch wenn dieser Titel nur im Zeitraum von 1867 bis 1914 in Gebrauch war. Andere Bezeichnungen wie Dynastie des Mehmed ʿAli sind wenig handlich bzw. es hat sich niemals eine allgemein gebräuchliche Benennung durchgesetzt.

10 F. Robert Hunter, „Egypt under the Successors of Muhammad ʿAli", in: Daly, *Modern Egypt*, 180-197, hier 193.

Die Titel der Machthaber Ägyptens verändern sich über die Jahrzehnte hinweg: Mehmed ʿAli und seine Nachfolger Ibrahim (reg. 1848), ʿAbbas (reg. 1848-1854), Saʿid (reg. 1854-1863) und Ismaʿil (1863-1867) tragen den Titel eines *wali*, also eines osmanischen Provinzgouverneurs. Den Titel eines Khediven tragen Ismaʿil (1867-1879), Tawfiq I. (1879-1892) und ʿAbbas Hilmi II. (1892-1914). Mit der offiziellen Umwandlung Ägyptens in ein britisches Protektorat folgen dem von den Briten im Dezember 1914 abgesetzten ʿAbbas Hilmi II. die beiden *Sultane* Husain Kamil (1914-1917) und Fuʾad I. (1917-1922). Nach der Aufhebung des Protektorats wird Fuʾad I. zum *König* (1922-1936) ernannt. Nach seinem Tod wird der wegen seiner Verschwendungssucht berühmt-berüchtigte Faruq I. (1936-1952) König. Mit dem Putsch der ‚Freien Offiziere' und dem Sturz Faruqs I. wird der letzte der Khediven-Dynastie, der ein halbes Jahr alte Fuʾad II., auf den Thron gesetzt, aber bereits im Jahr darauf, 1953, mit der Gründung der Republik Ägypten, seiner Familie ins Exil nachgeschickt.

Einen korrekten Eindruck des jeweiligen Machtstatus vermitteln die Titel *Wali*, *Khedive*, *Sultan* und *König* nicht: Der *wali* Mehmed ʿAli war in den 1830er Jahren weitaus mächtiger als die beiden *Khediven* Tawfiq und ʿAbbas Hilmi. *Sultan* Husain Kamil wiederum hatte unter den Bedingungen des Ersten Weltkrieges und direkter britischer Herrschaft weitaus weniger Bewegungsfreiheit als der *Khedive* Ismaʿil.

Die Beziehungen der Khediven-Dynastie und der ägyptischen militärisch-administrativen Elite zum osmanischen Zentrum waren verwickelt, zeigen aber im Laufe des 19. Jahrhunderts in eine deutliche Richtung – in die einer Ablösung vom Osmanischen Reich. Auch wenn sich die ägyptische politisch-militärische Führung, neben der alten mamlukischen Elite, zu großen Teilen aus dem osmanischen Offizierskorps rekrutiert, löst sich Ägypten bereits in den 1830er und 1840er Jahren vom Osmanischen Reich. Mehmed ʿAli ist selbst das beste Beispiel hierfür. Bis in das frühe 20. Jahrhundert hinein nahm man aber gegenseitig Bezug aufeinander. Während niemals Heiratsbündnisse zwischen den Osmanen und Herrscherhäusern Westeuropas geschlossen wurden,[11] gab es enge Verflechtungen zwischen den beiden Dynastien der Osmanen und Khediven.[12]

Dieser Beitrag widmet sich nicht dieser noch weitgehend unbekannten späten Beziehungsgeschichte zwischen den beiden Herrscherhäusern der Khediven und Osmanen, sondern er hat ein anderes Anliegen, nämlich zu zeigen, wie Ägypten und das Osmanische Reich im frühen 19. Jahrhundert eine in vielerlei Hinsicht derart parallele Entwicklung durchliefen, dass man von Ägypten als dem *alter ego* des Osmanischen Reiches sprechen kann – und *vice versa*.

---

11 Allerdings schlossen die Osmanen sehr wohl Heiratsbündnisse mit Byzanz, bis zu dessen Vernichtung im 15. Jahrhundert.

12 Zur Fortführung dieser Verbindungen bis in das 20. Jahrhundert siehe Emine Foat Tugay, *Three Centuries: Family Chronicles of Turkey and Egypt*, London 1963.

Alter ego

Ägypten, die Kornkammer Roms und Ostroms, ist für den osmanischen Staat über Jahrhunderte hinweg eine wichtige Einnahmequelle gewesen. Trotz dieser herausragenden wirtschaftlichen Bedeutung gehört Ägypten nicht zu den osmanischen Kerngebieten wie das westliche Anatolien oder die Istanbul nahe gelegenen Provinzen in Südosteuropa. Auch im 19. Jahrhundert stellt Ägypten unter den osmanischen Provinzen einen Sonderfall dar.[13]

Zum einen ist keine andere arabische Kernprovinz dem Osmanischen Reich früher verloren gegangen als Ägypten. Faktische Unabhängigkeit erringt Mehmed ʿAli zur Zeit der griechischen Unabhängigkeitsbewegung in den 1820er Jahren. Mit der Anerkennung der erblichen Herrschaft der Dynastie Mehmed ʿAlis ist Ägypten für das Osmanische Reich verloren. Sultan ʿAbdülhamid II. (1876-1909) betrachtete die osmanische Herrschaft in Ägypten als nur noch ‚nominell' *(lafzi)*.[14]

Zum anderen stellt Ägypten einen besonders verwickelten Fall von Überschichtungen verschiedener Herrschaftsansprüche dar. Das Osmanische Reich, selbst seit dem 19. Jahrhundert einem informellen Imperialismus der europäischen Großmächte unterworfen, war bis 1914 Suzerän über Ägypten. Faktisch war Ägypten mehr oder weniger unabhängig, ohne dass die osmanische *Souveränität* jemals offiziell in Abrede gestellt wurde; sie wurde allerdings zunehmend auf die Ebene einer *Suzeränität* abstrahiert und damit letztendlich gemindert. Das Spiel wiederholte sich, als ab dem Jahr 1882 das Land am Nil unter britischer Herrschaft stand: Auch hier war es im Interesse Großbritanniens, die osmanische Suzeränität zumindest als Fassade stehen zu lassen.

In den 1820er und 1830er Jahren verstand sich Ägypten als eine modernisierte und leistungsfähigere Version des Osmanenreiches und war für die osmanische Staatsführung das einzige scheinbar realistische Vorbild für rasche und erfolgreiche Reformen. Besonders im militärischen Bereich waren sich beide, Ägypten und Osmanisches Reich, gegenseitiges Vorbild: So wies Mehmed ʿAli seinen (vermeintlichen) Sohn und Heerführer Ibrahim Pascha an, diejenigen Strukturen in der Armee einzuführen, die der osmanische Sultan Selim III. (reg. 1789-1807) mehr als zwanzig Jahre zuvor in der osmanischen Armee durchgesetzt hatte.[15] Andererseits äußerte Sultan Mahmud II. (reg. 1808-1839) nach der Vernichtung der Janitscharen 1826 gegenüber dem Vertreter Mehmed ʿAlis in Istanbul, Muhammad Nağib Efendi, dass „nur dank der Reformen von Mehmed ʿAli wir verstanden haben, wie wichtig es ist, die Truppen gemäß moderner Richtlinien zu trainieren".[16]

---

[13] Wiewohl zugegebenermaßen die Zahl der ‚Sonderfälle' unter den Provinzen des Osmanischen Reiches, und dies nicht nur im 19. Jahrhundert, sehr hoch gewesen sein muss.

[14] İsmet Bozdağ, *Abdülhamid'in Hatıra Defteri*, İstanbul 1985, 128.

[15] Fahmy, „Muhammad ʿAli", 154.

[16] Fahmy, „Muhammad ʿAli", 158.

Die Nationalisierung des osmanischen Staates und Militärs, die erst in jungtürkischer Zeit (ab 1908) zum Tragen kam, wurde in Ägypten um mehrere Jahrzehnte vorweggenommen. In den mittleren Jahrzehnten des 19. Jahrhunderts mutierte die supraethnische und osmanisch geprägte Führungsschicht Ägyptens hin zu einer ägyptisch-nationalen Elite. Hinweis auf den ursprünglich osmanischen Charakter der ägyptischen Machtelite ist, dass nicht nur die Korrespondenz zwischen Istanbul und Kairo, sondern auch der interne ägyptische Schriftverkehr zwischen hohen Verwaltungsstellen und im Militär bis in die Regierungszeit von ʿAbbas (1848-1854) in osmanischer Sprache geführt wurde. Zudem herrschte noch bis in die 1840er Jahre hinein eine gewisse Durchlässigkeit zwischen dem ägyptischen und osmanischen Offizierskorps.

Bis weit in das 19. Jahrhundert hinein ist es nicht möglich, ‚die Osmanen'[17] von der ‚indigenen' ägyptischen politisch-administrativ-militärischen Elite eindeutig abzugrenzen.[18] Diese osmanisch-ägyptische Elitenkultur war imperial gesinnt, von einem universalen Reichsgedanken geprägt und nach Istanbul ausgerichtet, aber doch verankert in Alexandria und Kairo, den städtischen Zentren Ägyptens.[19] In der ersten Hälfte des 19. Jahrhunderts bestand die osmanisch-ägyptische Elite (osmanisch: *zevat,* arabisch: *aḏ-ḏawāt*) aus etwa 10.000 Männern und Frauen, die die politischen, wirtschaftlichen, kulturellen und sozialen Ressourcen des Landes für sich monopolisiert hatten:

> „They spoke Ottoman Turkish, their outlook was formed in an Ottoman administrative and military tradition, they dressed and behaved as their counterparts in Istanbul, identified with the empire, but were totally loyal to the house of Muhammad ʿAli, and committed permanently to serving and living in Egypt, unless political circumstances made this impossible."[20]

In der zweiten Hälfte des 19. Jahrhunderts löst sich jedoch eine Gruppe von einigen wenigen Tausend Menschen aus dem gemeinsamen Universum einer ethnisch weitgehend indifferenten osmanischen Elitenkultur, verselbständigt und nationalisiert sich. In dem sich herausbildenden ägyptischen Nationalstaat verpflichten sich die bisher kompartimentalisierten gesellschaftlichen Gruppen – unter der Leitung einer neu formierten Elite – auf das (scheinbar) gemeinsame Ziel eines homogenen Staates. Der osmotische Charakter des ‚Osmane-Seins' in der Elitegruppe ging verloren. Die bisher auf horizontaler Ebene frei flottierende osmanische, im Wesentlichen militärische, Elite verfestigt sich; andererseits eröffnen sich durch die Ideolo-

---

17 Hier nicht zu verstehen als Dynastie, sondern als eine umfassende Bezeichnung derjenigen, die der kosmopolitischen, ethnisch gemischten, aber kulturell homogenen Eliteschicht des Osmanischen Reiches angehörten.

18 Gänzlich anders verhält es sich zum Beispiel mit der intellektuellen und religiösen Elite Ägyptens, die einheitlich arabischsprachig war und sich aus der ägyptischen Bevölkerung rekrutierte.

19 Ehud R. Toledano, „Social and Economic Change in the „Long Nineteenth Century"", in: Daly, *Modern Egypt*, 252-284, hier 265.

20 Toledano, *Long Nineteenth Century*, 264.

gie und Praxis des ägyptischen ‚Nationalstaats' neue, vertikal gerichtete Strukturen der Rekrutierung und Mobilisierung.

Ab der Mitte des 19. Jahrhunderts gilt bereits: Wenn auch die Angehörigen der mamlukisch-osmanischen Elite sich selbst noch als den ‚Einheimischen' überlegen ansehen, so können sie doch nicht mehr länger ‚osmanisch' genannt werden.[21] Sie sind mittlerweile ‚Post-Osmanen' geworden. Saᶜid bezeichnete sich selbst in einer Rede als ‚Ägypter' und äußerte den Wunsch, die Ägypter in solch einer Weise zu erziehen, dass sie nicht mehr auf Nicht-Ägypter angewiesen seien, die seit Jahrhunderten Ägypten und die Ägypter ausgebeutet hätten.[22]

Osmanen und Post-Osmanen

In Darstellungen der ägyptischen Geschichte des 19. Jahrhunderts rückt das Osmanische Reich zunehmend in den Hintergrund. Ein großer Teil der Geschichtsschreibung zu Ägypten im 19. Jahrhundert steuert ohnehin auf den einen Höhepunkt zu: Mit dem ägyptischen Staatsbankrott 1876 beschleunigt sich die Geschichte, um sich zum ᶜUrabi-Aufstand' 1881-1882 aufzuschwingen und in die britische Besetzung Ägyptens von 1882 zu münden.[23] In diesen wenigen Jahren verdichtet sich die Geschichte Ägyptens. Den imperialen Unternehmungen des Khediven Ismaᶜil in den 1870er Jahren mit dem Ziel einer Beherrschung eines afrikanischen Imperiums, das weit über die Grenzen des heutigen Sudans hinausreicht, steht der Staatsbankrott von 1876 gegenüber. Die noch unsicheren Anfänge der ägyptischen Nationalbewegung treffen auf die militärischen, logistischen und politischen Potentiale der hochimperialen Macht Großbritannien. Die Worten und Taten der osmanischen Regierung in Istanbul haben bei all dem so gut wie keine Bedeutung.

Mit der Konsolidierung der britischen Okkupation Ägyptens ab der Mitte der 1880er Jahre, als die anderen europäischen Großmächte den Verbleib Großbritanniens in Ägypten mehr oder weniger hinzunehmen beginnen, entschleunigt sich die ägyptische Geschichte. ‚Weltgeschichtliche', das heißt für die europäische imperiale Geschichte bedeutende Ereignisse, sind allein der Fall Khartoums und der Tod von General Charles George Gordon 1885 und die Zerstörung des Mahdi-Staates durch Kitchener (den *Sirdar* der ägyptischen Armee von 1892 bis 1899) in der Schlacht von Omdurman 1898.

---

21 Hunter, *Successors*, 191 f.

22 Hunter, *Successors*, 192, bezieht sich hier auf eine Passage aus den Memoiren von Ahmad ᶜUrabi, *Muḏakkirāt aṯ-ṯawra al-ᶜurabīya*, Kairo 1954, Bd. 1, 16.

23 Ein gutes Beispiel hierfür ist Mommsen, *Imperialismus in Ägypten*. Entgegen dem sehr weit gefassten zeitlichen Rahmen im Titel des Buches handelt es sich im Wesentlichen um eine Geschichte, die auf die Eskalation der Jahre 1881-1882 zuläuft.

Nur kurz erlangt die osmanische Beteiligung an der internationalen Politik zu und in Ägypten noch einmal eine gewisse Prominenz. Im Frühherbst 1885 entscheidet der damalige britische Außenminister Salisbury, Sir Henry Drummond Wolff als *Envoy Extraordinary* und *Minister Plenipotentiary* nach Kairo und Istanbul zu entsenden, um über eine Evakuation Ägyptens zu verhandeln. Der Auftrag Wolffs ist es, den Einfluss Großbritanniens zu erhalten und zugleich für eine handlungsfähige ägyptische Regierung zu sorgen. Die Osmanen sollen eine militärische Rolle im Sudan erhalten.

Im Oktober 1885 unterzeichnet Wolff mit dem osmanischen Außenminister eine Vereinbarung, dass ein britischer Hochkommissar, nämlich Wolff selbst, und ein osmanischer Hochkommissar in der Person von Gazi Ahmed Muhtar Pascha gemeinsam in Kairo Vorbereitungen für die Reorganisation der ägyptischen Armee treffen und Mittel zur ‚Beruhigung' des Sudan mit friedlichen Mitteln finden sollen.[24] Abschließend sollen sie einen Vertrag ausarbeiten, um zu einem Einverständnis über den Abzug der britischen Truppen in einem absehbaren Zeitraum zu kommen. Gazi Ahmed Muhtar Pascha kommt im Dezember 1885 in seiner Eigenschaft als ‚außerordentlicher Kommissar' *(fevkalade komiser)* in Kairo an – um erst 1908 wieder nach Istanbul zurückzukehren.

Den lang erwarteten Vertrag unterzeichnen Wolff und der osmanische Außenminister am 22. Mai 1887. Ahmed Muhtar war in Kairo geblieben und schon lange nicht mehr an den Verhandlungen beteiligt. Laut Vertrag sollte Großbritannien seine Truppen innerhalb von drei Jahren aus Ägypten zurückziehen, sofern nicht ein ‚Anzeichen von Gefahr' in innen- und außenpolitischer Hinsicht droht. Unter französischem und russischem Druck macht der Sultan einen Rückzieher. Er bittet Salisbury, die Verhandlungen zu einigen der wichtigsten Vertragsbestimmungen neu zu beginnen. Salisbury gesteht eine 15tägige Verlängerung zu. Als diese Frist ausläuft, fordert er Wolff Mitte Juli 1887 zur Rückkehr nach London auf. Damit sind mit einem Male die gesamte Wolff-Mission und alle damit zusammenhängenden Pläne gestorben.[25]

Ahmed Muhtar wird von ʿAbdülhamid II. nach dem Scheitern der Wolff-Mission nicht nach Istanbul zurückberufen, sondern angewiesen in Kairo zu bleiben. Sein Status wird dabei in den folgenden zwanzig Jahren weder von britischer noch ägyptischer Seite offiziell anerkannt. Man kann sagen, der ‚letzte Osmane' in Ägypten von Bedeutung ist eben dieser Gazi Ahmed Muhtar gewesen.

Ahmed Muhtar, 1839 in Bursa in Westanatolien geboren, entstammt einer türkischen Familie. Nach einer militärischen Ausbildung in Bursa und Istanbul und einer kurzen Tätigkeit als Lehrer an der Militärakademie in Istanbul setzen mit seiner ersten Entsendung nach Bosnien um 1864 zwei Dekaden ständiger

24 Roger Owen, *Lord Cromer. Victorian Imperialist, Edwardian Proconsul,* Oxford u. a. 2004, 215 ff.

25 Owen, *Lord Cromer*, 224 f.

Abordnungen und Aufgaben im militärischen, zivilen und diplomatischen Bereich ein. Auch wenn die einzelnen Etappen seiner Diensttätigkeit nicht immer ganz klar sind, so ergibt sich eine geradezu atemberaubende Folge von Ernennungen und Aufgaben.[26]

Mit der Entsendung als osmanischer Sonderkommissar 1885 nach Ägypten scheint sich der Reigen der ehrenvollen und vielfältigen Aufgaben fortzusetzen, nur um mit dem mehr als zwanzigjährigen Schattenamt eines von niemandem als den Osmanen anerkannten Hochkommissariats zu einem abrupten Ende zu kommen. Sultan ᶜAbdülhamid II. hoffte offensichtlich, über Ahmed Muhtar seinen Einfluss in Ägypten aufrechtzuerhalten und wollte ihn zugleich in einer Art Exil halten.[27] Mit der jungtürkischen Revolution kann Ahmed Muhtar nach Istanbul zurückkehren, nach nahezu 25 Jahren unablässigen Dienstes in Ägypten. Er lässt seinen Chefsekretär, Mustafa Nuri Bey, als „Stellvertreter des Außerordentlichen Kommissars in Ägypten" *(Mısır Fevkalade Komiser Vekili)* zurück. Am 13. August 1908 meldet der britische Botschafter in Istanbul, Graham, dass Ahmed Muhtar von seiner Position als Hochkommissar zurückgetreten sei.[28] Angesichts ägyptischer und britischer Obstruktionen verzichtet die osmanische Regierung auf den Versuch, einen weiteren ‚Hochkommissar' nach Kairo zu entsenden. Die osmanische Präsenz am Nil ist damit so gut wie beendet.

Die Ämter, die Ahmet Muhtar nach seiner Rückkehr nach Istanbul einnimmt, sind nicht mehr von großer Bedeutung. Seine Karriere erfährt zwar im Juli 1912 ihre formelle Krönung durch die Ernennung zum Großwesir; bereits im Oktober desselben Jahres muss er aber nach der desaströsen Niederlage im Ersten Balkankrieg zurücktreten. Ahmed Muhtar zieht sich danach – in der Zeit der unangefochtenen Herrschaft durch die Jungtürken – aus der Politik zurück und stirbt zurückgezogen 1917. Die Verbindungen Ahmed Muhtars nach Ägypten hielten über seine Rückkehr nach Istanbul hinaus an. 1896 heiratet sein Sohn Mahmud Muhtar Bey Prinzession Niᶜmet, die jüngste Tochter des Khediven Ismaᶜil. Die aus dieser Ehe hervorgegangene Tochter Emine schildert in ihren Erinnerungen ausführlich die

---

26 Zur Abfolge dieser zahlreichen Positionen siehe Tugay, *Three Centuries*, 9-26. Auf die dort angegebenen Jahreszahlen, die die Enkeltochter von Ahmed Muhtar offensichtlich aufgrund von mündlichen Berichten zusammengestellt hat, ist nicht immer Verlass.

27 Maḥmūd Muḫtār, *Evènements d'Orient*, Paris 1908, 192 f. – Mahmud Muhtar (1866-1935), Sohn von Ahmed Muhtar, war selbst wiederum osmanischer General. Er heiratete 1896 Prinzessin Nimet, die jüngste Tochter des Khediven Ismail. Emine Tugay, Tochter von Mahmud Muhtar und Nimet, äußert sich in ihren Erinnerungen ausführlich über ihren Vater; siehe Tugay, *Three Centuries*, 53 ff.

28 PRO FO 371/452. Nach osmanischen Akten (BBA IEMM (İrade Eyalat-ı Mümtaze Mısır) 1880, 4. Muharrem 1327 = 26. Januar 1909) zu urteilen, wurde Ahmed Muhtars Demission Anfang 1909 offiziell angenommen. Zugleich sollte nach diesem Erlass Mustafa Nuri Bey vorerst die Pflichten von Ahmed Muhtar in Kairo erfüllen; alle Angaben nach Peri Oded, „Ottoman Symbolism in British-Occupied Egypt, 1882–1909", *Middle Eastern Studies*, 41,1 (2005), 104-120, hier 119, Endnote 59.

zahlreichen engen verwandtschaftlichen Beziehungen zwischen der Khediven-Dynastie und dem, wenn man so sagen darf, ‚osmanischen Hochadel'.[29]

Historiker neigen immer dazu, die Periode, mit der sie sich gerade besonders ausgiebig beschäftigen, als ‚entscheidend', als ‚Umbruchphase' und so weiter zu bezeichnen. Für die Jahre 1885-1908 lässt sich das für Ägypten mit gutem Gewissen nicht behaupten. Die Periode wird dominiert von Sir Evelyn Baring, ab 1892 Lord Cromer, der von 1882 bis 1907 als britischer Generalkonsul in Ägypten residiert. Ahmed Muhtar verblasst völlig gegenüber der dominierenden Figur Cromers; angesichts der Machtverhältnisse muss das nicht verwundern.

Diese 25 Jahre von 1882 bis 1907 sind ruhige, ja bleierne Jahre, wenn es um politische Mobilisierung und Partizipation geht. Cromer steigt zum unerklärten und bis kurz vor seinem Abschied unumstrittenen *proconsul* Ägyptens auf. Dem wirtschaftlichen Erfolg seiner Regierungszeit steht gleichzeitig soziale und politische Stagnation gegenüber.

Die Cromerschen Jahren in Ägypten entsprechen, wenn man Cromers erste Zeit der Anwesenheit in Ägypten hinzunimmt,[30] weitgehend der Regierungszeit ʿAbdülhamids II. (reg. 1876-1909), die durch eine weitgehend erfolgreiche Außenpolitik, aber einen autoritären, ja repressiven Regierungsstil gekennzeichnet ist. Mit der Schließung des ersten osmanischen Parlaments 1878 setzt eine Periode eines hamidischen ‚Spätabsolutismus' ein, die bis 1908 währen wird. In diesem Sinne wäre Cromers ‚Prokonsulat' in Ägypten weniger mit den Botschaftern der europäischen Großmächte in Istanbul zu vergleichen als mit dem osmanischen Sultanat.

Das unbekannte osmanische Erbe

Ägypten löst sich, wie wir bereits gesehen haben, weitaus früher als die restlichen arabischen Herrschaftsgebiete (heutiges Palästina, Libanon, Syrien, Jordanien, Irak usw.) aus dem osmanischen Herrschaftsverbund. Ägypten ist aber in keiner Weise mit den nationalen Unabhängigkeitsbestrebungen in den osmanischen Provinzen Südosteuropas vergleichbar: Die vollständig neuen Eliten der vom Osmanischen Reich im 19. Jahrhundert abfallenden christlichen Staaten in Südosteuropa wie Griechenland, Serbien und Bulgarien betrachteten die Konfrontation mit den Osmanen geradezu als ihre Mission und ihre historische Rechtfertigung.[31] Eine ähnliche negative Sicht des osmanischen Erbes hat sich in der arabischen Welt in der

---

29 Tugay, *Three Centuries*; siehe auch als eine weitere Familiengeschichte Hassan Hassan, *In the House of Muhammad Ali: A Family Album, 1805–1952,* Kairo 2000.

30 In den Jahren 1877-1880 war Baring aus Indien abgeordnet worden, um bei der Regelung der ägyptischen Schuldenkrise die britischen Interessen zu vertreten.

31 Gunnar Hering, „Die Osmanenzeit im Selbstverständnis der Völker Südosteuropas", in: Hans Georg Majer (Hg.), *Die Staaten Südosteuropas und die Osmanen,* München 1989, 355-380, passim, besonders aber 357.

Hochzeit des arabischen Nationalismus um die Mitte des 20. Jahrhundert durchgesetzt, war aber immer gemindert durch das Zugeständnis, dass die osmanischen Herrscher immerhin Muslime waren. Zudem waren in einigen der nach dem Ersten Weltkrieg entstehenden arabischen Nachfolgestaaten des Osmanischen Reiches, vor allem im Irak und in Syrien, Teile der gesellschaftlichen Elite noch in osmanischen Institutionen ausgebildet und sozialisiert worden.

1974 erregte ein Vortrag des angesehenen Historikers Albert Hourani über die kulturelle und politische Hinterlassenschaft des Osmanischen Reiches im Nahen Osten Aufsehen, weil er einer rein negativen Beurteilung der osmanischen Herrschaft in den arabischen Ländern eine Absage erteilte. Er wandte sich gegen die allgemein von arabischen Historikern angeführte Rechtfertigung, dass die arabische Historiographie die osmanische Zeit ignorieren könne und dürfe, weil die Araber zu dieser Zeit von den Türken aus der Geschichte ausgeschaltet worden wären und die Stagnation der arabischen Welt verursacht hätten: „So simple and sweeping a view will not stand up to close examination. Anyone who has travelled in the lands which the Turks once ruled – not only what we call now Turkey, but the Balkans, the Arab Near East and North African coast – must have noticed how deep the Ottoman impress went and how lasting is the unity it has imposed on many different countries and peoples (...)."[32]

Historiker aus dem Maghreb neigen grundsätzlich zu einer insgesamt versöhnlicheren Sicht des osmanischen Erbes. So empfahl der tunesische Historiker Abdeljelil Temimi, den bisher in der arabischen Historiographie verwendeten Begriff *colonisation / isti*ᶜ*mār* durch *présence ottomane / wuǧūd* ᶜ*uṯmānī* zu ersetzen.[33]

Abgesehen von diesen verdienstvollen Bemühungen um eine ausgewogenere Betrachtung des osmanischen Erbes hat ab Mitte der 1970er Jahre eine Ausrichtung an Gewicht gewonnen, die den islamischen Charakter des Osmanischen Reiches betont und insbesondere Sultan ᶜAbdülhamid II. einen herausgehobenen Platz zuweist. Diese islamisierend-revisionistische Richtung verwirft nicht die Positionen der nationalistisch-säkularen Historiographie der vorangehenden Jahrzehnte, aber ihre Deutung des Osmanischen Reiches ist nun deutlich positiv gewendet.

Dennoch hat die osmanische Geschichte in der kollektiven Erinnerung der arabischen Gesellschaften nur wenige – und wenn: dann vornehmlich unliebsame – Spuren hinterlassen. Dabei sind die Hinterlassenschaften allzu offensichtlich: Von der osmanischen Eroberung Ägyptens bis zur napoleonischen Expedition wurden in Kairo insgesamt 77 Moschen und 118 Brunnen *(sabil;* gedacht zur Versorgung eines Stadtviertels mit Wasser) errichtet.[34]

---

32 Albert Hourani, *The Ottoman Background of the Modern Middle East,* London 1970, 2.

33 Abdeljelil Temimi, „Arabes et Turcs dans le cadre de l'Empire ottoman", *Revue d'Histoire Maghrebine,* 17-18 (1980), 75-77, hier 76.

34 Daniel Crecelius, „Egypt in the Eighteenth Century", in: Daly, *Modern Egypt*, 59-86, hier 77.

Die Gründe für diese Amnesie reichen zurück in das frühe nationalistische Zeitalter der nach dem Ersten Weltkrieg entstehenden ‚Nationalstaaten' in der arabischen Welt. So hat die Elite Ägyptens des frühen 20. Jahrhunderts, führend unter ihnen vor allem König Fuʾad (reg. 1922-1936), in einem kollektiven Akt ihre osmanische Vergangenheit verdrängt. Die Khedivendynastie musste ihre Vergangenheit vergessen, um ihre Gegenwart zu retten – die dann aber 1953 auch schon wieder Vergangenheit war.

Ehud Toledano hat eindringlich beschrieben, wie die osmanische Geschichte Ägyptens verdrängt wird, indem man die moderne Geschichte Ägyptens mit der Landung Napoleons beginnen lässt und die osmanische Periode einem ägyptischen Mittelalter zwischen den Mamluken und dem Beginn des nationalen Zeitalters im 19. Jahrhundert zuordnet.[35] Aus *Mehmed ʿAli*, einem osmanischen Offizier, der durch die Zufälle der Geschichte nach Ägypten gespült wird und sich eine lokale Herrschaft aufbaut, wird in der historischen Erinnerung Ägyptens *Muhammad ʿAli*, Begründer der modernen ägyptischen Nation. Die Muhammad ʿAli-Moschee auf der Zitadelle von Kairo, heute als ein Wahrzeichen der Anfänge des modernen Nationalstaates Ägypten verstanden, wurde 1849 unter ʿAbbas I. fertiggestellt und von ihm als Mecidiye-Moschee' eröffnet, benannt nach dem damals regierenden osmanischen Sultan ʿAbdülmecid (reg. 1839-1861).[36]

Wir haben bereits gesehen, wie sehr in der Zeit des ägyptischen Nationalstaates das osmanische Erbe zur Seite gedrängt, ja verdrängt wurde. In demographischer Hinsicht aber waren die Osmanen immer nur eine kleine Gruppe und mit der Loslösung Ägyptens ab dem 19. Jahrhundert hatte Istanbul eigentlich keine ‚Lobby' in Ägypten, die für seine Interessen gekämpft hätte. Die Handlungsmöglichkeiten osmanischer Politik in Ägypten selbst waren sehr begrenzt und sind im Detail von der Forschung noch gar nicht erschlossen worden. Wenn die Wahrung der osmanischen Suzeränität vielen Beteiligten zupass kam, so trafen sich die meisten wiederum darin, der osmanischen Politik jede Handlungsfreiheit in Ägypten zu verweigern. Als die Pforte die Gelegenheit der Regierungskrise 1879 nutzen wollte, um ihren Einfluss auszudehnen, traf sie auf den Widerstand der ansonsten verfeindeten Parteiungen.[37] Nur einige Intellektuelle, wie Mustafa Kamil (1874-1908), enttäuscht

---

35 Ehud Toledano, „Forgetting Egypt's Ottoman Past", in: Jayne L. Warner (Hg), *Cultural Horizons. A Festschrift in Honor of Talat S. Halman*, Syracuse/N.Y. 2001, 150-167, hier 155. Muḥammad Anīs, einer der bedeutendsten ägyptischen Historiker des 20. Jahrhunderts, unterscheidet in seinem Buch *Madrasat at-taʾrīḫ al-miṣrī fī l-ʿaṣr al-ʿuṯmānī* (Kairo 1962) zwischen der Geschichte Ägyptens in der osmanischen Epoche und der ägyptischen Geschichte im 19. Jahrhundert, und akzeptiert damit die Invasion Napoleons als das entscheidende Ereignis, das die Moderne im Nahen Osten einleitet.

36 Toledano, „Forgetting", 161.

37 Mommsen, *Imperialismus in Ägypten*, 65.

von der Politik der europäischen Großmächte, suchten im Osmanischen Reich einen Verbündeten.[38]

Wenn auch Ägypten sich früher als die anderen arabischen Kernprovinzen im Verlaufe des 19. Jahrhunderts aus dem Osmanischen Reich löst und wenn auch das osmanische Erbe in Ägypten – mit tatkräftiger Hilfe der Khedivendynastie – verdrängt wurde, so muss man doch festhalten, dass die bis 1953 amtierenden Khediven die am längsten existierende ‚osmanische' Dynastie gewesen sind und dass ihre Existenz im 20. Jahrhundert unter diesem Blickwinkel noch zu erforschen sein wird.

[38] Mustafa Kamil wurde 1904 vom osmanischen Sultan sogar der hohe Ehrentitel eines Paschas verliehen. Mustafa Kamil, *Lettres égyptiennes françaises: adressées à Juliette Adam, 1895-1908,* Kairo 1909, 124.

In usbekischer Gesellschaft: Zur Bedeutung von sozialen Beziehungen der Usbeken in Istanbul

Anke Bentzin, Berlin

Fragt man Mitglieder der usbekischen Gemeinde in Istanbul ganz allgemein, worin sie Unterschiede zwischen der eigenen Gruppe und der türkischen Gesellschaft sehen, betonen sie das gesamttürkische Element sowie die sprachlichen, kulturellen und konfessionellen Gemeinsamkeiten zwischen türkischer und usbekischer Lebenswelt.[1] Als Sunniten hanafitischer Rechtsschule und als Angehörige der Gruppe der Turkvölker sehen sie sich insbesondere in Bezug auf Religion, Kultur und Sprache[2] in Übereinstimmung mit der Mehrheit der Bevölkerung der Türkei.

Angesichts der Akzentuierung der Übereinstimmungen erscheint es umso interessanter, der Frage nachzugehen, ob – und wenn dem so ist – in welchen Bereichen Abgrenzungen der in Istanbul lebenden usbekischen Migranten einerseits zur türkischen Gesellschaft und andererseits zu ihrer Herkunftsregion festzustellen sind. Wie die folgenden Ausführungen veranschaulichen werden, gibt es durchaus von den usbekischen Migranten in Istanbul empfundene Unterschiede zwischen ihrem eigenen Bewusstsein und einigen gesellschaftlich-kulturellen Elementen sowohl in der der Türkei als auch der Herkunftsregion. Diese Divergenzen und damit auch ‚die usbekische Identität' dieser Migrantengruppe drücken sich am prägnantesten im Bereich der sozialen Beziehungen aus. Drei Aspekte, die sich in diesem Zusammenhang als wesentlich herauskristallisiert haben, werden im vorliegenden Aufsatz analysiert: die Bedeutung des Konzepts von Respekt und Ehrerbietung (*saygı*), die usbekische Gemeinde als Netzwerk und die Esskultur.

Dem voran geht einleitend eine zusammenfassende Darstellung des soziopolitischen Migrationshintergrunds und eine kurze Vorstellung der im Zentrum dieses Beitrags stehenden Gruppe.

---

1 Die Ausführungen in diesem Beitrag basieren auf den zwischen 2000 und 2002 in Istanbul durchgeführten Feldforschungen in der Gruppe der vor den 1980er Jahren eingewanderten Usbeken. Ein Teil der im Forschungsprozess mit Mitgliedern dieser Gruppe geführten Interviews ist als eine wesentliche Quelle für den vorliegenden Aufsatz herangezogen worden.

2 Ihrer Wahrnehmung und Argumentation, dass der Unterschied zwischen Usbekisch und Türkeitürkisch lediglich gering sei, verleihen die von mir befragten Istanbuler Usbeken Ausdruck, indem sie die usbekische Sprache als usbekisches Türkisch (*Özbek Türkçesi*) oder als usbekischen Dialekt (*Özbek lehçesi*) bezeichnen.

Usbeken in der Türkei und in Istanbul[3]

Die usbekische Gemeinde in der Türkei setzt sich aus Gruppen zusammen, die zu verschiedenen Zeitpunkten und unter unterschiedlichen Umständen einwanderten und der Gemeinde ihre Heterogenität verleihen. Der vorliegende Beitrag konzentriert sich auf die Gruppe der usbekischen Migranten und ihrer Nachfahren, die vor den 1980er Jahren in die Türkei kamen.[4] Die Gruppe favorisiert als Eigenbezeichnung *Türkistanlı*. Unter dem Oberbegriff *Türkistanlı* (aus Türkistan stammend) subsumieren sich neben den Usbeken auch die aus Türkistan in die Türkei eingewanderten türksprachigen Kasachen, Kirgisen und Uighuren. Konkrete und verlässliche statistische Daten über ihre Größe liegen nicht vor. Vielmehr variieren die Angaben z. T. stark. Die Schätzungen der türkistanischen Gemeinden, denen zufolge 150 000 Türkistaner in der Türkei leben, sind gewiss zu hoch gegriffen.[5] Eine in der Republik Usbekistan erschienene Monografie über die im Ausland lebenden Usbeken spricht von 20 000 bis 175 000 Usbeken in der Türkei.[6] Lowell Bezanis' Angabe von 50 000 Migranten aus West-Türkistan entspricht der realen Situation vermutlich am ehesten. Man kann davon ausgehen, dass es sich dabei mehrheitlich um Usbeken handelt.[7]

---

3 Zu einer etwas ausführlicheren Zusammenfassung des historisch-politischen Hintergrunds der Migration von Usbeken in die Türkei siehe Anke Bentzin, „Zwischen türkischer, turkestanischer und usbekischer Identität? Usbekische Migranten in Istanbul", in: Barbara Pusch/Tomas Wilkoszewski (Hg.), *Facetten internationaler Migration in die Türkei: Gesellschaftliche Rahmenbedingungen und persönliche Lebenswelten*, Würzburg 2008, 235-248.

4 Der vorliegende Aufsatz berücksichtigt weder die Anfang der 1980er Jahre aufgenommenen Flüchtlinge aus Afghanistan noch die Usbeken, die seit der Unabhängigkeit in die Türkei kamen. Ein 1982 verabschiedetes Gesetz (Nr. 2641) ebnete den Weg für die Aufnahme von Afghanistan-Flüchtlingen türkischer Herkunft aus pakistanischen Flüchtlingslagern. Im August 1982 beschloss die türkische Regierung, ca. 4 350 Flüchtlinge türkischer Herkunft aus Pakistan aufzunehmen; siehe Ingvar Svanberg, „Turkistani Refugees", in: Peter Alford Andrews (Hg.), *Ethnic Groups in the Republic of Turkey*, Wiesbaden 1989, 591-601, hier 599; Debra Denker, „The Last Migration of the Kirghiz of Afghanistan?", *Central Asian Survey* 2,3 (1983), 89-98, hier 89. Die seit der Unabhängigkeit Usbekistans in die Türkei kommenden Usbeken, sind mehrheitlich Transmigranten. Unter ihnen sind Studenten, die zum Studium in die Türkei gekommen waren, und aus Furcht vor dem Einfluss der seinerzeit im türkischen Exil lebenden usbekischen Oppositionellen (Muhammad Salih und Abdurrahim Polat) von der usbekischen Regierung zurückgerufen wurden. Die Mehrheit der heute mit einem Touristenvisum in die Türkei einreisenden Usbeken kommt zum Arbeiten. Viele dieser Usbeken betreiben den sogenannten Kofferhandel, einige arbeiten in Geschäften der in Istanbul ansässigen Usbeken oder als Haushaltshilfe und als Kindermädchen in den usbekischen Familien, um deren Kinder in der usbekischen Sprache zu unterrichten. Auch unter den Afghanistan-Flüchtlingen der letzten Jahre sind Usbeken. Diese Migranten versuchen, über die Türkei nach Europa zu gelangen.

5 Timur Kocaoğlu, „Turkistan abroad: The political migration – From the Soviet & Chinese Central Asia (1918-1997)", in: Hisao Komatsu/Chika Obiya/John S. Schoeberlein (Hg.), *Migration in Central Asia: Its history and current problems*, Osaka 2000.

6 Sh. A. Hayitov/N. S. Sobirov/ A. S. Legai, *Xorijdagi O'zbeklar*. Taschkent 1992.

7 Lowell Bezanis, „Soviet Muslim Emigrés in the Republic of Turkey", *Central Asian Survey*, 13 (1994), 59-180.

Vereinzelt kamen Usbeken bereits im 19. Jahrhundert nach Istanbul. In der Regel handelte es sich hierbei um Pilger auf der Rückreise von Mekka, die sich dauerhaft am Bosporus niederließen.[8] In größerer Zahl begann die Einwanderung von Usbeken in das Osmanische Reich bzw. in die junge türkische Republik im ersten Drittel des 20. Jahrhunderts mit einer Gruppe von politischen Aktivisten, Studenten und Akademikern, die zur Ausbildung in die Türkei delegiert worden waren. Die Entwicklungen in der Heimat veranlassten etliche von ihnen, nicht zurückzukehren, sondern entweder in der Türkei oder in anderen europäischen Staaten zu bleiben bzw. von dort in die Türkei zu ziehen.[9] Mehrere dieser ersten Migranten aus Türkistan nahmen rege am akademischen, geistigen und publizistischen Leben des Osmanischen Reiches und der Republik Türkei teil.[10] Nach dem II. Weltkrieg zogen aus Deutschland ungefähr 100 türkistanische Familien in die Türkei. Sie waren nach Deutschland als Studenten[11], als Flüchtlinge vor der Sowjetmacht oder als Kriegsgefangene[12] gelangt.

Die Mehrzahl der in der Türkei lebenden Usbeken ist aus Afghanistan eingewandert. 1952 kam die erste größere von dort über Pakistan bzw. Indien eingewanderte Gruppe. Es handelte sich um Usbeken, die oder deren Familien ihr Heim zuvor, zwischen 1916 und den 1930er Jahren, in Richtung Nord-Afghanistan verlassen und sich in den dort, vorrangig im Norden und in den bereits von Usbeken

---

8 Viele Mekka-Pilger wählten eine Route, die sie über Istanbul führte, um dort die Grabstelle des Prophetengefährten Abu Ayyub al-Ansari, dessen Grab nach Mekka, Medina und Jerusalem als die viertwichtigste islamische Pilgerstätte gilt. Davon zeugen auch das *Buhara Tekkesi, Özbekler Tekkesi* und mindestens ein weiteres Tekke, die für türkistanische Pilger und Händler während der osmanischen Ära in Istanbul errichtet wurden.

9 Bezanis, „Soviet Muslim Emigrés", 159; Kocaoğlu, „Turkistan abroad", 119; Ahmet Salih Bıcakçı, *Özbek Milli Kimliğin Muhafazı.* Istanbul 1996 (unveröffentlichte Magisterarbeit, Marmara Üniversitesi/Sosyal Bilimler Enstitüsü), 35 ff.

10 Mit dem Wirken dieser Gruppe der politisch und publizistisch aktiven Türkistaner befassen sich mehrere Veröffentlichungen, z. B. Volker Adam, *Rußlandmuslime in Istanbul am Vorabend des Ersten Weltkrieges. Die Berichterstattung osmanischer Periodika über Rußland und Zentralasien,* Frankfurt u. a. 2002; Ahat Andican, *Cedidizm'den Bağımsızlığa Hariçte Türkistan Mücadelesi,* Istanbul 2003; Timur Kocaoğlu, „A National Identity Abroad: The Turkistani Emigré Press (1927-1997)", *Central Asia Monitor,* 1 (1998), 21-24; Timur Kocaoğlu, „Türkistanlı Göçmenlerin Siyasî Faaliyetleri Tarihine Kısa Bir Bakış", in: Rasim Ekşi/Erol Cihangir (Hg.), *Dr. Baymirza Hayit Armağanı,* Istanbul 1999, 159-169; Kocaoğlu, „Turkistan abroad"; Bezanis, „Soviet Muslim Emigrés".

11 Zu Schülern und Studenten aus Buchara, die sich zwischen 1922 und 1925 in Deutschland zur Ausbildung aufhielten, siehe Dov. B. Yaroshevski, „Bukharan Students in Germany, 1922-1925", in: Ingeborg Baldauf/Michael Friederich (Hg.), *Bamberger Zentralasienstudien. Konferenzakten ESCAS IV. Bamberg 8.-12. Oktober 1991,* Berlin 1994, 271-278.

12 Viele von ihnen hatten in der Türkistanischen Legion der Wehrmacht gedient. Obwohl das im Februar 1945 geschlossene Abkommen von Jalta ihre Ausweisung aus Europa und ihre Rückführung in die UdSSR verlangte, waren einige von ihnen in europäischen Flüchtlingslagern, andere in West-Deutschland geblieben und von dort später in die Türkei gezogen. Siehe dazu Patrik von zur Mühlen, *Zwischen Hakenkreuz und Sowjetstern. Der Nationalismus der sowjetischen Orientvölker im Zweiten Weltkrieg,* Düsseldorf 1971.

besiedelten Gebieten niedergelassen hatten.[13] Unter ihnen waren hauptsächlich Angehörige der religiösen und intellektuellen Elite, wohlhabende und Land besitzende Familien, die sich nicht mit dem neuen sowjetischen Regime arrangieren wollten und die Verlierer der Kollektivierung waren sowie viele Familien, deren Angehörige aktiv am bewaffneten Kampf gegen die Sowjetunion beteiligt waren (*Basmacı*). Sie flohen vor Verfolgung, Deportation, Kollektivierung, anti-religiösen Maßnahmen oder vor Hungersnöten. Die Erfahrung der Flucht aus der Heimat sowie des Verlustes von Angehörigen und Besitz hat sich tief in das kollektive Gedächtnis dieser Gruppe eingeprägt. Türkischen Quellen zufolge sollen zwischen 1950 und 1958 aus Türkistan 884 Familien (2 688 Personen) in die Türkei eingewandert sein.[14] Diese türkischstämmigen Einwanderer gehören zu den Migrantengruppen, deren Einwanderung der Konsolidierung und Homogenisierung des türkischen Nationalstaates dienen sollte. Türkische Quellen erwähnen eine Reihe von Maßnahmen des türkischen Staates, die diesen Flüchtlingen den Neubeginn erleichtern sollten. So wurde ihnen schon bald nach ihrer Ankunft die türkische Staatsangehörigkeit zuerkannt und ihre berufliche Integration mit ‚Integrations-Kursen' gefördert.[15]

In Istanbul leben die Usbeken mehrheitlich in den Stadtteilen Merter, Güngören, Güneşli, Ataköy, Bakırköy, Zeytinburnu und Bahçelievler, die sich alle im europäischen Teil und in unmittelbarer Nähe zueinander befinden. Während die ersten usbekischen Migranten Studenten, Lehrer und Verwaltungsbeamte waren, arbeiteten die in den 1950er und 1980er Jahren eingewanderten Usbeken zumeist als Handwerker und Händler, die in den türkischen Siedlungsgebieten Handel und Landwirtschaft zu treiben begannen. Die Istanbuler Usbeken sind heute vor allem in akademischen Berufen oder im Handel – häufig im Bereich der Textilwaren – tätig. Sie betreiben aber auch Apotheken, Baufirmen und Werkstätten. Die Mehrzahl der usbekischen Familien in Istanbul gehört der türkischen Mittelschicht an. Bildung hat eine große Bedeutung innerhalb der Gemeinde. Eine solide Ausbildung impliziert sozialen Aufstieg und Anerkennung über die eigene Gruppe hinaus.

---

13 Zu usbekischen Flüchtlingen in Afghanistan siehe Audrey C. Shalinsky, „History as Self-Image: The Case of Central Asian Emigres in Afghanistan", *Journal of South Asian and Middle Eastern Studies,* 3 (1979), 7-19; David C. Montgomery, „The Uzbeks in Two States: Soviet and Afghan Policies Toward an Ethnic Minority", in: William O. McCagg/Brian D. Silver (Hg.), *Soviet Asian Ethnic Frontiers*, New York u. a. 1979, 147-173; Eden Naby, „The Uzbeks in Afghanistan", *Central Asian Survey,* 3 (1984), 1-21, und Gabriele Rasuly-Paleczek, „Ethnic Identity versus Nationalims: The Uzbeks of North-Eastern Afghanistan and the Afghan State", in: Touraj Atabaki/John O'Kane (Hg.), *Post-Soviet Central Asia*, London, New York 1998, 204-230.

14 Galip Adatepe, „Settlement Measures Taken in Turkey and Improvements Made in that Field", *Integration,* 6 (1959), 190-197, 194.

15 Adatepe, „Settlement", 191; Naim Öktem, „Die Einwanderung der türkistanischen und idil-uralischen Türken in die Türkei", *Integration,* 6 (1959), 208-214.

Respekt und Ehrerbietung: saygı

„Bei uns ist die Achtung größer. Beispielsweise halten wir uns vor unseren Älteren sehr respektvoll zurück. Die Ehrerbietung ist bei uns größer." (Halide)

Als den entscheidenden Unterschied zu Türkeitürken führten die von mir interviewten Istanbuler Usbeken die größere Bedeutung von Respekt und Ehrerbietung (*saygı*) in der usbekischen Gesellschaft an. *Saygı* ist, so formuliert es eine Interviewpartnerin,

„... eines der wichtigsten Themen. Wie auch immer die Bedingungen sein mögen, alle sind stets liebe- und respektvoll." (Muazzam 1)

Dieses ethische Konzept, das die Beziehungen der Jüngeren zu den Älteren organisiert, ist gleichfalls in der traditionellen islamisch-türkischen Kultur fest verankert. Das Verständnis der usbekischen Migranten von *saygı* entspricht dem, was beispielsweise der Anthropologe Werner Schiffauer im ländlichen Kontext der Türkei Ende der 1970er und Anfang der 1980er Jahre beobachten konnte. *Saygı* sei „weniger ein Gefühl" als mehr „eine umfassende Verpflichtung, die neben Gehorsam und Respekt auch die Verpflichtung der Unterstützung im Alter umfasst und die durch zahlreiche und detaillierte Handlungsvorschriften ausgedrückt wird".[16] Dazu gehört, nicht in Gegenwart des Vaters zu rauchen, ihm nicht zu widersprechen, nicht entspannt zu sitzen, wenn der Vater im Raum ist und in Anwesenheit Dritter zu schweigen.[17]

Aus den Interviews geht hervor, dass neben der Gastfreundschaft das innerfamiliäre und intergenerative Verhältnis die Verhaltensaspekte sind, hinsichtlich derer die Migranten am deutlichsten Unterschiede zur türkischen Gesellschaft sehen. Den Eltern ist sehr wichtig, ihren Kindern zu vermitteln, dass ihre usbekische bzw. türkistanische Herkunft zu einem bestimmten moralischen Verhalten verpflichte. Dies impliziert, sich in Anwesenheit von Gästen „anständig zu kleiden", „ordentlich zu sitzen", dass sogar Ehepartner „keinen vertraulichen Umgang" miteinander zeigen und dass Kinder das Gespräch der Erwachsenen weder unterbrechen noch z. B. der Mutter laut zurufen. (Halide)

Zu den Umgangsformen, auf die Migrantenfamilien offensichtlich Wert legen, gehört, dass man in Anwesenheit eines älteren Gemeinde- oder Familienmitglieds nicht in legerer Haltung sitzen oder liegen dürfe und dass Kinder oder Jüngere sich zu erheben haben, wenn ein Elternteil oder eine ältere Person den Raum betreten.[18] Eine Interviewpartnerin betont, sie würde dies von ihrem Sohn nicht verlan-

---

16 Werner Schiffauer, *Die Bauern von Subay,* Stuttgart 1987, 27.

17 Schiffauer, *Die Bauern von Subay,* 55.

18 „Wenn ich beispielsweise ins Zimmer eintrete und mein Sohn daliegt, muß er sich sofort erheben, muß sich selbst zusammennehmen." (Turan) und „Wenn z. B. der Vater kommt und das Kind liegt, steht es auf. Es liegt nicht. Wenn es sitzt, erhebt es sich, grüßt. Auf je-

gen. Jedoch sei sie „sehr glücklich“ wenn ihr Sohn sich bei ihrem Eintreten erhebe. (Muazzam 2)

Als ein Zeichen großer Respektlosigkeit wird das Rauchen oder der Konsum von Alkohol in Anwesenheit Älterer, vor allem der Eltern, angesehen. Ein Interviewpartner schildert seinen Umgang mit der Tatsache, dass der eigene Sohn Raucher ist:

> „Mein großer Sohn raucht. Ich rauche gar nicht. Aber er hat sich im Arbeitsleben das Zigarettenrauchen angewöhnt. Ein, zwei, drei Mal hat er es verborgen. Schließlich habe ich es begriffen und Folgendes zu ihm gesagt: ‚Nun, du rauchst. Auf keinen Fall möchte ich dich zu Hause oder beim Verkäufer rauchen sehen. Ein Türke aber hätte ab einem bestimmten Alter nichts zum Rauchen seines Sohnes gesagt. Sie rauchen zusammen. Aber wir werden dies nicht tun. Bis zum Ende seines Lebens soll er zum Rauchen an einen anderen Ort gehen. Ich möchte es nicht sehen. Ebenfalls setzt sich ein Türke ab einem bestimmten Alter vielleicht mit seinem Vater zusammen und trinkt auch Rakı. So etwas gibt es bei uns nicht. In dieser Beziehung ist sogar Usbekistan in der familiären Erziehung sehr überlegen.“ (Turan)

Das angeführte Beispiel illustriert, dass einerseits am traditionellen Wertesystem festgehalten wird, andererseits im Rahmen der Kategorie *saygı* durchaus eine gewisse Dynamik herrscht. So erkennt der Vater die Realität, dass sein Sohn raucht, an, distanziert sich aber deutlich davon. Zudem grenzt er sich in seiner Aussage deutlich von einem angeblichen Usus in türkischen Familien ab. Im Vergleich dazu äußert er sich lobend über die Erziehung in Usbekistan. Paradoxerweise kritisiert derselbe Gesprächspartner an anderer Stelle im Interview den selbstverständlichen und in seinen Augen unangemessenen Umgang mit Alkohol in Usbekistan.

Zur Bedeutung der Anrede mit „Sie“

> „‚Sie’ ist ein Ausdruck des Respekts.“ (Hakan)

Ein für die Migranten relevanter Ausdruck von *saygı* ist die Verwendung der Anrede „Sie“ („*Siz*“) gegenüber Älteren, älteren Familienangehörigen[19], dem Ehepartner und gegenüber den älteren bzw. erwachsenen eigenen Kindern. Diese in der türkischen Gesellschaft unübliche Tradition sei „sehr wichtig, weil es eine Respektlosigkeit ist, zu unseren Älteren ‚du’ zu sagen“ und „sehr schön, weil untereinander Respekt und Innigkeit zunehmen.“ (Munise) Meine Begegnungen mit Istanbuler Usbeken bestätigen, dass in der Tat großer Wert auf diese als respektvoll geltende Anrede gelegt wird. Allerdings wird dies in den einzelnen Familien in verschiedenen Varianten gehandhabt und nicht in jedem Fall konsequent gelebt. Sowohl den In-

---

den Fall sind wir Menschen, die solcherart Respekt größere Bedeutung beimessen.“ (Halide).

[19] Dies betrifft alle Altersgruppen, d. h. auch ein Kind redet seine jeweils älteren Geschwister mit „Sie” an: „Die Kinder sprechen natürlich in der ‚Sie’-Form. Mein kleiner Sohn sagt zu dem Älteren ‚Sie’.“ (Muhterem).

terviewaussagen als auch meinen Beobachtungen zufolge spricht sich die überwiegende Mehrheit derjenigen Usbeken, die einen usbekischen Ehepartner hat, mit „Sie" an. Mit Türkeitürken verheiratete Usbeken siezen ihre Gatten in der Regel hingegen nicht. Hinsichtlich der Anrede des Partners existieren zwei unterschiedliche Haltungen. Ein Teil der von mir Befragten argumentiert, dass, weil mit der Heirat der Respekt voreinander steige, die förmlichere Anrede unter Ehepartnern die angemessene sei, wie folgendes Zitat veranschaulicht:

> „Nachdem er mein Ehemann geworden war, stieg mein Respekt um zwei Stufen. Weil er sehr ehrerbietig war, sprach ich ihn mit ‚Sie' an." (Munise)

Dem gegenüber möchte ich zwei Beispiele stellen, die zeigen, wie usbekische Migranten – in diesen beiden Fällen Frauen – nach Wegen suchen, ihren traditionellen Anspruch und ihr individuelles Lebensgefühl in Einklang zu bringen. Eine Gesprächspartnerin berichtet, dass sie und ihr Ehemann einander zunächst mit „Sie" angesprochen hätten, sie dann aber allmählich ins „Du" übergegangen seien. Jedoch erscheine ihr dies „unziemlich", und insbesondere wenn sie unter Türkistanern sei, würde sie sich „schämen", wenn sie ihren Mann duzen würde. (Halide) Eine andere Interviewpartnerin erwähnt, sie würde es vorziehen, ihren Ehegatten mit „du" anzusprechen, da für sie die Beziehung zwischen Ehepartnern „eine ganz besondere Beziehung" sei. Als Argument führt diese Interviewpartnerin an, dass man sich im Gebet auch an Gott als „eine einzigartige, eine besondere Person" mit „Du" wende. Sie habe sich aber der in der Familie ihres Mannes gepflegten usbekischen Tradition des 'Siezens' der Eheleute angepasst:

> „Da mein Ehemann für mich eine einzigartige Person ist, wollte ich zu ihm ‚du' sagen. Aber weil er es so wollte und die Umgebung auch so ist, unsere Traditionen so sind, dass man aus Respekt ‚Sie' sagt, habe ich auch ‚Sie' gesagt, sage ich auch ‚Sie'." (Muhterem)

Die ältere Generation der usbekischen Migranten reagiert teilweise mit Unverständnis auf das Duzen zwischen Ehepartnern. Von den Interviewpartnern wird die Wahl der vertrauteren Form der Ansprache als eine Anpassung an die in der Türkei übliche Umgangsform zwischen Ehegatten dargestellt. Mit dieser Praxis unterscheide man sich von der Bevölkerung in Zentralasien, die weiterhin „Sie" verwende.

Es kann davon ausgegangen werden, dass die Sozialisation der mittleren und jüngeren Generation in der Türkei und die Heirat von Partnern nicht usbekischer Herkunft Faktoren sind, die das Verständnis von *saygı* innerhalb der usbekischen Migrantengemeinde beeinflussen und verändern werden. Eine Tendenz zeichnet sich indes meiner Meinung nach noch nicht ab. Vielmehr sind innerhalb der einzelnen Familien unterschiedliche Handlungsweisen zu erkennen. So erzählt eine Interviewpartnerin, dass sie von ihrem erwachsenen Sohn mit „Sie" angesprochen wird. Sie selber duzt ihn, weil sie in der Türkei aufgewachsen ist, erzählt aber, wie sehr sie sich darum bemühe, ihren Enkeln den usbekischen Anredekodex zu vermitteln. (Munise) Auch junge Eltern achten darauf, ihre Kinder entsprechend zu erziehen und bereits kleine Kinder werden dazu angehalten, ihre Eltern mit „Sie" anzusprechen, wie ich in mehreren Familien erleben konnte:

> „Sie haben vielleicht meine Kinder ‚Sie' sagen gehört. Sie reden Vater und Mutter mit ‚Sie' an. [...] Wir versuchen, dies lebendig zu halten." (Çokay)

Ein Netzwerk der Männer: gap/gashtak[20]

In Istanbul treffen sich die Männer zu der als *gap* bzw. *gashtak*[21] bezeichneten Zusammenkunft – mit Ausnahme der Sommermonate Juli, August, September – jeweils am Abend des ersten Samstags im Monat. An den Treffen, die reihum in den Wohnungen der einzelnen Teilnehmer stattfinden, nehmen neben Usbeken auch Kasachen, Kirgisen, Türken sowie Gäste aus Zentralasien teil. Je nach ihrer beruflichen Auslastung und persönlichen Situation besuchen die von mir befragten Männer mehr oder weniger regelmäßig diese Abende. Einige sind festes Mitglied einer Gruppe, andere gehen nur selten zu einem *gashtak.* In der Regel kommen zum *gashtak* Männer der gleichen Altersgruppe zusammen.

Bei dem *gashtak*, an dem ich während der Feldforschung teilnehmen konnte, waren ca. 30 Männer der Altersgruppe der Mitte 30- bis 60-Jährigen anwesend. Die Gäste saßen auf Matten um ein riesiges Tischtuch herum. Während des gemeinsamen Essens unterhielten sie sich mit ihren Nachbarn oder scherzten in großer

---

20 Unter den usbekischen Frauen gibt es ebenfalls informelle Netzwerke. Sie kommen regelmäßig zu verschiedenen Anlässen wie 'Versprechen' (*söz kesimi*), Verlobungsfeiern, Hochzeiten oder Besuchen aus dem Ausland zusammen. Die Häufigkeit ihrer Teilnahme ist auch von ihrer beruflichen und familiären Auslastung abhängig. Sie variiert von mehrmals in der Woche bis zu einmal im Monat. Institutionalisierte Zusammenkünfte ähnlich dem *gashtak* gibt es auch unter den Frauen. Die Gruppe ist allerdings sehr klein. Diese Treffen entsprechen z. T. dem türkischen *gün* (Tag) und finden entweder in gemischten oder in rein usbekischen bzw. türkistanischen Gruppen statt.

21 Unter den Türkistanern in Istanbul wird häufiger die tadjikische Bezeichnung *gashtak* (*gashtan*: umhergehen, hinübergehen) als die usbekische, aus dem Ferghanatal stammende, Bezeichnung *gap* (Gespräch, Unterhaltung) verwendet. (G. P. Snesarev, „Tradicija mužskih sojuzov v ee podnjšem variante u narodov Srednej Azii", in: Akademija Nauk (Hg.), *Materialy Chorezmkoj ekspedicii. Polevye issledovanija Chorezmskoj ekspedicii v 1958-1961 gg*, Moskau 1963, 155-205.) Ursprünglich handelte es sich bei *gap/gashtak* um eine Versammlung der männlichen Bevölkerung eines Dorfes, die nur im Winter stattfand. Auf diesen Treffen essen die Männer gemeinsam, erörtern religiöse Fragen sowie Probleme des Dorfes, singen, musizieren, tanzen und spielen. Regional verschieden kommen entweder alle Männer oder Gruppen von Männern derselben Altersgruppe zusammen. *Gap* wird heute in Usbekistan auch von Frauen abgehalten und hat sich dort unter Frauen sowie Männern zu rotierenden Spargruppen mit feststehenden Regeln entwickelt. Hierbei werden die Zusammenkünfte dafür genutzt, reihum Geld für die Teilnehmer zu sammeln. Die Summe erhält jeweils die Person, die das Treffen ausrichtet. (Stichwort „Gap", in: *U'zbek Sovyet Enzyklopediyasi 3*, Tashkent 1992, 207-208; Andrea Berg, „Informelle Netzwerke in einer städtischen mahalla in Usbekistan", in: Roman Loimeier (Hg.), *Die islamische Welt als Netzwerk. Möglichkeiten und Grenzen des Netzwerkansatzes im islamischen Kontext*, Würzburg 2000, 415-430).

Runde. Da außer mir weitere Personen das erste Mal an dieser Runde teilnahmen, bat der Gastgeber nach dem Essen alle Anwesenden, sich vorzustellen. Jeder nannte seinen Namen, seine Beschäftigung und Herkunft. Anschließend wurde verlesen, wer im folgenden Jahr wann für die Ausrichtung des *gashtak* verantwortlich sein werde. Die Zeit nach dem Essen wurde außerdem für Ankündigungen von Veranstaltungen und Einladungen zu Familienfesten genutzt.

Bei diesen Treffen stehen das gesellige Beisammensein – es ist üblich, dass beim *gashtak* auch musiziert, gesungen und getanzt wird –, die Kultivierung von Sprache und Kultur der Herkunftsregion sowie Gespräche über gemeindebezogene und politische Fragen im Vordergrund. Neben der Pflege einer Tradition aus der Herkunftsregion dienen diese Zusammenkünfte in erster Linie dazu, den Kontakt, Austausch und Zusammenhalt unter den Männern und damit unter den Familien aufrechtzuerhalten. Angesichts des Berufs- und Alltagslebens in einer großen Stadt wie Istanbul bedarf es zunehmend institutionalisierter Treffen. Das folgende Zitat eines Interviewpartners und regelmäßigen *gashtak*-Teilnehmers weist zudem auf eine andere Funktion dieser Zusammenkünfte hin:

> „Wir haben stets sehr nach innen gewandt gelebt. […] Aber wenn eines unserer Kinder in der Schule, im Krankenhaus, bei der Polizei, beim Militär ein Problem hatte, konnten wir unser Problem nicht lösen. Warum? […] Weil es so war, haben wir allmählich begonnen, uns nach außen zu öffnen. Das heißt, wir haben angefangen, zu unseren *gap*-Treffen einige Türken mitzubringen. Das ist neu. Warum soll er uns kennenlernen, sollen wir uns ihm bekannt machen? Damit sie verstehen, dass ihnen von uns kein Schaden droht. Unsere Kultur ist anders. Wir gehen nicht ins Café, aber ein Mal im Monat kommen wir zusammen. […] So stellt sich jeder dem neu Hinzugekommenen vor, sagt z.B. ‚Ich bin Elektrotechniker.' ‚Ich bin Händler.' ‚Ich bin Anwalt.' ‚Ich bin Arzt.' Wir haben auch diese Ebene. ‚Wenn wir eure Hilfe brauchen, helft ihr uns. Wenn ihr unsere Hilfe braucht, helfen wir euch auch.' Dies wird nicht direkt gesagt, aber es bedeutet dies. Also allmählich wird dies gemacht." (Turan)

Die traditionelle zentralasiatische Institution *gashtak* fungiert insofern auch als ein wichtiges informelles Netzwerk, dessen Teilnehmer ihre berufliche und gesellschaftliche Stellung für die Bedürfnisse und das Wohl einzelner Gemeindemitglieder und Familien einzusetzen versuchen und trägt durch die Einbeziehung von Türkeitürken zur Öffnung gegenüber der türkischen Gesellschaft bei.

Esskultur

> „Der Pilav der Türkistaner ist berühmt. Wann immer wir Gäste einladen, bereiten wir unbedingt unseren Pilav zu." (Azize)

Auch in der Esskultur werden Unterschiede zur türkischen Umgebung und zu einigen im heutigen Usbekistan üblichen Elementen sowie Anpassungen an türkische Gewohnheiten offensichtlich. Dabei konnten drei Ebenen der Identifikation mit usbekischer Esskultur festgestellt werden: erstens das individuelle Bedürfnis, Gerichte aus der Herkunftsregion regelmäßig zu essen, zweitens die Bedeutung der Esskultur für gemeindeinterne Zusammenkünfte und drittens das Verständnis von Gastfreundschaft.

Türkische und usbekische Gerichte werden sowohl anlässlich von Festen als auch im Alltag zubereitet. Den in den Interviews getroffenen Aussagen zufolge ist man in der Regel darum bemüht, den usbekischen Gerichten den Vorrang zu geben bzw. sie zumindest auch im Alltag regelmäßig auf den Speiseplan zu bringen.[22] Das Leibgericht unter den aus der Herkunftsregion stammenden Speisen ist zweifelsohne der *Özbek Pilavı* (usbekischer Pilav), auch *Türkistan Pilavı* (türkistanischer Pilav) genannt.[23] Hierbei handelt es sich um ein Reisgericht mit Fleisch vom Schaf, Möhren, Zwiebeln, Knoblauch, das in einem großen Topf gekocht wird. Unabhängig davon, wie häufig und regelmäßig *Özbek Pilavı* tatsächlich zubereitet wird, weisen die mit einem gewissen Stolz und Humor vorgetragenen Antworten der Interviewpartner darauf hin, dass dieses Gericht fest zur Identität der Migranten gehört.[24]

Die Gerichte aus der Herkunftsregion spielen insbesondere bei Zusammenkünften der Familie und der Gemeinde eine sehr wichtige Rolle.[25] So wird auch bei dem vom *Türkistanlılar Kültür ve Sosyal Yardım Derneği* (Kultur- und sozialer Hilfsverein der Türkistaner[26]) einmal im Jahr organisierten traditionellen Picknick *Özbek Pilavı* zubereitet. Das Leibgericht der Usbeken gilt als ein Muss, wenn Gäste kommen und wenn wichtige religiöse und soziale Feste gefeiert werden:

> „Beispielsweise lassen wir einen Gast nicht gehen, ohne ihm Pilav gekocht zu haben. Wieviel Essen Sie auch zubereiten, selbst wenn du die verschiedensten Speisen zubereitest, wenn du keinen Pilav gemacht hast, bleibt jene Tafel unvollständig." (Halide)

Das Fehlen von *Özbek Pilavı* z.B. auf einer noch so reichlich anlässlich einer Hochzeit angerichteten Tafel wird gleichgesetzt mit der Wahrnehmung: „Es gab nichts zu Essen". (Muhterem)

Die Beispiele belegen den engen Zusammenhang zwischen Esskultur und Gastfreundschaft. Letztere stellt unter den in Istanbul lebenden Usbeben ein zentrales Element ihres Selbstverständnisses dar. Die ausgesprochene Gastfreundschaft, so betonen die Interviewpartner, würde sie von den (Türkei)Türken unterscheiden, ohne deren Gastlichkeit schmälern zu wollen. Gästen gegenüber würden sich Türkistaner bzw. Usbeken noch gastfreundlicher und respektvoller verhalten, wird ver-

---

22 „Ich versuche, usbekischen Gerichten den Vorrang zu geben. [...] Die usbekischen Speisen liegen uns bei dem Klima der Türkei noch schwerer im Magen. Aber nicht an einem Tag in der Woche Pilav zu essen, ist unmöglich. *Özbek Pilavı* muss in der Woche unbedingt an einem Tag gegessen werden" (Selahettin).

23 Zwar sind Pilav-Gerichte auch in der Türkei verbreitet, aber in der Herkunftsregion der usbekischen Migranten gilt Pilav (Plov/Palow) als Nationalgericht.

24 „Kennen Sie beispielsweise unseren Pilav? Dieser Pilav wird in der Woche unbedingt drei, vier Tage gekocht." (Muhterem).

25 „Es gibt auf jeden Fall Pilav. [...] Wirklich, bei all unseren Ereignissen, unseren Hochzeiten, [...] zum Feiertag, zum Ramadan, immer gibt es Pilav." (Mükeddem).

26 In diesem Verein sind die in Istanbul lebenden Usbeken organisiert.

sichert. An der usbekischen Gastfreundschaft wird hervorgehoben, dass man jederzeit unangemeldet vorbeikommen könne, herzlich willkommen geheißen und herein gebeten werde. (Muazzam 2) Dass zur Gastlichkeit eine angemessene Bewirtung gehört, verstehe sich von selbst. Das Essen werde nicht gleich wieder vom Tisch geräumt.

Mehrere Interviewpartner kommen auf Unterschiede in der Zubereitung usbekischer Gerichte bei ihnen und in Usbekistan sowie auf unterschiedliche Ess- und Geschmacksgewohnheiten, die sich entwickelt haben, zu sprechen. So erinnert sich ein Interviewpartner, Turan, an ein Erlebnis während eines Aufenthalts in Usbekistan, wo er mit einem „sehr guten Pilav" bewirtet wurde. Als befremdlich schildert er die Verwendung des Fettes vom Schwanz des Hammels für die Zubereitung des Pilav:

> „Das bekommt uns nicht. Wir benutzen Sonnenblumenöl, flüssiges Öl. [...] Jedoch eine halbe Stunde später sah ich, dass es auf meiner Zunge zu gerinnen begann. Ich blickte auf den Pilav: Am Tellerrand war das Öl geronnen. Das Öl gerann in meinem Mund. Ich sagte: ‚Das Öl ist geronnen. Wie könnt ihr das nur essen?' ‚Wir sind daran gewöhnt', sagte er [der Gastgeber; A.B.]." (Turan)

Die von Turan wiedergegebene Erinnerung dient nicht nur dazu, zu veranschaulichen, dass in Usbekistan eine differierende Zubereitung des Essens anzutreffen, sondern auch, dass das Konsumieren von Alkohol zum traditionellen Gericht dort nicht unüblich sei. So erzählt Turan, dass mit dem Essen „usbekischer Wodka" getrunken wurde und verhehlt dabei seine Ablehnung nicht:

> „Pilav mit Alkohol ist meiner Meinung nach ausgeschlossen!" (Turan)

Der Genuss von Alkohol, der in der Regel mit Russifizierung und Werteverfall assoziiert wird, wird von einigen Interviewpartnern als ein Unterschied zur Gesellschaft in Usbekistan angeführt. Befremdet fühlte Turan sich auch, als er auf Hochzeiten im städtischen und urbanen Usbekistan erlebte, wie Alkohol ausgeschenkt wurde. In diesem Zusammenhang findet er auch erwähnenswert, dass er im ländlichen Raum Usbekistans beobachtet habe, dass auch einige Frauen Alkohol konsumieren und dass in gemischtgeschlechtlichen Gruppen getrunken wird. (Turan)

Mit der Migration ist auch ein Verlust an kulinarischen Traditionen der Herkunftsregion verbunden gewesen. Selbstverständlich setze man, so ein Interviewpartner, die eigene kulinarische Kultur fort. Sie sei ein Bestandteil, der nicht aufgegeben werden könne. Da man während der Migration an den Orten, an denen man sich aufhielt, z. B. einige Gemüsearten oder Küchengeräte nicht finden konnte, seien manche Gerichte in Vergessenheit geraten. In Usbekistan würden sie indes regelmäßig zubereitet, und ein Interviewpartner plädiert dafür, auch diese Gerichte zu kultivieren. In diesem Zusammenhang stellt er fest, dass die Migranten zur Bewahrung und Entwicklung ihrer eigenen Kultur auf Usbekistan und die kulturellen Beziehungen zu ihm angewiesen sind. (Hakan)

Nicht nur in den Familien werden die kulinarischen Traditionen weitergegeben, sondern Rezepte usbekischer Gerichte wurden sowohl in der Zeitschrift *„Türkistan"* als auch auf der Internetseite www.turkistan.org.com veröffentlicht.[27] Die Internetseite enthält etliche, mehrheitlich vom Internetportal „YouTube" stammende, Videos, die die Zubereitung usbekischer Gerichte zeigen.[28]

Zum Zeitpunkt meiner Forschung konnte ich in Istanbul kein usbekisches Restaurant ausfindig machen. Da – anders als in der türkischen – in der usbekischen Kultur Kaffeehäuser unüblich seien, gab es, so berichtet einer meiner Gesprächspartner, die Idee der Gründung eines usbekischen Lokals. Er habe, so der Interviewpartner, einem Freund, der in Istanbul ein usbekisches Restaurant zu eröffnen und Köche aus Usbekistan einzustellen plante, davon abgeraten, mit dem Hinweis, dass die Gerichte den Essgewohnheiten der Istanbuler (Usbeken) entsprechend zubereitet werden sollten. (Turan)

Schlussbemerkungen

Wie sich Vertreter der usbekischen Migrantengemeinde sowohl zu ihrer türkeitürkischen Umgebung als auch zur Gesellschaft in der Herkunftsregion ins Verhältnis setzen, kann als ambivalent bezeichnet werden. Ungeachtet der von den usbekischen Migranten in den Interviews betonten Gemeinsamkeiten zwischen türkischer und usbekischer Kultur, konnte festgestellt werden, dass sie sich insbesondere hinsichtlich des sozialen Beziehungs- und Wertesystems von der türkischen Gesellschaft abgrenzen. Mit der eigenen Gruppe assoziieren sie bestimmte moralische Grundsätze und positive Eigenschaften, die sie als bewahrenswert ansehen. Dabei haben sie den Anspruch, die Bewahrung der eigenen Kultur und die Anpassung an die Gegebenheiten der türkischen Gesellschaft miteinander zu vereinbaren. Im Vergleich zur usbekischen sehen sie die türkische Gesellschaft als ‚verwestlicht' und weniger wertebewusst, aber auch als offener und toleranter an. Gleichermaßen zwiespältig ist das Verhältnis zur heutigen in Usbekistan gelebten Alltagskultur. Das Land symbolisiert für die Migranten einerseits die authentische und traditionelle usbekische Kultur, die sie sowohl positiv bewerten als auch mit einer gewissen Distanz betrachten, weil sie bestimmte Aspekte für rückständig halten. So äußern sich Interviewpartner kritisch zum Festhalten an bestimmten Traditionen in Usbekistan und setzen dem das Bild einer toleranteren und moderneren Migrantengemeinde in der Türkei entgegen. Andererseits schätzen sie sich als traditioneller und wertebewusster als bestimmte Bevölkerungskreise in Usbekistan ein und distanzie-

[27] Die Zeitschrift *„Türkistan. Üç aylık ilmi siyasi-ekonomik kültürel dergi"* (*„Türkistan. Eine vierteljährliche wissenschaftliche, politisch-ökonomische, kulturelle Zeitschrift"*) wurde zwischen 1988 und 1995 vom Istanbuler Migrantenverein (*Türkistanlılar Kültür ve Sosyal Yardım Derneği*) herausgegeben. Seit Mai 2005 sind der Verein und die Gemeinde der usbekischen Migranten in Istanbul mit der Seite www.turkistan.org.tr im Internet präsent.

[28] http://www.turkistan.org.tr/turkistan/videolar.php (07.11.2010).

ren sich von der Gesellschaft Usbekistans, die sie – zumindest teilweise – als russifiziert und sowjetisiert charakterisieren.

Indem die Migranten ihr usbekisches Selbstverständnis insbesondere durch die Identifikation mit bestimmten Werten, Eigenschaften und Traditionen definieren, artikuliert es sich vornehmlich als kulturelle Identität.[29]

Für den Beitrag verwendete Interviews

Azize	02.10.2001
Çokay	06.10.2000
Hakan	16.09.2000
Halide	30.08.2000
Muazzam	30.09.2000 (1) und 07.09.2001 (2)
Muhterem	02.09.2001
Munise	08.10.2000
Turan	22.09.2000

29 Zu erwähnen ist hier ebenfalls die Bedeutung der usbekischen Sprache, die im Rahmen dieses Beitrags nicht berücksichtigt wurde.

Wahn und Wissenschaft. Zur Wirkungsgeschichte westlicher Rassentheorien im Nahen und Mittleren Osten

Werner Ende, Berlin

Im Koran (Sure 30, Vers 22) werden die Unterschiede zwischen den Menschen, wird insbesondere die Verschiedenartigkeit ihrer Sprachen und Farben (*alwān*) als wunderbares Zeichen Gottes für „die Wissenden" bezeichnet.[1] Ferner heißt es in Sure 49, Vers 13: „Wir haben euch zu Verbänden (*šuʿūb*) und Stämmen (*qabāʾil*) gemacht, damit ihr euch untereinander kennt". Noch in demselben Vers folgt jedoch auf diese Erklärung für einen bestimmten Aspekt des göttlichen Schöpfungsaktes eine Klarstellung, durch die jeglichem Stolz auf vornehme Abstammung oder hohen Rang eine eindeutige Grenze gesetzt wird: „Als der Vornehmste (*akram*) gilt bei Gott derjenige von euch, der am frömmsten ist".

Allerdings: Auch im Koran – wie generell im arabischen Sprachgebrauch, und darüber hinaus in vielen anderen Sprachen – findet sich eine Assoziation von Weiße bzw. Hellem mit Freude und Gutem und Schwärze oder Finsternis mit Leiden und Bösem: „Am Tag (des Gerichts), da die einen Gesichter strahlend (wörtl. weiß), die anderen finster (wörtl. schwarz) sein werden" (Sure 3, Vers 106). Ein Zusammenhang zwischen diesem Befund und einer *unterschiedlichen Bewertung* der – durch göttlichen Ratschluss – den Menschenrassen gegebenen, vielfältigen Hautfarben lässt sich hieraus nicht ableiten, und es scheint auch, dass in der Geschichte der muslimischen Koranexegese eine derartige, immerhin naheliegende Gedankenverbindung keine Rolle gespielt hat.

Mit anderen Worten: Das unterschiedliche äußere Erscheinungsbild bestimmter Gruppen von Menschen wird im Koran als gottgewollt und damit sinnvoll dargestellt, und erscheint hier nicht als gravierendes Problem des Zusammenlebens. Aus dieser Feststellung ist wiederum nicht zu schließen, dass im Verlauf der Ausbreitung und Entwicklung der islamischen Zivilisation das Thema „Rasse und Hautfarbe" weitgehend bedeutungslos geblieben wäre. Die nähere Betrachtung der politischen und Kulturgeschichte des Islams lässt erkennen, dass auch Muslime keineswegs allesamt frei waren (und sind) von ethnischem Überlegenheitswahn, Diskriminierungsdrang und der Neigung, äußerlich „Andersartige" auszugrenzen. Allein schon die seit der Abbasidenzeit als *Šuʿūbīya* bekannte Tradition der Verherrlichung des iranischen Erbes und der gleichzeitigen Herabsetzung des Arabertums

---

1 In der deutschen Übersetzung von Rudi Paret steht an dieser Stelle nach „Farben" in Klammern „oder: Arten". Siehe dazu Rudi Paret, *Kommentar und Konkordanz,* Stuttgart u. a. 1980, 390.

liefert eine Fülle von Belegen für dieses Phänomen.[2] Als Rassismus im engeren Sinne muss man das, was einem in der entsprechenden Literatur entgegentritt, nicht unbedingt bezeichnen. Wohl aber lässt sich feststellen, dass die *Šuʿūbīya* und spätere, ähnliche Strömungen (bei Iranern wie auch bei anderen muslimischen Völkern) sowie deren Widerspiegelung in der Literatur bis in die Gegenwart fortwirken. Dazu im Folgenden mehr.[3]

Im Jahre 1068 n. Chr. verfasste Ṣāʿid b. Aḥmad al-Andalusī (gest. 1070), der Kadi von Toledo, ein Buch über die unterschiedlichen Völker und Religionsgemeinschaften, die es auf Erden gibt.[4] In seiner Einleitung teilt der Verfasser diese „Nationen" (*umam*) in zwei Gruppen ein – nämlich diejenigen, welche sich (in vorislamischer und islamischer Zeit) mit Wissenschaften befasst haben, und die anderen, für die das nicht gilt. Zu den erstgenannten gehören für ihn die Inder, Perser, Chaldäer, Griechen und „Römer" (*rūm*), ferner die Ägypter, Araber und die Juden.[5] Von den übrigen Völkerschaften erscheinen dem Kadi die Chinesen und die Türken noch die „edelsten der ungebildeten Nationen" zu sein, denn sie haben sich, wie die Chinesen, in handwerklichen Künsten und der Malerei hervorgetan oder, so die Türken, sich durch Tapferkeit und Meisterung des Kriegshandwerks ausgezeichnet. Demgegenüber besteht der Rest der Menschheit aus Barbaren. Unter ihnen finden sich nach Meinung des Autors nicht zuletzt die Bewohner des Nordens und des Südens, die im Grunde „mehr Tiere als Menschen" seien. Über die Barbaren des Nordens sagt er, es handle sich um jene Völker, die am weitesten nördlich, zwischen dem letzten der sieben Klimata und den Grenzen der bewohnbaren Welt leben. Die große Entfernung der Sonne von der Zenit-Linie mache dort die Luft kalt und die Atmosphäre stickig. Daher seien sie hinsichtlich ihres Temperaments kühl, im Wesen roh, hätten dicke Bäuche, blasse Hautfarbe und langes, dünnes Haar. Es fehle ihnen an Verstandesschärfe und Wissen, kurzum: sie seien „ohne Urteilskraft und dumm[6].

---

2 Siehe hierzu Susanne Enderwitz, Art. „Shuʿūbīya", *EI*[2] IX (1997), 513-516.

3 Für bibliographische Hinweise sowie Hilfe bei der Beschaffung von Material danke ich besonders Volker Adam, Z. Barth-Manzoori, Burkhard Ganzer, Christoph Herzog, Karin Hörner, Jens Peter Laut, Heike Liebau, Anja Pistor-Hatam, Thomas Ripper und Stefan Wild.

4 Über den Autor und das Werk *Kitāb ṭabaqāt al-umam* siehe Gabriel Martinez-Gros, *EI*[2] VIII (1995), 867-868.

5 Zu dem von al-Andalusī hier verwendeten Begriff der „*umma*" in der Bedeutung von „Ethnie" bzw. „Volk" oder „Nation" sowie zu den z. T. unscharfen ethnischen Bezeichnungen bei muslimischen Autoren des „Mittelalters" siehe Ulrich Haarmann, „Glaubensvolk und Nation im islamischen und lateinischen Mittelalter", in: *Berlin-Brandenburgische Akademie der Wissenschaften. Berichte und Abhandlungen,* Bd. 2, Berlin 1996, 161-199, dort bes. 178-183 (zu Ṣāʿid al-Andalusī und zu der ein Jahrhundert älteren Völkertafel al-Masʿūdīs ebd., 179 f., zu ethnischen Stereotypen 183 ff.). Die nicht eindeutige Bedeutung von *rūm* behandelt Heribert Horst, „Über die Römer", in: Ulrich Haarmann/Peter Bachmann (Hg.), *Die islamische Welt zwischen Mittelalter und Neuzeit. Festschrift für Hans Robert Roemer zum 65. Geburtstag,* Beirut 1979, 315-337.

6 *Ṭabaqāt al-umam,* hg. von Ḥusayn Mu'nis, Kairo 1998, 17-18, frz. Übersetzung von Régis Blachère, *Livre des catègories des nations,* Paris 1935, 36-37, vgl. Bernard Lewis, *The Muslim*

Zu den bemerkenswertesten Aspekten dieses Textes gehört es, dass der Autor einen kausalen Zusammenhang zwischen dem Klima und generell der Umwelt einerseits und der – stark unterschiedlichen – äußeren Erscheinung der Erdbewohner und ihrem Kulturzustand für erwiesen, ja für selbstverständlich hält. Ungeachtet der Tatsache, dass in den Literaturen islamischer Völker auch andere Erklärungen - nicht zuletzt Schöpfungslegenden des Korans (s. o.) – herangezogen worden sind, so bleibt daneben der Gesichtspunkt des Umwelteinflusses auch bei Autoren späterer Jahrhunderte mehr oder weniger durchgängig erhalten.

Wie bereits erwähnt, gibt es im kollektiven Bewusstsein der Muslime seit Jahrhunderten eine Fülle ethnischer Klischees. Diese laufen oft, wenn auch nicht ausschließlich, auf stark abwertende Urteile einerseits und verherrlichende Beschreibungen andererseits hinaus. Es geht um Stärken und Schwächen, Laster und Tugenden, barbarische Sitten und kulturelle Verfeinerung sowie manches mehr. Großes Gewicht wird, wie schon bei dem oben zitierten Kadi von Toledo, den wissenschaftlichen und sonstigen kulturellen Leistungen der unterschiedlichen Völkerschaften bzw. „Rassen" beigemessen. Aber auch deren „Schönheit" oder „Hässlichkeit" gehören zu den Kriterien, aus denen sich nach Ansicht vieler muslimischer Autoren der Vergangenheit eine Rangfolge der unterschiedlichen Völker, Religionsgemeinschaften bzw. „Nationen" ableiten lässt.

In seinem Buch *Race and Color in Islam* von 1970, das er später in einer stark erweiterten Fassung nochmals veröffentlicht hat,[7] bietet Bernard Lewis eine gute Einführung in die schon im Titel seines Buches angedeutete Problematik. Neben Lewis haben eine Reihe anderer Autoren (darunter in wachsendem Maße auch solche aus dem Nahen und Mittleren Osten) dazu beigetragen, dass der internationale Forschungsstand zum Thema „Rasse und Hautfarbe im Islam" inzwischen eine beachtliche Breite erreicht hat.[8] Im weiteren Sinne gehören auch religionssoziologische und islamwissenschaftliche Studien zum Eigenbild und zum Bild „des Anderen", die in neuerer Zeit entstanden sind, in dieses Spektrum. Als ein besonders

Discovery of Europe, New York/London 1982, 68, dt. Übersetzung in Bernard Lewis, *Die Welt der Ungläubigen. Wie der Islam Europa entdeckte*, Berlin/Wien 1983, 67.

7 *Race and Slavery in the Middle East, an Historical Enquiry*, New York/Oxford, 1990.

8 Im deutschsprachigen Bereich vor allem Gernot Rotter, *Die Stellung des Negers in der islamisch-arabischen Gesellschaft bis zum XVI. Jahrhundert*, Bonn 1967; Susanne Enderwitz, *Gesellschaftlicher Rang und ethnische Legitimation. Der arabische Schriftsteller Abū ʿUṯmān al-Ǧāḥiẓ (gest. 868) über die Afrikaner, Perser und Araber in der islamischen Gesellschaft*, Freiburg 1979; Hans Müller, *Die Kunst des Sklavenkaufs nach arabischen, persischen und türkischen Ratgebern vom 10. bis zum 18. Jahrhundert*, Freiburg 1980; Manfred Ullmann, *Der Neger in der Bildersprache arabischer Dichter*, Wiesbaden 1998, bes. 13-23. Belege für die als selbstverständlich empfundene, unterschiedliche Bewertung von Schwarzen und Weißen noch in der spätosmanischen Literatur finden sich bei Börte Sagaster, *„Herren" und „Sklaven". Der Wandel im Sklavenbild türkischer Literaten in der Spätzeit des Osmanischen Reiches*, Wiesbaden 1997, 58-62.

lehrreiches Beispiel hierfür sei an dieser Stelle Ulrich Haarmanns Aufsatz zum Bild des Türken in der arabischen Literatur und Geschichtsschreibung genannt.[9]

Die ethnischen Stereotypen, die z. B. in der klassischen und neueren arabischen Reise- und Unterhaltungsliteratur in großer Zahl zu finden sind, erweisen sich als ebenso alt wie beständig. Sie begegnen uns bis heute in mannigfacher Gestalt – und sei es als mehr oder weniger boshafte „Ethno-Witze".

Eine Art Kaleidoskop populärer Klischees findet sich bei dem ägyptischen Autor Muḥammad Labīb Batanūnī (gest. 1938) in dessen Bericht (aus dem Jahre 1909) über seine Reise nach Mekka und Medina.[10] Seinen Eindruck von der äußeren Erscheinung und dem Charakter der Mekkaner fasst er dahingehend zusammen, dass durch die jahrhundertelange Zuwanderung von Menschen aus aller Herren Länder ein eigenartiger Menschenschlag entstanden sei:

> „Auf Grund der Vermischung dieser Rassen *(aǧnās)* durch Heirat oder vertrauten Umgang miteinander ist aus der Mehrheit der Bewohner von Mekka sowohl hinsichtlich ihrer körperlichen Erscheinung als auch ihres Naturells ein Mischtyp geworden: So findest du, dass sie in ihrer Wesensart die Friedfertigkeit des Anatoliers, den Stolz des Türken, die Demut des Javaners, den Hochmut des Persers, die Nachgiebigkeit des Ägypters, die Härte des Tscherkessen, die Ruhe des Chinesen, die Erregbarkeit des Maghrebiners, die Schlichtheit des Inders, die Schläue des Jemeniten, die Betriebsamkeit des Syrers, die Trägheit des Negers und die Hautfarbe des Äthiopiers miteinander verbinden".[11]

Man mag diesen Passus amüsant finden, doch sollte man nicht übersehen, dass die hier versammelten völkerpsychologischen Klischees auch eine sehr bedenkliche Seite haben können: Es handelt sich um Bruchstücke eines umfangreichen Reservoirs an Pauschalurteilen bzw. diskriminierenden Bemerkungen über ethnische Gruppen innerhalb und außerhalb des islamisch geprägten Kulturkreises. Sie sind, wie hier noch gezeigt werden soll, nicht jederzeit harmlos. Freilich muss man einschränkend sagen, dass die traditionellen Klischees über „die Anderen" nicht allesamt pejorativen Inhalts sind. Auch zeigt sich, dass selbst für den Fall eines überwiegend negativen Urteils über bestimmte Rassen, wie sie z. B. in der „mittelalterlichen" arabischen Literatur mit Bezug auf die heidnischen, aber auch

---

9 Ulrich Haarmann, "Ideology and History, Identity and Alterity: the Arab Image of the Turk from the ᶜAbbasids to Modern Egypt", *International Journal of Middle East Studies,* 20 (1988), 175-196.

10 *Ar-riḥla al-ḥiǧāzīya,* 2. erweiterte Auflage 1911. Zum Verfasser siehe ᶜUmar Riḍā Kaḥḥāla, *Muᶜǧam al-mu'allifīn,* Bd. 11, Damaskus 1960, 165 (u. a. mit Verweis auf Carl Brockelmann, *Geschichte der arabischen Litteratur,* S II, 749).

11 Zitiert nach der 2. Auflage, 42. – Auch hier ist auf die (z. T. historisch bedingte) Unschärfe der Bezeichnungen zu achten, so etwa mit Bezug auf den „Javaner". Siehe dazu C. C. Berg, Art. „Djāwī", in EI^2 II (1965), 497. Hinsichtlich des „Anatoliers" (*al-anaḍūlī*) einerseits und des „Türken" (*at-turkī*) andererseits könnte Batanūnī das traditionelle Bild vom eher friedfertigen anatolischen Bauern im Gegensatz zum Typ des elitären, türkisch-nationalistisch gesinnten Städters vor Augen gehabt haben.

die muslimischen Schwarzafrikaner häufig vorkommen,[12] bemerkenswerte Gegenstimmen gibt: Nicht selten werden die tiefe Frömmigkeit und edle Gesinnung gelobt, die nicht wenige afrikanische Muslime an den Tag legen,[13] und al-Ǧāḥiẓ (gest. 868) verfasste gar eine (oft zitierte) Abhandlung über den Ruhm der Schwarzen gegenüber den Weißen.[14] Man kann (mit G. E. von Grunebaum und anderen) in dieser Schrift *auch* den Ausdruck einer ausgeprägten Freude an paradoxen Positionen sehen, die al-Ǧāḥiẓ auszeichnete, doch bleibt sie dessen ungeachtet eine Widerspiegelung von Betrachtungsweisen, die seinerzeit (und später) im Umlauf gewesen sein dürften - oft wohl bei Muslimen schwarzafrikanischer Herkunft, aber auch bei anderen.

Rasse, Rassenmischung und das Problem des Niedergangs des Osmanischen Reiches

Wie bereits angedeutet, haben an der Erweiterung und Vertiefung des modernen Forschungsstandes zum Thema ethnischer Klischees in islamisch geprägten Gesellschaften auch iranische, türkische und arabische (darunter gelegentlich auch nichtmuslimische) Autoren einen erheblichen Anteil gehabt. Wir finden unter ihnen Anhänger einer „rassischen" oder gar „rassistischen" Geschichtsinterpretation, aber auch erbitterte Gegner derartiger Deutungsversuche – sowie einige, die sich nicht so recht zwischen beiden Möglichkeiten entscheiden können.

Die hauptsächlichen Bezeichnungen für „Rasse", „rassisch" bzw. rassistisch", „Rassismus" etc. wurden von alten Begriffen hergeleitet – im Arabischen hauptsächlich von *ǧins/* Plural *aǧnās*, *ʿunṣur/ ʿanāṣir* und *ʿirq/ aʿrāq*, im Türkischen von *ırk* oder *nesil*, im Persischen von *nežād*. Die Attraktivität bzw. Aktualität des Rassebegriffs und seiner Derivate scheint in der Literatur, Publizistik und Historiographie islamischer Länder seit der zweiten Hälfte des 20. Jahrhunderts nachgelassen zu haben. Zuvor, d. h. vom letzten Drittel des 19. Jahrhunderts an, waren die entsprechenden Begriffe im politischen Diskurs der Führungsschichten einiger islamischer

[12] Zusätzlich zu den in Anm. 8 genannten Publikationen siehe die zahlreichen Belege bei Gustave E. von Grunebaum, *Der Islam im Mittelalter*, Zürich/Stuttgart 1963, 269-271 und 535-536. Siehe ferner R. Oßwald, „Rassismus und Sklaverei als Rechtsproblem in Nord- und Westafrika", in der Festschrift für Gernot Rotter, Benjamin Jokisch/Ulrich Rebstock/Lawrence I. Conrad (Hg.), *Fremde, Feinde und Kurioses: Innen- und Außenansichten unseres muslimischen Nachbarn*, Berlin 2009, 253-277.

[13] Siehe etwa die Geschichte aus der Sammlung von Heiligenviten des Abū Nuʿaym al-Iṣfahānī (gest. 1038), in der Übersetzung von Johann Christoph Bürgel, „Die Gottesliebe eines schwarzen Sklaven", in: Johann Christoph Bürgel, *Tausendundeine Welt. Klassische arabische Literatur*, München 2007, 97-100, und Bernard Lewis, "An African Adventure", in: Bernard Lewis (Hg. und Übersetzer), *Islam from the Prophet Muhammad to the Capture of Constantinople*, vol. 2, New York/Oxford 1987, 82-87.

[14] Ausschnitte in dt. Übersetzung in Charles Pellat, *Arabische Geisteswelt*, Zürich/Stuttgart 1967, 315-318; engl. Übersetzung in Lewis, *Islam from the Prophet*, 210-216. Zur historischen Einordnung siehe Enderwitz, *Gesellschaftlicher Rang*, bes. 25-27.

Länder unübersehbar vorhanden. Diese zeitweilige Konjunktur hat (parallel zur Schwächung traditioneller religiös-politischer Ordnungsvorstellungen) vor allem mit dem Vordringen nationalistischer Bewegungen und (vor allem nach dem Ende des 1. Weltkriegs) mit der Entstehung von Nationalstaaten auf dem Boden multiethnisch geprägter Regionen des Nahen und Mittleren Ostens zu tun.

Im Prozess des Eindringens bzw. der bewussten Übernahme moderner westlicher Naturwissenschaft und Technik, philosophischer und politischer Konzepte und dergleichen mehr kam es unausweichlich dazu, dass auch rezente Theorien und Methoden der Biologie und Medizin, der Vergleichenden Sprachwissenschaft, der Ethnologie, der Geschichtswissenschaft und anderer Disziplinen in den Diskurs der (westlich) gebildeten Schichten des „Orients" Eingang fanden. Voraussetzungen, Verlauf und Folgen dieser Akkulturationsprozesse werden seit langem diskutiert, sind aber in mehrfacher Hinsicht umstritten. Jedenfalls ist unverkennbar, dass es bereits im 19. Jahrhundert auch zu einer Rezeption europäischer rassentheoretischer Schriften gekommen ist. Das hängt damit zusammen, dass muslimische Autoren damals und in der Folgezeit vielerlei Debatten über den politisch-militärischen bzw. kulturell-wissenschaftlichen Niedergang der islamischen Welt und dessen Gründe angestoßen haben. (Die Tatsache, dass manche dieser Autoren nicht von einem Niedergang, sondern nur von einem Zurückbleiben bzw. Stagnation sprechen wollten, lassen wir hier unberücksichtigt). Einige führten im Verlauf solcher Debatten „moderne" – allerdings auch im Westen nicht unumstrittene – Rassentheorien in die Diskussion ein. Die interne muslimische Debatte über die generelle Stichhaltigkeit solcher Theorien bzw. ihre Brauchbarkeit für „orientalische" Verhältnisse konnte sich durchaus kritisch und auf ansehnlichem Niveau vollziehen. Allerdings sind gewisse Rassentheorien (und besonders Phantastereien) nur bruchstückhaft und in demagogischer Vergröberung verwendet worden. Gerade in dieser Form finden sich manche von ihnen (in Verbindung mit den oben skizzierten, traditionellen ethnischen Selbstbildern und Fremdbildern) in den nationalistischen Ideologien wieder, die im 19. Jahrhundert entstanden sind, in der Folgezeit Verbreitung fanden, und auch in der Gegenwart ihre Anhänger haben.

Im Zusammenhang mit der Krise des Osmanischen Reiches hatte sich – in verstärktem Maße von der Mitte des 19. Jahrhunderts an – in bestimmten Kreisen der osmanischen Führungsschicht eine lebhafte Debatte über die Krise des Reiches (und der islamischen Welt allgemein) und über die Gründe des Niedergangs entwickelt. Träger dieser Debatte waren häufig Intellektuelle, die über eine westliche Bildung verfügten oder jedenfalls direkt oder indirekt mit westlichem Gedankengut in Berührung gekommen waren. Einige von ihnen stammten aus dem zaristischen Russland, andere hatten sich zeitweilig als Studenten, Exilanten oder in anderer Eigenschaft in Europa (hauptsächlich in Frankreich und England) aufgehalten. Dort waren sie u. a. mit den Schriften von Graf Joseph-Arthur de Gobineau (1816-1882), Ernest Renan (1823-1892), Gustave Le Bon (1841-1931) und anderen in Berührung gekommen – also mit Autoren, deren Thesen über Kulturblüte und Kulturverfall, Völkerpsychologie, die Bedeutung der Rassenfrage und dergleichen mehr ihnen mancherlei Anregung zu ihrem eigenen, „innerosmanischen" Diskurs boten. Allerdings war ein Aufenthalt in Europa nicht unbedingt die Voraussetzung für das Eindringen moderner Rassentheorien, denn die relativ weite Verbreitung von Französischkenntnissen in der osmanischen Führungsschicht verschaffte nicht wenigen ihrer Angehörigen einen direkten Zugang zu den Schriften der soeben genannten Autoren und ihrer Epigonen.

Im Falle von Gobineau, Renan und Le Bon ist die Rezeption ihrer Thesen sicher auch dadurch gefördert worden, dass diese Autoren im engeren (Renan) oder weiteren Sinne (Gobineau, Le Bon) auch Orientalisten (bzw. „Orientalisten") waren und Publikationen vorzuweisen hatten, die jenseits ihrer (z. T. andernorts geäußerten) Ansichten zur Rassenfrage Aufmerksamkeit erregten: Gobineau mit seinem Werk *Les religions et les philosophies dans l'Asie Centrale* (Paris 1865), Renan als historisch-kritisch arbeitender Religionswissenschaftler und Philologe, und der Mediziner (und Begründer der sogenannten Massenpsychologie) Le Bon mit dem Buch *La Civilisation des Arabes* (Paris 1884). Was aber die Rezeption westlicher Rassentheorien angeht, so waren es doch eher Gobineaus *Essai sur l'inégalité des races humaines* (1853-55) und Renans *Histoire générale et système comparé des langues sémitiques* (1853) sowie seine Debatte mit al-Afġānī von 1883 (siehe unten), die eine weiter gehende Wirkung gezeigt haben. Im Falle Le Bons hat wohl in erster Linie dessen Werk *Lois psychologiques de l'évolution des peuples* aus dem Jahre 1894 (das eine Klassifizierung der menschlichen Rassen enthält), einige spätosmanische Intellektuelle – so etwa Celal Nuri (siehe unten) – beeindruckt.

Auf die rassentheoretischen Thesen dieser und anderer westlicher Autoren kann hier nicht näher eingegangen werden. Im Zusammenhang mit unserem Thema ist jedoch die Feststellung wichtig, dass für manche jener Theoretiker des 19. Jahrhunderts keineswegs die äußerliche bzw. qualitative Ungleichheit der menschlichen Rassen im Mittelpunkt ihrer Betrachtungen stand, sondern die historisch bedingte Mischung der Rassen und deren Folgen. Für Gobineau etwa war diese Vermischung sowohl der Motor allen Fortschritts als auch (durch die „Degeneration" der Kulturträger als Folge einer „Verschlechterung des Blutes") die Ursache allen Verfalls in der Geschichte.[15]

Angesichts der Faszination, die das europäische wissenschaftliche Leben jener Zeit generell auf sie ausübte, kann es nicht verwundern, dass manche der osmanischen Intellektuellen sich auch eher fragwürdige Theorien und Forschungsergebnisse (z. B. aus der Vergleichenden Linguistik, der Historiographie, Ethnologie und anderer Disziplinen) zueigen machten. Der Prozess dieser geistigen Aneignung, der

---

15 Christian Geulen, *Geschichte des Rassismus*, München 2007, 68-75, zu Gobineau bes. 71 f.; siehe auch Jean Calmard, Art. „Gobineau", *Encyclopaedia Iranica*, Bd. 11, New York 2003, 20-24, zu LeBon und anderen (so etwa Ludwig Gumplowicz) siehe Marco Schütz, *Rassenideologien in der Sozialwissenschaft*, Bern 1994. Siehe auch Patrik von Zur Mühlen, *Rassenideologien. Geschichte und Hintergründe*, Berlin/Bonn 1977.

gelegentlich auch zu bizarren Ergebnissen geführt hat, ist von Jens Peter Laut für das weite Feld der türkischen Sprachwissenschaft eindrucksvoll beschrieben und analysiert worden – wobei er darauf hinweist, dass die nationalistische Historiographie als Folie für alle Phasen der türkischen Sprachreform und der entsprechenden Theorien gedient hat.[16]

Das „Who's Who" sowie die Wege und Umwege dieser geistesgeschichtlichen Entwicklung müssen hier nicht skizziert werden. Es geht im vorliegenden Abschnitt des Aufsatzes ja nur um eine bestimmte Facette, nämlich um die Rezeption von westlichen Rassentheorien im späten Osmanischen Reich und in der Türkischen Republik, und zwar im Zusammenhang mit dem, was Christoph Herzog wiederholt als „Niedergangsdiskurs" bezeichnet hat. In diesem Zusammenhang hat er auf die enorme Sprengkraft verwiesen, die das Thema „Niedergang" dadurch besitzt, dass es in direkter Weise das historische Selbstverständnis und das kulturelle Selbstbewusstsein zahlreicher Menschen im Nahen und Mittleren Osten betrifft.

Unter den Gründen für den (tatsächlichen oder vermeintlichen) Niedergang wurden von einigen spätosmanischen Autoren auch der Stellenwert der „Rasse" (*cins* oder *ırk*) für Aufstieg und Niedergang von Völkern und Reichen „entdeckt" und diskutiert. Verlust der Rassereinheit bzw. die Folgen „ungünstiger" Rassemischungen im Verlauf der Geschichte wurden – in direkter oder indirekter Anlehnung an Äußerungen westlicher Autoren – als mögliche Faktoren der Stagnation und des schließlichen Abstiegs von Völkern, Staaten und Kulturen ausfindig gemacht. Es ist zu bedenken, dass die entsprechende Diskussion sich in einer Zeit vollzog, in der – gegen mancherlei Widerstand – auch die Evolutionstheorie Darwins (mit allen ihren ideologischen Verzerrungen) rezipiert wurde.

Daneben ging freilich die schon seit längerer Zeit geführte Debatte darüber weiter, inwiefern der Islam *an sich* oder nur seine real existierenden Ausdrucksformen am Niedergang (mit)schuldig seien. Nicht selten wurden beide Themen parallel diskutiert – so etwa in einem Vortrag des spätosmanischen Erziehungswissenschaftlers (und späteren arabischen Nationalisten) Sāṭiʿ al-Ḥuṣrī (gest. 1968) aus dem Jahre 1909, in dem er sich gegen zwei zeitgenössische Vorurteile westlicher Provenienz wendet, nämlich dass entweder der Islam der Hauptgrund für das Zurückbleiben der Osmanen gegenüber fast allen zivilisierten Nationen sei, oder dass der mangelnde Fortschritt sich aus der Unfähigkeit der türkischen Rasse (*Türk ırkının*

[16] Jens Peter Laut, *Das Türkische als Ursprache? Sprachwissenschaftliche Theorien in der Zeit des erwachenden türkischen Nationalismus*, Wiesbaden 2000. Zur Entwicklung der türkischen nationalistischen Historiographie in spätosmanischer Zeit siehe David Kushner, *The Rise of Turkish Nationalism, 1876-1908,* London 1977 (zum westlichen Einfluss auf die beginnende Diskussion der „Rassenfrage" siehe dort 9-10); zur Geschichtsschreibung in der Türkischen Republik siehe Etienne Copeaux, *Espaces et temps de la nation turque. Analyse d'une historiographie nationaliste, 1931-1993*, Paris 1997. Eine bemerkenswerte einzelne Stellungnahme aus dem Jahre 1905, die der Jungtürke Ali Bey Hüseyinzade (gest. 1940) in Baku veröffentlichte, analysiert Volker Adam, „Wer sind die Türken und wer gehört zu ihnen?", in: Rainer Brunner u. a. (Hg.), *Islamstudien ohne Ende,* Würzburg 2002, 1-10.

kabiliyetsizliği) ergebe. Die letztgenannte Ansicht weist er u. a. mit dem Argument zurück, dass die heutigen Osmanen gar keine reinen Türken mehr seien. Diejenigen, die das Osmanische Reich gegründet haben, hätten sich in der Folgezeit mit den von ihnen regierten Völkern gründlich vermischt. Das Osmanenreich sei der Teil der Welt, dessen Ethnien die engsten Verbindungen eingegangen und am komplexesten seien, doch könne dieses Faktum keineswegs als Grund für Stillstand bzw. Niedergang gelten bzw. als ein Hindernis für künftigen Fortschritt angesehen werden.[17]

Ḥuṣrī steht mit dieser Ansicht nicht allein. Auch für Celal Nuri (gest. 1938), einen anderen Autor der spätosmanischen Krisenliteratur, geht es bei der Erörterung des osmanischen Niedergangs nicht um Rassereinheit als verlorenen Idealzustand. Vielmehr sieht er in der historisch bedingten Vermischung eines Teils der türkischen Rasse – nämlich der Osmanen – mit anderen ethnischen Elementen einen unausweichlichen, nicht unbedingt negativen Vorgang, wenngleich er im Prozess der Assimilation, wie er sich seiner Ansicht nach *tatsächlich* vollzogen hat, auch Nachteile wahrnimmt. Zum Verlauf und zu den Folgen der Rassemischung schreibt er:

> „Die aus Zentralasien kommenden ersten Türken nahmen sich (...) Frauen aus allen Völkern. Arabisches, persisches, griechisches, bulgarisches, serbisches, bosniakisches, fränkisches und türkisches Blut mischten sich. Indem von den unterworfenen Nationen viele den Islam annahmen, turkisierten sie sich. Daher wechselten die Osmanen, die ursprünglich der gelben Rasse (*ırk-ı asfar*) angehört hatten, hinsichtlich der Ethnographie (...) zur weißen Rasse (*ırk-ı ebyad*). Rassisch entwickelte sich zwischen ihnen und den Turkestan-Türken sowie den Russland-Tataren ein großer Unterschied".[18]

Eine Variante dieser Geschichtsrevision besteht darin, dass die (nicht länger „gelben") Türken zu Indo-Europäern erklärt werden, die ursprünglich aus Indien stammen und damit den europäischen Völkern eo ipso ebenbürtig sind. Bei dem aus Dagestan stammenden osmanischen Publizisten Mehmed Murad (gest. 1917) lässt sich erahnen, welches Motiv hinter derartigen Behauptungen wirksam ist oder jedenfalls sein kann: Es geht anscheinend *auch* darum, ein zusätzliches Argument für die Gleichberechtigung des Osmanischen Reiches im Konzert der europäischen Mächte zu finden und somit auch dessen politische Präsenz auf dem Balkan zu rechtfertigen.[19]

---

17 Christoph Herzog, „Zum Niedergangsdiskurs im Osmanischen Reich und in der islamischen Welt", in: Stephan Conermann (Hg.), *Mythen, Geschichte(n), Identitäten: Der Kampf um die Vergangenheit,* Hamburg 1999, 69-90, siehe bes. 88-89. Kritisch zur Argumentation Ḥuṣrīs, wonach ein Mangel an Entschlossenheit und Ausdauer die Rückständigkeit der Osmanen verursacht habe, siehe ebd., 90.

18 Christoph Herzog, *Geschichte und Ideologie: Mehmed Murad und Celal Nuri über die historischen Ursachen des osmanischen Niedergangs*, Berlin 1996, 155 f.

19 Herzog, *Geschichte und Ideologie*, 35-37. Herzog weist darauf hin, dass Mehmed Murad nicht so weit geht, das Osmanenreich und seine Bevölkerung angesichts rassischer Verwandtschaft zu einem Bestandteil Europas zu erklären.

Nach sporadischen Anfängen (besonders durch Ḥuṣrī) in spätosmanischer Zeit hat sich in der frühen Türkischen Republik eine rassenbiologische, auf Schädelmessungen und dergleichen Methoden orientierte Anthropologie durchgesetzt. Sie wurde durch Atatürk energisch gefördert. Er kannte Gobineaus *Essai* und war von dessen Thesen, so etwa dem Satz „Die Geschichte existiert nur bei den weißen Völkern" stark beeindruckt. Da Gobineau jedoch die Türken - und zwar auch die Anatoliens - als Angehörige der „gelben Rasse" ansah, während Atatürk deren Anschluss an die Zivilisation des „weißen" Europa den Weg bereiten wollte, musste Mustafa Kemal zusätzliche Argumente für die (schon bestehende) Meinung finden lassen, dass die anatolische und übrige Bevölkerung der Türkei im Prinzip zur weißen Rasse zähle. In dem Schweizer Anthropologen Eugène Pittard (1867-1962) entdeckte Atatürk den wichtigsten Kronzeugen für die von ihm gewünschte Geschichtsthese, und so ist es folgerichtig, dass seine Adoptivtochter Ayşe Afetinan nach Genf entsandt wurde, um bei Pittard zu studieren. In dem Bestreben, die anatolischen Türken gleichsam zu „entmongolisieren", wurde 1937 auf Atatürks Betreiben eine Enquête durchgeführt, als deren Ergebnis festgestellt werden konnte, dass die Türken Anatoliens sich hinsichtlich ihrer durchschnittlichen Körpergröße, Haarfarbe und Nasenform eindeutig von den Mongolen unterscheiden.[20] Ausgehend von einem solchen Befund ließ sich eine Geschichtsthese entwickeln, die den Türken eine einzigartige Stellung in der Kulturgeschichte zuweist. Afetinan hat sie in die Worte gefasst: „Der erhabenste und erste zivilisierte Volksstamm der Menschheit sind die Türken, deren Heimat der Altai und Zentralasien ist". Diese Türken, so die Verfasserin, hätten alle großen Zivilisationen der Welt (China, Indien, Sumer, Griechenland usw.) begründet.[21] Thesen wie diese sind generell geeignet, durch Demagogen zu chauvinistischen Slogans vergröbert zu werden, und so geschah es auch in diesem Falle, so etwa in Gestalt des Wahlspruchs *„Her ırkın üstünde Türk ırkı!"*[22]

---

20 Klaus Kreiser, *Atatürk. Eine Biographie*, München 2008, 277-280. Weitere Äußerungen moderner türkeitürkischer Autoren zur rassischen Unterscheidung des anatolischen Türkentums von Tataren, Mongolen und anderen, z. B. auf Grund der Zugehörigkeit der Anatolier zur „europiden Rasse", finden sich bei Jens Peter Laut, „Imagologie auf Türkeitürkisch", in: Gerson Klumpp (Hg.), *Die ural-altaischen Völker: Identität im Wandel zwischen Tradition und Moderne*, Wiesbaden 2003, 61-72. Eine aufschlussreiche Sammlung entsprechender Erörterungen türkischer und anderer Anthropologen präsentiert Şevket Aziz Kansu, „Rassengeschichte der Türkei", *Belleten*, XL (1976), 353-402 (mit Abb.).

21 Zitat bei Laut, *Das Türkische als Ursprache*, 3; türkischer Wortlaut des gesamten Passus bei Nazan Maksudyan, *Türklüğü Ölçmek. Bilimkurgusal antropoloji ve türk milliyetçiliğinin ırkçı çehresi, 1925-1939*, Istanbul 2005, 58. Zu Afetinan siehe ebd., 58-61; zu Pittard und seinem Einfluss auf die „Türkische Geschichtsthese" siehe Hans-Lukas Kieser, „Türkische Nationalrevolution, anthropologisch gekrönt. Kemal Atatürk und Eugène Pittard", *Historische Anthropologie*, 14 (2006), 105-118.

22 Jacob M. Landau, *Pan-Turkism in Turkey. A Study of Irredentism*, London 1981, 3 (Abb. des Titelblatts einer Ausgabe der Zeitschrift *Bozkurt* vom Juli 1941). Von ähnlicher Denkart zeugt der bis heute oft (z. B. auf dem Titelblatt einer Tageszeitung) verwendete Slogan „*Ne mutlu Türküm diyene*" und desgleichen die Losung „*Bir Türk dünyaya bedeldir*".

Es mag sein, dass die empirischen Forschungen der „anatolischen Anthropologie" im Kern auch seriöse wissenschaftliche Ergebnisse erbracht haben. Problematisch bleibt die ideologische Ausrichtung des Projekts und die überzogen nationalistische, ja rassistische Interpretation der ermittelten Daten. Immerhin ist es bemerkenswert, dass eine einheimische Anthropologin jüngst eine äußerst kritische Untersuchung zum „rassistischen Antlitz" der türkischen Anthropologie der Jahre 1925 bis 1939 veröffentlichen konnte, nämlich zur Dominanz jener offiziell geförderten wissenschaftlichen Schule, die jahrelang u. a. die Publikationstätigkeit der Zeitschrift *Türk Antropoloji Mecmuası* geprägt hat.[23]

Ein weiteres Feld für die Entwicklung einer türkisch-nationalistischen Geschichtsthese eröffnete sich in der Archäologie, doch scheint es, dass Grabungen in Anatolien zumindest in anthropologischer Hinsicht nicht die erwarteten Ergebnisse zu Tage gefördert haben. Hierauf – und auf die besondere Rolle der Sumerologie als Fachdisziplin, die den Beweis für eine frühe (eindeutig vorislamische) türkische Einwanderung nach Anatolien liefern sollte – kann hier nicht eingegangen werden.[24]

Es liegt auf der Hand, dass die von Atatürk geförderte nationalistische Geschichtsdoktrin (einschließlich der Sonnensprachentheorie) auch und gerade für die Minderheitenpolitik der Türkei Folgen gehabt hat, und zwar nicht zuletzt in der Kurdenfrage. Ein eher bizarres, aber doch nicht ganz zufälliges Ergebnis der rassistischen Anthropologie, die zumindest zeitweilig vorherrschend war, finden wir in dem Versuch, die Kurden zu einem Zweig des Türkentums zu erklären. Ein Beispiel hierfür ist das Buch *Türkestanlı bir türk boyu: kürtler* von A. Taneri, das 1983 in zweiter Auflage in Ankara erschienen ist.

Arabische Diskussionen über Rasse, Rassereinheit und Rassenmischungen in der islamischen Geschichte

Im Jahre 1931 reiste eine Gruppe von Geschichtsprofessoren und Studenten der Universität Kairo zu einer Exkursion in den Irak. Unter den Mitgliedern befand

23 Maksudyan, *Türklüğü Ölçmek*, und Nazan Maksudyan, "The Turkish Review of Anthropology and the Racist Face of Turkish Nationalism", *Cultural Dynamics*, 17,3 (2005), 291-322 sowie Howard Eisenstadt, "Metaphors of Race and Discourse of Nation. Racial Theory and State Nationalism in the First Decades of the Turkish Republic", in: Paul Spickard (Hg.), *Race and Nation. Ethnic Systems in the Modern World*, New York/London 2005, 239-256. Die Dissertation von Corry Guttstadt, *Die Türkei, die Juden und der Holocaust*, Berlin/Hamburg 2008, die mit einigen schönfärberischen Legenden aufräumt, kam zu spät zu meiner Kenntnis.

24 Kreiser, *Atatürk*, 280-284; zu den (von europäischen Wissenschaftern inspirierten) Theorien einer genetischen Verwandtschaft des Sumerischen mit dem „Turanischen" bzw. Altaischen, also letztlich mit dem Türkischen, siehe Laut, *Das Türkische als Ursprache*, 59 ff.; zu den in diesen Zusammenhang gehörenden, phantasievollen Behauptungen des Autors Halikarnas Balıkçısı (gest. 1973) und seiner Schule siehe Barbara Kranz, *Das Antikenbild der modernen Türkei*, Würzburg 1998, 114-115, 132-133 und passim.

sich auch Aḥmad Amīn (1886-1954), ein Mann, der in den folgenden Jahren zu einem der bekanntesten arabischen Historiker und Publizisten werden sollte.[25] Während eines Besuchs in einer schiitischen Moschee anlässlich des Freitagsgebets kam es für Aḥmad Amīn und seine Landsleute zu einer gefährlichen Situation: Ein Prediger begann, die anwesenden schiitischen Gläubigen auf Aḥmad Amīn und dessen 1928 erschienenes Buch *Faǧr al-islām* aufmerksam zu machen. Er zitierte bestimmte, die Schia betreffende, deren Glauben und geschichtliche Rolle herabsetzende Passagen. Die schiitischen Zuhörer gerieten daraufhin in großen Zorn, und Amīn und seine Begleiter hielten es für angezeigt, die Versammlung schleunigst zu verlassen.[26] Auf den ersten Blick könnte man jenen Zwischenfall als Glied in einer langen Kette konfessioneller Kontroversen zwischen Sunniten und Schiiten betrachten. So war es im Grunde auch, aber es gab da eine Besonderheit: Amīn hatte in seinem erwähnten Buch die Entstehung und den Charakter der Schia in einen engen, kausalen Zusammenhang mit den Umtrieben nichtarabischer Elemente gestellt: In der Zeit der Umayyadenherrschaft sei die Schia zu einer Zuflucht für alle jene geworden, die aus Feindseligkeit oder Hass die Vernichtung des Islams, die Einführung der jüdischen, christlichen, zarathustrischen und indischen Glaubenslehren ihrer Vorfahren und den Aufstand gegen den islamischen Staat wünschten.[27] Mit diesem Satz hatte Amīn nur eine Unterstellung wiederholt, die sich seit Jahrhunderten im sunnitischen Schrifttum (z. B. gegen einzelne Gruppen wie die Ismailiyya) findet. In Aḥmad Amīns Darstellung erscheint nun aber die Schia generell als Reaktion des Persertums auf die arabische Eroberung, und der Sturz der Umayyaden faktisch als Sieg der persischen Šuʿūbiyya über die Araber. Zur Stützung dieser Ansicht führt Amīn die These des niederländischen Orientalisten Reinhart Dozy an, wonach „die arabische Rasse" durch Freiheitsliebe gekennzeichnet sei, während „die persische Rasse" an sklavische Unterwerfung gewöhnt sei. Der Gedanke, einen Kalifen durch Wahl zu bestimmen, sei den Persern unbekannt und unbegreiflich gewesen. Da sie gewohnt waren, in ihren Herrschern Abkömmlinge niederer Gottheiten zu sehen, hätten sie nach der arabisch-islamischen Eroberung (in Anbetracht der Tatsache, dass der Prophet keinen ihn überlebenden Sohn hatte) ihre Verehrung auf dessen Schwiegersohn ʿAlī und dessen Nachkommen übertragen und den Gehorsam gegenüber dem Imam zur obersten Pflicht gemacht.[28]

---

25 Über ihn siehe *EI*[2] I (1960), 279, und William Shepard, *The Faith of a Modern Muslim Intellectual: the religious aspects and implications of the writings of Ahmad Amin*, New Delhi 1982.

26 Zu dem Ereignis, seiner Vorgeschichte und den Folgen siehe Rainer Brunner, *Islamic Ecumenism in the 20th Century*, Leiden 2004, 174-179.

27 Aḥmad Amīn, *Faǧr al-islām*, 10. Auflage, Beirut 1969, 276.

28 Amīn, *Faǧr al-islām*, 277. Amīn bezieht diese Spekulationen Dozys (in dessen 1863 veröffentlichtem Buch *Het Islam*) über Reynold A. Nicholson, *A Literary History of the Arabs*, zuerst erschienen 1907; zahlreiche Nachdrucke, in Ausgabe 1969 findet sich das Zitat auf Seite 214.

Bei der Entwicklung dieser Geschichtskonstruktion hat wiederum Gobineau (s. o.) eine Rolle gespielt. Von ihm stammt anscheinend die These, dass die Vorstellung vom göttlichen Herrscherrecht der Sassaniden erheblichen Einfluss auf die politische Doktrin der Schia gehabt habe: Durch die Ehe des Imams Ḥusayn b. ʿAlī mit einer (angeblichen) Tochter des letzten Sassanidenherrschers (aus der der vierte Imam ʿAlī Zayn al-ʿĀbidīn hervorging) habe sich eine besondere Anhänglichkeit der Perser gegenüber der Schia ergeben. Orientalisten wie E. G. Browne und Th. W. Arnold haben diese Interpretation aufgegriffen, und durch arabische Autoren wie etwa den einflussreichen ägyptischen Historiker Ḥasan Ibrāhīm Ḥasan (gest. 1968) hat sie ihren Weg in zahlreiche arabische Veröffentlichungen gefunden.[29]

Indem Aḥmad Amīn derartige Interpretationen überhaupt zitierte, ja sich sogar bis zu einem gewissen Grade zu eigen machte, hat er zur Verbreitung eines Geschichtsbildes beigetragen, in dem das Denken und Handeln von Personen, sozialen Gruppen und ganzen Völkern sehr eng und im Grunde unausweichlich an ihre ethnische Herkunft, an ihre „Rasse“ gebunden erscheint. Was die Menschen eint oder trennt ist nun nicht mehr das religiöse Bekenntnis, in das man hineingeboren worden ist oder das man angenommen hat, sondern „das Blut“. Aḥmad Amīn sollte im engeren Sinne nicht als rassistischer Autor angesehen werden (zumal er im Laufe seinen Gelehrtenlebens manche seiner Positionen revidiert hat), aber die genannten Passagen hatten (oft in demagogischer Vergröberung) eine langfristige Wirkung. Deren destruktive Seiten zeigen sich vor allem in Staaten, in denen konfessionelle und ethnische Gruppen nebeneinander leben. Beispiele hierfür finden sich seit langem im Irak: In der politischen Publizistik dieses Landes gab es bereits in den 1930er bis 1950er Jahren von arabisch-nationalistischer (sunnitischer) Seite vereinzelt die Tendenz, die Geschichte des Irak als einen seit Jahrtausenden anhaltenden Abwehrkampf der Semiten gegen fremde Einflüsse (und besonders das Iranertum) zu interpretieren. In der Neuzeit findet dieser Kampf – so einer der Propagandisten dieser Ansicht – seinen Ausdruck in einer Auseinandersetzung (und zwar auch *innerhalb* des Irak) zwischen Arabern einerseits und „Sassaniden“ (*Banū Sāsān*) bzw. Türken (*Banū Ḫāqān*) andererseits.[30] Bruchstücke dieses Geschichtsbildes finden sich in großer Zahl auch in der anti-iranischen Propaganda des irakischen Baath-Regimes zur Zeit des sogenannten 1. Golfkriegs (1980-88). Parallel dazu erschienen damals sowohl im Irak als auch in anderen arabischen Ländern Publikationen, in denen die Schia als Ausdruck bzw. Instrument einer andauernden

29 Werner Ende, *Arabische Nation und islamische Geschichte. Die Umayyaden im Urteil arabischer Autoren des 20. Jahrhunderts*, Beirut 1977, 237-238. Dort, 238, auch kurz zur Rolle Šakīb Arslāns bei der Verbreitung der Ansichten Gobineaus im arabischen Raum.

30 Ende, *Arabische Nation*, 146-147 zu einem Buch des Autors ʿAbd ar-Raḥmān al-Ḥaṣṣān aus dem Jahre 1933, das einen veritablen Aufruhr auslöste. – Allgemein zur (angeblichen oder tatsächlichen) ethnischen Komponente des konfessionellen Konflikts siehe Yitzhak Nakash, „Shiʿis, Nationalism and the State in Twentieth-Century Iraq“, in: Mohammad Ali Amir-Moezzi u. a. (Hg.), *Le shīʿisme imāmite quarante ans après*, Turnhout 2009, 339-348.

Verschwörung der Iraner gegen Arabertum und Islam dargestellt wird. Besonders eine von der damaligen irakischen Führung geförderte Kongressorganisation namens *Munaẓẓamat al-Mu'tamar al-Islāmī aš-Šaʿbī* hat sich in dieser Hinsicht hervorgetan. Zu den übelsten pseudo-wissenschaftlichen Machwerken jener Zeit zählt das Buch eines ʿAbdallāh Muḥammad Ġarīb (evtl. ein Pseudonym) mit dem Titel *Wa-ǧā'a dawr al-maǧūs,* das erstmals 1983 in Kairo erschien. (Mit *maǧūs* sind hier potenziell alle Iraner gemeint). Das Buch enthält u. a. ein Kapitel über die schiitische bzw. iranische Präsenz in Kuwait (mit Angaben über die Zahl der Moscheen, Husayniyyas, Buchläden etc.). Damit will der Autor die Gefahr dieser (so wörtlich) „fünften Kolonne" für Arabertum und Islam beweisen.

Der in derartigen Publikationen zum Ausdruck kommende, rassistisch unterlegte konfessionelle Hass hat in bestimmten (vor allem wahhabitischen) Kreisen noch immer Konjunktur.[31] Ein wahrhaft erschreckendes Beispiel hierfür ist das Buch eines saudischen Autors, Nāṣir b. ʿAbdallāh b. ʿAlī al-Qafārī, dessen Titel infamerweise eine Anspielung auf die „Protokolle der Weisen von Zion" enthält: *Burūtūkūlāt Āyāt Qum ḥawl al-ḥaramayn al-muqaddasa* (..). Diese Hetzschrift erschien 2005 in Ägypten. Der Autor „enthüllt" hier die angeblich seit Jahrhunderten andauernden Verschwörungen der Schiiten bzw. Iraner gegen die Heiligen Stätten des Islams im Hedschas.

Auch das historisch-politische Schrifttum der arabischen Welt kennt, wie das türkischsprachige (s. o.) seit dem 19. Jahrhundert eine Art „Niedergangsdiskurs".

Hier wie anderswo bildet der Gedanke einer notwendigen Wiederbesinnung auf den ursprünglichen, unverfälschten Islam ein Leitmotiv der Diskussion. In deren Verlauf kam naturgemäß die Frage nach den Schuldigen für die Schwächung des arabischen Elements schon in der frühislamischen Geschichte auf – also danach, inwiefern der allmähliche Einflussgewinn und die Machtübernahme von Eliten nichtarabischer Herkunft den Niedergang der Araber (als Träger eines auch religiös legitimierten Führungsanspruchs) verursacht habe. Manche Autoren sahen und sehen die Anfänge des Niedergangs – etwa in Gestalt häretischer Strömungen mit ethnischer Färbung – bereits in der Zeit der „Rechtgeleiteten Kalifen" (632-661), andere in der Umayyadenzeit (661-750). Besonders viele richteten ihr Augenmerk auf den Sturz des „arabischen Reiches" der Umayyaden, die Errichtung der Abbasidenherrschaft und die sich daraus ergebenden Stärkung des nichtarabischen (zunächst iranischen, dann auch türkischen) Einflusses auf Politik, Verwaltung, Kultur und Religion: Aus der Sicht vieler arabischer Nationalisten des 20. Jahrhunderts konnte der Untergang des Umayyadenreiches, an dem nichtarabische (vor allem iranische) Muslime (*mawālī*) einen entscheidenden Anteil gehabt haben sollen, nichts weiter sein als eine schwere Niederlage für das Arabertum – und damit zugleich für den „wahren" Islam.

---

31 Isaac Hasson, „Les šīʿites vue par les néo-wahhabites", *Arabica,* LIII (2006), 299-330.

Die Rolle (bzw. die „Schuld") der *mawālī* an diesem historisch folgenreichen Prozess ist im arabischen Schrifttum des 20. Jahrhunderts zwar lebhaft, aber nicht ganz einheitlich beurteilt worden: Einige Autoren haben bei der Frage nach den Ursachen für das (angeblich oder tatsächlich) araberfeindliche Verhalten vieler *mawālī* auf die (ihrer Ansicht nach im Grunde unislamische) Bevorzugung des arabischen Elements in der Umayyadenzeit verwiesen. Manche sind so weit gegangen, die diskriminierende Praxis jener Zeit eindeutig als rassistisch zu bezeichnen und die folgende Abbasidenherrschaft (jedenfalls hinsichtlich ihrer Anfänge und frühen Praxis) insofern zu rehabilitieren. Als einer der Autoren, die den Rassismus (*ʿunṣurīya*) der Herrschenden als offensichtliche Ursache für den Niedergang des Umayyadenreiches und anderer islamischer Großreiche anprangern, sei hier der bedeutende ägyptische Historiker ʿAbd al-Ḥamīd al-ʿAbbādī (1892-1956) genannt: In einem Werk über den Islam und das Rassenproblem betont er, dass der Widerstand und schließlich die erbitterte Feindseligkeit der *mawālī* die zwar verhängnisvolle, aber letztlich verständliche *Folge* der Arroganz und diskriminierenden Haltung der Umayyaden gegenüber den unterworfenen Nichtarabern gewesen sei. Deren frühere, aktive Beteiligung an den Eroberungen im Dienste des islamischen Staates lasse erkennen, dass sich die Abwendung vieler *mawālī* vom umayyadischen Reich keineswegs zwangsläufig vollzogen habe, dass sie also hätte vermieden werden können.[32]

Einen anderen Aspekt dieser Diskussion finden wir in der von H. A. R. Gibb und B. Lewis angeregten, besonders im Irak zeitweilig gern rezipierten und vertieften „revisionistischen" Tendenz, den hohen Anteil von Arabern am Sturz der Umayyadendynastie zu betonen und damit das simple Bild einer „rassischen", arabisch-iranischen Auseinandersetzung zurückzuweisen.[33]

Manche arabisch-nationalistische Autoren äußerten sich über die unterschiedliche Praxis der Umayyaden und Abbasiden hinsichtlich von Mischehen im Falle der Angehörigen ihrer eigenen Familien, sowie über die langfristigen Folgen einer die arabische Herkunft vernachlässigenden Heiratspolitik. Einige dieser Autoren sahen in Mischehen bzw. der sich aus ihnen ergebenden Nachkommenschaft nicht (oder nicht in erster Linie) eine „Verschlechterung des Blutes", wohl aber eine Gefahr für die Loyalität der Angehörigen der Oberschicht gegenüber dem eigenen Volk. In diesem Sinne hat sich der Syrer Muḥammad Kurd ʿAlī (1876-1953), einer der eifrigsten Apologeten der Umayyadenherrschaft überhaupt, wiederholt geäußert und dabei die laxe Haltung der Abbasiden getadelt.[34] Andere gingen in ihrer

---

32 ʿAbd al-Ḥamīd al-ʿAbbādī, *Al-islām wa-l-muškila al-ʿunṣurīya*, 2 Teile in 1 Bd., Beirut 1969, 57 ff., bes. 72-92. Generell zu den Aspekten der *Mawālī*-Diskussion siehe Ende, *Arabische Nation*, 233-260.

33 Ende, *Arabische Nation*, 257-260. Zur neueren Diskussion arabischer Historiker über die Abbasidenzeit siehe Gerhard Hoffmann, *Arabische Historiographie der Gegenwart. Arabische Historiker zur Krise im abbasidischen Nahen Osten*, Hamburg 2008.

34 Ende, *Arabische Nation*, bes. 67, 69, 240.

negativen Beurteilung von Rassemischung wesentlich weiter. Unter ihnen finden sich vereinzelt auch Autoren, die als „progressiv“ gelten, da sie sich als Verfechter des Säkularismus und einer mehr oder weniger konsequenten Verwestlichung hervorgetan haben. Ein Beispiel hierfür ist der Ägypter Salāma Mūsā (1887-1958) – der Herkunft nach Kopte und ein früher Anhänger des Sozialismus. Zumindest in den späten 1920er Jahren hat er die Ansicht vertreten, dass Ägypten zu Europa und nicht eigentlich zur arabischen Welt gehöre. Freilich sei die Vermischung der Ägypter mit „minderwertigem“ (afrikanischem und asiatischem) Blut nicht zu bestreiten, und diese Vermischung, die leider auch noch in der Gegenwart vorkomme, habe ihnen geschadet. Wie u. a. auch anthropologische Studien gezeigt hätten, seien die Ägypter jedoch, rassisch gesehen, im Kern ebenso Arier wie die Europäer, und es gebe für sie keinen Grund, sich dem Anschluss an die moderne westliche Zivilisation zu verweigern.[35]

Im Vergleich zu derartig verstiegenen Argumentationen lässt sich feststellen, dass im Diskurs der ägyptischen Salafiyya die Betonung der „Rasse“ als Element des eigenen Geschichtsbewusstseins zunächst keine wesentliche Rolle spielte oder klar zurückgewiesen wurde. So erklärte der Gründer der Muslimbruderschaft, Ḥasan al-Bannā' (1906-1949), ein Nationalismus, der den Stolz auf die eigene Rasse und die Herabsetzung der anderen zum Ziel habe (wie er zur Zeit in Deutschland und Italien propagiert werde), sei mit den Zielen seiner Bewegung nicht vereinbar. Er verstoße gegen die Menschlichkeit und bilde eine Gefahr für den Fortbestand der Menschheit.[36]

Zwar ist nicht zu übersehen, dass einzelne Autoren der Salafiyya, so etwa Muḥibb ad-Dīn al-Ḫaṭīb (1886-1969), nicht ganz frei waren von (europäisch inspirierten) Spekulationen über die Herkunft, Ausbreitung und besondere historische Rolle der semitischen Völker (die – einschließlich der Chaldäer und Phönizier – durchweg von der Arabischen Halbinsel stammen und letztlich allesamt *Araber* seien), doch haben diese Thesen in der Salafiyya nur begrenzt Anklang gefunden.[37] Eher waren es säkularistisch orientierte Intellektuelle, die ähnlichen Vorstellungen von einer vorislamischen *arabischen* Einheit zwischen Nordafrika und Mesopotamien zugeneigt waren, so etwa der ägyptische Jurist, Schriftsteller

---

35 Salāma Mūsā, *Al-yawm wa-l-ġad*, Kairo [1927], 28-29, 232-233, 235-238; und Salāma Mūsā, *„al-miṣrīyūn umma ġarbīya“*, *Al-Hilāl*, 37 (1928), 177-181. Zu Salāma Mūsā siehe Philip C. Sadgrove, *EI*[2] VIII (1995), 919 f. Zu Mūsās ambivalenter Position s. Israel Gershoni, *Begegnungen mit Faschismus und Nationalsozialismus in Ägypten, 1922-1937* (im Druck), Unterkapitel 5.

36 Ḥasan al-Bannā', *Maǧmūʿat rasā'il al-imām aš-šahīd Ḥasan al-Bannā*, Beirut o. J., 109, englische Übersetzung in C. Wendell, *Five Tracts of Ḥasan Al-Bannā'*, Berkeley/Cal. 1978, 54.

37 Nimrod Hurvitz, „Muhibb al-Din al-Khatib's Semitic wave theory and Pan-Arabism“, *Middle Eastern Studies*, 29 (1993), 118-134. – Zu der Tendenz, die semitische Sprache der Kanaaniter, Akkader, Nabatäer und anderer Völker als „Arabisch“ zu bezeichnen, siehe Stefan Wild, „Arabic avant la lettre. Divine, Prophetic, and Heroic Arabic“, in: Everhard Ditters/Harald Motzki (Hg.), *Approaches to Arabic Linguistics, presented to Kees Versteegh*, Leiden 2007, 189-208, bes. 197, 200-201.

und Amateur-Historiker Maḥmūd Kāmil (geb. 1906): In Werken wie *Ad-dawla al-ʿarabīya al-kubrā* (Kairo 1959, 1965) entwirft er ein historisches Panorama, in dem Altägypten, Babylon und andere *arabische* (!) Großreiche des Vorderen Orients die direkten, sozusagen genetischen Vorläufer der arabisch-islamischen Imperien von Damaskus und Bagdad darstellen. „Rassistisch" im engeren Sinne mag die hier zum Ausdruck kommende Sichtweise nicht sein, aber sie ist geprägt von der (phantasievollen) Behauptung einer ethnischen Zusammengehörigkeit und Jahrtausende alten historischen Rolle „der Araber", die in der Gegenwart einer neuen Blüte entgegen gehe. Eine derartige Sichtweise ist weit entfernt vom traditionellen, Ǧāhilīya und Islam streng voneinander unterscheidenden Geschichtsbild. Einige arabische Regime, so das der syrischen Baath-Partei, haben sich bemüht, ihre dem entsprechende, säkularistisch-nationalistische Vision der vorislamischen arabischen Geschichte stärker herauszuarbeiten und durchzusetzen.[38]

Zu den eher unerwarteten Nebenwirkungen der soeben erwähnten Theorien gehört es, dass sie es im 20. Jahrhundert einigen Juden ermöglichten, sich (angesichts einer sie umgebenden massiven arabisch-nationalistischen Strömung) zu direkten Abkömmlingen „rein arabischer" Familien zu erklären. Diese seien ursprünglich auf der Arabischen Halbinsel beheimatet gewesen und hätten dort den jüdischen Glauben angenommen. Ethnisch hätten sie weder mit den „eigentlichen" Juden noch mit den (weit später) judaisierten Angehörigen anderer Völker (Khasaren, Slaven, Deutschen etc.) etwas zu tun. Bereits in vorislamischer Zeit seien ihre Vorfahren von der Arabischen Halbinsel in die Länder des „Fruchtbaren Halbmonds" und in andere Regionen (so etwa Ägypten) ausgewandert, hätten aber ihren arabischen Charakter bewahrt. In diesem Sinne äußerte sich z.B. der in den 1930er Jahren zum Islam übergetretene irakisch-jüdische Ingenieur und Historiker (Aḥmad) Nasīm Sūsa (1902-1982). Er berief sich dabei auch auf gewisse Thesen westlicher Archäologen und anderer Autoren – die er freilich nicht selten etwas einseitig interpretierte.

Sūsas Geschichtskonstruktion hat natürlich nicht nur das Ziel, die eigene Herkunft von einem vermeintlichen Makel zu befreien, also im arabisch-nationalistischen Kontext aufzuwerten. Sie fügt sich auch ein in die oben genannten Bestrebungen, eine in die Frühgeschichte des Vorderen Orients zurückreichende Dominanz und kulturprägende Kraft der Araber zu behaupten. Ein wesentlicher Aspekt dieser Bemühungen richtet sich auf den Nachweis, dass auch die frühe Geschichte Palästinas von Kanaanitern und anderen „Arabern" bestimmt gewesen

38 Zu Leben und Werk Maḥmūd Kāmils siehe John J. Donohue/Leslie Tramontini, *Crosshatching in Global Culture. A Dictionary of Modern Arab Writers*, Bd. 1, Beirut/Würzburg 2004, 570-575. Zur Geschichtsideologie der Baath-Partei hinsichtlich der vorislamischen Zeit siehe Ulrike Freitag, *Geschichtsschreibung in Syrien 1920-1990*, Hamburg 1991, bes. 255-294. Zu ähnlichen Diskussionen in Nordafrika siehe Pessah Shinar, "The Historical Approach of the Reformist ʿUlamāʾ in the Contemporary Maghreb", *Asian and African Studies*, 7 (1971), 181-210.

sei. Bei der jüdischen Herrschaft in Judäa habe es sich nur um eine ephemere Erscheinung gehandelt. Die Ansprüche der heutigen Zionisten (überwiegend nicht Semiten im ethnischen Sinne, sondern Angehörige fremder Völker) seien als gegenstandslos zurückzuweisen.[39]

Als ein besonders ergiebiges Einfallstor für westliche bzw. westlich inspirierte Rassentheorien in der islamischen Welt hat sich der Palästinakonflikt, d. h. die Auseinandersetzung mit dem Zionismus erwiesen. Was den Import und die Verbreitung eines eindeutigen Rassen-Antisemitismus westlicher Provenienz betrifft, so ist festzustellen, dass zumindest in den arabischen Ländern Personen *christlicher* Herkunft in dieser Hinsicht eine nicht unwesentliche Rolle gespielt haben – jedenfalls in der Frühphase dieses Prozesses, so etwa im Zusammenhang mit der ersten Wahrnehmung und propagandistischen Nutzung der „Protokolle der Weisen von Zion".[40] In der Folgezeit hat sich allerdings gezeigt, dass in der arabischen bzw. islamischen Welt der Übergang von einem überwiegend religiös grundierten Antijudaismus bzw. Antizionismus zu einem stärker ausgeprägten „modernen" Rassismus durchaus – wenn auch nicht durchgängig und unwidersprochen – vollzogen worden ist.[41] Es bleibt eine Frage, ob es sich hierbei im Wesentlichen um einen genuin islamischen, einen islamistisch politisierten oder gar um einen nur oberflächlich islamisierten, importierten Antisemitismus handelt.[42]

Semiten, Arier und die Rolle der Iraner in der islamischen Geschichte

In der innerislamischen Diskussion um Niedergang und Wiederaufstieg hat seit dem 19. Jahrhundert die (Wieder-)Entdeckung Ibn Ḫaldūns und seiner Theorien eine bedeutende Rolle gespielt. Auf die Gründe und den Verlauf der damit verbundenen Debatten kann und muss hier nicht eingegangen werden. Im Zusam-

39 Siehe dazu sein Büchlein *Madḫal ilā kitāb al-ʿarab wa-l-yahūd fī t-tārīḫ,* Bagdad 1971, englische Übersetzung Ahmed Sousa, *Introduction to a Study entitled Arabs and Jews in History. Historical Facts revealed by Archaeology,* Bagdad 1972; ausführliche Darstellung seiner Thesen in Aḥmad Sūsa, *Ḥaḍārat al-ʿarab wa-marāḥil taṭawwurihā ʿabra l-ʿuṣūr,* Bagdad 1979. Über den Autor siehe Aḥmad Sūsa, *Fī ṭarīqī ilā l-islām,* 2 Bde., Kairo 1936, und die posthum erschienene Autobiographie Aḥmad Sūsa, *Ḥayātī fī niṣf qarn,* Bagdad 1986.

40 Stefan Wild, „Die arabische Rezeption der "Protokolle der Weisen von Zion"", in: Brunner u.a. (Hg.), *Islamstudien ohne Ende,* 517-528.

41 Siehe dazu Sonderheft der Zeitschrift *Die Welt des Islams,* 46 (2006), 3: *Anti-Semitism in the Arab World* (hg. und mit einer profunden Einführung von Gudrun Krämer). Weitere Beiträge von Michael Kiefer (siehe hier die folgende Anm.), Alexander Flores („Judeophobia in Context: Anti-Semitism among Modern Palestinians") und Stefan Reichmuth (über die apokalyptischen, israelfeindlichen Visionen eines saudischen Autors).

42 Michael Kiefer betont in seinem Essay „Islamischer, islamistischer oder islamisierter Antisemitismus?", *Die Welt des Islams,* 46 (2006), 3, 277-306, die externen (westlichen) Einflüsse und plädiert eindeutig für die Bezeichnung „islamisierter Antisemitismus". Ähnlich äußert sich Stefan Wild, „Importierter Antisemitismus? Die Religion des Islam und die Rezeption der ‚Protokolle der Weisen von Zion'", in: Dirk Ansorge (Hg.), *Antisemitismus in Europa und in der islamischen Welt,* Paderborn 2006, 201-216.

menhang mit unserem Thema dürfen wir uns auf einen einzigen Aspekt beschränken, nämlich auf Ibn Ḫaldūns Ansicht, dass die Entwicklung von Wissenschaft und Künsten in der islamischen Kulturgeschichte hauptsächlich mit den Leistungen von Nicht-Arabern (bzw. Persern, *ʿaǧam*) zusammenhänge.[43]

Es liegt auf der Hand, dass arabische Nationalisten diese Behauptung Ibn Ḫaldūns bzw. deren Verbreitung in der Neuzeit nicht akzeptieren konnten. Es war nicht zuletzt der hier in anderem Zusammenhang schon genannte Autor Sāṭiʿ al-Ḥuṣrī, der es sich zur Aufgabe machte, die „richtige", aus arabischer Sicht annehmbare Interpretation der Äußerungen Ibn Ḫaldūns zu finden und durchzusetzen: Mit *ʿarab* bzw. *aʿrāb* seien bei ihm ausschließlich die Wüstenaraber gemeint und nicht die arabophone Bevölkerung allgemein. Somit sei es völlig unsinnig bzw. ein Ausdruck der früheren und heutigen, araberfeindlichen *Šuʿūbīya*, den Arabern generell kulturelle Kreativität absprechen zu wollen.[44]

Ḥuṣrī war keineswegs der erste arabische Autor, der sich mit Ibn Ḫaldūns These auseinandersetzte. Seine Vorläufer, so etwa Muḥammad Rašīd Riḍā, begnügten sich aber im Allgemeinen mit der Feststellung, Ibn Ḫaldūn befinde sich in diesem Punkt schlichtweg im Irrtum. Allerdings verwendet Rašīd Riḍā in diesem Zusammenhang bereits ein Argument, das in der Folgezeit von weiteren Autoren aufgegriffen worden ist: Persische oder andere nichtarabische Namen bzw. Nisben von Gelehrten oder anderen Persönlichkeiten bedeuteten keineswegs, dass es sich bei ihnen nicht doch um Araber handeln könne.[45] Jahrzehnte später hat der irakische Historiker Nāǧī Maʿrūf ein (in manchen Details durchaus ertragreiches) Buch veröffentlicht, das dem Nachweis einer möglichst großen Zahl solcher Fälle dienen soll.[46]

Die Erbitterung, mit der über die These Ibn Ḫaldūns besonders zwischen Arabern und Iranern gestritten worden ist und z. T. bis heute gestritten wird, hängt (wie so vieles in der modernen Geistesgeschichte der islamischen Welt) auch mit dem Einfluss westlicher Wissenschaften zusammen. Von einem Beispiel hierfür, nämlich mit Bezug auf das Verhältnis von Schiitentum und iranischem Nationalgefühl, war hier bereits die Rede. Was die mehr oder weniger rassistische Interpretation der (angeblich) unterschiedlichen Leistungsfähigkeit von Iranern und Arabern („Ariern" und „Semiten") auf dem Gebiet der Wissenschaften betrifft, so bietet die berühmte Pariser Debatte zwischen Ernest Renan und Ǧamāl ad-Dīn al-Afġānī (gest. 1897) ein bemerkenswertes Beispiel. Wir können uns hier auf folgende Skiz-

---

43 Franz Rosenthal (Übers.), *Ibn Khaldūn. The Muqaddima. An Introduction to History,* 3 Bde., New York 1958, III, 311-319.

44 Siehe Ḥuṣrī, *Dirāsāt ʿan muqaddimat Ibn Ḫaldūn,* Beirut 1944, erw. Auflage Kairo 1953, und seinen Beitrag „Difāʿ ʿan Ibn Ḫaldūn", in: *Aʿmāl mahraǧān Ibn Ḫaldūn,* Kairo 1962, 491-500. In diesem Kongressband finden sich weitere wichtige Beiträge zu dem genannten Thema, so u. a. von ʿAbd al-ʿAzīz Dūrī (501-513) und ʿAlī al-Wardī (514-532).

45 So Riḍā in der Antwort auf eine Leserfrage in *Al-Manār,* Bd. 13 (1910), 825-27, nachgedruckt in Ṣ. Munaǧǧid/Y. Q. Ḫūrī (Hg.), *Fatāwā,* Bd. 3, Beirut, 1970, 935-936.

46 *ʿUlamāʾ yunsabūna ilā mudun aʿǧamīya wa-hum min urūma ʿarabīya,* Bagdad 1965.

ze der Debatte beschränken: Renan hatte etwa Mitte März 1883 in Paris die Bekanntschaft Afġānīs gemacht. Kurz darauf hielt er in der Sorbonne einen Vortrag zum Thema des Verhältnisses von Islam und Wissenschaft (*L'Islamisme et la science*), der Ende März im *Journal des Débats* gedruckt wurde. In derselben Zeitschrift erschien alsbald eine Erwiderung Afġānīs. Diese Replik stellt allerdings keineswegs eine Verteidigung des Islams als Religion und seines Verhältnisses zur Wissenschaft dar. Vielmehr betont der Autor, dass alle Religionen, einschließlich der christlichen und der islamischen, Feinde von Philosophie und generell rationaler Wissenschaft seien. Er verteidige gegenüber Renan keineswegs den Islam *als Religion*, sondern lediglich die Sache von Hunderten Millionen von Muslimen, die ohne die Aussicht auf eine künftige Befreiung vom Joch der Religion dazu verdammt wären, weiter in Barbarei und Unwissenheit zu leben.[47] Auf diese Erwiderung hat wiederum Renan geantwortet, und es ist ein bestimmter Aspekt dieser Stellungnahme, um den es mir im gegebenen Zusammenhang geht: Afġānī, so beschreibt Renan seinen persönlichen Eindruck von ihm, sei „von den Vorurtheilen des Islam völlig frei geworden", und fährt fort:

> „Er gehört jenen kräftigen Rassen des oberen, an Indien grenzenden Iran an, in denen der arische Geist noch so energisch unter der dünnen Hülle des officiellen Islam fortlebt. Er ist selber der beste Beweis jenes großen Axioms, das wir so oft proklamirt haben, dass die Religionen das werth sind, was die Rassen werth sind, die sich zu ihnen bekennen (...). Der Scheik Djemmal Eddin ist der schönste ethnische Protest gegen die religiöse Eroberung, die man nur anführen könnte".[48]

Renans Erwiderung ist, wie sich hier zeigt, getränkt von seinen in früheren Werken vorgetragenen, rassenpsychologischen Theorien, die auf einen grundlegenden Unterschied zwischen der semitischen und der arischen Rasse hinauslaufen. Ignaz Goldziher – der Renans Leistungen als Sprachwissenschaftler durchaus zu würdigen wusste – hat dessen Thesen folgendermaßen skizziert (und mit starken Argumenten als verfehlt bezeichnet):

> „Die Seele des semitischen Menschen sei von der Einheit des Universums, die des arischen von der Verschiedenheit der Kräfte des Universums erfüllt. Erstere bringe die monotheistische Religion hervor, die eine in der Verschiedenheit der Naturkräfte begründete Mythologie von Anfang an ausschließt, die andere entwickle einen Polytheismus, der in der Verschiedenheit der voneinander abhängigen Kräfte einen selbständigen göttlichen Faktor sieht. Die eine erkläre die tausendfachen Phänomene der Natur mit der Idee *eines einzigen Gottes*, wobei die einheitliche Auffassung der Dinge eine analytische und

---

47 Zu Afġānī siehe den Artikel (von Nikki R. Keddie) in *Encyclopaedia Iranica*, vol. 1, London 1985, 481-486, und die dort genannte Literatur; speziell zu der Debatte mit Renan siehe Nikki R. Keddie, *Sayyid Jamāl ad-Dīn „al-Afghānī". A Political Biography*, Berkeley/Cal. 1972, 189-199.

48 Zitiert nach der deutschen Übersetzung *Der Islam und die Wissenschaft*, Basel 1883, 43-44. (Text des Renan'schen Vortrags 3-28, der Kritik Afġānīs 31-42, der Erwiderung Renans 43-48). – Renan musste davon ausgehen, dass sein Gegenüber tatsächlich aus Afghanistan stammte.

wissenschaftliche Beobachtung und Erklärung der Natur ausschließt, während die andere durch die Anerkennung der Vielfalt der Erscheinungen der analytischen Auffassung der Natur und einer wissenschaftlichen Weltanschauung den Weg ebnet".[49]

Angesichts einer derartigen Sichtweise ist es nicht verwunderlich, dass Renan während seiner Unterhaltung mit Afġānī in ihm – „gewissermaßen auferstanden" – einen Nachfahren jener von ihm bewunderten „großen Ketzer" wie Avicenna, Averroës und ihresgleichen erkennen wollte, „die fünf Jahrhunderte lang die Ueberlieferung des freien Menschenthums vertreten haben".[50]

Renans „Erwiderung" hat, wie die Debatte mit Afġānī überhaupt, in der islamischen Welt zunächst wenig Aufmerksamkeit gefunden, doch hat sie immerhin eine Art Widerlegung durch den jungosmanischen Autor Namık Kemal (1840-1888) hervorgerufen. Diese Gegenschrift mit dem Titel *Renan müdāfaʿa-nāmesi* zeigt allerdings (nach dem Urteil von Niyazi Berkes) die Schwäche, dass der Autor nicht nur auf sachliche Fehler in Renans Text hinweist, sondern seinerseits versucht zu beweisen, dass die großen Männer der Wissenschaft und Philosophie, die die islamische Kulturgeschichte hervorgebracht hat, Araber gewesen seien.[51]

Für Renan und zahlreiche andere westliche Gelehrte seiner Zeit war die Existenz einer „arischen Rasse" offenbar ein Faktum. Erheblichen Meinungsstreit gab es freilich unter Linguisten, Ethnologen, Historikern, Religionswissenschaftlern und Vertretern anderer Disziplinen hinsichtlich der Urheimat des Volkes der Arier und seiner weitläufigen Wanderungsbewegungen, seiner phänotypischen Merkmale sowie seiner soziokulturellen und psychischen Besonderheiten. Der Prozess, in dem „Arier" zum Synonym für „Indogermane" bzw. „ Indoeuropäer" wurde und eine ethnische bzw. rassische Relevanz erhielt, kann hier nicht beschrieben werden. Es gibt hierzu eine umfangreiche Literatur.[52]

---

49 Ignaz Goldziher, *Renan als Orientalist. Gedenkrede am 27. November 1893,* aus dem Ungarischen von P. Zalán, hg. von Friedrich Niewöhner, Zürich 2000, 38, vgl. dazu Niewöhner in seiner Einleitung, 10 f.

50 Renan, *Der Islam und die Wissenschaft*, 43 f.

51 Niyazi Berkes, *The Development of Secularism in Turkey*, Montreal 1964, 262-263. Namık Kemals Kritik an Renan, 1883 verfasst, ist 1908 erstmals im Druck erschienen.

52 Hauptsächlich zum sprachwissenschaftlichen Aspekt siehe Harold Walter Bailey, Art. „Arya", in: *Encyclopaedia Iranica*, vol. 2, London 1987, 681-683; zur Geschichte und Kultur Rüdiger Schmitt, Art. „Aryans", in: *Encyclopaedia Iranica*, vol. 2, London 1987, 684-687; zur Begriffsgeschichte Josef Wiesehöfer, „Zur Geschichte der Begriffe 'Arier' und 'Arisch' in der deutschen Sprachwissenschaft und Althistorie des 19. und der ersten Hälfte des 20. Jahrhunderts", in: Heleen Sancisi-Weerdenburg/Jan Willem Drijvers (Hg.), *Achaemenid History, V, The Roots of the European Tradition,* Leiden 1990, 149-165; zur z. T. widersprüchlichen Verwendung des arischen Mythos und den politischen Folgen in der NS-Zeit siehe Christopher M. Hutton, *Race and the Third Reich,* Cambridge 2005, bes. 80-100 und *conclusion*, 209-212. Ferner Josef Wiesehöfer, „Das Bild der Achaimeniden in der Zeit des Nationalsozialismus", in: Amelie Kuhrt/Heleen Sancisi-Weerdenburg (Hg.), *Achaemenid History, III, Method and Theory,* Leiden 1988, 1-14, und Ekkehard Ellinger, *Deutsche Orientalistik zur Zeit des Nationalsozialismus, 1933-1945,* Edingen-Neckarhausen 2006, 300-315.

Im Zusammenhang mit der Entstehung der Rassenanthropologie als einer eigenständigen Disziplin ist es wichtig, auf die weit verbreitete, irreführende Vermischung von linguistischen mit anthropologischen Fachbegriffen hinzuweisen, so vor allem im Falle von Bezeichnungen für Sprachfamilien mit Rassen. Diese Vermischung ist wissenschaftlich völlig unhaltbar. Es war der Indologe und Religionswissenschaftler Friedrich Max Müller (1823-1900), der 1888 als Ergebnis eigener Forschungen kurz und bündig befand: „Aryan, in scientific language, is utterly inapplicable to race". Von ihm stammt jenes eindeutige Urteil, dem man bis heute allgemeine Verbreitung und konsequente Beherzigung wünschen muss (an der es bisher allerdings fehlt): „To me an ethnologist who speaks of an Aryan race, Aryan blood, Aryan eyes and hair, is as great a sinner as a linguist who speaks of a dolichocephalic dictionary or brachycephalic grammar".[53]

Ungeachtet dieser und anderer Kritik an der unzulässigen, ja absurden Vermischung von linguistischen und ethnisch-rassischen Begriffen wie „semitische" oder „arische" Rasse haben derartige Bezeichnungen – mit verhängnisvollen Folgen – weite Verbreitung gefunden und z. T. verheerende politische Wirkungen gehabt. Dies gilt auch, wie bereits oben erwähnt, für die Regionen des Nahen und Mittleren Ostens. Was speziell den Arier-Mythos und ähnliche Rasseideen sowie deren Instrumentalisierung angeht, so haben sie sich auch auf dem Indischen Subkontinent (der vermeintlichen Urheimat der Arier) bemerkbar gemacht. Darauf können wir hier nicht eingehen.[54]

Im Falle Irans haben Ergebnisse archäologischer und sprachwissenschaftlicher Forschung dazu beigetragen, dass dem arischen Element auf dem Wege der mythischen Überhöhung und Popularisierung eine besondere Rolle in der Konstruktion eines „modernen" Nationalismus zugewiesen werden konnte: Was immer die Bezeichnung *āryā* in den Inschriften der Herrscher Dareios und Xerxes und in anderen Quellen bedeutet haben mag[55] – in erheblichen Teilen der persisch-nationalistisch gesinnten, gebildeten Bevölkerung Irans verbreitete sich die Vorstellung, dass die Perser (wie übrigens auch die Afghanen, Kurden und andere iranische Völker) Arier seien. Bezeichnungen wie Āryānā (angeblich ein alter Name für Afghanistan) fanden als Bezeichnung für Zeitschriften, Fluglinien, Hotels und andere moderne Einrichtungen Verbreitung. Es wurde mehr und mehr betont, dass der alte Name „Irān" (Mittelpersisch „Ērān") ursprünglich die Bedeutung „(Land der) Arier" habe.

---

53 Beide Zitate bei Hutton, *Race and the Third Reich*, 89, auf Grund der 2. Auflage (1912) von Friedrich Max Müllers *Biographies of Words and the Home of the Aryas*, 90, 120.

54 Dazu Thomas R. Trautmann, *Aryans and British India*, Berkeley/Cal. 1997, und Thomas R. Trautmann (Hg.), *The Aryan Debate: debates in Indian history and society*, New Delhi u. a. 2005. Zur politischen Instrumentalisierung rassistischer Ideen im 20. Jahrhundert siehe Peter Robb (Hg.), *The Concept of Race in South Asia*, New Delhi 1995. Zur Zurückhaltung hindunationalistischer Autoren gegenüber der vornehmlich biologisch orientierten Rassentheorie besonders des deutschen Nationalsozialismus s. Tobias Delfs, *Hindu-Nationalismus und europäischer Faschismus*, Berlin 2008, 106-109.

55 Siehe dazu Bailey, „Arya", 681a.

Im Jahre 1935 verfügte Reza Schah (angeblich auf Anregung einiger in Berlin stationierter iranischer Diplomaten), dass die Bezeichnung „Persien“ in allen offiziellen Verlautbarungen und im diplomatischen Verkehr mit dem Ausland durch „Iran“ ersetzt werden solle.[56] Sein Sohn, Muhammad Reza Pahlavi, legte sich in den 1960er Jahren den Titel „Āryāmehr“ („Sonne <oder: Licht> der Arier“) zu.[57]

Schon von den 1920er Jahren an wurden in iranischen Schulbüchern Rasse-Stereotypen als wissenschaftliche Fakten eingeführt, wobei die Iraner – unzweifelhaft Angehörige der „weißen Rasse“ – als Teil der in zivilisatorischer Hinsicht weltweit überlegenen Völkerfamilie erscheinen. Allerdings konnte es geschehen, dass in einzelnen Unterrichtswerken jener Zeit Arier und Semiten gleichermaßen als Angehörige der weißen Rasse bezeichnet und in diesem Sinne als gleichrangig behandelt wurden.[58]

Es liegt nahe zu fragen, welche Wirkungen rassenideologische Ansichten, die im deutschen Nationalsozialismus verbreitet waren, eventuell auch in Iran gehabt haben. Man kann davon ausgehen, dass sie zu finden sind, doch bedarf es dazu intensiver Untersuchungen. Die Tatsache etwa, dass es eine paniranische politische Strömung gab und gibt, die sich *Ḫāk wa ḫūn* (also „Boden und Blut“) nennt, ist für sich genommen noch nicht sehr aussagefähig.[59]

Die bereits unter Reza Khan (seit seiner Machtergreifung 1925 „Reza Schah“) begonnene Politik, eine gemeinsame arische Vergangenheit für die Angehörigen (mehr oder weniger) aller Völkerschaften Irans zu konstruieren und damit ein homogenes Staatsvolk zu schaffen („ein Land, eine Sprache, eine Nation“) musste bei den nichtiranischen Minderheiten des Landes auf Widerstand stoßen. Sie ist letztlich auch nicht in dem Maße erfolgreich gewesen, wie der Schah und seine intellektuellen Unterstützer es erhofft hatten. Immerhin machte sie es der deutschen Regierung möglich, durch Reichswirtschaftsminister Hjalmar Schacht bei dessen Besuch im November 1936 in Teheran erklären zu lassen, dass Iraner in Deutschland nicht von den Nürnberger Rassengesetzen betroffen seien. Vermutlich reagier-

56 *Encyclopaedia Iranica,* vol. 10, New York 2001, Art. “Germany”, 512, und vol. 13, New York 2006, 204 und 272. Zum historischen Hintergrund des Begriffs und kritisch zu seiner nationalistisch motivierten Verengung siehe Bert Fragner, „Historische Wurzeln neuzeitlicher iranischer Identität: zur Geschichte des politischen Begriffs „Iran“ im späten Mittelalter und in der Neuzeit“, in: Maria Macuch u. a. (Hg.), *Studia semitica necnon iranica, Rudolpho Macuch (...) dedicata,* Wiesbaden 1989, 79-100.

57 Manche Gegner des Revolutionsregimes bezeichneten später Khomeini in Anspielung auf jenen Titel des Schahs als „Āyatollāh ʿArabmehr“ (mündliche Mitteilung eines iranischen Zeitzeugen).

58 Firoozeh Kashani-Sabet, *Frontier Fictions. Shaping the Iranian Nation, 1804-1946*, Princeton 1999, 198-199, 202.

59 Zeitweilig war dies nur der Name einer paniranistischen Bewegung und der Titel ihres Presseorgans (das 1970 geschlossen wurde). In den Jahren 1963-1975 fungierte *Ḫāk wa Ḫūn* in einer Art Alibi-Funktion als “Partei”, siehe Mansoor Moaddel, *Class, Politics, and Ideology in the Iranian Revolution,* New York 1993, 60, vgl. David Menashri, *Iran. A Decade of War and Revolution*, New York, 1990, 31.

te Schacht damit auch auf in Iran kursierende Nachrichten darüber, dass in Deutschland einige Iraner (z. B. Studenten) von SA-Leuten wegen ihres „semitischen" Aussehens angegriffen worden waren. Während die damalige deutsche Propaganda Irans „arischen" Ursprung betonte, wurde intern über die angebliche gemeinsame Abstammung gespottet. Auch wurden von deutscher Seite anscheinend keine ernsthaften Anstrengungen unternommen, den Schah zur Annahme der nationalsozialistischen Ideologie oder zur Einführung entsprechender Rassegesetze zu bewegen.[60]

Was die jüdische Minderheit Irans angeht, so hat es den Anschein, dass es in ihren Reihen Bestrebungen gegeben hat, für sich eine arische Herkunft in Anspruch zu nehmen. Nicht unähnlich den Thesen Aḥmad Sūsas über den arabischen Ursprung irakischer Juden (siehe oben) wurde behauptet, die alt eingesessenen Juden des Landes seien ein rein iranischer Volksstamm und hätten sich nicht mit jenen „semitischen" Juden vermischt, die im Laufe der Geschichte von außen her nach Iran gekommen sein mögen. Diese Version hat während des 2. Weltkrieges dazu beigetragen, dass schweizerische und deutsche Diplomaten einige wenige, in Frankreich oder anderswo in Westeuropa lebende jüdische Iraner vor Diskriminierungen und Schlimmerem schützen konnten.[61]

Der aus dem iranischen Aserbaidschan stammende Autor Alireza Asgharzadeh hat in einem faktenreichen, wenn auch in Teilen allzu polemischen Buch den kulturellen und politischen Rassismus der Pahlavizeit (und ihre, wie er meint, in der Islamischen Republik partiell zu beobachtende Fortsetzung) heftig angegriffen.[62] In der Tat berichten westliche Landeskenner, dass auch in der Generation der Revolutionsanhänger von 1978/79 bzw. unter deren Söhnen und Töchtern gewisse ethnische Klischees bis hin zu Versatzstücken des Arier-Mythos vertreten wurden und werden – nicht zuletzt im Hinblick auf antiarabische Ressentiments einerseits und Interesse für iranische, z. T. islamfeindliche „Ketzer" des 9. Jahrhunderts n. Chr. wie Bābak, die in den 1930er Jahren und danach zu Helden literarischer Werke gemacht worden waren, andererseits.[63]

---

60 Yair P. Hirschfeld, *Deutschland und Iran im Spielfeld der Mächte. Internationale Beziehungen unter Reza Schah, 1921-1941,* Düsseldorf 1980, 305. – Schachts Erklärung von 1936 wird erwähnt in dem Art. „Iran" in: *EI*[2] IV (1978), 40.

61 Zu den Interventionen einiger schweizerischer Diplomaten sowie des ehemaligen deutschen Gesandten in Teheran (1922-1931), Friedrich Werner Graf von der Schulenburg, hinsichtlich der iranischen Juden siehe Ahmad Mahrad (Hg.), *Hannoversche Studien über den Mittleren Osten*, Bd. 27, Hannover 1999. Zum relativen Wandel der iranischen Judenpolitik nach dem Sturz Reza Schahs (1941) siehe Henner Fürtig, „Iran", in: Wolfgang Benz (Hg.), *Judenfeindschaft in Geschichte und Gegenwart,* München 2008, 154-160, dort 155-157.

62 Alireza Asgharzadeh, *Iran and the Challenge of Diversity. Islamic Fundamentalism, Aryanist Racism, and Democratic Struggles*, New York 2007, bes. "Preface" (IX-XIV) und 85-117.

63 Siehe dazu Werner Ende, „Wer ist ein Glaubensheld, wer ist ein Ketzer?", *Die Welt des Islams,* 23-24 (1984), 75-76. Zu Vorläufern und Fortsetzern dieser Tendenz siehe Mangol Bayat-Philipp, "A Phoenix Too Frequent: the Concept of Historical Continuity in Modern Iranian Thought", *Asian and African Studies,* 12 (1978), 203-220, bes. 206-211.

Es scheint, dass gerade in der stärker werdenden Opposition gegen die Herrschaft des schiitischen Klerus und seiner Anhänger gewisse Vorstellungen der alten iranischen *Šuʿūbīya*, vermischt mit „modernen" rassistischen Gedanken, einigen Anklang finden. Das ist vielleicht nicht verwunderlich, eröffnet aber im Hinblick auf die Zukunft des Vielvölkerstaates Iran und seine Außenbeziehungen eine eher bedrohliche Perspektive.

Über die Autorinnen und Autoren

Roswitha Badry ist außerplanmäßige Professorin für Islamwissenschaft am Orientalischen Seminar der Universität Freiburg. Sie studierte Orientalische Philologie (Arabisch, Persisch, Türkisch, Urdu), Politologie und Geschichte in Köln. Nach Magisterexamen (1982) und Promotion (1985) war sie von 1986 bis 1992 als Hochschulassistentin am Orientalischen Seminar der Universität Tübingen tätig. Dort erfolgte 1995 die Habilitation mit einer Studie zum islamischen Beratungsgedanken (publiziert 1998). Seit 1992 ist sie am Orientalischen Seminar in Freiburg als Akademische Rätin beschäftigt. 2008 nahm sie eine Gastprofessur für „Gender Studies und Islamwissenschaft" an der Universität Zürich wahr. Ihre Forschung und Veröffentlichungen konzentrieren sich auf die Ideengeschichte des modernen Orients und auf Frauen-/Gender-Fragen. Zu ihren neueren Publikationen zählt der zusammen mit Maria Rohrer und Karin Steiner herausgegebene Sammelband „Liebe, Sexualität, Ehe und Partnerschaft – Paradigmen im Wandel. Beiträge zur orientalistischen Gender-Forschung" (Freiburg 2009).

Anke Bentzin studierte Islamwissenschaft, Turkologie und Soziologie in Berlin. Nach Beendigung ihres Studiums war sie zunächst als Wissenschaftliche Mitarbeiterin am Institut für Asien- und Afrikawissenschaften der Humboldt-Universität zu Berlin (HUB) und anschließend als Lehrbeauftragte an der HUB sowie als Redaktionsassistentin bei der „Orientalistischen Literaturzeitung" tätig. Seit 2008 ist sie Referentin bei einer Bundesbehörde in Berlin. Sie promovierte über usbekische Migranten in Istanbul.

Werner Ende studierte Arabistik und Islamwissenschaft in Halle/Saale (1958-60), Hamburg (1960-65) und Kairo (1963-64) sowie in Hamburg Geschichte und Soziologie. 1965 wurde er in Hamburg zum Dr. phil. promoviert und 1973/74 daselbst habilitiert. Als Wissenschaftlicher Referent war er am Orient-Institut der DMG in Beirut 1969-1971 tätig. 1977 wurde er Professor für „Gegenwartsbezogene Orientwissenschaft" (Islamwissenschaft) in Hamburg, von 1983 bis zur Pensionierung 2002 war er Inhaber des Lehrstuhls für Islamwissenschaft an der Albert-Ludwigs-Universität Freiburg. Seit 1981 ist er Mitherausgeber der Fachzeitschrift „Die Welt des Islams", seit 1984 gemeinsam mit Udo Steinbach Herausgeber des Handbuchs „Der Islam in der Gegenwart". Hauptsächliche Forschungsschwerpunkte im Bereich der arabischen Geschichtsschreibung, der Wahhabiyya und Salafiyya sowie der Zwölferschia in der Neuzeit.

Barbara Flemming studierte Islamwissenschaft und Turkologie in Hamburg und an der University of California, Los Angeles, wo sie den PhD erwarb. Sie habilitierte sich in Hamburg und lehrte dort bis 1977. Seitdem hatte sie bis 1997 den Lehrstuhl für Türkisch an der Universiteit Leiden inne. 2002 publizierte sie mit Jan Schmidt das Tagebuch von Karl Süssheim. Kürzlich erschien „Am Cırcıp" als Teil einer Studie zur türkischen Südostgrenze.

Christoph Herzog studierte Islamwissenschaft sowie Neuere und Neueste Geschichte in Freiburg und Istanbul. Er wurde 1995 mit einer Dissertation über „Geschichte und Ideologie. Mehmed Murad und Celal Nuri über die historischen Ursachen des osmanischen Niedergangs" promoviert. Zwischen 2004 und 2008 arbeitete er als Wissenschaftlicher Referent am Orient-Institut Istanbul. Im Jahr 2005 habilitierte er sich an der Universität Heidelberg mit einer Schrift über „Osmanische Herrschaft und Modernisierung im Irak. Die Provinz Bagdad, 1817-1917". Seit 2008 hat er die Professur für Turkologie an der Universität Bamberg inne.

Nazlı Kaner studierte Islamwissenschaften und Soziologie an der Albert-Ludwigs-Universität in Freiburg. Heute arbeitet sie als freie Autorin und ist Inhaberin einer Kommunikationsagentur.

Barbara Kellner-Heinkele habilitierte sich in Islamwissenschaft an der Universität Freiburg i. Br., nachdem sie an der Universität Hamburg in Islamwissenschaft, Turkologie und Geschichte Osteuropas promoviert und an der Indiana University Bloomington/Indiana in Uralic and Altaic Studies den Master of Arts erworben hatte. 1979-1982 arbeitete sie als Referentin am Orient-Institut der Deutschen Morgenländischen Gesellschaft in Beirut; 1982-1990 war sie als Professorin für Turkologie an der Johann Wolfgang Goethe-Universität Frankfurt am Main und 1990-2007 an der Freien Universität Berlin tätig. Sie ist Mitherausgeberin des „Turkologischen Anzeigers". Zu ihren Forschungsinteressen zählen die Kulturgeschichte der Türkvölker, insbesondere Osmanisches Reich, Krimchanat und Türkmenen, und türksprachige biographische und autobiographische Quellen.

Mark Kirchner studierte Turkologie, Islamkunde und Islamische Philologie an der Johannes Gutenberg-Universität Mainz, wo er 1989 mit einer Studie zur Phonologie des Kasachischen promovierte. Nach einem Forschungsaufenthalt 1990-91 im Rahmen des Lynen-Programms der Alexander von Humboldt-Stiftung in Istanbul war er 1991 bis 2003 mit kurzen Unterbrechungen als Wissenschaftlicher Mitarbeiter und später Wissenschaftlicher Assistent am Orientalischen Seminar der Johann Wolfgang Goethe-Universität Frankfurt tätig, daneben lehrte er mit Lehraufträgen und einer Vertretungsprofessur an der Justus-Liebig-Universität Gießen. Seit 2004 hat er die Professur für Turkologie am Institut für Orientalistik der Justus-Liebig-Universität Gießen inne. Zu seinen Forschungsschwerpunkten gehören die kasachische Sprache und Literatur und die moderne türkische Literatur.

Jens Peter Laut studierte an den Universitäten Marburg und Gießen Turkologie, Indologie und Religionswissenschaft. 1985 wurde er mit einem Thema zur buddhistischen Literatur der Alten Türken Zentralasiens promoviert, 1993 habilitierte er sich über die moderne türkische Sprachreform mit der Studie „Das Türkische als Ursprache?". Nach Projekten zum „Tübinger Atlas des Vorderen Orients" und zur

„Katalogisierung der orientalischen Handschriften in Deutschland", wo er osmanische bzw. altuigurische Texte bearbeitete, war er von 1996 bis 2008 Professor für Islamwissenschaft/Turkologie an der Universität Freiburg i. Br. Hier begann seine langjährige Zusammenarbeit mit Erika Glassen, deren Höhepunkt die gemeinsame Herausgabe der „Türkischen Bibliothek" (2005-2010) war. Seit 2008 ist er Direktor des Seminars für Turkologie und Zentralasienkunde der Universität Göttingen. Er lehrt vor allem in den Bereichen vorislamische türkische Sprachen und Kulturen, allgemeine türkische Literaturgeschichte, türkische Philologie und Linguistik. Bei seiner Forschung konzentriert er sich auf folgende Schwerpunkte: Vor- und frühislamische türkische Kultur- und Religionsgeschichte, moderne türkische Sprach- und Kulturpolitik. Seit 2010 ist er Mitglied der Akademie der Wissenschaften zu Göttingen.

Wolf-Dieter Lemke studierte an der Universität Köln Islamwissenschaften, Semitistik und Philosophie. Nach der Promotion über Entwicklungen im neuzeitlichen ägyptischen Islam unterrichtete er Islamwissenschaften und Arabisch und katalogisierte die Kölner Schia-Bibliothek. 1984 wurde er Wissenschaftlicher Referent am Orient-Institut Beirut. 1986 übernahm er die Leitung der Bibliothek. Nach der durch den libanesischen Bürgerkrieg erzwungenen Übersiedlung nach Istanbul (1987) begründete er die der neu entstehenden Nebenstelle angeschlossene Fachbibliothek, für die er auch nach der Rückkehr nach Beirut (1995) bis zur Pensionierung (2006) zuständig blieb. Sein wissenschaftliches Interesse galt in den letzten Jahren neben der Geschichte der Orient-Photographie vor allem dem westlichen Orient-Bild, wie es sich in den Massenmedien des 19. und frühen 20. Jahrhunderts manifestierte. Zu beiden Themenbereichen hat er publiziert und Ausstellungen organisiert, wobei er auf eigene umfangreiche Sammlungen zurückgreifen konnte.

Maurus Reinkowski wurde promoviert mit einer historiographiegeschichtlichen Arbeit zur Frühgeschichte des Palästinakonflikts und habilitierte sich mit einer Arbeit über die osmanische Reformpolitik im 19. Jahrhundert. Zu seinen rezenten Publikationen zählen u. a. „Das Unbehagen in der Islamwissenschaft. Ein klassisches Fach im Scheinwerferlicht von Medien und Öffentlichkeit" 2008 (gemeinsam hrsg. mit Abbas Poya) und „Die Türkei und Europa. Eine wechselhafte Beziehungsgeschichte" 2008 (gemeinsam verfasst mit Heinz Kramer). Von 2004 bis 2010 war er Professor an der Universität Freiburg, von 2008 bis 2010 zudem Fellow an der School of History, Freiburg Institute of Advanced Studies. Seit 2010 ist Reinkowski Professor für Islamwissenschaft an der Universität Basel.

Börte Sagaster studierte Turkologie, Islamwissenschaft und Germanistik an der Albert-Ludwigs-Universität Freiburg und an der Universität Hamburg. Sie promovierte 1995 in Hamburg mit einer Arbeit zum Bild der Sklaverei in der türkischen Literatur des ausgehenden 19. und beginnenden 20. Jahrhunderts. Ihr Forschungsschwerpunkt ist die moderne türkische Literatur seit ihren Anfängen im 19. Jahrhundert. Sie war u. a. wissenschaftliche Mitarbeiterin am ZMO in Berlin (1995-

1998), Referentin am Orient-Institut der DMG in Istanbul (1999-2003) und Mitarbeiterin am SFB Erinnerungskulturen an der Universität Gießen (2006). Seit 2007 ist sie Assistant Professor am Department of Turkish Studies der University of Cyprus, Nikosia.

Claus Schönig wurde in Mainz promoviert und an der Freien Universität Berlin habilitiert. Nach mehreren Jahren Tätigkeit als Leitender Referent am Orient-Institut Istanbul hat er heute den Lehrstuhl für Turkologie an der Freien Universität Berlin inne, wo er sich mit der Klassifikation und Entwicklung der Türksprachen und türkisch-mongolischen Sprachbeziehungen befasst.

Karin Schweißgut studierte Islamwissenschaft, Arabistik und Politologie an der Freien Universität Berlin. 2004 promovierte sie ebenda im Fach Turkologie. Am Institut für Turkologie der Freien Universität Berlin ist sie seit Ende 2004 als Wissenschaftliche Assistentin tätig. Ihre Forschung konzentriert sich auf die moderne türkische Prosa. Als Post-Doc-Stipendiatin des Orient-Instituts Istanbul arbeitet sie derzeit an einer Studie über Armut in der modernen türkischen Literatur.

Martin Strohmeier wurde 1984 in Freiburg promoviert und 1994 in Bamberg habilitiert. Seit 1998 lehrt er als Professor für Turkologie und Geschichte des Mittleren Ostens an der University of Cyprus in Nikosia/Republik Zypern. Zu seinen neueren Veröffentlichungen gehören die Monographien „Die Kurden. Geschichte, Politik, Kultur“ (mit mit Lale Yalçın-Heckmann, 3. überarbeitete und aktualisierte Auflage, München 2010) und „The Economy as an Issue in the Middle Eastern Press“ (Wien 2008, herausgegeben zusammen mit Gisela Eisl-Prochazka). Ein jüngst vorgelegter Aufsatz befasst sich mit der akademischen Freiheit an türkischen Universitäten der 1950er Jahre. Seine Forschungsschwerpunkte sind Kultur und Gesellschaft des spätosmanischen Reiches und der Türkei, Geschichte der Kurden sowie Presse und Bildung im Mittleren Osten. Gegenwärtig gilt sein besonderes Interesse dem Ende der osmanischen Herrschaft im Hedschas im Ersten Weltkrieg, der Geschichte von Exil und Asyl in Zypern und dem abenteuerlichen Leben des „Gefangenen des Mahdi“, Karl Neufeld.

Tevfik Turan studierte von 1971-1981 Germanistik und Kunstgeschichte an der Universität Istanbul sowie Guidance and Counseling an der Bosporus-Universität; er war von 1974 bis 1979 als Deutschlehrer am Goethe-Institut und bis 1980 als Lektor für Deutsch am germanistischen Seminar der Universität Istanbul tätig. Seit dem Sommersemester 1981 arbeitet er als Lektor für Türkisch am Arbeitsbereich Turkologie des Asien-Afrika-Instituts (Universität Hamburg).

ORIENT-INSTITUT
ISTANBUL

ISTANBULER TEXTE UND STUDIEN

1. Barbara Kellner-Heinkele, Sigrid Kleinmichel (Hrsg.), *Mīr 'Alīšīr Nawā'ī. Akten des Symposiums aus Anlaß des 500. Jahres des Todes von Mīr 'Alīšīr Nawā'ī am 23. April 2001.* Würzburg 2003.
2. Bernard Heyberger, Silvia Naef (Eds.), *La multiplication des images en pays d'Islam: De l'estampe à la télévision (17e-21e siècle). Actes du colloque Image: fonctions et langages. L'incursion de l'image moderne dans l'Orient musulman et sa périphérie. Istanbul, Université du Bosphore (Boğaziçi Üniversitesi), 25–27 mars 1999.* Würzburg 2003.
3. Maurice Cerasi (with the collaboration of Emiliano Bugatti and Sabrina D'Agostiono), *The Istanbul Divanyolu, a Case Study in Ottoman Urbanity and Architecture.* Würzburg 2004.
4. Angelika Neuwirth et al. (Eds.), *Ghazal as World Literature II.* Würzburg 2006.
5. Alihan Töre Şagunî , *Türkistan Kaygısı.* Würzburg 2006.
6. Olcay Akyıldız, Halim Kara, Börte Sagaster (Eds.), *Autobiographical Themes in Turkish Literature: Theoretical and comparative Perspectives.* Würzburg 2007.
7. Filiz Kiral, Barbara Pusch, Claus Schönig, Arus Yumul (Eds.), *Cultural Changes in the Turkic Speaking World.* Würzburg 2007.
8. Ildiko Beller-Hann (Ed.), *The Past as Resource in the Turkic Speaking World,* Würzburg. Würzburg 2008.
9. Brigitte Heuer, Barbara Kellner-Heinkele, Claus Schönig (Hrsg.), *Die Wunder der Schöpfung. Mensch und Natur in der turksprachigen Welt.* Würzburg. In Vorbereitung.
10. Christoph Herzog, Barbara Pusch (Eds.), *Groups, Ideologies and Discourses: Glimpses of the Turkish Speaking World.* Würzburg 2008.
11. Deborah G. Tor, *Violent Order. Religious Warfare, Chivalry, and the Ayyar Phenomenon in the Medieval Eastern Islamic World.* Würzburg 2007.
12. Christopher Kubaseck, Günter Seufert (Hrsg.), *Deutsche Exilwissenschaftler im türkischen Exil: Die Wissenschaftsmigration in die Türkei 1933–1945.* Würzburg 2008.
13. Barbara Pusch, Tomas Wilkoszewski (Hrsg.), *Facetten internationaler Migration in die Türkei: Gesellschaftliche Rahmenbedingungen und persönliche Lebenswelten.* Würzburg 2008.

14. Kutlukhan-Edikut Şakirov (Ed.), *Türkistan Kaygısı. Faximile.* Würzburg. In Vorbereitung.

15. Camilla Adang, Sabine Schmidtke, David Sklare (Eds.), *A Common Rationality: Mutazilism in Islam and Judaism.* Würzburg 2007.

16. Edward Badeen, *Sunnitische Theologie in osmanischer Zeit.* Würzburg 2008.

17. Filiz Kiral (Ed.), *Historical Linguistics.* Würzburg. In Vorbereitung.

18. Christoph Herzog, Malek Sharif (Eds.), *The First Ottoman Experiment in Democray.* Würzburg 2010.

19. Dorothée Guillemarre-Acet, *Impérialisme et nationalisme. L'Allemagne, l'Empire ottoman et la Turquie (1908–1933).* Würzburg 2009.

20. Marcel Geser, *Zwischen Missionierung und „Stärkung des Deutschtums". Geschichte des deutschen Kindergartens in Konstantinopel von seinen Anfängen bis 1918.* Würzburg 2010.

21. Camilla Adang, Sabine Schmidtke (Eds.), *Contacts amd Controversies between Muslims, Jews and Christians in the Ottoman Empire and Pre-Modern Iran.* Würzburg 2010.

22. Barbara Pusch, Uğur Tekin (Hrsg.), *Migration und Türkei. Neue Bewegungen am Rande der Europäischen Union.* Würzburg 2011.

23. Tülay Gürler, *Jude sein in der Türkei. Erinnerungen des Ehrenvorsitzenden der Jüdischen Gemeinde der Türkei Bensiyon Pinto.* Hrsg. v. Richard Wittmann. Würzburg 2010.

24. Stefan Leder (Ed.), *Crossroads between Latin Europe and the Near East: Corollaries of the Frankish Presence in the Eastern Mediterranean (12th to 14th Centuries).* Würzburg 2011.

25. Börte Sagaster, Karin Schweißgut, Barbara Kellner-Heinkele, Claus Schönig (Hrsg.), *Hoşsohbet. Erika Glassen zu Ehren.* Würzburg 2011.

26. Arnd-Michael Nohl, Barbara Pusch (Hrsg.), *Bildung und gesellschaftlicher Wandel. Historische und aktuelle Aspekte.* Würzburg. In Vorbereitung.